Gerhard Schulze

Die Sünde

Das schöne Leben und seine Feinde

Carl Hanser Verlag

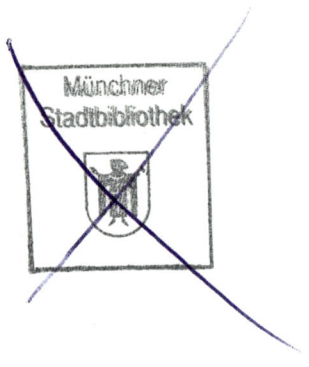

1 2 3 4 5   10 09 08 07 06

ISBN-10: 3-446-20672 8
ISBN-13: 978-3-446-20672-4
Satz: Fotosatz Reinhard Amann, Aichstetten
Druck und Bindung: Ebner & Spiegel, Ulm
Printed in Germany

Inhalt

Habsucht: Der Eros der Dinge

Trägheit: Das süße Nichtstun

Zorn: Uncool

Hoffart: Neue Fallhöhe

Neid: Wo ist dein Bruder Abel?

Religion ohne Magie

Der Weg des Westens

Das schöne Leben

Moral des Glücks

Diesseits

Der Westen und die Sünde

Die sieben Todsünden

Einst galt das allzu Menschliche als sündig; die sieben Todsünden übersetzten dieses Stigma in die Alltagswirklichkeit. Sie zeichneten nach, wozu Menschen aller Zeiten und Kulturen neigen, wenn sie spontanen Regungen nachgeben. Wer an sie glaubte, musste seine alltäglichen Lüste und Leidenschaften als Fluch empfinden. Genussvolles Essen, Gefühlsausbrüche, Sex, Besitzstreben, Selbstsicherheit, Entspannung, Ehrgeiz – die Fülle des Lebens sollte nicht sein. In der Kultur des Westens wirken die sieben Todsünden heute fremdartig, ja abseitig. *Völlerei, Unkeuschheit, Hoffart* – aus dem Alltagssprachgebrauch sind diese Worte ebenso verschwunden wie der mit ihnen verbundene Fluch auf das irdische Glück. Aus den Worten weht einem die Luft der Vergangenheit entgegen. Ihr Flair scheint fast schon romantisch, als würde man sich aus dem Stress einer modernen Großstadt für kurze Zeit in eine alte Kirche zurückziehen, in der es nach Moder, Weihrauch und versteinertem Holz riecht.

Artefakte, die lange vor den ersten Kirchen entstanden sind, muten im Vergleich dazu fast schon modern an. Ein etruskisches Fresko in einer Nekropole aus dem 6. vorchristlichen Jahrhundert beispielsweise zeigt einen Mann und eine Frau in einer intimen Situation.[1] Die Phantasie, die das Wort »intim« bei heutigen Lesern weckt, passt jedoch nicht so recht zur Atmosphäre des Bildes, denn es scheint frei von sexuellen oder wenigstens erotischen Anspielungen zu sein. Um es zu entschlüsseln, muss man der reinen Bildsprache vertrauen, weil die Texte der Etrusker bis heute rätselhaft geblieben sind. Meine vorherrschende Assoziation zu dem Fresko ist der Eindruck von Freundschaft, Zugewandtheit und gegenseitigem Respekt. Und viele Details enthalten noch eine zweite Botschaft: Dieses Paar macht sich das Leben schön. Mann und Frau befinden sich an einem guten Ort, sie haben es sich bequem gemacht, sie essen und trinken, schenken sich etwas, tragen Schmuck, sind im Hier und Jetzt angekommen. Das Bild ist weder prüde noch obszön, vielmehr ist es sexuell entspannt – »mehr« wird weder angedeutet noch ausgeschlossen, aber bei so viel Lebensbejahung könnte es durchaus dazugehören.

Betrachtet man das Bild dagegen aus dem Geist der sieben Todsünden heraus, wirkt die Situation verfänglich. Durch diese Brille gesehen, lauert im Hintergrund schon die *Unkeuschheit*. Weitere Todsünden sind offensichtlich: die *Trägheit*, die *Völlerei*, die *Habgier* und – als schlimmste von allen – die *Hoffart*. Papst Gregor I. hätte vielleicht geurteilt: Hier sind alle Dämme gebrochen; auch *Neid* und *Raserei* werden nicht lange auf sich warten lassen.

Aus der Spannung zwischen modernem Lebensgefühl und längst verhalltem Fluch bezieht der Film *Seven* von David Fincher seinen düsteren Reiz. Wie vergessen die sieben Todsünden inzwischen sind, zeigt sich in der anfänglichen Ratlosigkeit der Ermittler (gespielt von Morgan Freeman und Brad Pitt) angesichts einer Serie bizarrer Taten. Nur langsam entschlüsseln sie das allen Morden gemeinsame Muster, und erst der Mörder selbst liefert am Schluss die Auflösung. Alle Mordopfer sind Figuren der modernen Alltagswelt: ein Sozialfall mit Übergewicht, ein Rechtsanwalt, eine Prostituierte, eine gutaussehende Singlefrau, ein Drogensüchtiger. Verstört registriert das Publikum, dass diese Typen der Moderne genau deshalb mit dem Tod bestraft werden, weil sie Typen der Moderne sind wie es selbst: Menschen, die ihren Bedürfnissen, ihrer Gier, ihren Phantasien nachgehen, jeder auf seine höchstpersönliche Art.

Der Mörder richtet sich allerdings nach einer ganz anderen Generalformel. An jedem Tatort hinterlässt er ein Blatt Papier, auf dem nur ein einziges Wort steht, eine der sieben Todsünden. Die Begriffe einer vergessenen Moral der Missbilligung des Menschlichen stellen einen Zusammenhang zwischen dem Alltag des Opfers und der Form der Tötung her. Der Mörder treibt die jeweilige Todsünde, die er im Leben des Opfers verwirklicht sieht, zum tödlichen Exzess. So zwingt er den Übergewichtigen zu essen, bis er platzt: *glottony (Völlerei)*. Der Anwalt wird mit vorgehaltener Pistole genötigt, sich selbst das Fleisch herauszuschneiden: *greed (Habgier)*. Der Drogensüchtige wird als lebende Leiche gefunden, nach einem Jahr in erzwungener Bewegungslosigkeit bei künstlicher Ernährung: *sloth (Trägheit)*. Die Prostituierte stirbt daran, dass der Mörder ihren Freier dazu treibt, sie mit einem als Penis vorgebundenen Messer zu penetrieren: *lust (Unkeuschheit)*. Der gutaussehenden Frau trennt der Mörder die gesamte Gesichtshaut wie einen Skalp ab und lässt sie mit der abgelösten Maske ihres eigenen Gesichts gefesselt auf dem Bett liegen. Sie könnte Hilfe holen, doch ihr Gesicht ist irreparabel zerstört, weshalb sie lieber stirbt: *pride (Hoffart)*.

Verfluchtes Glück

Durch das Kontrastmittel einer vergangenen Betrachtungsweise liefert der Film *Seven* eine Zeitdiagnose. Im Spiegel der sieben Todsünden erkennt man die scheinbar selbstverständliche und zeitlose Gegenwart als etwas Besonderes und Gewordenes. Das Fremde hebt das Eigene hervor. Fremd bis zur Unverständlichkeit ist Menschen von heute der Begriff der Sünde geworden, noch fremder aber die Stoßrichtung des moralischen Angriffs: Wir können es verstehen, wenn die Schädigung von Mitmenschen als Sünde gilt, aber das Deutungsmuster der sieben Todsünden interessiert sich nicht primär für die Beziehung des Menschen zu seinem Nächsten. Wir können folgen, wenn Gotteslästerungen verdammt werden, aber davon ist bei den sieben Todsünden nicht die Rede. Wir können nachvollziehen, wenn Selbstschädigung verboten wird, aber der Sündenkatalog wendet sich schon gegen das harmlose Vergnügen.

Über das Maßhalten, über Kompromisse zwischen Lust und Vernunft haben die antiken Philosophen nachgedacht, und heute denken viele bei jeder einzelnen Mahlzeit daran. Bei den sieben Todsünden geht es jedoch nicht um einen Kompromiss, in dem auch die Lust ihr Recht bekäme, es geht vielmehr um die völlige Überwindung typisch menschlicher Empfindungen, um das »Abtöten des Fleisches«.[2] Das Fleisch gehört zur Welt, und die Welt ist ein Ort ohne Gott. Damit richtet sich die christliche Suche nach Erlösung unmittelbar gegen Körper und Psyche des Gläubigen, gegen seine alltäglichen Gefühle, gegen den allzu menschlichen Menschen, gegen den alten Adam.[3] Die sieben Todsünden bringen eine Glücks- und Menschenfeindschaft auf den Begriff, die alles verflucht, was zum Projekt des schönen Lebens gehört: anthropologisch vorgebahnte Formen von Befriedigung und Frustration.

Das Menschliche gilt als das Sündige. Dass Menschen von heute das etruskische Fresko wieder als Huldigung an das irdische Glück sehen *dürfen* und nicht als Warnung vor den Fallstricken des Satans sehen *müssen*, ist das Ergebnis eines langen Kulturkampfs des alten Adam gegen seine moralische Unterdrückung. Man kann den tadelnd gemeinten christlichen Begriff des alten Adam auch anders auffassen: nicht als Anspielung auf den Sündenfall, sondern als Bild für die in der Menschheitsgeschichte immer schon gegebene und für alle Zeiten unverlierbare Neigung, sein Glück zu suchen und seinen Gefühlen nachzugeben. So gesehen, lässt sich das etruskische Fresko als Hinweis auf jene Wurzeln lesen, die herauszureißen Kirchenväter, Heilige und Prediger schon seit dem Urchristentum bestrebt waren. Ihr Kampf richtete sich ebenso nach außen, gegen das Glück aller Menschen *als Menschen*, wie gegen sie selbst, gegen die Versuchungen ihres eigenen Fleisches. Drastisch ist das Beispiel des Kirchenvaters Origines aus dem 3. Jahrhundert, der nicht davor zurückschreckte, sich unter Berufung auf ein Jesuswort selbst zu kastrieren. »Einige haben sich selbst zur Ehe unfähig gemacht um des Himmelreichs willen. Wer es fassen kann, der fasse es.«[4]

Dies ist nicht die einzige Bibelstelle, in der sich die Hochschätzung der Askese mit einer Art resignierender Nachsicht gegenüber dem anthropologischen Normalfall von Glücksstreben und Spontaneität verbindet. Zwar ließ sich der Genussmensch nie unterkriegen, doch stand er zwei Jahrtausende lang unter dem Vorbehalt der Verderbtheit am Rande des Abgrunds. Seine Handlungen waren beichtpflichtig, und die Absolution war eine Selbstreinigungsprozedur ähnlich dem Stuhlgang. Nach der Absolution war vor der Absolution, die nächsten unreinen Gedanken, die nächsten Sündenfälle konnten nicht ausbleiben. Die Wiederholungstat war ein Ausdruck der Schwäche, für die man in Gottes Namen die mildernden Umstände einer natürlichen Veranlagung zur Sünde in Anspruch nehmen musste. Nur einigen war es von Gott gegeben, zu entsagen. So richtig einsehen wollten diese Ächtung des alten Adam und der »Schlange Weib« freilich nur wenige. Die allzu menschliche Mehrzahl sündigte und beichtete.

Die Moral der sieben Todsünden kam gegen die Kraft der einfachen Augenblicke des Glücks nicht an. Ihre Macht reichte jedoch aus, das gute Leben unter Generalverdacht zu stellen, den Anspruch darauf öffentlich zu diskreditieren, das Alltagsleben mit Einschränkungen zu gängeln, Selbstentfaltung zu unterdrücken, den Einzelnen klein und schuldbewusst zu machen, Strafen als gottgewollt hinzustellen und die Herrschaft der Humorlosen zu stabilisieren.[5] Die Moral der sieben Todsünden bekämpfte die Privatsphäre, das eigene Leben, das Streben nach guten Gefühlen, den Ärger über das Misslingen eigener Glücksprojekte und den Neid auf den Glückserfolg des Nächsten.

Wegen ihrer leidenschaftlichen Ablehnung dessen, was heute westlicher Lebensstil heißt, sind die Kirchenväter die besten Gesprächspartner, um sich über diesen Lebensstil klar zu werden. An der Schwelle zur Moderne wandte sich der Protestantismus der religiösen Missbilligung des Menschlichen mit neuem Ernst zu. »Wer sich selbst rechtfertigt, verdammt Gott. Wer sich selbst verdammt, rechtfertigt Gott«, schrieb Luther. Später, im Pietismus kehrte der in tausend Jahren mehr und mehr verwässerte Gedanke der Askese zurück und unterwarf ganze Landstriche seiner Ächtung der Sinnlichkeit.[6] Wer sich dafür interessiert, was es eigentlich bedeutet, in der Kultur des Westens heute zu leben und sich als Kind der Zeit zu fühlen, findet ex negativo Aufschluss bei der Erbsündenlehre und ihren drastischen Konsequenzen für das Lebensgefühl.

Es wird Zeit für eine neue Selbstbesinnung modernen Denkens. Überraschenderweise ist dafür der alte Gegensatz zwischen einem *Leben für Gott* und dem *eigenen Leben* ein aktueller Anknüpfungspunkt. Es liegt nahe, den Streit dort wiederaufzunehmen, wo er im 18. und 19. Jahrhundert einschlief, weil der Fall erledigt schien: beim magischen Begriff der Sünde, bei der religiösen Kampfansage an den normalen Menschen. Gerade weil der Begriff der Sünde dem westlichen Alltagsdenken so vollständig abhanden gekommen ist, eignet er sich als Instrument neuer Selbstbeobachtung und Selbstaufklärung.

Leben für das Diesseits

»Das Leben, das Leben! Man gebe mir nur das Leben!«, flehte Madame Dubarry, Mätresse Ludwigs XV. von Frankreich, auf dem Weg zum Schafott. Und als sich der Henker anschickte, das Fallbeil auszulösen, rief sie gellend ihre letzten Worte: »Nur noch eine Minute, Herr Scharfrichter, nur noch eine Minute!« Dann fiel ihr Kopf. Sie ist das Gegenbild zu Sokrates, der historischen Beispielfigur gelassenen Sterbens. Während Sokrates den Freunden demonstrierte, wie man die Welt in Würde loslässt, ohne sich zum Sklaven seiner Leidenschaften zu machen, liegt die Würde der Dubarry in der Unverstelltheit, mit der sie sich ihrer Leidenschaft für das Hier und Jetzt überlässt. Selbst eine allerletzte, eine zusätzliche Minute ist ihr unendlich viel wert. Sie schreit ihr Bekenntnis zum schönen Leben heraus, bevor sie sterben muss: Spazierfahrten in offener Kutsche, endloses Gelächter über komische Missgeschicke, ein ordentliches Frühstück nach einer Liebesnacht, der Anblick regennasser Dächer beim Aufklaren des Himmels und der Geruch des Fischmarkts. »Das Leben, das Leben! Man gebe mir nur das Leben!«[7]

Was diese Episode mit dem folgenden Essay zu tun hat, ist das Bekenntnis zum Diesseits. Typisch für die europäische Hinrichtungskultur waren Bekenntnisse, die das Jenseits betrafen. Ein Geistlicher war anwesend, der Gebete sprach, die Absolution erteilte und das Kreuz hochhielt wie einen Wegweiser in eine unmittelbar bevorstehende Zukunft. Die Richtstatt war also normalerweise nicht der Ort für Diesseitigkeit.[8] Doch die Dubarry machte den Moment der Hinrichtung zu einem letzten kostbaren Moment in dieser Welt.

Zwar gilt die Französische Revolution als ein Fanal der Moderne und die Dubarry nur als Anhängsel des Ancien Régime, aber in dieser Szene ist sie es, die die Philosophie der Moderne repräsentiert: Mein Leben ist von dieser Welt, und es soll ein schönes Leben sein. Es gibt natürlich kein Monopol irgendeiner Epoche auf die Idee des schönen Lebens. Das Motiv taucht überall auf, wo Menschen Spuren hinterlassen haben – in dem Fresko aus etruskischer Zeit, auf einem karthagischen Grabstein, im Gilgamesch-Epos, im Hohen Lied Salomos, auf den Bronzegefäßen der Situla-Kunst, im Märchen vom Schlaraffenland, in frühgeschichtlichen Skulpturen und in der Fernsehwerbung. Die Moderne eignete sich das Motiv des schönen Lebens lediglich neu an und buchstabierte es auf ihre Weise aus. Sie befreite es vom Stigma der Sünde, demokratisierte es radikal und übersetzte es in ein ewig expansives Universum von Wahlmöglichkeiten.

Nach dem Urknall der Moderne schien der Umgang mit der Expansion der Wahlmöglichkeiten zunächst noch simpel. Aus der Knappheit kommend, richteten sich die Glücksvisionen der Menschen auf Schuhe, Kleider und Kücheneinrichtungen. Inzwischen steht der Konsum nicht mehr im Mittelpunkt der Glücksvisionen, sondern was man für sich selbst aus seinem Leben macht. Versteht man unter Glück ein Gefühl, so sind Wahlmöglichkeiten lediglich eine Bedingung des Glücks und nicht das Glück selbst. Wahlmöglichkeiten lassen sich planen und systematisch optimieren, während Gefühle sich dem widersetzen. Seit einigen Jahrzehnten ist in der Kultur des Westens ein Diskurs in Gang, der dies reflektiert und den Themenschwerpunkt der Glückssuche allmählich vom Können zum Sein, von den bloßen Wahlmöglichkeiten zur Gestaltung des Lebens verlagert.[9]

Dies als »postmodern« zu betrachten, ist ideengeschichtlich falsch und bedeutet außerdem, den Themen *Glück* und *eigenes Leben* die Reflexionskraft modernen Denkens der Gegenwart zu verweigern. Umgekehrt kommt dem modernen Denken jede Leidenschaft abhanden, wenn es für Glück und eigenes Leben nicht zuständig sein soll. Was man als »modern« bezeichnet und was nicht, ist in der Kultur des Westens keineswegs bloß eine Frage der Etikettierung – es ist eine Lebensfrage, deren Klärung ansteht.

Verlorene Klarheit, blasse Moderne

Als sich die Moderne auf den Weg machte, wurde die Suche nach dem Glück häufig als Sittenverfall diffamiert. Daraus spricht teils ein Mangel an Unterscheidungsvermögen, denn von einer Entmoralisierung der Sozialsphäre konnte und kann keine Rede sein, teils zeigen sich darin letzte Rückstände der sieben Todsünden: ein moralischer Phantomschmerz nach der Amputation jener Tabus, die einst die Privatsphäre beherrschten.

Aufklärung, Säkularisierung und bessere Lebensverhältnisse für breite Schichten unterhöhlten das Fundament der alten Glücksfeindschaft; mehr und mehr Menschen glaubten nicht mehr an das bessere Jenseits. Tabuverletzungen und Konventionsbrüche waren im 18. und 19. Jahrhundert noch atemberaubende Pioniertaten, im 20. Jahrhundert wurden sie zu preisgekrönten Ereignissen des Kulturbetriebs, zur Folklore der Theater. Im 21. Jahrhundert sagen Zeitkritiker nicht mehr »Sittenverfall«, sondern »Spaßgesellschaft« und »Hedonismus«, aber die Kombination von Missbilligung, kulturdiagnostischer Vergröberung und begrifflicher Unschärfe erinnert immer noch an frühere Zeiten. Die Formeln zur Distanzierung von der Fun-Suche der Schwachköpfe sind so eingeschliffen wie früher das Ave Maria. Massentouristen fliehen vor Massentouristen, Konsumenten verachten Konsumenten, Fernsehzuschauer halten Fernsehzuschauer für Idioten.

Die Ablehnung des hedonistischen Mainstreams durch Kulturwissenschaft, Theater, Feuilleton, Kunst und alle daran Interessierten ist selbst längst zum Mainstream geworden. Wer ernsthaft fragt, was eigentlich hinter dieser Ablehnung steht, lässt den gewohnten Stallgeruch vermissen und setzt sich dem Verdacht aus, ebenfalls bloß hinter seinem Spaß und sonst nichts her zu sein. Unter Gebildeten gibt es wenig Apologeten der Glückssuche, doch viele verachten und praktizieren sie gleichzeitig. Es herrscht eine als Eindeutigkeit maskierte Ambivalenz. Hinter der oft geäußerten Verachtung des hedonistischen Alltags als banal, oberflächlich, billig, maßlos, sinnlos, unmoralisch und gesundheitsschädlich verbirgt sich eine Liebe zum Diesseits, wenn auch eine verschämte und verkniffene. Leicht angewidert nimmt man letztlich doch in Anspruch, was man verbal von sich weist.

Am Anfang war es noch klar, was die Aufklärung dem Einzelnen konkret bringen würde – nicht unbedingt gleich das schöne Leben, aber die Möglichkeit, es anzustreben. Heute dagegen ist dieser Ertrag aufgeklärten Denkens teils in der täglichen Normalität verborgen, teils von Einwänden diskreditiert. Sobald die Möglichkeit des Glücks nicht lediglich Verheißung, sondern Wirklichkeit geworden ist, geht das Wertbewusstsein dafür schnell verloren.

Skepsis und das Schwanken zwischen bekundeter Ablehnung und praktizierter Glückssuche sind typisch westliche Haltungen, in denen man sogar eine kulturelle Errungenschaft sehen kann, ein Erbe der Aufklärung, das es zu bewahren gilt: Reflexivität und das Ertragen von Widersprüchen. Mehr und mehr jedoch sieht sich der Westen dazu herausgefordert, sich in größerer Klarheit zum diesseitigen Leben zu bekennen, will er die Tradition der Aufklärung als Identitätskern bewahren.

Solche Bekenntnisse – so denkt man zunächst – findet man mehr als genug. Ein Blick durch die Windschutzscheibe, während das Autoradio läuft: Popmusik, Werbung und munteres Gerede sind der Soundtrack zur draußen sichtbaren Szenerie von geheimnislosen Fassaden, Parkplatzhinweisen, Reklametafeln und Schaufenstern. Passanten, Autos,

Lichter, Ampeln ... alles verweist letztlich auf das Projekt des schönen Lebens am Ende aller Handlungsketten. Eine Tiefgarage etwa lässt sich als Knotenpunkt solcher Handlungsketten lesen; jedes Auto gehört zu einem Besitzer auf der Suche nach Glück. Die Menschen wenden sich an das Diesseits, und sie stoßen auf eine für sie vorbereitete Umwelt, die im vorauseilenden Gehorsam auf alle erdenklichen Wünsche wartet. Ein Kommentar scheint überflüssig, wenn der erste zurückkommende Autobesitzer die Einkaufstüten in den Kofferraum wirft, der zweite den nächsten Flughafen ansteuert und der dritte verärgert die Fahrertür zuknallt, weil ihn gerade seine Freundin versetzt hat.

Doch die vermeintliche Eindeutigkeit dieser Szenen täuscht über einen Verlust an Klarheit hinweg: Alle drei Autobesitzer sehen kaum noch den Wert der zur Moderne gehörenden Möglichkeiten – etwa Konsum, Mobilität, sexuelle Freiheit. Wer, wie der Letzte, nicht bekommt, was er will, ärgert sich ohnehin und verschwendet keinen Gedanken an das, was er eigentlich hat. Den anderen bleibt die leichte Pein der Opportunitätskosten[10] nicht erspart – die Entscheidung für eine Option bedeutet Verzicht auf andere, gesetzt den Fall, dass man noch andere Optionen hat. Je mehr es gibt, desto mehr entgeht einem. Was Wunder, dass die Zufriedenheit der Menschen mitnichten steigt, wenn sich ihr Wohlstand immer weiter erhöht.[11] Nur am Anfang, wenn der Schmerz der Knappheit gerade erst nachlässt, ist es anders. Die ursprüngliche Erfahrung der Differenz zwischen Entbehrung und Erfüllung ist dem kollektiven Gedächtnis der reichen Gesellschaften längst abhanden gekommen. Wozu sich über das Selbstverständliche Gedanken machen?

Die Moderne wurde blass. Man blickt ohne Enthusiasmus auf ihre Errungenschaften, oft genug mit Widerwillen. Der impliziten Huldigung des schönen Lebens, sichtbar bei einem Blick aus der Windschutzscheibe, entspricht kein explizites Bekenntnis. Für kurze Zeit war dies nach dem 11. September 2001 anders. Die Terroranschläge stellten das Projekt des schönen Lebens in Frage und verschafften der westlichen Öffentlichkeit einen Anflug von Differenzerfahrung: Was wäre, wenn wahr würde, was die Terroristen wollen: die Rückkehr in die Vormoderne? Prompt folgten Manifeste der Modernitätsbegeisterung,[12] neue Töne nach Jahrzehnten eines Gemischs von Modernitätskritik und Innovationsroutine. Zu einer emphatischen Wiederbegrüßung der Kernideen modernen Denkens in großer Breite reichte es bisher allerdings nicht, vielmehr wuchs mit jedem weiteren Anschlag (Djerba, Karachi, Bali, Mombasa 2002; Casablanca, Riad, Istanbul, Jakarta, Bagdad 2003; Madrid, Beslan 2004; London, Bali 2005) die Routine des Wecksteckens. Nun beherrscht wieder das vertraute Wechselbad zwischen Eifer und Zweifel die Bühne. Wachstumsfixierte Erlösungshoffnung und elegante Desillusioniertheit wirken wie zwei abgetragene Uniformen; der Westen ist wieder zum alten Spiel zurückgekehrt. Zur seiner Selbstfindung trägt dieses Spiel jedoch nicht bei, es schwächt ihn. Die Worthülsen des Eifers – »Wachstum«, »Innovation«, »neue Produkte« – bezeichnen leere Ziele ohne klaren Bezug zum konkreten, gefühlten Leben. Noch leerer aber wirkt der Zweifel: herabgekommen zu einer bloßen Distanzierungsgeste, eingeschliffen als Grußformel der Überlegenen, die sich in ironischen Blickwechseln über die naiven Eiferer belustigen. Leer ist dieser Zweifel, weil er von jeder Dialektik abgekoppelt ist. Er weiß nur, was er nicht will. Er hat aber weder im Sinn, was an die Stelle der Moderne treten könnte, noch vermag er zu sagen, wie sie fortzusetzen, zu verbessern, zu erneuern wäre. Er hat weder ein Rückschrittsprogramm noch ein Fortschrittskonzept, er verkauft ein Nichts.

Kann man sich heute noch für die Moderne begeistern? Technische und naturwissenschaftliche Fortschritte sind zu sehr Routine, um den Menschen emotional Großes zu bedeuten – mit Freudentänzen wird die neue Waschmaschine höchstens noch in der Werbung begrüßt. Faszinieren ließen sich die Besucher der Weltausstellung in Hannover 2000 vor allem durch Architektur, Exotik und Events; wie Schnee von gestern wirkten dagegen die neuesten technischen und naturwissenschaftlichen Durchbrüche. Die Organisatoren waren bemüht, eine »Leistungsshow« zu vermeiden; sie antizipierten die Langeweile eines steigerungsverwöhnten Publikums. Was im 19. Jahrhundert die Menschen aufrüttelte, scheint ihnen heute alltäglich und weniger interessant als die Fehltritte von Prominenten. Was ist aus dem früheren Zauber der Technik geworden? Transrapid und Airbus werden zur Kenntnis genommen, und wenn sie da sind, werden sie benutzt. Gefeiert aber werden sie nur noch von denen, die dies tun müssen, weil es eben ihr Job ist – PR-Leute, Spitzenmanager, Politiker.

Die Langeweile in der Moderne hat jedoch nicht nur mit Gewöhnung, sondern auch mit Vergessen zu tun. Steigerung ist gewöhnlich geworden, aber der holländische Pavillon mit seiner gewagten Architektur zog das Publikum der Weltausstellung 2000 an wie ein Magnet. Das Potenzial erschöpft sich eben nicht darin, die Funktionen von Kaffeemaschinen, Autos oder Notebooks zu vermehren und die Preise dafür zu senken. Die Moderne will Schönheit, Ethos, Gespräch, Liebe, Kunst. Im konkreten Leben ist dieser Teil der Moderne lebendig, im Nachdenken und Reden über die Moderne dagegen ist er in Vergessenheit geraten. Was soll's, ist man versucht auszurufen, auf das konkrete Leben kommt es an und nicht auf die Theorie! Falsch: Ohne Nachdenken und Reden, ohne Selbstbeobachtung, ohne Klärung der Begriffe gibt es keine Aneignung und Festigung der Lebenspraxis, an der man hängt. In diesem Sinne sind die fundamentalistischen Angriffe auf den Westen weniger eine Bedrohung als vielmehr ein Katalysator dafür, sich mit geschärftem Blick und neu auf die Moderne einzulassen.

Die Auseinandersetzungen, in die sich der Westen im 21. Jahrhundert verstrickt sieht, verlangen ihm ein ungewohntes Bekenntnis zu sich selbst ab, denn es zeichnet sich ein Fundamentalkonflikt ab, in dem genau diejenigen Ideen wiederkehren, gegen die sich die Aufklärung im 18. Jahrhundert richtete: magische Religiosität, ethnische Gemeinschaft, Verbot des Zweifels, Bekämpfung des Anspruchs jedes Einzelnen auf sein eigenes Leben, Verfluchung des irdischen Glücks.

Im 20. Jahrhundert konnte man den Eindruck gewinnen, dass sich die Kraft der Aufklärung im Projekt der europäischen Integration erneuerte, wenn man sich nicht allzu intensiv mit den Affären der EU-Kommission, dem Gefeilsche um nationale Sonderrechte und den Vorschriften zur Mindestgröße von Apfelsorten beschäftigte. Von Jeremy Rifkin gerade noch euphorisch als Hoffnung der Welt gefeiert,[13] macht Europa zu Beginn des 21. Jahrhunderts nicht eben einen mitreißenden Eindruck. Gewiss: Unvergessen ist der Spott Voltaires über die Religion, das Vertrauen Rousseaus in den freien Willen, die Aufforderung Kants zum Selbstdenken, die institutionelle Grundlegung der Demokratie bei Montesquieu und die kosmopolitische Einstellung all dieser Denker. Und mit dem Konzept des Verfassungspatriotismus hat Habermas die aufgeklärte Gegenposition zu Magie, Nationalismus, Irrationalität, Unfreiheit und Glücksfeindschaft erneut auf den Begriff gebracht.[14]

Aber all dies ist ferne Politik und abstrakte Philosophie. Früher einmal hat die Moderne begeistert. Eine der herausragenden Figuren der verlorenen philosophisch-ästhetischen Modernitätsbegeisterung ist Friedrich Schiller, der schon lange tot war, als die heute abgekühlte technisch-naturwissenschaftliche Modernitätsbegeisterung Europa mit einem Netz von Eisenbahnschienen überzog. Diesem reduzierten Modernitätsverständnis ist Europa immer noch verhaftet, und Schillers Ode an die Freude in der Vertonung von Beethoven passt schlecht zum Streit über Britenrabatt und Agrarsubventionen. Zwar gehören Schillers sprachliche Ausdrucksformen in seine Zeit, aber seine Verbindung von gedanklicher Klarheit und Gefühl ist für moderne Menschen wegweisend, wie cool sie sich auch immer geben mögen. Sie müssen wissen, was sie wollen, und sie müssen den Wert ihres Lebensstils kennen.

Blick auf das schöne Leben. Über das Folgende

Zum westlichen Lebensstil äußert sich der versunkene Kodex der sieben Todsünden in denkbar konkreter Weise. Er geht differenziert auf das Alltagsleben normaler Menschen ein, auf Essen und Trinken, Freude an schönen Dingen, Sex, Narzissmus und süßes Nichtstun einerseits, und auf Frustration, Aggression, Neid und Eifersucht andererseits. Im Folgenden sollen die sieben Todsünden als Kontrastmittel dienen, um den unausgesprochenen Kodex des schönen Lebens in der Moderne hervortreten zu lassen.

Am Beispiel der sieben Todsünden untersuche ich zwei Spannungsverhältnisse. Zum einen geht es um den Gegensatz zwischen einem Leben für Gott und dem eigenem Leben, zum anderen geht es um die schwierige Balance zwischen Freiheit und Selbstbegrenzung. Das erste Spannungsverhältnis kennzeichnet den Anfang, das zweite die Gegenwart und Zukunft der Moderne. In beiden Konflikten wird sichtbar, worin das Leben ohne Sünde besteht.

Es geht im Folgenden nicht um eine buchstabengetreue Bezugnahme auf den Katalog der Todsünden; angesichts der Textunterschiede einer jahrhundertelangen Tradition würde dies nur zusätzliche Beliebigkeit nach sich ziehen. Wie die Redaktionsgeschichte der sieben Todsünden zeigt, handelt es sich dabei nur um eine von vielen Systematisierungen. In der ultimativen, bis heute gültigen Fassung hat Papst Gregor I. den ursprünglichen Katalog von Evagrius teils gestrafft, teils erweitert;[15] so wurden aus acht Sünden sieben. Dem Begriff »Todsünden« ging ein anderer voraus: In der Urfassung spricht Evagrius von »Hauptlastern«.

Damit bringt er zum Ausdruck, dass es noch weitere Laster gibt, die der Katalog nicht anführt. Die Bedeutungen, die Gregor I. den ursprünglich lateinischen Sündenbegriffen zuwies, sind in den eingedeutschten Ausdrücken teilweise kaum noch wiederzuerkennen.[16] In solchen Details tritt die Unvermeidlichkeit von begrifflichen Ermessensentscheidungen zutage. Jeder Versuch, das Menschliche in Kategorien zu fassen, muss mit einem hartnäckigen Rest analytischer Willkür zurechtkommen. Die Kirchenväter standen vor demselben Problem wie die moderne Persönlichkeitspsychologie.

Vor diesem Hintergrund ist der Blick auf die Moderne in den anschließenden Kapiteln zu sehen. Sie zielen auf exemplarische Gegenüberstellungen, bei denen die beiden Spannungsmuster hervortreten werden: der – historisch gesehen – erste Konflikt zwischen dem alten Leben für Gott und dem modernen Leben für sich selbst; und, nach dem Verblassen des ersten, der Konflikt zwischen Lebensgier und Lebensgleichgewicht.

Jeder der sieben Todsünden widme ich ein eigenes Kapitel. Diese Anschauung des konkreten täglichen Lebens dient der Erörterung zweier Fragen in der zweiten Hälfte des Buchs: Was ist aus dem Begriff der Sünde geworden? Und woran halten wir Menschen des Westens uns moralisch fest?

Völlerei: Die Schuld des unschuldigen Vergnügens

Die Zumutung oraler Zensur

Kein Bedürfnis meldet sich so oft und so unabweisbar wie Hunger und Durst, nichts scheint natürlicher und selbstverständlicher. Jede vor dem Mund errichtete Eingangskontrolle, die Quantität und Qualität einer Zensur unterwirft, rückt einem unmittelbar und bedrängend auf den Leib. Man will, man könnte, aber man darf nicht, und dies ununterbrochen.

Gebote und Verbote in Bezug auf die Ernährung setzen voraus, dass Menschen bereit sind, die Kontrolle ihres ständig nach gutem Essen und Trinken verlangenden Körpers unter eigene Regie zu stellen. Keine Form der Unterdrückung spontaner Gelüste ergreift so sehr von einem Besitz wie orale Selbstkontrolle. Eine Diät, eine Fastenkur, eine Ernährungsumstellung oder auch nur der Verzicht auf cholesterinhaltige Lebensmittel prägen den Alltag nicht weniger nachhaltig, als es die Arbeit, die Wohnung oder der Partner tun. Der Unterschied ist: Mit Arbeit, Wohnung und Partner ist man viel fester verbunden als mit selbst auferlegter oraler Zensur. Nur schwer kann man ausweichen, wenn einem die Arbeit oder der Partner etwas abverlangen. Der Zumutung oraler Kontrolle dagegen kann man sich von einer Minute auf die andere entziehen, ohne dass dies gleich zu gravierenden Konsequenzen führen würde. Gerade wegen der Leichtigkeit, mit der man orale Kontrolle umgehen oder aufkündigen kann, hat es großes Gewicht, wenn man seinen Gelüsten *nicht* nachgibt. Schränkt man das Essen und Trinken freiwillig ein, so nimmt man dies als puren eigenen Willen wahr, als Sieg des Geistes über den Körper.

Vor diesem Hintergrund versteht man besser, warum viele Religionen ihren Anhängern Ernährungsvorschriften auferlegen. So ächten Moslems Schweinefleisch und alkoholische Getränke; im Ramadan fasten sie einen Monat lang tagsüber. Auch aus der christlichen Religion sind Fastenzeiten nicht wegzudenken, ebenso kennen alle fernöstlichen

Religionen das rituelle Hungern. Auf die Spitze getrieben wird die religiöse Inbesitznahme des Menschen durch die Disziplinierung des Essens und Trinkens im orthodoxen Judentum. Das bloße Hantieren in der Küche ist Gottesdienst. Das Essen ist schon nicht mehr koscher, wenn man in den für Fleischiges vorgesehenen Töpfen etwas Milchiges zubereitet. Isaak B. Singer erzählt von einem New Yorker Juden, der nach Israel auswandert und streng religiös wird. Erstaunt fragt ihn ein säkular gebliebener alter Bekannter bei einem Besuch in Jerusalem, worin er den Sinn der zahllosen Regeln sehe, die er nun zu befolgen habe. Es sei unwichtig, ob die Regeln aus irdischer Sicht absurd schienen oder nicht, lautet die Antwort. Entscheidend sei, dass man sie im Namen Gottes befolge. Ihr Sinn liege in der Verbindung des Alltags mit Gott.

Warum wurde die *Völlerei* als Todsünde stigmatisiert? Was soll schon schlecht daran sein, wenn man isst und trinkt, was und wie viel man will? Eben: Dass man dabei vor allem dies will und nichts Höheres. Spontane Glückssuche, wie sie sich täglich und bei jedermann in Hunger und Durst ausdrückt, in oralen Gelüsten, im Hinunterschlingen, bis man nicht mehr kann, in der ewigen Faszination an der Verfeinerung des Geschmacks – diese spontane Glückssuche bedeutet im Weltbild der sieben Todsünden Gottvergessenheit zugunsten von Selbstversessenheit. In der Ablehnung der Völlerei greift die Religion auf ein Grundbedürfnis zu. Das nächstliegende Glück wird nicht bloß als lässliche Sünde behandelt, nein, man begeht gleich eine Todsünde und läuft Gefahr, die ewige Seligkeit zu verspielen.

Moral als Ausnahme, Verstoß als Regel

Im frühen Mittelalter wurde die Völlerei als Todsünde gekennzeichnet, im späten Mittelalter tauchte sie zusammen mit den anderen Todsünden im Katalog der Beichtfragen auf. Im Alltag kam das Verbot der Völlerei jedoch erst bei den Protestanten in der frühen Neuzeit an, als die große Zeit der Todsünden eigentlich schon vorbei war. Vorher waren es nur wenige, die streng asketisch lebten. Man respektierte die beispielhaft Frommen, aber man musste ja nicht gleich selbst einer sein. Die rigorose Moralisierung des Essens mischt sich in der europäischen Esskultur mit einer ganzen Reihe anderer Motive.[1] Aus der griechischen und römischen Antike kommt die Idee der Mäßigung, die aber gerade nicht die Unterdrückung, sondern die Entfaltung des Glücks bezweckt. Elemente davon finden sich im Grundsatz des Abwägens, der *discretio*, bei den Benediktinern: nicht zu wenig, nicht zu viel. Dafür gab es allen Anlass, bezeugen doch die Dokumente über die täglich zugeteilten Rationen in vielen Klöstern eine Üppigkeit, die vielen modernen Menschen zu weit ginge. Mönche in Sankt Gallen konnten beispielsweise täglich mit fünf Maß Bier rechnen[2] – nach heutigem Gefühl und WHO-Norm ein klarer Fall von Alkoholsucht. Der dickleibige Prior ist sprichwörtlich, er steht neben dem asketischen Mönch im Theater der Sozialfiguren der europäischen Geschichte.

Auch das raubtierhafte Verschlingen großer Mengen, die Moral des Fressens, war neben der Moral der Askese und der Moral der Mäßigung durchaus positiv im kollektiven Gedächtnis verankert. Unmäßigkeit galt bei den Germanen als Zeichen von Stärke, bei der ständig vom Hunger bedrohten Bevölkerung als Zeichen von Klugheit, bei der im Überfluss lebenden Aristokratie und im Großbürgertum als Zeichen von Rang. Schon seit dem 9. Jahrhundert entwickelte sich die Kochkunst, beflügelt durch einen Zustrom von Gewürzen wie Ingwer, Zimt, Galgantwurzel und Nelken auf deutschen, französischen und italienischen Märkten. Die im Zeichen christlicher Zucht geführten Kreuzzüge Ende des 11. Jahrhunderts brachten nicht etwa den Menschen des Orients die Askese, sondern denen des Okzidents weitere Verfeinerung.[3]

So ist die Stigmatisierung der Völlerei als Todsünde nur eine Facette in einem kontrastreichen Bild europäischer Esskultur. Vor allem in der Fastenzeit trat diese Facette hervor, mit dem paradoxen Effekt, dass außerhalb der Fastenzeit die Gefräßigkeit geradezu vom gesunden Menschenverstand geboten und durch kollektive Praxis legitimiert schien. In den reichsten Klöstern sanken die Rationen kaum unter 5000 bis 6000 Kalorien am Tag. »So groß«, schreibt der französische Historiker Moulin, »war die Besessenheit vom Essen ... und, als Gegengewicht dazu, das Leiden an ... der die Nahrung betreffenden Kasteiung.«[4]

Sichtbar wird somit eine Dialektik von Moral als Ausnahme und Verstoß als Regel, mit der die verschiedenen Regionen und Konfessionen in Europa unterschiedlich umgingen. Der hungernde, gefräßige, sinnliche, naschhafte Körper regierte den Alltag, aber gut im christlichen Sinn war das nicht, und die Fastenzeit brachte dies regelmäßig in Erinnerung. Noch heute erkennt Montanari im Umgang moderner Menschen mit Ernährung Spurenelemente von Wertvorstellungen, »die mit Buße zu tun haben, mit einem Verlangen nach Verzicht. Zu schwer wiegt eine religiöse Tradition, die uns gelehrt hat, den Begriff des Vergnügens mit Schuld und Sünde zu verbinden.«[5]

Versklavung durch die Lüste

In ihrer Novelle *Babettes Fest*[6] lässt Tania Blixen die Mentalitäten von Abstinenz und kulinarischer Raffinesse aufeinander stoßen. Nach dem Aufstand der Kommune in Paris 1871 flüchtet eine junge Frau nach Norwegen. Sie kommt bei zwei älteren Schwestern in einer streng protestantischen Gemeinde unter. Jahrelang führt sie den beiden Damen den Haushalt. Eines Tages erhält sie die Nachricht, dass sie in der Lotterie gewonnen hat – zu wenig, um nun reich zu sein, aber ausreichend, um ein Fest zu veranstalten, mit dem sie sich bedanken möchte. Es ist schon schwierig genug, die Einladung überhaupt auszusprechen und die Zusage der lust-ungewohnten Dorfbewohner zu bekommen. Aber schließlich können sie Babette ihren Wunsch nicht abschlagen. Als sich die Vorbereitungen verdichten, als merkwürdige, nie gesehene Lebensmittel, ja sogar lebende Vögel und Champagnerflaschen eintreffen, als die Küche zum Schlachtfeld wird und unbekannte, erregende Gerüche nach außen dringen, ergreift die Dorfbewohner die schiere Angst. Sie sehen sich von einer schweren Anfechtung bedroht und sprechen sich gegenseitig Trost zu, während sie an der Festtafel Platz nehmen. Babette aber versteht ihr Handwerk, schließlich war sie, was niemand weiß, Köchin in einem Pariser Feinschmeckerlokal gewesen. Zunächst abwehrend, dann zögernd Geschmack findend und bald geradezu sündhaft begeistert trotz aller guten Vorsätze sprechen die Gäste den Köstlichkeiten zu. Für wenige Stunden sind sie etwas schlechtere Christen und etwas bessere Menschen. Und wie das Fest zu Ende ist, geschieht etwas nie Dagewesenes: Sie gehen nach draußen, fassen sich an den Händen und tanzen angeheitert um den Dorfbrunnen. Das also war es gewesen, wovor sie Angst gehabt hatten, als sie noch nüchtern waren.

Zwar scheint die christliche Ächtung der Lust am Essen noch milde im Vergleich zur weitaus strengeren Ächtung der Sexualität, aber gerade die scheinbare Harmlosigkeit des guten Appetits hebt die Bedeutung seiner Verurteilung hervor: Die irdische Glücksfeindschaft der Religion erstreckt sich auch auf die schlichteste und unvermeidlichste aller Lüste, auf die Urlust, mit der man als Säugling auf die Welt kommt. Während das Judentum auch die Lust am Essen als gottgewollten Teil der menschlichen Existenz anerkennt und kultiviert, ist körperlicher Genuss in der christlichen Tradition eine Sünde, und sei es nur der Genuss eines raffinierten Gerichts.

Den Genuss eine Versklavung durch die eigenen Lüste zu nennen, die erfolgreiche Unterdrückung dieser Lüste dagegen Freiheit, deutet noch auf ein metaphysisch konstruiertes Menschenbild hin, das das Eigene zum Fremden erklärt. Ganz anders die moderne Auffassung des Menschen; sie urteilt symmetrisch. Sowohl dem Hemmungslosen wie dem Gezügelten billigt sie Eigensinn zu. Erst jetzt erkennt man einen bezeichnenden Unterschied: Der Eigensinn des Hemmungslosen ist bauchgesteuert, der Eigensinn des Gezügelten kopfgesteuert, reflektiert, an Prinzipien orientiert. Entscheidend ist aber: Der Bauch ist immer der eigene Bauch, der Kopf dagegen nicht immer der eigene Kopf.

Hungern im Namen einer fremden Instanz ist eine der wirksamsten Formen der Unterwerfung, weil dies ohne Selbstkontrolle nicht möglich ist. Selbstkontrolle fordert Unterdrückung des eigenen Körpers, vor allem auch dann, wenn man sich unbeobachtet weiß. Widersteht man der Versuchung auch in den vielen heimlichen Nischen des Alltagslebens, so wird die Selbstkontrolle zu einem starken Signal nach innen. Dabei lautet die Botschaft an sich selbst: Ja, ich verzichte, und das aus Prinzip.

Die moderne Angst vor dem Essen

Vom »Tod in Töpfen« ist in einer Kantate Johann Sebastian Bachs die Rede. Dieser wird in unserer Zeit freilich noch viel mehr gefürchtet, bekämpft, diskutiert, therapiert, aber auch noch trotziger ignoriert, als zur Zeit des Pietismus, in der Bach diese Kantate komponierte. Geändert haben sich jedoch die Gründe für die Abstinenz. Viele moderne Menschen hätten Babettes Fest nicht weniger gefürchtet als die Dorfbewohner, nur aus anderen Motiven. Ihre Beweggründe leiten sie nicht aus der Religion ab, sondern aus heutigen Schönheits- und Gesundheitsidealen. In unseren Tagen würden die Gäste von Babettes Fest das Fett vom Braten wegschneiden, zweimal Salat nehmen und den Nachtisch verweigern. Viele Zeitgenossen behandeln Nahrungsmittel mit hoher Cholesterinkonzentration wie Giftmüll. Sie lesen nicht mehr die Bibel, sondern Ernährungsratgeber; an die Stelle des Morgengebets ist das Ritual des Wiegens getreten; und statt zu pilgern, joggen sie. Das Wissen, an dem sie sich orientieren, ist teilweise nicht weniger widersprüchlich als die Bibel. Die einen essen möglichst wenig Kohlenhydrate, die anderen möglichst wenig Fett. Es gibt Mythen im Gewand der Naturwissenschaften, deren empirische Grundlage nicht viel tragfähiger ist als die von Gespenstergeschichten und Berichten über Wunderheilungen.[7] Rauchern wird ihre Todsünde EU-weit von Amts wegen mit drastischen Worten und Bildern auf der Zigarettenpackung bescheinigt. Ob das Foto einer vom Krebs zerfressenen Lunge oder der Anblick eines mit glühenden Zangen gefolterten Sünders auf einem Gemälde von Hieronymus Bosch: beide Bilder zielen auf die gleichen Regungen – schlechtes Gewissen und Furcht.

Auf den ersten Blick könnte man denken, dass unter der Oberfläche alles beim Alten geblieben sei. Doch das Wichtigste hat sich geändert – die Begründung des Selbstzwangs. Man übt ihn nicht mehr im Namen Gottes aus, sondern im eigenen. Keineswegs wurde die Schwere, die auf dem Thema Ernährung lastet, dadurch geringer, im Gegenteil. War die Ächtung der Völlerei in vormoderner Zeit eher symbolischer Art, belanglos in Zeiten des Hungers und nicht sonderlich ernst genommen in Zeiten des Überflusses, so gibt es in der fortgeschrittenen Moderne kaum ein Thema, das die Menschen mehr beschäftigt.

Nun sündigt man nicht mehr gegen Gott, sondern gegen sich selbst, gegen die Gesundheit, die Lebenserwartung und das Aussehen. Die Werte der Moderne sind diesseitig und real, die ewige Seligkeit der Vormoderne dagegen war noch weit. Jeder muss jetzt selbst die Aufsicht führen; statt Vorschriften gibt es nur Empfehlungen; den kurzen Prozess der Absolution ersetzt nun die quälende und selten erfolgreiche Prozedur des Abspeckens. Bestraft wird man nicht irgendwann durch das Fegefeuer, sondern sofort durch den dicker werdenden, mit Cholesterinablagerungen und anderen Nahrungsmittelrückständen vergifteten Körper. Vorbei ist es mit der Folklore des jahreszeitlich rhythmisierten Fastens, die es erlaubte, dem Fluch auf das irdische Glück auf leicht zu ertragende Weise Respekt zu zollen mit der Aussicht auf kompensatorische Völlerei danach; stattdessen fordert einen das Essen und Trinken heute zu ununterbrochener Selbstkontrolle heraus.

Dies ist der Rahmen für eine neue Prüderie des Essens und Trinkens, zu der strafende Blicke auf die Fettpolster anderer gehören; Bußpredigten gegen Big Mac oder Currywurst und Pommes frites; Nahrungsergänzungsmittel als Heilige und Nothelfer; Exorzismen in Form von Fettabsaugungen, partieller Darmverkürzung und Verschlucken von Magenballons; Bulimie als Hin und Her zwischen Erlösung und Verdammnis; Lebensmittelchemie als Offenbarung; Bioläden und Reformhäuser als Stätten von Einkehr und Absolution.

Doch wie in der Vormoderne Askese als religiöse Übung nur eine Form von mehreren war, mit Ernährung umzugehen, so bietet auch die Esskultur der Gegenwart ein kontrastreiches Bild. In der neuen Prüderie der Ernährung schieben sich die wahrgenommenen Risiken vor die Chance, Ernährung als Projekt kleiner, schöner Alltagsmomente zu gestalten. Doch wie viele sind es, die von der einfachen Möglichkeit kleinen Glücks Gebrauch zu machen verstehen, die der Körper jedem bietet? Den Prüden und Überreflektierten stehen Ernährungsphlegmatiker, Ernährungsresignative und Ernährungsvergessene gegenüber. Für einen enormen ökologischen Preis produzieren die Hersteller eine Übermenge an Lebensmitteln; Werbung und Handel bahnen der Übermenge den Weg in die Mägen; und die kollektive Fettmasse steigt und steigt. Optische Reize, perfektionierte Aromastoffe und das Mantra idiotischer Glücksversprechungen ergeben eine Melange, der viele nicht widerstehen können. Sie zahlen den unvermeidlichen körperlichen Preis, ohne viel dafür zu bekommen.

Der schöne Augenblick des Essens setzt Konzentration voraus, Kochkunst, Phantasie, Erinnerung, ein angenehmes Ambiente, die Gegenwart interessanter Gesprächspartner, ausreichend Zeit – und oft auch Arbeit. Ein kulturgeschichtlich prägendes Modell des schönen Essens ist bis heute das Symposion der griechischen Antike. Epikur, der unvergessene Glücksapostel dieser Zeit, war freilich puritanischer, als es sein Ruf glauben macht. »Wenn man seine Lehre genauer betrachtet, ist sie sogar sehr streng und freudlos«, urteilte Seneca über ihn.[8] Dass man heute unter »Epikuräern« Menschen versteht, die irdische Glückssuche mit

Mäßigung zu verbinden wissen, ist ein Beispiel für die Verbesserung der reinen Lehre durch Aneignung im Alltag und Vergessen des Originals. Der Common Sense weiß es besser als diejenigen, die ihn belehren wollen. Nur deshalb konnte sich die Idee des schönen Essens im Spannungsfeld von Ernährungspuritanismus und Unersättlichkeit über Jahrtausende hinweg behaupten.

Das Gleichgewicht zwischen den beiden Extremen zu finden, ist eine erst in der Moderne wieder denkbare Herausforderung, die schon im vormodernen Schwanken zwischen Fasten und Völlerei keinen Platz hatte, und erst recht nicht in der protestantischen Morgendämmerung der Moderne. Eine gute Alternative zu einem Fertiggericht wäre folgendes Rezept von Philoxenos von Kythera aus dem 4. Jahrhundert vor Christus: Zunächst wird in einer Kasserolle Olivenöl erhitzt. Anschließend fügt man zwei Schöpflöffel Fischsud und einen guten Esslöffel klaren Honig hinzu. Zusammen mit einem halben Pfund Garnelen lässt man das Ganze kurze Zeit kochen. Dann werden die Garnelen mit einem Sieb entnommen. Die Brühe wird zur Hälfte verkocht, dann mit zwei Teelöffeln frisch gehacktem Oregano abgeschmeckt und wieder über die Garnelen gegossen. Schließlich bestreut man das Gericht mit frischem Pfeffer und serviert es zusammen mit Brot und Salat als Vorspeise.[9]

Philoxenos und Johannes der Täufer

In der Idee des Rezepts steckt eine allgemeinere Idee: Es gibt ein Glück der Sinne jenseits der bloßen Befriedigung des Körpers. Um seinen Hunger zu stillen, könnte man die Zutaten für das Rezept des Philoxenos auch ungegart und nacheinander essen. Sollte Völlerei eine Todsünde sein, wäre dies ein guter Weg, um sich vor der Völlerei zu bewahren. Davon wäre Philoxenos freilich nicht zu überzeugen gewesen. Eher hätte er es als Sünde betrachtet, sich die Lust verfeinerten Essens entgehen zu lassen, freilich nicht als Todsünde, sondern als Unterlassungssünde.

Wer sich etwas Gutes nach einem Rezept kocht, gibt dem Gedanken Raum, auch sich selbst etwas schuldig zu sein. Philoxenos stellt das Ziel des schönen Lebens über das des nackten Lebens. Sein Gegenspieler ist Johannes der Täufer in der Wüste, der sich von Heuschrecken und wildem Honig ernährte. Ließ er wenigstens den Honig auf die Heuschrecken tropfen, damit sie ihm besser schmeckten? Wohl kaum; er war ein Vorbild des systematischen, demonstrativen Verzichts. Was ihn von den ersten Menschen unterschied, die ebenfalls eines nach dem anderen aßen, was auch immer ihnen in die Hände fiel, ohne Rezept, war der Umstand, dass er mit Sicherheit bereits über die Idee sinnlichen Vergnügens verfügte, nur dass er ihr nicht folgte, sondern sie bekämpfte.

Philoxenos spielte mit der Natur, Johannes der Täufer aber auch. Beide hatten dasselbe Material zur Verfügung: ihren Geschmackssinn und die Zutaten. Philoxenos war raffinierter als die ersten Menschen, Johannes der Täufer aber war in einem bestimmten Sinn noch raffinierter als Philoxenos. Der Heilige tat nicht, was ihm seine bereits kultivierte Natur nahelegte; er ließ Körper und Geist gerade nicht zusammenspielen, sondern gegeneinander. Sein metaphysisches Spiel der Askese bezog sich auf das irdische Spiel der Glückssuche, es war ein Spiel mit dem Spiel. Der eine nutzte die Natur, der andere unterdrückte sie; der eine folgte ihr, der andere besiegte sie; dem einen schmeckte es, der andere fühlte sich erhoben. Philoxenos verkörperte das moderne Leitbild des schönen Lebens, Johannes der Täufer das der Todsündenlehre.

Diesen Leitbildern zufolge erwarten wir ernste, fast widerwillige Esser im Mittelalter und heitere in der Moderne, aber wir sehen das Gegenteil. In der Esskultur des Mittelalters hatte das gemeinsame Tafeln seinen festen Platz.[10] Das griechisch-römische Erbe des Symposions und das germanische Erbe der demonstrativen Völlerei hatten bedeutend mehr Einfluss auf die Ernährungsweise als der Grundsatz des Askese,[11] selbst in den Klöstern. Ein Übriges tat die wiederholte kollektive Erfahrung des Hungers; die Erinnerung an vergangene Hungersnöte und die Erwartung kommender reichte aus, um die Völlerei in besseren Zeiten moralisch zu kompensieren und dem Essen bis zur Kapazitätsgrenze des Bauches jeden Anflug von Sündhaftigkeit zu nehmen.[12] So waren die Menschen der Vormoderne begeisterte, lachende, keineswegs von schlechtem Gewissen angekränkelte Esser, die mehr und mehr auf den Geschmack kamen und ihre Gerichte mit allem verfeinerten (nach heutigem Geschmack: überwürzten), was der Markt zu bieten hatte.

Johannes der Täufer stand für die mönchische Moral des Essens und Trinkens, aber die Menschen hatten auch die Fressmoral des Adels und die immer noch virulente atavistische Fresstradition der Barbaren vor Augen.[13] Die Mönche nahmen sich die Armen zum Vorbild, aber die Armen machten sich kein Gewissen daraus, so viel zu essen, wie sie konnten, wenn es etwas gab. Fastenzeit bedeutete nicht Hungern, sondern Veränderung der Ernährung, beispielsweise Fisch statt Fleisch. Festzeit dagegen bedeutete auf jeden Fall viel Essen.

Erst der asketische Protestantismus zu Beginn der Neuzeit brachte den Frömmigkeitsstil der Enthaltsamkeit unter die Leute, obwohl es nach dem protestantischen Sündenbegriff gar nicht wie bei den Katholiken primär darauf ankam, Gebote zu befolgen, sondern zu glauben. Was das Essverhalten betraf, waren die Protestanten katholischer als die genießerischen Katholiken,[14] deren Verstoß gegen das Verbot der Völlerei nur gelegentlich von den Großrevisoren des Klosterlebens wie etwa Bernhard von Clairvaux resigniert getadelt wurde.[15] Doch sie blieben ungehörte Rufer in einer Schar klerikaler und weltlicher Vielfraße und Gourmets, denen ihr Bauch viel näher war als der Himmel.

Die Menschen der Moderne haben den metaphysischen Begriff der Sünde aus ihrem Alltagsleben getilgt, sie ersetzten ihn jedoch durch die Vorstellung der Eigenschädigung, der Sünde gegen sich selbst. Im Mittelalter galt es als gesundheitsschädlich, Wasser zu trinken; niemand nahm Anstoß am exzessiven Genuss von Bier und Wein. Die neuzeitliche Idee der Enthaltsamkeit entstand just in einer Zeit, als die Moral der Todsünden allmählich verblasste.[16] Im selben Maß, wie das symbolische, eher mit Abwechslung als mit Entzugserscheinungen verbundene Fasten verschwand, begann sich die neue, moderne, vielschichtige Moralisierung des Essens auszubreiten. Die Bevormundeten früherer Zeiten langten unbekümmert zu, die Freien der modernen Zeiten haben schon mit unfrohen Gefühlen zu kämpfen, wenn sie bloß ein Eis essen.

In jeder Tankstelle können sie zwischen Dutzenden von Sorten wählen. Speiseeis gehört zu den Genüssen, die erst in der Moderne für jedermann erschwinglich wurden. Im Verhältnis zur gigantischen Erweiterung der Wahlmöglichkeiten allein bei Lebens- und Genussmitteln, präsentiert in den Kathedralen der Supermärkte, verfeinert durch Aromatechnologie, ganzjährig verfügbar gehalten durch globale Logistik, erscheint die Veränderung der kollektiven Glücksbilanz im Vergleich von Mittelalter und Moderne absurd gering. Die Esser der Vormoderne füllten sich fröhlich den Bauch, die Esser der Moderne nähern sich allen Lebensmitteln mit Vorbehalt, und sie arbeiten hart gegen die

Versuchung an, sich den Bauch zu füllen. Vom Verdacht auf Pestizidrückstände, Konservierungsstoffe und genmanipulierte Zusätze bedrängt, betrachtet man Lebensmittel wie Gift; und die Tabellen zu Kohlenhydrat-, Fett- und Eiweißanteilen auf jeder Verpackung signalisieren dem Konsumenten mit jedem Kaufakt, dass er für die potenzielle Zerstörung seines Körpers selbst verantwortlich ist. Lebensmittel könnten Todesmittel sein. Die Kultur des Essens in der Gegenwart führt nicht nur die durch die Moderne geschaffene Zugänglichkeit des schönen Lebens für alle vor Augen, sondern auch das Ungeschick bei dem Versuch, die neuen Chancen zu nutzen. Johannes der Täufer ist verschwunden, dennoch hat es Philoxenos schwer.

Unkeuschheit: Die schlimme Lust

Ursünde Sex

In einer atemberaubenden Passage schildert das Erste Buch Mose, was in Adam und Eva nach dem Genuss des Apfels als Erstes vorging. »Da wurden ihnen beide Augen aufgetan, und sie wurden gewahr, daß sie nackt waren, und flochten Feigenblätter zusammen, und machten sich Schurze. Und sie hörten Gott den Herrn, wie Er im Garten ging, als der Tag kühl geworden war. Und Gott der Herr rief Adam und sprach zu ihm: Wo bist du? Und Er sprach: Ich hörte dich im Garten und fürchtete mich; denn ich bin nackt, darum versteckte ich mich. Und Er sprach: Wer hat dir gesagt, daß du nackt bist?«[1] Dem Verlust der Unschuld folgt das Einsetzen von Reflexivität, und gleich die erste Selbstbeobachtung des Menschen richtet sich auf seine Eigenschaft als sexuelles Wesen. So verschmelzen Sex und Sünde in der mythischen, vormodernen Form christlicher Religiosität zu einer untrennbaren Einheit.

Ein zweiter zentraler Mythos kodiert das Sexuelle auf indirekte Weise als sündig: die Geschichte von der unbefleckten Empfängnis der Jungfrau Maria. Wenn Virginität Unbefchtheit bedeutet, dann ergibt sich im Umkehrschluss, dass man sich durch Sexualität beschmutzt. Dass neues Leben »in Sünde« empfangen werde, war lange Zeit eine stehende klerikale Redewendung.

Wenn schon die Zeugung Sünde ist, um wie viel sündiger muss Sex erst dann sein, wenn er bloß der Lust und nicht der Fortpflanzung dient. Hast du unreine Gedanken gehabt? Hast du dich selbst befleckt? Ist es gar zum Äußersten gekommen? Fragen dieser Art lassen es verständlich erscheinen, dass heute die Beichtstühle in den katholischen Kirchen verstauben. Sie sind kaum noch in Anspruch genommene Zeitkapseln. Wer sich hineinbegibt, wird für einige Minuten um Jahrhunderte zurückversetzt, während draußen die Sexindustrie wartet.

Das Keuschheitsgelübde der Mönche und Nonnen und das Zölibat der katholischen Priester bringen die herausragende Bedeutung der Sexualität in der christlichen Sündenlehre zum Ausdruck. Es mag angehen, dass ein Diener Gottes verfressen, arrogant, aufbrausend, intrigant, faul und habgierig ist – alles ist nicht so schlimm, wenn er nur nicht herumhurt. Während die ersten Kirchenväter die Unkeuschheit nicht mehr verdammten als die anderen Todsünden auch, von der Hoffart abgesehen, überragt die faktische Ächtung der Wollust alle anderen christlichen Vermeidungsimperative an Intensität, an Mobilisierung von Aufmerksamkeit und an Bedrohung durch Strafen.

In der christlichen Interpretation des Alten Testaments wurde der Apfel, mit dem sich Adam von Eva dazu verführen ließ, vom Baum der Erkenntnis zu essen, vor allem zu einem Symbol der sexuellen Versuchung. Sex galt als Ursünde und schob sich vor die im Ersten Buch Mose eigentlich gemeinte Ursünde, die darin bestand, dem menschlichen Eigensinn und seiner unendlichen Neugier freien Lauf zu lassen. In der abendländischen Malerei versäumt es kein Meister, Eva mit allen Attributen der schönen, sinnlichen, sexuell verführerischen Frau auszustatten. Beiläufiger Voyeurismus aus frommem Anlass: Bei aller Glücksfeindschaft ging es immer auch um heimlichen Lustgewinn.

Wie die Lehre von den sieben Todsünden genussvolles Essen und Trinken nur begrenzt verhinderte, so auch sexuellen Genuss. Die Lust der Geschlechter aufeinander war zu groß, das Drängen der Körper zu mächtig, die sexuellen Phantasien zu lebhaft. Wirklich zu besiegen war die Sündhaftigkeit der Menschen nicht, zu behindern allemal. Don Giovanni, der einen Pakt mit dem Satan geschlossen hatte, bezahlte mit ewiger Verdammnis, um auf Erden im Rausch erotischer Begegnungen schwelgen zu können. Das Libretto der Oper demonstriert allegorisch, dass das Bekenntnis eines Menschen zu sich selbst Abtrünnigkeit von Gott bedeutet. Mozart schrieb die Oper schon in gottloser Zeit, geprägt wurde die literarische Figur jedoch durch den spanischen Dramatiker Tirso de Molina im 17. Jahrhundert und noch vor der Aufklärung – zur Todsündenzeit.

Grundlage der Sexualitätsphobie der christlichen Religion ist ausgerechnet die anthropologische Sonderstellung der Sexualität. Gerade weil Sex die Menschen alles um sich herum vergessen lässt, wurde er als Sünde interpretiert, und nicht etwa umgekehrt als besonders intensiv erlebter Ausdruck des Schöpferwillens. Die Idee, dass sich Menschen von Gott abwenden, sobald sie sich einem anderen Menschen und sich selbst sexuell zuwenden, ist eine christliche Spezialität. In anderen Religionen ist das Verhältnis zur Sexualität entspannter. Noch im 20. Jahrhundert war in Indien die Tempelprostitution gang und gäbe. Aber auch in anderen Kulturen gab es die Sozialfigur der Tempeldirne, die oft besondere erotische Kenntnisse hatte und als legitime, durchaus angesehene Liebesdienerin galt. Sie wurde von Priestern und männlichen Tempelbesuchern in Anspruch genommen, und zwar um Jenseitserfahrung *herzustellen*, ein Deutungsmuster, das dem christlichen und alttestamentarischen Paradigma diametral entgegengesetzt ist.[2] Eindrücklich und immer wieder warnt das Buch der Sprüche vor »der fremden Frau« – gemeint sind die Tempeldirnen der kanaanäischen Fruchtbarkeitsgöttin Astarte.[3] Nahe am modernen psychosomatischen Verständnis deutet der Konfuzianismus den Orgasmus als lebensverlängerndes Heilmittel; dieses wurde freilich von der ganzen Bevölkerung mit so großem Eifer angewandt, dass sich die Hüter der öffentlichen Ordnung im alten China veranlasst sahen, Gruppensex zu verbieten.[4]

Unbefangene Gottvergessenheit

Moderne Menschen verstehen Sexualität entweder als Triebabfuhr oder – anspruchsvoller – als Begegnung: Das Subjekt in seiner Einzigartigkeit erfährt im Hier und Jetzt ein anderes Subjekt in seiner Einzigartigkeit.[5] Zwar sind Begegnungen nicht auf Sexualität begrenzt; man kann auch Gegenständen, Landschaften oder Kunstwerken begegnen. Das besondere an der sexuellen Begegnung besteht jedoch darin, dass es ein Mensch ist, dem man begegnet, und dass der Partner in diesem Augenblick das gleiche Ziel hat wie man selbst. Wie der Philosoph Robert Nozick zeigt, gibt es keine andere Situation, die das selbe Maß an positiver Gegenseitigkeit ermöglicht.[6] Was man dem eigenen Glück zuliebe tut, ist genau das, was der andere braucht, um glücklich zu werden, und umgekehrt.

Es ist klar, dass Liebende dieses Niveau nicht selbstverständlich erreichen, ja dass es eine Kunst ist, so weit zu kommen. Dies konnte aber erst zum Thema werden, nachdem niemand mehr Anstoß daran nahm, wenn über geschlechtliche Liebe als Kunst und nicht als Sünde gesprochen wurde – mit einer Zeitverzögerung von zwei Jahrhunderten seit der Aufklärung.

Wie gehemmt sich die Moderne beim Abschied vom Mittelalter zeigte, tritt in der von Thomas W. Laqueur beschriebenen Kulturgeschichte der Masturbation zutage.[7] Selbst die Philosophen der Aufklärung warnten noch vor ihr, Freud pathologisierte sie als »Ursucht«, und die moderne naturwissenschaftliche Medizin war sich bis ins 20. Jahrhundert hinein darin einig, dass exzessive Masturbation zu Sehstörungen, Lungentuberkulose, Rückenmarksschwund, Gedächtnisschwäche und nervöser Übererregbarkeit führen würde – letzte, nur langsam verwehende Spuren der sieben Todsünden.

Dabei ist gerade die Masturbation ein Symbol für den Übergang vom Leben für Gott zum eigenen Leben. Sexualität, gesehen als Unkeuschheit, ist gerade noch akzeptabel: als Mittel zum Zweck der Fortpflanzung. Dass Menschen dabei Lust empfinden, soll nicht die Hauptsache sein, sondern nur ein Nebeneffekt, eine Voraussetzung, um alles in Gang zu bringen. Dem stimmte die Naturwissenschaft durchaus zu, sie setzte lediglich die Evolution an die Stelle Gottes und fügte einen weiteren Zweck hinzu: die Bindungsfunktion.

Dazu, dass Menschen den Nebeneffekt zur Hauptsache machen und sich mit ihrer Vorstellung des eigenen Lebens von der Evolution abkoppeln, kann die Naturwissenschaft als empirische Disziplin keine Meinung haben. Im vormodernen religiösen Weltbild dagegen wäre etwa eine in den USA gegründete Vereinigung masturbierender Frauen ein Teufelsbund: Diese Frauen kultivieren die zweckfreie Lust, statt sie zu bekämpfen – sie sind sich selbst wichtiger als Gott. Dasselbe Motiv taucht auch bei anderen Äußerungsformen zweckfreier, der bloßen Lust dienender Sexualität auf: vorehelicher und außerehelicher Sex, Homosexualität und Verhütung. Was die katholische Kirche angeht, so gilt dies bis heute. Der Sprecher der spanischen Bischofskonferenz, Juan Antonio Martinez, überraschte Anfang 2005 die Öffentlichkeit mit der Bemerkung, dass im Rahmen der Aidsvorbeugung Kondome zulässig seien. Einen Tag später folgte der Rückzug. Der Einsatz von Kondomen sei unmoralisch, da er der bloßen Lust diene. Und der Gesundheitsbeauftragte des Vatikans, Kardinal Javier Lozano, sekundierte: »Wir akzeptieren den Gebrauch von Präservativen nicht, nicht einmal zur Lösung des Aidsproblems.«[8]

Zu Ende befreit

Trotz solchen Widerstands ist das Ja zur Sexualität nicht mehr aus der Moderne wegzudenken; auch viele gläubige Katholiken nehmen sich die Freiheit, sich über die Stigmatisierung der zweckfreien Lust als Sünde hinwegzusetzen. Es war viel Energie nötig, um die Gleichsetzung von Lust und Schuld zu überwinden, und die Geschichte der sexuellen Emanzipation dauerte lange. Sosehr das Ausleben der Sexualität gehemmt worden war, so vehement verlief ihre Entfesselung seit den 1960er Jahren. Die eigene Sexualität wurde zum Symbol für das eigene Leben schlechthin.

Inzwischen sinkt jedoch altersbedingt der Hormonspiegel der Generation der sexuellen Revolution, und bildüberfütterte, gelegenheitssatte Generationen jenseits der Sünde wachsen nach. Nun geht es nicht mehr darum, das eigene Leben zu erkämpfen, sondern es zu gestalten. Jeder steht einem noch vor einigen Jahrzehnten undenkbaren sexuellen Möglichkeitsraum gegenüber und muss irgendwie darauf reagieren.

Die Vielzahl sexueller Lebensentwürfe und Handlungsmuster spiegelt die tatsächliche Verschiedenartigkeit von Menschen, die sich durch nichts gezwungen fühlen. Am Ende entzogen sie sich auch noch jenem paradoxen Zwang zur Ungehemmtheit, der für die Durchbruchsphase der 1960er Jahre charakteristisch war. Swingerclubs, Pornoindustrie, Vermarktung von Potenzmitteln, Telefonsex, Internetsex, Rückzug der Eltern als Verhinderungsinstanzen, Absinken des Durchschnittsalters beim ersten sexuellen Kontakt, Seitensprungagenturen, Entstigmatisierung der Homosexualität bis hin zur Homoehe – all dies zusammen bedeutet: Es kann keine weitere Befreiung mehr geben, die Sexualität ist zu Ende befreit, der spektakuläre kollektive Tabubruch ist ausgereizt. An seine Stelle tritt die Suche der vielen Einzelnen nach ihrer ganz persönlichen Form. Damit kommen auch unspektakuläre sexuelle Handlungsalternativen in Sicht, an die in der revolutionären Zeit der Überwindung von Barrieren niemand gedacht hat: das offen gezeigte Desinteresse an Sex überhaupt, die strategische Enthaltsamkeit aus beruflichen Gründen, das Comeback der Vernunftehe, das gleichgültige Abwarten ohne sexuelles Lebensprojekt.[9] Sex tritt zu anderen Lebenszielen und Glücksmöglichkeiten in Konkurrenz, er wird relativiert, rationalisiert, routinisiert, instrumentalisiert.

Vom genitalen zum oralen Tabu

Die Kirchenväter sahen den Stolz als schlimmste Sünde an, nicht die Unkeuschheit. Wie kam es dann, dass nicht Stolz das zentrale Thema bei der Emanzipation von der Sünde in der Moderne war, sondern Unkeuschheit? Stolz ist abstrakt, Sex ist konkret. Dies ließe sich freilich auch über das Essen und Trinken sagen. Doch die Ablehnung der Völlerei wurde, wie schon gezeigt, nicht besonders ernst genommen. Sie war von gegensätzlichen Motiven überlagert und blieb deshalb schwach und eher symbolisch. Das Tabu der Sexualität dagegen zieht sich ungebrochen durch die Geschichte des christlichen Abendlands.

Heute dagegen gewinnt man den Eindruck, dass sich das Tabu von der geschlechtlichen auf die kulinarische Enthemmung verlagert hat. Früher waren es die Ehebrecher und Herumhurer, die Dirnen und Abenteuerlustigen, die scheel angesehen wurden, heute sind es die Übergewichtigen. Als im Jahr 2005 in Berlin ein internationales Sadomasotreffen mit Festivalcharakter stattfand, kam der regierende Bürgermeister Klaus Wowereit persönlich vorbei, um die Teilnehmer offiziell und in amtlicher Eigenschaft zu begrüßen. Während der Fernsehzuschauer hörte, wie Wowereit die Veranstaltung als Zeichen für die Weltoffenheit und die kulturelle Aufgeschlossenheit seiner Stadt rühmte, schweifte die Kamera über die Teilnehmer. Man sah Menschen, die kein Tabu zu kennen schienen – nur Dicke waren nicht dabei. Völlerei gilt heute vielen als Sünde an sich selbst. Was dagegen die sexuelle Lust betrifft, so ist es geradezu umgekehrt: Als Sünde gilt das Versäumen erotischer Gelegenheiten.

Als das Prassen noch Völlerei war und Sex noch Unkeuschheit, wurden die Lüste durch die Verbote gleichzeitig gereizt und in Schranken gehalten. Früher war Sex die schlimmere Sünde und die Befreiung vom Tabu das auffälligere Ereignis. Heute hat sich die Brisanz der Themen verändert. Das Orale wurde heiß, das Genitale kühlte ab. Im Zeitalter nach der Sünde fühlen sich die Menschen von der Esslust stärker herausgefordert und gefährdet als von der Lust auf Sex. Das rechte Maß beim Essen und Trinken müssen sie mehrere Male täglich zu wahren versuchen, und es bedarf nur eines Handgriffs, verlockt von der Aussicht auf einen sofort spürbaren sinnlichen Genuss, um dabei zu scheitern. Das gerade Verschluckte, das man nun als zu viel empfindet, aber dem Köper nicht mehr entwinden kann, ist eines der letzten Überbleibsel von Reue und Scham in der Kultur des Westens. Im Leben für Gott gab es keine Bulimie. Das, was man im Magen hatte, konnte Gott einem nicht mehr wegnehmen, und gesündigt hatte man ohnehin schon. Bulimie gehört zur Pathologie des Lebens in eigener Regie. Hier tritt der Mensch selbst als strafender Gott seinem eigenen Körper gegenüber.

Wenn die Menschen für sich verantwortlich sind, ändern sich ihre Probleme. Die Zahl derer steigt, die Völlerei als ihre Hauptsünde betrachten, während die Unkeuschheit kaum noch der Rede wert ist. Zwar haben beide Lüste mit dem Körper zu tun, den immer mehr Menschen als zentrales Medium des eigenen Lebens sehen. Es geht dabei um Gesundheit, Schönheit, Fitness, Lebenserwartung, und vor allem um beglückende körperliche Erfahrungen: Kauen, Schmecken, Schlucken, Sättigung einerseits; Liebesspiele und Orgasmus andererseits. Aber die Anforderungen, die beide Lüste stellen, sind unterschiedlich.

Essen und Trinken sind weniger aufwendig und gleichzeitig körperlich folgenreicher als die Liebe, sofern sie nicht zur Schwangerschaft führt. Sex ist schwieriger, weil man ihn erst einmal anbahnen muss, weil er interaktiv ist und Konzentration verlangt. Sex macht mehr Arbeit und kostet Zeit, aber man kann ihn leichter zurückstellen.

Liebe nach der Karnickelphase

Bis zum Ende ihrer Schulzeit unterliegen englische[10] Internatsschüler und -schülerinnen einem ebenso strengen wie erregenden Regiment der Verhinderung sexueller Beziehungen. Für das, was unmittelbar danach geschieht, kursiert eine Geschichte aus dem Reich der Tiere: Zwei Kaninchenställe, das eine voller Männchen, das andere voller Weibchen, werden an entgegengesetzten Rändern einer Wiese aufgestellt. Die Kaninchen nehmen Witterung voneinander auf und drängen sich an der Seite zusammen, die dem gegenüberliegenden Käfig zugewandt ist. Das geht eine Weile so, dann werden bei beiden Käfigen gleichzeitig die Klappen hochgezogen. Männchen und Weibchen rasen aufeinander zu. In der Mitte der Wiese prallen die beiden Geschlechtergruppen aufeinander. Was dann unvermeidlich folgt, ist eine Rammelei bis zur völligen Erschöpfung.

Wenn man dies als Gleichnis für die kollektive Sexualgeschichte des Westens im 20. Jahrhundert liest oder auch nur als Gleichnis für die eigene, selbsterlebte Sexualgeschichte, so entsteht genug Distanz, um jenen Ernst zu vermeiden, mit dem das Thema Sexualität abgehandelt wird, seit Paulus in zahlreichen Briefen die urchristlichen Gemeinden ermahnte, nicht zu Sklaven des Fleisches zu werden. Zur modernen Sexualität passt jedoch eher die Titelgeschichte des *Cosmopolitan* vom Oktober 2005 –»Die neue Lust am Laster. Wilde Sexparties sind der letzte Schrei«. Sie ist in ihrer unverhohlenen Effekthascherei, die niemand ernst nimmt, immer noch besser als das gleichzeitig erschienene Buch *Neosexualitäten* von Volker Sigusch, dem nichts so fremd scheint wie Ironie.[11]

»Im schlechten Allgemeinen«, so predigt Sigusch den befreiten Kaninchen, »können die Verhältnisse von Mensch zu Mensch nicht einfach gut sein. Mitmenschliches unter den herrschenden Lebensbedingungen zu suchen, heißt, das gesellschaftliche Unding der Liebe immer wieder in seiner seelischen und sozialen Zwangsgestalt zu errichten ... Die eigentliche Menschheitsgeschichte hat noch nicht begonnen.«[12] Aber, aber, Herr Sigusch, das Öffnen der Käfige war doch schon einmal gar nicht so schlecht. Und was heißt hier »eigentliche Menschheitsgeschichte«? Rechnet man die Karnickelphase dazu, dann stellt sich gerade jetzt die Frage, wie es nach der großen Orgie weitergehen könnte. Zurück in den Käfig? Wohl kaum. Warten auf die nächste Orgie? Nur in Grenzen; gewiss regeneriert sich die Physis immer wieder, doch ein historischer Moment wie das Öffnen der Klappen lässt sich nicht wiederholen.

Modern zu denken bedeutet mehr, als nur Autos zu bauen oder Müllverbrennungsanlagen zu optimieren, so gewiss dies auch dazugehört. Ganz allgemein geht es in der Moderne darum, die Lebensqualität der Menschen vom jeweils erreichten Punkt aus immer weiter zu entwickeln, ob es sich um weitere technische Innovationen handelt oder um kulturelle Errungenschaften, die Modernisierung der Sexualität eingeschlossen. Der sexuelle Möglichkeitsraum ist nun weitgehend erschlossen, aber noch nicht so richtig bewohnt. Zu den neuen, noch wenig bearbeiteten Themen, die jetzt in Sicht kommen, zählen vor allem der Umgang mit der sexuellen Unterschiedlichkeit von Männern und Frauen und die Verbindung von Sexualität, Alltag und langfristiger Bindung.

Begrenzt anschlussfähig

In der Sexualgeschichte des Westens war das geschlechtliche Interesse von Männern und Frauen aneinander lange Zeit konstruktiv und destruktiv zugleich. Ihr Begehren war einerseits die treibende Kraft für die Entstehung von Verlöbnissen, Ehen, Affären und Seitensprüngen, andererseits ein leidvoll ertragenes Beziehungsproblem. Was die Geschlechter zusammenbrachte, trennte sie gleichzeitig.

Nicht nur sexualpsychologisch, auch physiologisch ist die Anschlussfähigkeit der Geschlechter begrenzt. Sie reicht aus, um Kontakte zu stiften und die Fortpflanzung sicherzustellen. Eine darüber hinausgehende, für beide Seiten befriedigende Sexualität mag aus der Sicht moderner Menschen die Hauptsache sein, doch die Evolution hat die Akzente anders gesetzt. Männer jagen und sammeln, Frauen halten fest; Männer erobern, Frauen verführen; Männer werden durch das erregt, was Frauen zeigen, Frauen durch das, was Männer versprechen; die Erregungskurve der Männer steigt schneller an und fällt nach dem Orgasmus steiler ab als die der Frauen; Anatomie und Physiologie des männlichen und des weiblichen Orgasmus sind keineswegs perfekt aufeinander abgestimmt; Frauen vermissen an Männern einen Sinn für körperliche Nähe und Zärtlichkeit ohne direkten sexuellen Bezug, Männer fühlen sich von Frauen oft genau dadurch genervt.

»Mach nicht schon wieder Ärger«, sagt der Protagonist des Films *Buffalo 66* zu seiner Freundin, wenn sie ihn küssen will. Er liebt sie, aber dieses Bekenntnis kommt ihm nicht über die Lippen, während sie darauf sogar noch mehr erpicht ist als auf den Kuss – auch dies eines der klassischen, millionenfach durchgespielten Drehbücher der begrenzten Anschlussfähigkeit zwischen Mann und Frau.

Handelt es sich bei all dem nicht bloß um Klischees? Jeder kennt Gegenbeispiele: Frauen, die Männer in Serie verbrauchen; Männer, die sich an Frauen heften wie Kletten; Paare, die sich sexuell von Anfang an blind verstehen; Männer, bei denen nur intelligente Frauen eine Chance haben; Frauen, denen egal ist, was der Typ daherredet, Hauptsache er sieht gut aus. Dazu ist jedoch zweierlei zu sagen: Zum einen entkräften Gegenbeispiele keine Aussagen über Kollektive – es geht hier um das, was einem relativ häufig begegnet, und dies entspricht nun einmal tatsächlich den Klischees.[13] Ein zweites Argument kommt hinzu: Wie auch immer Männer und Frauen geartet sind, ob sie dem Klischee entsprechen oder nicht, es gibt so gut wie immer einen Rest an sexueller Fremdheit. Die Anforderung, mit begrenzter Anschlussfähigkeit umzugehen, besteht unabhängig von evolutionsbiologisch oder kulturell angelegten Geschlechterdifferenzen; sie ergibt sich bereits daraus, dass der sexuelle Kontakt mehr als andere Beziehungen die Partner mit der Einzigartigkeit des Gegenübers konfrontiert. Im Extremfall führt die begrenzte Anschlussfähigkeit der Geschlechter zu einer Form der Sexualität, auf die Luhmanns Begriff der Selbstbezüglichkeit passt: Zwei Systeme, Mann und Frau, bleiben vollständig für sich, während sie einander »interpenetrieren«.[14] Für die Beweisführung, dass Systeme, in unserem Fall Männer und Frauen, zu mehr auch gar nicht imstande sind, als sich gegenseitig in dieser Weise zu benutzen, haben Systemtheoretiker unendlich viele Worte gemacht. Männer und Frauen dagegen können bereits mit wenigen Worten ihre wechselseitige Anschlussfähigkeit deutlich erhöhen, können sich einander mitteilen und sehr wohl auch verstehen. Das ist ein schlichter, systemtheoretisch nicht gewürdigter Sachverhalt, der die Frage der Zukunft der Sexualität erst sinnvoll macht.

Wenn das Leiden an der Sexualität nicht mehr durch Unterdrückung verursacht wird, bleibt immer noch das durch die begrenzte Anschlussfähigkeit der Geschlechter verursachte Leiden übrig. Zur Physiognomie dieses Leidens gehört der schockierte Gesichtsausdruck nach der Hochzeitsnacht, der tapfere Blick zur Zimmerdecke, bis es vorbei ist, das beherrschte Lächeln der Betrogenen, die vorgetäuschte Ekstase, die Gereiztheit der ewig Unbefriedigten, die hinter Gleichmut verborgene Beschämtheit, die Langeweile der Zusammenlebenden und die wechselseitige Verachtung der Getrennten.

Dass sich die Geschlechter dies jemals völlig ersparen könnten, dürfte eine Illusion sein. Sicher ist jedoch, dass sie es sich wenigstens teilweise ersparen können. Die Modernisierung der Sexualität verläuft auch hierbei nach dem klassischen Muster der ganzen Moderne. Selbstbeobachtung, Selbstbeschreibung, Selbstveränderung, und all dies im Diskurs mit anderen. Längst ist dieser Prozess in Gang gekommen. Das sexuelle Wissen und die sexuelle Diskurserfahrung sind enorm gestiegen, die Anschlussfähigkeit der Geschlechter hat sich verbessert. Perfekt wird sie nie sein, aber nach der Karnickelphase verfügen die Menschen immerhin über eine gestiegene Fähigkeit zur Selbstironie.

Informationsmöglichkeiten gibt es mehr als genug. Ganze Generationen haben ihr sexuelles Wissen während der Pubertät aus *Bravo* bezogen; was dann noch zu klären war, erledigten Lifestylemagazine wie *Cosmopolitan* oder Bücher wie Nancy Fridays Klassiker *Forbidden Flowers*.[15] Aber wird hier nicht nur wieder »das Unding der Liebe in seiner gesellschaftlichen und politischen Zwangsgestalt errichtet«? Man kann es auch anders sehen, mit mehr Vertrauen in den Common Sense: Männer und Frauen lesen dies und das, machen sich ihre Gedanken, sprechen miteinander und nähern sich sexuell immer weiter aneinander an.

Der graue Alltag

Dass er sich von seiner Frau habe scheiden lassen, begründete Bertrand Russell mit seiner Unlust, tagaus, tagein die gleichen Flanellnachthemden zu sehen. Wenn Mick Jagger auf die Frage nach der Zahl seiner unehelichen Kinder antwortet: »not so many«, dann redet er aus demselben Geist, nur noch frecher. Aber was für einen erotisch vielbeschäftigten Popstar zum Spin-off seines Berufs gehört und nicht weiter der Rede wert scheint, verdient bei einem herausragenden Philosophen, der für seine Arbeit eigentlich auf einen störungsfreien Alltag angewiesen war, höhere Aufmerksamkeit. Selbst Max Weber, der in Fragen der Ehre so rigide sein konnte, floh gelegentlich vor Flanellnachthemden und betrog seine Frau erst mit einer schönen Pianistin und dann mit einer lasziven Intellektuellen.[16] Martin Heidegger sah wahrlich nicht wie ein großer Verführer aus, war aber sein ganzes Leben hinter Frauen her; treu war er seiner Frau erst als Toter. So behielt sie ihn nach seinem Ableben noch den ganzen Tag über im Haus und verbrachte auch die darauf folgende Nacht neben seiner Leiche.[17] Der Sehnsucht nach dem Außergewöhnlichen erliegen Madame Bovary und Mick Jagger genauso wie die überlegenen Geister. Weg vom Flanell! Kaum jemand kann dem kategorischen Imperativ des sexuellen Abenteuers widerstehen.

Umso überraschender ist es, wenn man einem Hymnus auf den Alltag der Beziehung begegnet. Wo viele nur den grauen Alltag sehen können, entdecken manche seine Poesie. Der Protagonist von Ian McEwans

Roman *Saturday* ist fünfundzwanzig Jahre mit seiner Frau verheiratet. McEwan gibt seinen inneren Monolog am frühen Morgen neben ihr im Bett wieder:»Dieser Kreislauf des Einschlafens und erneuten Aufwachens, in der Dunkelheit, unter der schützenden Decke, mit einem anderen Geschöpf, einem bleichen, weichen, zärtlichen Säugetier, die Gesichter in einem Ritual der Zuneigung aneinandergedrückt. Kurzzeitig geborgen im ewigen Bedürfnis nach Wärme, Behaglichkeit und Sicherheit, Glieder, die einander umschlingen, um näher beisammen zu sein – ein simpler, alltäglicher Trost, fast zu selbstverständlich, bei Tageslicht leicht zu vergessen. Hat ein Dichter je darüber geschrieben? Nicht über das einmalige Ereignis, sondern über seine stete Wiederholung im Lauf der Jahre?«[18]

In der Tat: Die Dichter haben so gut wie gar nicht darüber geschrieben. Auch die Maler hat der Flanellstoff des Alltags bei weitem nicht so interessiert wie die Szenen der Verführung und der käuflichen Liebe. Die deutschen Liedkomponisten des 19. Jahrhunderts beschäftigten sich in zahlreichen Stücken mit den ersten Erregungen (»Sie ist meine, sie ist mein!«[19]), nie aber mit dem langjährigen Miteinander, das darauf folgt. Sie wirken wie die Vorgänger von Mick Jagger. Inzwischen sind es die Enkel der Rolling Stones, die nach wie vor das Motiv der sexuellen Eroberung in Szene setzen, sich am Alltag der Sexualität aber ebenso desinteressiert zeigen wie ihre musikalischen Großväter. Den Anfang machten die Troubadoure, die das reine, durch keinen Alltag, ja nicht einmal durch eine tatsächliche Begegnung getrübte Gefühl der Sehnsucht nach einer Frau kultivierten und auf die Spitze trieben. Daneben wirken die Auftritte des Beziehungsalltags in der Kunst nur wenig begeisternd:»Drinnen waltet die züchtige Hausfrau«, heißt es in Schillers Lied von der Glocke, und schon ist man geneigt, abzuwinken: Nein danke, *Salz auf meiner Haut* ist dann doch interessanter.[20]

Es gibt aber auch die Sehnsucht nach dem gelingenden Alltag zu zweit. Sie gehört vor allem zum Lebensgefühl vieler Singles. Wie auch immer man lebt, in einer Beziehung oder allein: Die Vision dessen, was man *nicht* hat, ist wie ein Schatten mit dem verbunden, was man *hat*. Wer ungebunden, aber alleine lebt, träumt von der stillen Selbstverständlichkeit des gemeinsamen Tagesablaufs; von der beruhigenden Anwesenheit immer derselben Person in der Wohnung; von jemandem, der einem zuhört und der einem etwas erzählt; von gemeinsamen Projekten des Kochens, Reisens oder Einrichtens von Zimmern; von einem freundlichen Wort oder einem Lächeln; so mancher Single träumt sogar von jener Zuwendung, die in der Kritik liegen kann, denn genau darin, dass ein anderer, dem man vertraut, einen zur Ordnung ruft, kann die Botschaft liegen, dass die Welt noch in Ordnung ist:»Bist du verrückt geworden?« Und schließlich: Wer in einer festen Beziehung lebt, kann sich die Arbeit des Herbeiführens von Gelegenheiten und den rhetorischen Aufwand der Verführung sparen.

Sind wir nun Sesshafte oder sind wir Nomaden? Fast jeder kennt sowohl die Sehnsucht nach Wiederholung wie die Lust auf Ausbruch. Traditionsorientierte Gesellschaften schwören die nachwachsenden Generationen auf Rituale ein, moderne Gesellschaften dagegen kultivieren die Überschreitung. In einer kulturgeschichtlichen Studie arbeitet Michael Nerlich den *Geist des Abenteuers* als Herzstück moderner Mentalität heraus; er sieht uns als geistige Erben der Kaufleute des Mittelalters, die immer wieder ins Ungewisse hinein aufbrachen, Risiken auf sich nahmen und den im Unbekannten lockenden Gewinn höher einschätzten als die sichere kleine Rente des normalen Lebens.[21] Noch immer tritt die Faszination an der nomadischen, ankunftsverweigernden Seite des Menschen zutage. Abgeklärte Nobelpreisträger geraten in Rage, wenn man sie fragt, ob sie irgendwann ein Ende der Naturwissenschaft für möglich halten; Innovationen gleich welcher Art gelten weltweit als ökonomisches Allheilmittel; wehe dem Künstler, der nicht mit dem Anspruch des Originalgenies auftritt; wehe dem Regisseur, der das normale Leben nicht etwa zerstören, sondern einfach nur darstellen oder gar stärken will; mit der Behauptung, sich ständig neu zu erfinden, versucht jeder zweite Studiogast Punkte beim Publikum zu machen.

In den letzten Jahrzehnten wurde das schon immer zur Moderne gehörenden nomadische Element zur demonstrativen Nomadomanie. Es gibt Jobnomaden, Beziehungsnomaden, ja sogar Mietnomaden, die den sesshaften Dummen um seine Einnahmen bringen. Dass das Nomadische nicht schon längst vor allem die Intimbeziehungen in ein Chaos durcheinander schwirrender *Elementarteilchen* verwandelt hat,[22] ist ein erklärungsbedürftiger Sachverhalt. Doch der auf das Privatleben bezogene Diskurs ist ganz auf das Nomadische fixiert. Es ist immer nur von steigenden Scheidungszahlen, sequenzieller Monogamie, Patchworkfamilien und Singles die Rede. Aber wenn man untersucht, wie viel Prozent der Menschen zu einem gegebenen Zeitpunkt in irgendeiner Form von Beziehungsalltag leben, sind dies fast alle. Über das unübersehbare, allgegenwärtige Moment der Sesshaftigkeit, über Treue und langjähriges Zusammenleben, schweigt sich der kulturelle Selbstbeobachtungsdiskurs in den Medien und in der Sozialwissenschaft aus, und unsere Filme und Romane sind so gut wie ausschließlich an Ausbrüchen, Trennungen und atemberaubenden erotischen Begegnungen interessiert.

»Wer unter hiesigen Bedingungen für lebenslange Treue, für Monogamie, für Ehe plädiert, ist ebenso naiv und zynisch wie der kleine Bürger, der das Grau in Grau seines Alltags aufzufrischen versucht«[23] – Volker Siguschs Attitüde der Entlarvung wirkt ein Jahrhundert nach Strindberg und Freud, vor dem Hintergrund einer wirklich nichts mehr offen lassenden Kritik der bürgerlichen Ehe und der konventionellen Sexualmoral, wie ein Purzelbaum, den ein Dreijähriger stolz den Erwachsenen vorführt. Wenn es im zeitgenössischen Beziehungsalltag ein Geheimnis zu entdecken gilt, dann handelt es sich gewiss nicht um die versteckte Hölle hinter der Fassade der Harmonie, sondern um das gelingende Zusammenleben ohne Fassade: um das unspektakuläre schöne Leben zu zweit. Natürlich gibt es die Hölle immer noch, nur ist sie nicht mehr versteckt, und wenn sie aufbricht, pflegen die Partner heutzutage auseinander zu gehen. So gesehen sind Scheidungszahlen nicht als Zeichen der Auflösung, sondern der Reparatur von Privatbeziehungen zu deuten. Natürlich scheitern Beziehungen, aber die Menschen versuchen es immer wieder. Was steht hinter diesem hartnäckigen, wenn auch oft nur zögernd zugegebenen Wunsch nach Sesshaftigkeit in einer Kultur, die das Nomadische zum Prinzip erhoben hat?

Evolutionsbiologisch gesehen liegt die Erklärung in der Fortpflanzung. Der Hormoncocktail der Verliebten ist ein Trick der Evolution, Paare in die Normalität hineinzuziehen. Er dient der Paarung, die dann folgende Normalität sorgt für gute Lebensbedingungen der Nachkommen. Beides haben die Menschen der Natur jedoch entwunden, um es sich kulturell neu anzueignen. Sie wollen den Hormoncocktail nicht nur einmal, sondern öfter, und wenn sie intim werden, achten sie auf Empfängnisverhütung. Ähnlich zweckvergessen, spielerisch und menschlich im Sinn Friedrich Schillers gehen sie auch mit Normalität um. Sie interpretieren sie nicht im Sinn der »Vernunftehe« als Rahmenbedingung der Sorge für Nachkommen, vielmehr sehen sie einen Selbstzweck darin.

Sie entwickeln eine Ästhetik des langjährigen Zusammenlebens von Tag zu Tag. Zu den Rohstoffen von Normalität als Selbstzweck zählen immer wieder beschworene Erinnerungen, die nach einiger Zeit als große Erzählung der Zweierbeziehung Gestalt annehmen. Länger zusammenlebende Partner entwickeln gemeinsame Mythen, Codes und Deutungsmuster. Sie bilden Riten aus: Frühstücksgewohnheiten, Urlaubsmuster, glückliche Perversionen. Und wie sozial lebende Tiere prägen sie nach kurzer Zeit ständig wiederkehrende Formen körperlicher Nähe ohne Sexualität aus.

Das Geheimnis der langfristigen Paarbeziehung besteht in der Konstruktion von geteilter Einzigartigkeit durch eine Vielzahl von Zyklen und Wiederholungen, im Aufbau eines gemeinsam bewohnten, exklusiven kulturellen Binnenraums. »Hat ein Dichter je darüber geschrieben? Nicht über das einmalige Ereignis, sondern über seine stete Wiederholung im Lauf der Jahre?« In der Gegenwart fordert Sexualität zu der Entdeckung heraus, dass sie die Eingangstür zu einem Raum der Vertrautheit jenseits der Sexualität sein kann.

Gewiss, die Störanfälligkeit dieses Raums steht außer Frage. Dass, wie in dem Roman *Die Liebe in den Zeiten der Cholera* von Marquez,[24] wegen einer Lappalie alles endgültig vorbei sein kann, wegen des stehen gebliebenen Wassers in einer Seifenschale, wegen eines gereizt klingenden Wortes, das einem Partner am Morgen noch im Halbschlaf herausrutscht, vorbei wegen nichts – geschenkt. Dass plötzlich Misstrauen hereinbrechen kann, Eifersucht, Betrug, Rachsucht, Ekel – alles wahr. Und auch das nomadische Motiv stirbt in der Sesshaftigkeit nicht ab, es schlummert nur und kann aus heiterem Himmel alles zum Einsturz bringen. Hier geht es aber um das ganze Spektrum des Menschlichen. Dazu gehört auch der Traum vom Gelingen der Sesshaftigkeit. Die Schwierigkeiten damit scheinen ein Grund zu sein, nur über die Flüchtigkeit des Traums und über das böse Erwachen nachzudenken. In seiner Einleitung zu *Der Weg zu zweit* kritisiert John Updike genau diese Skepsis der Desillusionierten: »Dass eine Ehe zu Ende geht, ist alles andere als ideal. Aber alle Dinge unter dem Himmel gehen zu Ende, und wenn zeitliche Begrenztheit einer Sache ihren Wert nähme, dann könnte nichts im Leben wirklich gelingen«.[25]

Habsucht: Der Eros der Dinge

Moralische Ambivalenz

»Wie viel Erde braucht der Mensch?« Man ahnt die Pointe schon, wenn man die ersten Seiten von Tolstois Erzählung gelesen hat, denn der Teufel tritt gleich am Anfang auf. Er sitzt im Ofen und lauscht dem Prahlen eines Bauern: »Wenn ich nur genug Land hätte, so fürchtete ich niemand, nicht einmal den Teufel.« In der Folgezeit fällt dem Bauern unverhofft immer größerer Landbesitz zu. Er ist aber nie zufrieden und will immer mehr. Er geht dem Teufel in die Falle der Habgier. Am Schluss bekommt er das Angebot, alles Land in Besitz zu nehmen, das er an einem Tag umschreiten kann. Er lässt sich darauf ein. In aller Frühe startet er. Er beeilt sich. Als er am Abend zum Ausgangspunkt zurückkommt, hat er sich ein riesiges Stück Land gesichert, aber er ist so erschöpft, dass er stirbt. »Der Knecht nahm die Hacke, grub Pachom ein Grab, genauso lang wie das Stück Erde, das er mit seinem Körper, von den Füßen bis zum Kopf, bedeckte – sechs Ellen –, und scharrte ihn ein.« So viel Erde braucht ein Mensch, nicht mehr.

Diese Geschichte, eine von Tolstois moralisierenden Volkserzählungen, verknüpft die Habgier unmittelbar mit dem Tod. Klarer könnte die Botschaft nicht sein: Hier die Sünde, da die Strafe, und jenseits davon die Tugend der Bescheidenheit. Leicht ironische Anklänge in Tolstois Tonfall stellen jedoch bereits eine Brücke zu heutigen Lesern her, die der Geschichte auch noch einen ganz anderen, entgegengesetzten Sinn entnehmen könnten. So viel wie möglich herauszuholen ist Teil ihrer normalen Lebensphilosophie, täglich bestätigt durch Werbung, Börsennachrichten, Supermärkte, Wachstumsrhetorik und Alltagsgespräche. Vor diesem Hintergrund lesen sie Tolstois Geschichte nicht als Tadel der Habsucht, sondern als Warnung vor schlechter Risikoabschätzung und mangelnder Fitness. In einem Managerseminar könnte Tolstois Geschichte zu neuen Ehren kommen.

Andererseits wäre die alte Lesart den Menschen von heute – auch

Managern – keineswegs fremd. Mit der selbstironischen Redewendung vom »schnöden Mammon« verbindet zwar kaum noch jemand die Erinnerung an die Bibel, aber die christliche Tradition der Geldskepsis und Besitzverachtung wirkt selbst mitten im Kapitalismus keineswegs so anachronistisch wie etwa das Verbot von Verhütungsmitteln oder das Zölibat. Und gewissermaßen seitenverkehrt spiegelt sich die westliche Ambivalenz zwischen Lob und Fluch des Habens schon in der Bibel wider. Im Gleichnis vom reichen Mann, der seinen drei Knechten für die Zeit seiner Abwesenheit Geld zur Verwaltung gibt und bei seiner Rückkehr diejenigen lobt, die es vermehrt haben, und den verstößt, der es nicht einmal zu den Wechslern gebracht hat, um die Zinsen zu kassieren, konstruiert Jesus eine Analogie zwischen Geldökonomie und Gnadenökonomie.[1] Andererseits fordert Jesus den reichen Jüngling auf: »Geh hin, verkaufe alles, was du hast, und gib's den Armen, so wirst du einen Schatz im Himmel haben, und komm und folge mir nach.«[2] Ökonomie wird gleichzeitig akzeptiert und verachtet, in der Bibel wie in der Geschichte des Christentums. Der Prunk der katholischen Kirche und die protestantische Wertschätzung des Privateigentums beißen sich mit der von beiden Kirchen hochgehaltenen Absage an die schönen Dinge der Welt. Die christliche Tradition machte das Nichthaben zur Herzensangelegenheit und vergaß das Geldzählen doch nicht ganz, sie pflegte die Rhetorik vom »schnöden Mammon« und leistete doch Geburtshilfe bei der Entstehung des Steigerungsspiels und der Wachstumsökonomie. Diese Tradition der Unentschiedenheit kehrt in der zweifelnden Weise wieder, mit der der Westen das Haben kultiviert.

Wie ist dies zu erklären? Einem Hundert-Euro-Schein sieht man die komplexen, vielschichtigen und widersprüchlichen Wertbezüge zur menschlichen Existenz nicht an, die es fast unmöglich machen, ihn eindeutig einzuschätzen, sei es als Lockmittel des Teufels, sei es als Geschenk Gottes für den freudigen Gang zum nächsten Einkaufszentrum. Drei grundverschiedene Bedeutungen des Habens umgeben das Geld mit einer geheimnisvollen Aura: *Daseinsvorsorge, Genuss* und *soziale Exklusion.* In jeder dieser drei Dimensionen des Habens ist nicht nur die Position der Moderne gesondert zu bestimmen, sondern auch die Position der christlichen Moral.

Haben als Daseinsvorsorge

In Tolstois Erzählung geht es ausschließlich um Haben als *Daseinsvorsorge*. Der Bauer Pachom hetzt sich zu Tode, weil er darauf aus ist, sich einen maximalen Möglichkeitsraum zu sichern. Hätte er überlebt, so würde ihm zunächst einmal bloß ein riesiges Stück unbebautes Land gehören, aber noch nichts zu essen und kein Schlafplatz, vom Goldschmuck für seine Frau und von anderen schönen Dingen ganz zu schweigen. Freilich könnte er mit dem neuen Besitz zu all dem und zu noch viel mehr kommen. Seine Habgier richtet sich auf ein vielseitig nutzbares Potenzial, mit dem sich später einmal konkrete Dinge zur persönlichen Verfügung hervorbringen ließen.

Stellen wir uns vor, Pachom wäre am Leben geblieben und hätte bis zu seinem Tod im hohen Alter ständig weiter am Möglichkeitsraum gearbeitet: Häuser gebaut, Unternehmen gegründet, Handel getrieben, Konkurrenten ausgestochen, Marktanteile erobert und immer mehr Kapital akkumuliert. Auf seinem Sterbebett wäre ihm die Quintessenz seines Lebens klar geworden:»Ich habe Daseins*vorsorge* betrieben, zum Dasein *selbst* aber habe ich mir keine Zeit genommen. Im Haben war ich groß, im Auskosten eine Null, und deshalb war auch alles Haben sinnlos. Ich hätte damals, als ich mich so abhetzte, um das Land zu bekommen, auch gleich sterben können, es hätte keinen Unterschied gemacht.«

Tolstoi verdichtet lediglich die Bilanz des absurden, niemals ankommenden Lebens im Dienst der instrumentellen Vernunft zu einem einzigen Bild: Sieg des Könnens, Niederlage des Seins. Eine solche Kritik des Habens ist keineswegs von gestern, sie hat Zukunft. Zweifel am Sinn der Steigerung laufen umso mehr auf den Verdacht der Absurdität hinaus, je mehr die Menschen bereits haben. Während die Notwendigkeit des Mehrhabens in täglichen Wachstumsgebeten beschworen wird, artikuliert sich gleichzeitig immer vernehmlicher der Wunsch vieler Menschen, den existenziellen Kompromiss zwischen Können und Sein, zwischen Daseinsvorsorge und Leben, zwischen Steigerung und Ankunft zu revidieren.

Die Kritik des Habens als Todsünde setzt an derselben Absurdität an, doch geht es hier nicht um einen existenziellen Kompromiss zwischen den verschiedenen Anliegen des Menschen, sondern um eine Sache zwischen Mensch und Gott. Absolute Kompromisslosigkeit, wie sie das Neue Testament bei den Jüngern bezeugt, gilt als hohe Tugend. Sie ließen alles im Stich, um Jesus nachzufolgen.[3] So radikal, wie sie alle Daseinsvorsorge aufgaben und das Haben überhaupt aus ihrem Leben verbannten, so hundertprozentig war ihre Hinwendung zu Jesus. Freilich berichtet das Neue Testament auch von anderen Christen. Joseph von Arimatäa, der sein kostspieliges, mit einer Steinplatte verschlossenes Grab nach dem Tod Jesu zur Verfügung stellte, war ein begüterter Mann.[4] Jesus akzeptierte alle, auch die Reichen. Und er akzeptierte die Ökonomie und die Erhebung von Steuern.[5] Er selbst freilich beeindruckte durch souveräne Distanz zum Haben und nahm im Gleichnis vom reichen Kornbauern die Moral von Tolstois Erzählung vorweg.[6]

Den ersten Christen war der existenzielle Kompromiss zwischen Können und Sein gleichgültig, schien doch das Reich Gottes unmittelbar bevorzustehen. Erst als sich diese Hoffnung verlor, etablierte sich wieder die Unterscheidung zwischen radikalen Christen und Kompromisschristen. An die Stelle der Jünger traten nun die Mönche und ihre Idealisierung der Armut: Leben für Gott ohne behindernde Daseinsvorsorge. Die Kirchenväter griffen das Motiv der Abwendung von Ökonomie und Gegenstandsverliebtheit im Katalog der Hauptlaster auf. Im 13. Jahrhundert kam es zu regelrechten Armutsbewegungen und zur Gründung von Bettelorden – Franziskaner, Dominikaner, Karmeliter und Augustinereremiten. Zur selben Zeit wurde die Habsucht von einem Laster des Klosterlebens zu einer weltlichen Sünde umdefiniert, wobei die Bettelorden eine entscheidende Rolle spielten, denn sie propagierten statt des benediktinischen Rückzugs hinter die Klostermauern ein asketisches Leben in der Welt. Ihre Bußpredigten in den Städten und Universitäten warfen ein denkbar schlechtes Licht auf die Mentalität des Erwerbs.

Die Kirche selbst führte freilich das eklatanteste Beispiel für die Todsünde der Habsucht vor Augen und prangerte zudem noch an, was sie selbst öffentlich praktizierte.»Wenn das Geld im Kasten klingt, die Seele in den Himmel springt« – dieselbe Institution, die den Gläubigen im Beichtstuhl das Sündenbekenntnis abverlangte und inquisitorisch nach der Habsucht fragte, handelte mit Ablass. Dagegen bezogen Luther und der Protestantismus entschieden Position.

Der Genuss der Dinge

Hier kommt nun die zweite der oben genannten normativen Dimensionen des Habens ins Spiel, der *Genuss* der Dinge. Man braucht nur in der Fußgängerzone einer gemischtkonfessionellen deutschen Stadt von der katholischen Kirche in die protestantische hinüberzugehen, um mit eigenen Augen zu sehen, wie sich nach der Reformation die Semantik der Sünde änderte: Hier Gold, Stuck, Gemälde, Brokat, Samt und Seide; dort größere Nüchternheit, die sich in reformierten Kirchen zur Kahlheit auswächst. In der christlichen Kritik des Habens vor Luther stand die Ablenkung von Gott durch Daseinsvorsorge im Mittelpunkt. Nach Luther stand die Ablenkung von Gott durch Genuss im Vordergrund. Dass protestantische Kirchen heute auf viele Betrachter moderner wirken, während sie die Opulenz katholischer Kirchen als überladen empfinden, ist eine alltagsästhetische Bestätigung von Max Webers These der Geburt der Moderne aus dem Geist der protestantischen Ethik. Die Entleerung der Kirchen von Zierrat nimmt den Ekel der Bauhausarchitekten vor dem Ornamentalen und den Weg des Designs zur Schlichtheit des 20. Jahrhunderts vorweg; der gestalterische Leitsatz *ornament is crime* erinnert daran, dass Verschwendung im Calvinismus ein Straftatbestand war.

Luther legte den Grundstein für den modernen Begriff des Eigentums. Der mittelalterlichen Auffassung nach war Eigentum geliehen. Gott gab es dem Lehnsherrn, und der gab es seinen Untertanen zum eingeschränkten Gebrauch. Luther setzte den Eigentümer als direkten Herrn seiner Objekte ein; mochte er damit verfahren, wie er es für richtig hielt. Wenn es ihm gelang, die Objekte zu verbessern und sein Eigentum zu vermehren, führte er genau das aus, was er nach Gottes Willen tun sollte. Dahinter stand Luthers Lehre von der Berufung: Zu welcher Funktion auch immer jemand berufen ist, sie ist in den Augen des Herrn geheiligt wie jede andere. Der priesterliche Asket soll sich nicht einbilden, er stünde über dem Kaufmann, dem Handwerker, dem Bauern, dem Bankmanager. John Locke und später Adam Smith, David Hume und andere machten daraus die naturrechtliche Theorie des Eigentums: Es entsteht dadurch, dass Menschen die Rohstoffe der Natur durch ihre Arbeit verbessern. Weil ihre Arbeit ausschließlich ihnen gehört, ist dies auch bei den Gegenständen so, die sie ihrer Arbeit verdanken.[7]

Indem der Bauer Pachom losrennt, um sich ein ordentliches Stück Land zu ergattern, handelt er protestantisch. Gegen die Systematisierung der Daseinsvorsorge bis hin zu einem von Wirtschaft, Technik und Wissenschaft getriebenen Steigerungsspiel ist im protestantischen Denken nichts einzuwenden, im Gegenteil. Je erfolgreicher einer ist, desto mehr kann er sich einigen Calvinisten zufolge der Gnade Gottes gewiss sein.[8] Aber er soll rennen, nicht faulenzen und genießen. Er soll verdienen, nicht verschwenden.[9] Was aus der Perspektive des eigenen Lebens absurd scheint, gewinnt aus der Perspektive des Lebens für Gott Sinn: Haben ist ein Gnadenbeweis, aber wer dem Eros der Dinge erliegt, wer sich ein prachtvolles Haus baut, seiner Obsession für schöne Autos frönt und seinen Luxus genießt, entfernt sich von Gott und versündigt sich dadurch. Was die protestantische Auffassung des Eigentums als *Privat*eigentum dem Einzelnen gibt, das nimmt ihm die glücksfeindliche Sündenlehre wieder.

Die neue Eigentumsauffassung war produktiv, aber die Sinnlichkeitsphobie des Protestantismus war antikonsumtiv. Beides passte ökonomisch und anthropologisch nicht zusammen. Letztlich haben sich dann die Sinne durchgesetzt. Was aus der christlichen Botschaft – »Ihr aber seid nicht fleischlich, sondern geistig« – geworden ist, lässt sich an dem Umstand ablesen, dass die Vorweihnachtszeit zur globalen Hochsaison des Konsums wurde. Christliche Weihnachtslieder fungieren als Beschallung in Einkaufszentren, und das Wesentliche an Weihnachten sind die Geschenke. Der leise Protest dagegen in der Weihnachtspredigt wurde zum Bestandteil des Rituals.

Heute wirkt die antikonsumtive Facette des Protestantismus selbst dort überwunden, wo sie zunächst am eindrucksvollsten triumphierte: in der modernen Ästhetik der Sachlichkeit. Nicht die Suche nach Schönheit, sondern Funktionalität sollte die Formen prägen. Aber die Menschen begannen, auch diese Objekte zu lieben und zu genießen. Das Schlichte wurde zur Geschmacksvariante neben dem Ornamentalen. Die Faszination des Habens geht in beide Richtungen.

Geblieben ist vom protestantischen Genussverbot ein offenbar unsterbliches ungutes Gefühl hinter der Freude an den Dingen, das sich in immer wieder neuen, längst vom Christentum losgelösten Formen der Konsumkritik äußert. Doch neben dieses ursprüngliche ungute Gefühl aus alten, längst vergessenen Quellen ist ein neues getreten, das aus der genau entgegengesetzten Richtung kommt. Das alte ungute Gefühl stamm aus dem Verbot, das neue aus der ungehemmten Inanspruchnahme der Erlaubnis. Das alte ungute Gefühl gehört zum Stigma der Habgier, das neue ist die Folge ihrer Befriedigung: Überdruss, Ekel, Melancholie und Nachdenken über Formen des Habens, die beglücken könnten, ohne stumpf zu machen. Das alte ungute Gefühl stammt noch aus dem Leben für Gott, das neue aus dem Wunsch nach einem geglückten eigenen Leben.

Wie dringend jedoch die moderne Wirtschaft auf die Habsucht möglichst vieler Menschen angewiesen ist, zeigt sich im negativen Beiklang von Worten wie »Kaufzurückhaltung«, »Konsumschwäche« oder »fehlende Binnennachfrage«. Die moralische Ächtung der Habsucht findet sich in der sorgenvollen Selbstbeobachtung moderner Volkswirtschaften ins Gegenteil verkehrt. Die Habsucht der Käufer soll die Waren wegräumen, welche die Habsucht der Anbieter unaufhörlich hervorbringt. Damit das Wachstum weitergeht, ist Habsucht erste Bürgerpflicht. Nichts lässt eine Ökonomie in der Wachstumsstatistik schneller zurückfallen als gesättigte Konsumenten einerseits und entspannte Unternehmer ohne Expansionsgelüste andererseits. Konjunkturdeuter beobachten den Konsumklimaindex wie ein Fieberthermometer, aber zu hohe Temperatur ist ihnen allemal lieber als zu niedrige.

Verfassungsrechtlich garantiert der Schutz des Eigentums die ständige Erneuerung der Habsucht als mentaler Ressource der Wirtschaft. Die sozialistischen Systeme in Osteuropa gingen 1989 unter anderem deshalb zu Grunde, weil sie wegen des Fehlens dieser Ressource nicht mit den kapitalistischen Volkswirtschaften konkurrieren konnten. Für sich selbst nichts haben zu wollen und nur für die Gemeinschaft habsüchtig zu sein: So weit war der Kommunismus gar nicht von christlichen Positionen entfernt, abgesehen davon, dass die Verzichtsprämie, die er anzubieten hatte, nämlich der ökonomische Sieg des Kollektivs, dem einzelnen herzlich egal sein konnte, während die Verheißung des ewigen Lebens nach einem gottgefälligen Erdendasein für viele ein Ansporn war.

Wandel der Konsumkritik

Wie sind der Konsum und die Liebe zu den Dingen denn nun wirklich zu beurteilen? Moralisch gut oder eher unmoralisch? Wünschenswert oder abzulehnen? Politisch korrekt oder das Gegenteil? Seit es die Konsumgesellschaft gibt, lebt sie im Konflikt einander aufhebender Pathologisierungen. Verwundert zeichnet Daniel Horowitz in einer mentalitätsgeschichtlichen Studie der USA seit 1875 die ultrastabile Kontinuität einer wechselseitigen Missbilligung von Ökonomie und Kulturkritik nach. Einerseits taten die Menschen, was sie Adam Smith zufolge tun sollten und was auch ihren eigenen spontanen Wünschen entsprach – sie begeisterten sich für all die neuen Dinge und kauften sie. Konsumkrisen wurden als nationale Katastrophen erlebt. Andererseits jedoch fehlte es in Zeiten der Prosperität nie an der Kritik genau dessen, wonach sich alle gesehnt hatten und was nun alle genossen. Horowitz analysiert die Schriften mehrerer aufeinander folgender Generationen von Konsumkritikern. Ihre Rhetorik und ihre Begründungsformeln wechselten, die Quintessenz aber blieb gleich: Konsum ist schlecht, er korrumpiert die Menschen und zieht sie durch seine Banalität nach unten. Am anderen, oberen Ende der moralischen Ordnung leuchtet das Ziel der besseren, höheren, freieren Existenz. Was diese Quintessenz angeht, so bleibt sie über mehr als hundert Jahre gleich; sie taucht bei den Kritikern des Konsumismus der Arbeiter Ende des 19. Jahrhunderts auf und ist bei Herbert Marcuse in den 1960er Jahren, bei Erich Fromm in den 1970er Jahren und bei Globalisierungskritikern wie Naomi Klein in den 1990er Jahren und nach der Jahrhundertwende immer noch da.[10]

Parallel dazu entsteht aber noch eine ganz andere Konsumkritik, und zwar die von jedermann. Konsumkritik wird zur eigenen Konsumkritik, zur Reflexion und Revision der persönlichen Formen des Habens und Wegwerfens, des Umgangs mit Dingen. Neben die Habsucht tritt die Platzangst, neben den Wunsch nach ständig Neuem die Wertschätzung des Alten, neben den Konsum massenhafter Billigartikel die aufwendige Suche nach dem Besonderen, neben die Aneignung des Vorgefertigten das Selbermachen, neben den Prestigegewinn durch Konsum der subtilere Prestigegewinn durch Nichtkonsum. Dabei steht keineswegs der Verzicht im Vordergrund, sondern das persönliche Glück mit dem Wenigen: die Freude an Übersicht, Einfachheit und Zeitgewinn durch ersparten Beschaffungs- und Entsorgungsaufwand. Ein Rückgang der Einzelhandelsumsätze stellt sich den Interpreten der volkswirtschaftlichen Gesamtrechnung als Krise dar, ein sinkender Konsumklima-Index als Verschlechterung – eine Deutung, die bereits in der meteorologischen Metaphorik der Wirtschaftsbeobachter angelegt ist. Wie viel kollektiver Lernfortschritt, welche Vorwärtsbewegung des Common Sense sich möglicherweise hinter der Stagnation ökonomischer Pauschalgrößen versteckt, ist eine Frage, die am Denkhorizont der gegenwärtigen Wirtschaftswissenschaften noch nicht einmal aufgetaucht ist.

Vorläufig verstummt ist jene, die Glückssuche des Normalkonsumenten diskreditierende Kritik, die sich mit Begriffen wie »Warenästhetik«, »falsches Bewusstsein« und »Konsumfetisch« zur Oberlehrerin des guten Geschmacks aufgeworfen hatte. Sie hatte die Moral der sieben Todsünden fortgesetzt, mit dem Unterschied, dass an die Stelle von Gott eine Metaphysik des hohen und des niedrigen Niveaus getreten ist. Dass sich dafür niemand mehr interessiert, wird als Verweigerung des Denkens interpretiert, ist aber genau im Gegenteil ein Hinweis auf die Übernahme der Regie über Geschmack und Lebensführung durch die Konsumenten selbst.

Gerechtes und ungerechtes Haben

Warum ist Konsumkritik dann immer noch allgegenwärtig? Diese Frage führt zur dritten normativen Dimension des Habens: zur *sozialen Exklusion*. Das Haben der einen impliziert das Nichthaben der anderen. Diese sozialethische Überlegung ist dem modernen Denken ganz und gar nicht fremd, mag auch noch so viel vom »grassierenden Egoismus« und der »Raffgesellschaft« die Rede sein. Trotz der Antiquiertheit der sieben Todsünden wurde noch nie so oft »zu viel« und »zu wenig« moniert wie heute. Auf der Anklagebank sitzen die Nationen »im Überfluss«, die Spitzenmanager mit ihren »unanständig hohen Gehältern«, die »internationale Finanzmafia«, die »verantwortungslosen Großkonzerne«. Moralisierende Rhetorik lebt: »Ausbeutung«, »Ungerechtigkeit«, »fairer Handel« sind ihre Codewörter. In der Gegenwart steht die Moral der Verteilung im Vordergrund; der Anspruch auf Begrenzung des Habens leitet sich heute vor allem von den unterstellten Ansprüchen anderer ab, die zu wenig haben. Keineswegs befindet sich diese Moral auf dem Rückzug, im Gegenteil hat sie ihren Geltungsbereich so weit ausgedehnt wie noch nie: räumlich durch die Kritik der globalen Ungleichheit, zeitlich durch die Kritik von Umweltfreveln als Verschwendung von Zukunftskapital, das Menschen weggenommen wird, die noch gar nicht geboren sind.

In der Moral der sieben Todsünden spielte diese sozialethische Komponente der Glücksbegrenzung kaum eine Rolle. Habsucht war vor allem schlecht, weil absurd übersteigerte Daseinsvorsorge und der Genuss der schönen Dinge von Gott wegführten. Wenn man sich selbst dabei im Übermaß verschaffte, was anderen fehlte, wurde die Sünde des Genusses noch durch den Verstoß gegen die Interessen der Mitmenschen und durch die Missachtung der Nächstenliebe vergrößert. Davon ist in den zehn Geboten und in der Bergpredigt die Rede. Der Clou der sieben Todsünden ist jedoch, dass man auch dann sündig werden kann, wenn man mit den zehn Geboten und der Bergpredigt konform geht.

Eigentum macht glücklich

Die Zeitgenossen debattieren über das Haben der vielen, die Todsünde der Habgier dagegen prangerte das Haben des Einzelnen an. Mit Verteilungsfragen und Nächstenliebe haben die sieben Todsünden wenig zu tun. Sie stellen nicht das soziale Arrangement von Marktteilnehmern in den Vordergrund, sondern das persönliche Arrangement des Einzelnen mit Gott. Es geht ihnen nicht darum, die Lust an Besitzgegenständen, Immobilen, Dienstleistungen und Geldreserven möglichst vielen *zukommen* zu lassen, im Gegenteil werden alle dazu aufgefordert, dieser Lust zu *entsagen*.

Zwar startet der Moraldiskurs der Moderne mit derselben anthropologischen Annahme wie der Moraldiskurs der sieben Todsünden: Eigentum macht glücklich. Die beiden Diskurse enden aber bei entgegengesetzten Maximen: hier die Verteilungspostulate der Gegenwart, die das Glück des Eigentümers akzeptieren, aber auch die Aufforderung an ihn richten, den Armen etwas abzugeben – dort der Versuch, das Glück des

Eigentümers als etwas Schlechtes zu diffamieren. Nach Geld grapschende Spinnenfinger, gierig funkelnde Augen, verschwörerisches Mienenspiel – dies sind immer wiederkehrende Elemente der Ikonographie der Habsucht.

Wie das Glück des Essens und Trinkens, wie das Glück der körperlichen Liebe, so ist auch das Glück des Eigentums insofern ein »natürliches« Glück, als es anthropologisch nahe liegt. Haben spricht die Sinne an; man sieht, riecht, hört und fühlt seine Sachen. In der Geschichte des Automobils ging es beinahe von Anfang an nicht nur um technische Innovation, sondern auch um die Liebe zum Gegenstand, um Phantasien, Mythen und Fahrgefühl. Haben regt die Sinne an, und es antwortet auf eine universelle Frage: *Wie kann ich leben?* Die Todsünde der Habsucht zweifelt an der Berechtigung dieses zutiefst menschlichen Wunsches.

Völlerei, Unkeuschheit und Habsucht bilden eine homogene Teilgruppe von Todsünden: Sie sprechen dem Einzelnen ab, was er normalerweise als das Selbstverständlichste der Welt ansehen würde, diktiert von körperlichen Bedürfnissen und existenziellen Basisüberlegungen. Doch gerade im Verzicht auf das Unverzichtbare liegt die religionspädagogische Pointe dieser drei Todsünden. Sie verlangen einem ein Höchstmaß an alltäglicher Selbstverleugnung ab. Zwar bedeutet es auch Entsagung, die Todsünde des Stolzes zu bekämpfen, aber dieser Verzicht scheint eine ziemlich theoretische, halbwegs erträgliche Selbsterfahrung zu sein, vergleicht man ihn mit dem Verzicht auf Essen und Trinken, auf sexuelle Erregung und auf die schönen Dinge des Lebens.

Trägheit: Das süße Nichtstun

Aufs Glatteis geführt. Zur Ambivalenz des Trägheitsverbots

Alles Unglück lässt sich vermeiden, wenn die Menschen zu Hause in ihrem Zimmer bleiben. Man kann aus diesem Gedanken Blaise Pascals Anklänge an die Erbsündenlehre herauslesen. Denn Menschsein bedeutet nun einmal, das Haus zu verlassen. Alle müssen irgendetwas tun, das aber führt zwangsläufig ins Unglück. Am besten wäre eine Welt ohne Menschen. Aber die Würfel sind gefallen, wir sind nun einmal da. Was also tun? Nichts – oder doch so wenig wie möglich.»Wer schläft, sündigt nicht«, sagt ein deutsches Sprichwort.

Pascals Gedanke, in dieser Weise weitergedacht, lässt das Nichtstun als Tugend erscheinen. Wer nichts tut, macht es besser als derjenige, der etwas unternimmt. Gänzlich abwegig ist diese Idee nicht; der Buddhismus geht in diese Richtung. Für seine Anhänger gibt es kein höheres Ziel als das völlige Verschwinden und kein schlimmeres Schicksal als das ewige Leben. Der Buddhismus macht aus dem Nichtstun, der inneren Leere und der Bedürfnislosigkeit eine Religion. Das Christentum aber will das Gegenteil. Das Leben ist Arbeit aufs Jenseits hin, und nicht einmal das ewige Leben stellten sich die Protestanten als Ruhezustand vor.[1] Moderne Theologen wie Karl Barth oder Karl Rahner sind zwar, wie bereits Schleiermacher, von der Endlichkeit des Lebens überzeugt, aber sie glauben an einen letzten Moment der Gottesbegegnung. Ihr Glaubensmodell der »theozentrischen Endlichkeit«[2] enthält deshalb das Programm einer lebenslangen aktiven Gottsuche. Das Leben ist ein Weg zu Gott, eine Bemühung um Annäherung. Wer nichts dafür tut, könnte Gott verpassen.

Für das christliche Selbstverständnis ist die Idee der Bewegung elementar. Die christliche Religion ist von Anfang an bis heute eine Tätigkeitsreligion,[3] wobei die Arbeit für den Lebensunterhalt lange Zeit nur als Mittel angesehen wurde, um die Arbeit des Christseins zu ermöglichen.[4]

Schon wegen dieser religiös fundierten Rührigkeit wundert es nicht, dass die Trägheit im Katalog der sieben Todsünden auftaucht. Schlafen muss jeder einmal, aber die Auszeit soll so kurz wie möglich gehalten werden. Durchschlafen war im Kloster nicht vorgesehen; Nacht für Nacht mussten sich alle Mönche versammeln, um den Stillstand des Glaubensfleißes durch gemeinsame Gebete zu unterbrechen. Der Christ hat seinen Weg der Gottesannäherung zu gehen; das Ausruhen am Wegrand zu übertreiben ist schon der Anfang von Gottesferne. »Aber das Ausruhen ist doch so schön – ich habe ein Plätzchen im Schatten gefunden, die Vögel singen, die Augen fallen mir zu, schöne Visionen steigen auf...«. »Umso schlimmer – du drückst dich vor der Arbeit des Christseins und hast auch noch deinen Spaß dabei.« In der Sünde der Trägheit überlagern sich zwei verschiedene Motive: der Stillstand und die Abwendung von Gott. Wer träge ist, tut nichts für die Begegnung mit Gott, und wer das auch noch genießt, sucht sein Glück im Diesseits. Er wird zum wonnevollen Phlegmatiker, der den lieben Gott einen guten Mann sein lässt.

Wie schon bei den vorangegangenen Todsünden begegnet uns hier erneut die asketische Denkfigur der Abtötung des Fleisches. Doch die Trägheit ist ein Fall für sich. Geht es um Völlerei, Unkeuschheit oder Habsucht, so wird das Unterlassen eines wohldefinierten Tuns verlangt. Beim Verbot der Trägheit geht es dagegen um das Unterlassen des Unterlassens. Wie in aller Welt macht man das? Wenn man sich entschließt, *nicht nichts* zu tun, weiß man noch lange nicht, was man tun soll. Man wird, um auf Pascal zurückzukommen, aus seinem Zimmer getrieben. Aber was jetzt? An dieser Stelle setzen Tugendkataloge an: Tu was, aber sei demütig, gerecht, maßvoll, und liebe deinen Nächsten! Sehr konkret ist dies alles freilich nicht. Man wird aufs Glatteis geführt – wäre man träge geblieben, könnte man wenigstens den anderen Todsünden nicht erliegen. Hat Pascal also doch recht?

Mit dem Voranschreiten der Moderne gewinnt diese Überlegung neue Plausibilität. Jenseits der Religion taucht eine neue moralische Dimension des Nichtstuns auf: in Debatten über das Verbot von Eingriffen in die menschliche Keimbahn, in der Wachstumsskepsis, in der ökologischen Diskussion über Nachhaltigkeit und Ressourcenschonung, in der Sehnsucht nach Langsamkeit und Überschaubarkeit. Es gibt ein neues Für und Wider zur Frage von Fleiß und Trägheit, nur in einem anderen weltanschaulichen Rahmen und mit einem anderen Blick auf das

Lob des Unterlassens. Mit Pascal und in Opposition zum Aktivismus des modernen Steigerungsspiels sagen die Kritiker: Da seht ihr, wohin die Abwertung von Nichtstun zur Trägheit führt. Und außerdem kann Nichtstun schön sein. Moral und schönes Leben gehen Hand in Hand.

Paradoxie des Fleißes

Der Mainstream geht freilich mit den Kirchenvätern konform. Wie sehr nach wie vor die Trägheit geächtet wird, zeigt sich beispielsweise darin, dass nichts so wichtig ist wie die Wachstumszahlen. Es geht weiter wie gewohnt. Seit Beginn der Industrialisierung liegt ein Schatten auf dem alten Menschheitstraum vom süßen Nichtstun. Die Vordenker der protestantischen Ethik, Max Weber zufolge die geistigen Väter der kapitalistischen Kultur des Fleißes, sahen die Trägheit als große Gefahr an, so etwa Richard Baxter.[5] Durch Fleiß allein lässt sich diese Gefahr nicht bannen, denn sie wird paradoxerweise durch rastlose Arbeit erst heraufbeschworen. Arbeit trägt Früchte, aber diese verleiten schließlich zur Trägheit.

Noch Daniel Bell befürchtet in seiner Arbeit über die kulturellen Widersprüche des Kapitalismus, dass der Ertrag der kapitalistischen Wirtschaft – Konsumgüter, arbeitssparende Technik, zeitsparende Rationalisierung, luxuriöse Umgebungen, süßes Nichtstun – die Menschen verweichlichen und der Arbeit entfremden werde. Am Anfang arbeiten sie, ohne auszuruhen, und am Ende faulenzen sie, ohne zu arbeiten.[6]

Der protestantische Antihedonismus war zunächst nur eine Antwort auf die moralische Verkommenheit der Kirche, in der die Lüsternen, Habgierigen und Faulen ihren Platz fanden. Der Protestantismus suchte nach Reinheit, nach Wiederherstellung der in der Bibel dargestellten und von den Kirchenvätern kodifizierten Glaubenspraxis. Die Süße des Nichtstuns war eine Gefahr. Im Calvinismus kam noch ein weiteres Motiv hinzu: der Glaube, dass schon längst feststeht, wer in der Gnade Gottes lebt und wer nicht, und dass sich dies noch auf Erden zeigen würde, vor allem auch im wirtschaftlichen Erfolg. Zwar kann man die Gotteskindschaft nicht durch Fleiß herbeizwingen, denn jeder Gläubige steht ja vor vollendeten Tatsachen. Man kann aber die Gnade Gottes bei irdischen Erfolgen fast schon als gewiss ansehen. Emsigkeit hat hier den Zweck, die unbeeinflussbare Gnade Gottes sichtbar zu machen. Das Verbot der Trägheit machte den Menschen Beine. Doch sie gerieten in einen Widerspruch: Ihr Fleiß bezog seinen Sinn mehr und mehr aus dem Ziel, Arbeit zu erleichtern, Nichtstun zu ermöglichen. Das volle Ausmaß der Dialektik von Fleiß und Trägheit in der Moderne konnten die Puritaner noch nicht erfassen. Sie waren bloß um das Seelenheil der Fleißigen besorgt, die schließlich der Versuchung erliegen könnten, genießen zu wollen, was sie sich erarbeitet haben. Aber die »Gefahr« hat inzwischen einen viel größeren Umfang angenommen: Die Rationalisierung der Arbeit schafft immer mehr Freizeit. Die moderne Medizin verlängert das Leben. In der vermehrten Freizeit und im verlängerten Leben nimmt einem die Technik immer mehr Handgriffe ab. Die Wege, die man aus eigener Kraft zurücklegen muss, gehen gegen Null. Eine riesige Zeitvertreibsindustrie stellt Umgebungen des Nichtstuns, Apparate der Trägheitsbewältigung und narratives Füllmaterial für Herumsitzende bereit. Volkswirtschaftlich gesehen bedeutet Urlaub, dass Arbeit gegen Arbeit getauscht wird: Die Urlauber arbeiten, um die Arbeit derer bezahlen zu können, die die Infrastruktur des Urlaubs bereitstellen und sie im Urlaub umsorgen.

Der Fleiß, den die Moderne mobilisiert, richtet sich zu einem immer größeren Teil darauf, das Nichtstun zu ermöglichen, trotzdem wurde das *Neue Polynesien* niemals Wirklichkeit.[7] Nach wie vor sind die am weitesten in der Moderne fortgeschrittenen Gesellschaften fleißig; die Befürchtungen der Puritaner haben sich nicht bewahrheitet: Im Widerspruch zwischen Fleiß und Trägheit siegt immer wieder der Fleiß; er instrumentalisiert sogar die Trägheit, um sich selbst zu nähren. Das Steigerungsspiel ist eine Erfindung des Fleißes; seine Heuristik ist darauf angelegt, immer neue Aufgaben zu definieren, wobei das Programm bisher an kein Ende gekommen ist. Es geht darum, sich das Leben schön zu machen, Nichtstun zu ermöglichen und Arbeit zu reduzieren, aber die Verwirklichung dieses Programms wird immer wieder hinausgeschoben. Zwar geht die Arbeitsmenge zurück, die pro Kopf im Jahr zu leisten ist, um ein immer noch wachsendes Sozialprodukt zu erwirtschaften, aber nach wie vor sind Prestige und Selbstbewusstsein an die Arbeit gekoppelt. Gerade dort, wo die Übertragung von Arbeit an Maschinen am weitesten fortgeschritten ist, triumphiert die Moral des Fleißes über das hedonistische Nichtstun. Die Themen, von denen die Menschen des Westens geradezu gebannt werden, hängen mit dem Fleiß unmittelbar zusammen: Wachstum und Arbeitslosigkeit.

Der Fleiß ermöglicht Nichtstun, und die Menschen müssen immer erfindungsreicher werden, um weiterhin fleißig sein zu können. Langfristig gesehen, haben die Workaholics der Moderne ihren Fleiß in den Dienst zukünftigen Nichtstuns gestellt, doch sie können nicht nichts tun. Und wieder kommt uns das Lob des Nichtstuns bei Pascal in den Sinn: Es vermindert Risiken. Gewiss, Nichtstun schadet der Karriere und blockiert Wachstum, aber es schont Nerven und Umwelt. In der Ambivalenz des Nichtstuns liegt eine Herausforderung, immer wieder neu über Kompromisse zwischen Fleiß und Trägheit nachzudenken.

Von der Gegenkultur zur Verinselung des Nichtstuns

Als Bell in den siebziger Jahren befürchtete, die Arbeit führe schließlich zur Subversion des Kapitalismus und nicht etwa bloß zu seiner Transformation, hatte er die Hippies noch frisch im Gedächtnis, und seine Studenten demonstrierten ihm, wie die Subversion der protestantischen Ethik aussieht: in der Sonne liegen, Joints rauchen, Motorrad fahren, Leistung verweigern. Die Subkultur der Achtundsechziger wurde in kurzer Zeit zur Leitkultur, weil das Projekt des schönen Lebens und die täglichen Freuden des Körpers nicht mehr als Laster galten, sondern als Tugend – make love, not war. In kurzer Zeit entstand ein großer, global verbreiteter Kosmos von Symbolen demonstrativer Trägheit. Jeans, lange Haare, seliges Grinsen, schleppende Redeweise, laszive Darbietung von Musik, am Morgen ein Joint und der Tag ist dein Freund. Noch nie hatte es eine so weitverbreitete und einprägsame Inszenierung des Nichtstuns gegeben. Das Lagern unter offenem Himmel, wo sich die Ketzer gegen die Ethik des Fleißes zusammenfanden – auf griechischen Inseln, in den Parks von San Francisco und Amsterdam, an den Stränden von Goa und Koh Samui – vermittelten den Eindruck uniformierter Buntheit.

Doch längst hat sich der monolithische Charakter der einstigen Gegenkultur aufgelöst. Geblieben ist eine Aufwertung der Trägheit zu einer anerkannten Modalität des Glücks, verschwunden ist die Vision einer

Gesellschaft ohne Arbeit. Arbeitslosigkeit wird als erzwungene Trägheit empfunden und gefürchtet. Die freiwillige Trägheit wird an ausgewählten Orten kultiviert: in der Wellness-Oase, in Auto-Innenräumen, im Fernseh-Sessel, im All-inclusive-Urlaub. Doch die Orte der Trägheit sind lediglich Enklaven in einer Landschaft der Arbeit, eingegrenzte Gegenwelten, wo man sich gehen lassen kann. Jenseits dieser Inseln herrscht mehr denn je emsiges Treiben. Selbst Zeitersparnisse durch Computer, Telefon, E-Mail und Internet führen nicht dazu, dass Menschen weniger tun, sondern gleich wieder mehr in die gewonnene Zeit hineinpacken.[8] Damit wären die Hippies anders umgegangen.

Die einstige Gegenkultur war nicht der Anfang vom Ende der Arbeitsgesellschaft, vielmehr entpuppte sie sich als Vorform einer Enklavenbildung. Das Nichtstun wurde mit Hilfe der Hippies in die moderne Gesellschaft integriert, die sich nach wie vor als Arbeitsgesellschaft versteht. Jeder Einzelne sieht zu, dass er sich in seinem Alltagsleben Zeitinseln akzeptierter, begrenzter Trägheit schafft; ganze Länder – und bevorzugt Inseln – bieten sich als Enklaven des Nichtstuns an; immer mehr Anbieter entwickeln hier Geschäftsideen und investieren in neue Enklaven.

Selbst das Alter, einst als Lebensphase prämortaler Trägheit aufgefasst, wird mehr und mehr zu einer Zeit rastloser Aktivität. Keine Abschiedsrede anlässlich des Eintritts eines Mitarbeiters in den Ruhestand kommt ohne die tröstende und als schmeichelhaft empfundene Verheißung des »Unruhestands« aus. Hier setzt sich fort, was sich im Verhältnis zur Freizeit schon vorher im Leben des Pensionärs entwickelt hat: Zunehmend sehen die Menschen ihre freie Zeit als Gelegenheit an, etwas zu *tun*. Das *Nichts*tun hat nur den Charakter des Einsprengsels und gilt nicht als erstrebenswerte Lebensform.

Bells Befürchtung hat sich nicht bewahrheitet; der Kapitalismus trotzte spielend der Trägheit, die er ermöglichte, ja er machte auch daraus noch ein Geschäft. Zwar ist das Verhältnis zur Trägheit im Gefolge der Achtundsechziger entspannter geworden, die Menschen geben dem Glück des Nichtstuns mehr Raum. Höher aber schätzen sie das Glück des Tuns ein, auch, aber nicht nur in der Form der Erwerbsarbeit. Ein untätiges Leben gilt ihnen als sinnlos, und so merkwürdig den Kirchenvätern Tätigkeiten wie Jogging, Mountainbiking, Internetsurfen oder Computerspiele vorgekommen wären, sie hätten doch vielleicht billigend zur Kenntnis genommen, dass moderne Menschen freiwillig aktiv sind, ohne den moralischen Knüppel der Todsünde im Nacken.

Die Distanz zwischen dem mittelalterlichen und dem modernen Denken bei der Beurteilung der Trägheit scheint kleiner zu sein, als man immer meint: Todsünde früher, Verschwendung von Lebenszeit heute, Ablehnung in beiden Fällen. Der Unterschied liegt nur darin, dass die frühere Ablehnung glücksfeindlich motiviert war, die heutige dagegen der Suche nach irdischem Glück entspringt. Unter diesen Umständen wird jede Tätigkeit zum Gegenstand einer Serie glücksorientierter Suchbewegungen, oft verbunden mit Ratlosigkeit und begleitet von desillusionierenden Erfahrungen.

Unerreichbares Nirwana

Und wieder regt sich deshalb die Frage, ob es nicht besser sei, nichts zu tun. »Süßer Schlaf« ist ein kleiner Text überschrieben, in dem Thomas Mann mit einem abenteuerlichen Gedanken spielt: dass nicht etwa der Schlaf dazu diene, einem Erholung zu verschaffen, damit man dem Leben im Wachzustand wieder gewachsen sei, sondern dass umgekehrt das tätige Leben nur den Zweck habe, den Schlaf zu ermöglichen.[9] »Dass täglich die Nacht sinkt, dass über Qual und Drangsal, Leiden und Bangen sich allabendlich stillend und löschend die Gnade des Schlafes breitet, dass stets aufs neue dieser Labe- und Lethetrank unseren verdorrten Lippen bereit ist, aufs neue stets, nach dem Kampf, dies milde Bad unseren zitternden Leib umfängt, damit er, gereinigt von Schweiß, Staub und Blut, gestärkt, erneuert, verjüngt, fast unwissend wieder, fast mit der ursprünglichen Tapferkeit und Lust daraus hervorgehe – Freund! ich habe das immer als die gütigste und rührendste der großen Tatsachen empfunden und anerkannt.«

Thomas Manns Hymnus an den Schlaf, geschrieben im Jahr 1909, könnte zum Manifest einer faulen Moderne oder zumindest einer Modernisierung der Faulheit nach dem Stadium des protestantischen Fleißes werden. Was er vorschlägt, ist eine neue Sicht auf das Verhältnis von Tätigkeit und Ruhe, vorgetragen als Gedankenspiel mit einem Paradigmenwechsel. Sein dubioser Kronzeuge ist ein Esoteriker, der deutsche Arzt Franz August Mesmer:[10] »Könnte man‹, meint der geniale Scharlatan (Mesmer), ›nicht sagen, daß wir nur wachen, um zu schlafen?‹ Das ist vorzüglich gedacht, und die Wachheit ist sicherlich nur ein Kampfzustand zum Schutze des Schlafes.«

Hier gilt die Ruhe nicht nur als Regenerationsphase, deren Zweck sich darin erschöpft, wieder fit zu werden für den nächsten Tag, hier wird sie kulinarisch gesehen. Wie groß die Sehnsucht nach dem Glück der Ruhe ist, zeigt sich auch im Weltruhm des Bildes *Ein Hirtenknabe* von Franz von Lenbach,[11] das auf zahllosen Postkarten verewigt ist. Doch die Bewunderung der Ruhe, sei es bei den Betrachtern dieses Bildes, sei es bei Thomas Mann, kann immer nur Sehnsucht, nie Erfüllung sein. Denn wer schläft, kann ja gerade deshalb die Ruhe nicht bewusst auskosten. Nur in den kurzen Übergangszuständen vor dem Einschlafen und nach dem Aufwachen, wenn man spürt, wie der Schlaf kommt oder wenn man fast noch in seinen Träumen lebt, kann man sich bewusst am Schlaf freuen wie an einem guten Essen oder an einer erotischen Begegnung. Was der Schlaf bedeutet, erlebt man am intensivsten dann, wenn er nicht kommt. Fällt man nach Stunden, in denen man sich hin und her gewälzt hat, aber endlich doch noch in Schlaf, so hat man nichts davon, weil man ohne Bewusstsein ist. Freuen kann man sich darüber erst nach dem Aufwachen, wenn man sich – mit den Augen von Thomas Mann und Mesmer gesehen – schon wieder im Kampfzustand zur Vorbereitung des Schlafs befindet, dessen Wohltat man aber unweigerlich wieder verschlafen wird. Im Kleinen tritt hier zutage, was sich im Großen wiederholt: die Unmöglichkeit, den Tod zu genießen. Angenommen, die von den Buddhisten ersehnte Auflösung im Nichts, das Eingehen ins Nirwana, wird jedem Sterbenden ohne vorherige Läuterung und religiöse Anstrengung geschenkt – was hat er schon davon? Ein schwacher Trost liegt darin, dass er sich über das Ausbleiben des Genusses dann auch nicht mehr ärgern kann. Die Sehnsucht nach völliger Ruhe ist paradox, weil ihr Genuss genau dadurch verhindert wird, dass sie sich einstellt.

Die Rede ist hier nicht von der Müdigkeit nach einem anstrengenden Tag, sondern vom Glück des Nichtstuns. Gewiss ist es angenehm, sich schlafen zu legen, wenn man müde ist. Es ist genug für heute, morgen ist auch noch ein Tag. Das Pferd muss sich ausruhen, damit es den Karren wieder ziehen kann. So mögen Calvin, Richard Baxter oder Henry Ford ins Bett gegangen sein, und so entspricht es dem instrumentellen Verständnis der Ruhe, die für die Menschen der fleißigen Moderne charakteristisch ist. Der nichtinstrumentelle Umgang mit Ruhe, bei dem diese zum Spiel wird, zum Selbstzweck, zum Glücksprojekt; bei dem sie nicht wohlverdient ist, nicht der Regeneration dient, sondern nur dem Genuss für die Sinne, die dann aber wach zu bleiben hätten: Das ist ein Widerspruch in sich selbst und für viele die reine Folter.

Das Leiden am Willen und das Glück der Tätigkeit

Völliges Nichtstun ist nur im Schlaf und im Tod zu erreichen. Wer sich im Wachzustand eine Stunde lang auf einen Stuhl setzt, ohne sich dabei in irgendeiner Weise zu beschäftigen, fühlt sich hinterher wie gerädert. Ähnliche Situationen hält unsere Zeit reichlich bereit: im Stau stehen, in einer telefonischen Endlosschleife hängen bleiben, im Wartezimmer sitzen, Schlange vor einer Kasse stehen. Warum ist dieses Nichtstun immer nur bitter, nie süß? Schopenhauer sieht in solchen Situationen den *Willen* am Werk, die ständig in uns brodelnde Vitalenergie. Der Wille möchte etwas tun, aber es gelingt kaum jemand, ihn in Situationen erzwungenen Wartens zu fokussieren und sinnvoll zu beschäftigen. Auch der andere Weg, unter solchen Umständen mit dem Willen fertig zu werden, ist nur wenigen Menschen zugänglich: die Katatonie des Wartens im Standby-Modus des Gehirns, die Trance der Willenlosigkeit, bis die Ampel grün wird. Alle übrigen werden vom Willen gequält. Sie stöhnen, fluchen, brechen in Schweiß aus, verkrampfen sich und stecken viel Energie in die Hoffnung, dass es bald weitergehen möge. Ein typischer Dialog im Stau könnte etwa so verlaufen: »Geht es denn noch nicht bald weiter?« »Nein, wir stehen ja noch.« »Hoffentlich können wir bald weiterfahren.« »Ja, hoffentlich.« »Jetzt hat es aber schon ganz schön lange gedauert.« »Ja, wirklich. Wäre schön, wenn es mal wieder etwas vorwärts ginge.« Der Wille rumort. Ungeduld und Langeweile, die Gefühle des blockierten Willens, sind sinnlos, sie führen zu nichts, sie lassen die Ampel nicht grün werden – aber irgendetwas muss der Wille ja machen.

Vor diesem Hintergrund ist der Wunsch nach ungehindertem, sinnvollem Tun leichter zu verstehen als der Wunsch nach Nichtstun. Beide Wege sind dazu geeignet, den am eigenen Willen leidenden Menschen zu befreien. Der buddhistische Weg ist anstrengend und langwierig, es sei denn, man ist ein Genie der Apathie. Schopenhauer empfiehlt den Geistern seines Ranges, sich ein Einkommen ohne Arbeit zu verschaffen (was ihm mit der geschickten Anlage ererbten Vermögens tatsächlich gelang) und sich der Philosophie zuzuwenden.

Was man bei ihm immerhin lernen kann, ist die Skepsis gegenüber dem Nichtstun. Die Neurophysiologie gibt ihm recht,[12] die Glücksforschung ebenfalls.[13] Das beschäftigte, konzentrierte Gehirn produziert positiv stimmende Botenstoffe; und wenn man Menschen danach befragt, wann sie sich in ihrem Alltagsleben gut fühlen, nennen sie Situationen, in denen sie selbstvergessen auf eine Tätigkeit fokussiert sind. Überraschenderweise führen uns diese Überlegungen wieder zu den Kirchenvätern zurück. Mit der Erlaubnis in der Tasche, jede Todsünde zu begehen, nach der ihnen zumute ist, finden viele moderne Menschen doch kein Vergnügen in der Trägheit. Auf das Fleißgebot der protestantischen Arbeitsmoral folgt die hedonistische Tätigkeitsempfehlung. Selbst die Linken kritisieren die ganz normale Erwerbstätigkeit nicht mehr als Entfremdungszusammenhang und Ausbeutungsverhältnis, vielmehr fordern sie Arbeit wie ein Glücksrecht für alle ein. Und selbst die Enklaven des Nichtstuns erweisen sich bei näherem Hinsehen als sorgsam konzipierte Mikrowelten von Tätigkeitsangeboten. Man kann zwar, wenn man will, durchaus auch nichts tun, Liegestühle stehen überall bereit. Wer sich hineinlegt, hat aber meistens ein Buch dabei. Wenn von Nichtstun die Rede ist, dann sind eigentlich oft Tätigkeiten gemeint, nur eben solche, die frei gewählt sind und die ihren Zweck in sich selbst tragen.

Im Lauf der Moderne hat sich die Einstellung zur Trägheit mehrfach gewandelt, und sie wandelt sich weiter. Zu Beginn der kapitalistischen Arbeitsmoral war Fleiß eine Tugend, und Faulheit wurde verachtet; die asketischen Ideale kehrten wieder. Dann jedoch wurde der Kampf um mehr Freizeit zum großen Thema des Westens, vor allem im 20. Jahrhundert. Stück für Stück entrang die Arbeiterbewegung den Unternehmern das Recht auf weniger Belastung und auf mehr eigene, frei verfügbare Zeit. Ein spätes Erbe dieser Phase ist der Bestseller *Die Entdeckung der Faulheit* von Corinne Maier.[14] Hier hat sich der Blick des 20. Jahrhunderts ins 21. hinübergerettet. Faulheit erscheint als Tugend und Fleiß als Dummheit. Im Hintergrund steht eine Vorstellung von Arbeit als Zumutung, bezogen auf ein Menschenmodell des Säuglings mit dem hedonistischen Ideal von Schlafen, Nahrungsaufnahme und Gewickeltwerden.

Die Resonanz, die dieses Buch in Europa gefunden hat, beleuchtet eine Szenerie von Mentalitäten, in der immer noch die verblichene Semantik von links und rechts bemüht wird, während es, über die alten Lager hinweg, in der Hauptsache um den Gegensatz von aktiv und passiv geht, um die Frage, ob Faulheit auf Glück oder Selbstsabotage hinausläuft.[15]

Kaffeehaus und die Logik des Zappens

Vor die Wahl zwischen einem Leben des Ruhmes oder der Langeweile gestellt, entschied sich Achilles für das Heldentum, wohl wissend, dass ihm damit ein früher Tod bevorstand. Die Paraphrase dazu ist in unserer Zeit die Option zwischen Workaholic und Sofakartoffel. Der eine hetzt durch den Berufsalltag wie Achilles durch die Schlacht, hält sich fit, bucht Aktivurlaube und besucht Wochenendseminare, der andere schlurft mittags zum Discounter, döst vor dem Fernseher, nimmt gelegentlich an Gratisbusfahrten zu Werbezwecken teil und wird dick. Gäbe es keine dritte Möglichkeit, wäre das Leben als Workaholic das geringere Übel, denn der manisch Tätige kann immerhin seinen Willen sinnvoll einsetzen, während der Lethargische so von seiner Langeweile gequält wird, dass Zerstreuung zum einzigen Lebenssinn wird. Das Leben des Workaholic ist gewiss spannender. Der Umtriebige geht im Kampf um den jeweiligen Zweck auf, zu dessen Instrument er sich gerade macht.

Schiller freilich hätte geurteilt, dass das Leben des Workaholic ebenso wenig wert sei wie das des Dahindämmernden: Beiden fehle die zweckfreie, spielerische Ankunft im Hier und Jetzt, wo die Menschen nur sich selbst gehorchen und sich auf das schöne Leben konzentrieren.

Der Genuss völliger Ruhe ist unmöglich; Schlaf und Tod können nur als Glück erscheinen, wenn man wach ist und lebt. Faulheit ist auf die Dauer ein schwer erträglicher Zustand, der sich nur mit Hilfe der Antiaskese überstehen lässt: Abtötung des Geistes statt Abtötung des Fleisches. Der Workaholic macht es umgekehrt, er ist ein religionsvergessener Abkömmling der Kirchenväter und der Todsündenlehre. Seit Epikur haben viele darüber nachgedacht, wie man sich eine dritte Möglichkeit zugänglich machen kann: beides, Geist und Fleisch, am Leben zu lassen. In der fortgeschrittenen Moderne ist diese Frage aktueller denn je.

Es ist in diesem Zusammenhang bezeichnend, dass die Wiederbesinnung auf Epikur, den Philosophen des schönen Lebens,[16] erst an der Schwelle zur Moderne, nach tausendjährigem Schlaf, in der Renaissance wieder einsetzt. Von da an aber folgte eine *epikuräische Aufklärung* auf die andere bis in unsere Tage. In ihrer brillanten kulturgeschichtlichen Studie dieses Titels beschäftigt sich Dorothee Kimmich mit den Theorien schönen Lebens in den Arbeiten der Gelehrten und Genies.[17] Was daraus im Alltag wurde, meint sie, steht auf einem anderen Blatt – oder doch nicht? Ideengeschichte und Mentalitätsgeschichte korrespondieren miteinander, auch wenn die komplexen Werke der elitären Geister niemals Bestseller wurden und sich der Club der Großen immer nur auf sich selbst bezog. Doch vermittelt durch Zeitungen, Universitäten, Debattierclubs und Salons sickerten die Ideen in den Alltag ein; und umgekehrt nahmen die Großen am Alltag teil und buchstabierten in ihren Werken aus, was sie dabei aufschnappten.

Sicher versäumten sie dabei nicht den Gang ins Kaffeehaus. Das erste Kaffeehaus wurde wahrscheinlich um 1647 in Venedig eröffnet; bald folgten alle größeren Hafen- und Handelsstädte. In einem Handbuch für angehende Handelsleute aus dem Jahr 1741 vermerkt Carl Günter Ludovici, dass in »allen großen und ansehnlichen Städten mindestens ein *Coffee-Haus*« zu finden war. Danach begann ein europaweiter Siegeszug des Kaffeehauses, früh in Wien und Paris (wo es am Vorabend der Revolution 800 Cafés gegeben haben soll), spät in Hamburg und Berlin. In einer 1786 veröffentlichten Beschreibung der Stadt Wien bemerkt der Satiriker Johann Pezzl: »Die Bestimmung der Kaffeehäuser hat sich seit ihrer Entstehung weiter ausgedehnt. Man trinkt nicht nur Kaffee darin, man nimmt Tee, Schokolade, Punch, Limonade, Mandelmilch, Brautsuppe, Rosoglio, Gefrorenes, usw., lauter Dinge, die man in Deutschland vor ein paar Jahrhunderten noch nicht dem Namen nach kannte. Man studiert, man spielt, man plaudert, schläft, negoziert, kannegießert, schachert, wirbt, entwirft Intrigen, Komplotte, Lustpartien, liest Zeitungen und Journale usw.«[18]

Das Kaffeehaus war der zentrale Ort epikuräischer Massenaufklärung in der Moderne. Sein Erfolg hatte auch damit zu tun, dass es einen hedonistischen dritten Weg zwischen der Verbissenheit des Workaholics und der Leere des Dahindämmernden kultivierte. Das Kaffeehaus bot nicht nur ein Menue von erschwinglichen kulinarischen Genüssen an, sondern auch von Gesprächen und Tätigkeiten, etwa Zeitunglesen oder

Billardspielen. Das Kaffeehaus war kein Ort des Nichtstuns, aber auch kein Ort der zweckgerichteten Arbeit, es war der erste Ort des Zappens: des vorübergehenden Dabeibleibens, Wechselns, Zurückkommens; des Beobachtens und Beobachtetwerdens; der Vertrautheit und der täglich neuen Überraschungen; des Geplauders und der hitzigen Diskussion; des Hereinschneiens und Verschwindens ohne Begründungszwang. Von seinem Vorläufer, der Schänke, unterschied sich das Kaffeehaus durch Urbanität und Nüchternheit. Aus der stickigen Provinzialität des Dorfwirtshauses, in dem jeder Fremde misstrauisch beäugt wurde, kamen die Menschen in die hellen, mit Marmor, Glas und Gold ausgestatteten offenen Räume des Kaffeehauses, dessen Besucher sich gerade dadurch angeregt fühlten, dass sie auf Fremde trafen; aus dem betäubenden Dunst von Bier und Wein, den Hauptgetränken der Menschen des Mittelalters,[19] tauchte das Kaffeehaus mit den Heißgetränken der Moderne auf. Kaffee, Tee und Schokolade machten Vergnügen, indem sie anregten; sie waren die prädestinierten Getränke für die Epoche der Unruhigen und Hellwachen.[20]

Der dritte, der epikuräische Weg zwischen Fleiß und Trägheit, den die Menschen der Moderne im Kaffeehaus kultivierten, ist ein Parcours von kleinen Herausforderungen, unter denen man meist welche findet, die unwiderstehlich sind – bis man genug davon hat. Denn ebenso wichtig wie das Andocken ist die Flucht. Worin die Wohltat des Zappens besteht, hat man nach drei Minuten ex negativo begriffen, wenn man mit jemand zusammensitzt, der mit der Fernbedienung herumspielt. Man wird dabei auf zweierlei Weise gequält: durch das Wegzappen des Interessanten und durch das Verweilen beim Unerträglichen. Zappen muss jeder für sich allein, und das Kaffeehaus war der erste Ort, bei dem der Einzelne in einer Öffentlichkeit anderer Einzelner seinen Wünschen überlassen blieb, seinen kleinen Lüsten ebenso wie seinen Fluchtreflexen.

Mit dem Kaffeehaus wurde anschaulich, was die Moderne den Menschen brachte. Es war ein Ort, an dem das Private öffentlich werden konnte; es war ein Ort ohne Dogma und Autorität; es war ein Ort, der Freiheit garantierte; es war ein Ort, der die im Protestantismus wiederbelebte Missbilligung des Menschlichen ins Gegenteil verkehrte und an dem die Aufforderung Schillers zur spielerischen Ästhetisierung des Lebens einen unerwarteten, alltagstauglichen Sinn bekam.

Dass Kaffeehäuser heute nicht mehr auffallen, obwohl sie so zahlreich sind wie nie zuvor (wenn man all die Bistros, Bars, Coffeeshops, Kneipen, Restaurants, Schnellimbisse und Autobahnraststätten dazurechnet), liegt an der Universalisierung ihrer Handlungslogik. Der dritte Weg Epikurs wurde so allgegenwärtig, dass man ihn gar nicht mehr wahrnimmt. Sogar das Zuhause mit Fernsehgerät, Espressomaschine, Kühlschrank und Internetanschluss hat kaffeehausartige Züge angenommen; ganze Stadtlandschaften sind nach der Logik des Kaffeehauses gestaltet; es gibt überall Andockstellen mit Fluchtmöglichkeit; die ganze Welt ist ein Kaffeehaus.

Nach der Universalisierung des Zappens liegt die epikuräische Herausforderung der Zukunft in der Reduktion und Konzentration. Indem die ganze Welt zum Kaffeehaus wurde, ging das ursprüngliche Magnetfeld des Kaffeehauses verloren. Das spielerische Tun, das so leicht zugänglich war, als das Kaffeehaus noch ein besonderer, hervorgehobener Ort war, gelingt nur denen, die mit Hilfe ihrer persönlichen Selektionsfähigkeit und ihres Konzentrationsvermögens die Welt wieder auf ein überschaubares Kaffeehaus nach ihrem Gusto zu reduzieren verstehen.

Zorn: Uncool

Rätsel Zorn

»Reg dich nicht auf! Nur keine Panik! Bleib ganz ruhig!« Ratschläge dieser Art sind das sicherste Mittel, einen endgültig zur Weißglut zu bringen. Meist ist man selbst der Einzige, dem der Ausbruch schaden wird. Aber wohin mit dem inneren Aufruhr? Ist es besser, sich wieder einmal Gewalt anzutun und everybodys darling zu spielen? »Gelassenheit, Gelassenheit!«»Ich werde gleich wahnsinnig!«

Die stoischen Philosophen der Antike, die Kirchenväter des Mittelalters, die Protestanten zu Beginn der Neuzeit, die Coolness-Apostel der Moderne – sie alle blasen in dasselbe Horn. Wir aber brüllen unseren störrischen Computer an; wir geraten wegen einer Schiedsrichterentscheidung in die Nähe des Herzinfarkts; wir sitzen vibrierend vor Wut in der Mitte der dritten Reihe des Parketts und können der Dümmlichkeit eines Regisseurs nicht entfliehen. Mit kühlem Kopf betrachtet, ist unser Zorn ein Rätsel. Er ist gesundheitsschädlich wie die Völlerei, die aber macht wenigstens Spaß. Der Erste, dem der Wütende wehtut, ist er selbst.

Ist unsere Disposition zur Aggressivität nichts weiter als ein Atavismus, dessen ursprüngliche Funktion wir nur noch im Reich der Tiere beobachten können? Unter den Menschen haben nicht die aggressivsten Männchen die höchste Chance, sich mit den Weibchen zu paaren, sondern die unterhaltsamsten und charmantesten; die Reviergrenzen der Menschen werden durch die staatliche Eigentumsgarantie geschützt; ihre Nahrung müssen sie nicht erobern, eher schon fühlen sie sich davon verfolgt. Wozu in aller Welt brauchen Menschen Aggressivität? Gelassenheit, Gelassenheit!

Doch der Zorn lässt sich nicht endgültig besiegen, er lauert ständig. Ihn in Schach zu halten erfordert lebenslange Unterdrückung. Beim Zorn leuchtet die christliche Idee der Erbsünde besonders ein – wir haben das Böse in unseren Genen.

Fleischlich, anmaßend, feindselig

In der christlichen Verurteilung des Zorns mischen sich mehrere Motive. Als Erstes taucht auch hier wieder das asketische Ideal der Abtötung des Fleisches auf. Zornige geraten außer Atem, schreien, schwitzen, ihr Blutdruck steigt, sie gestikulieren heftig, werfen Gläser an die Wand, zertrümmern Einrichtungen, prügeln und greifen zur Waffe. Der Zorn des Menschen – im Gegensatz zum heiligen Zorn Gottes – gehört zur Sphäre des Fleisches wie der Sex, mit dem er viele physiologische Ähnlichkeiten aufweist. Wie kann ein vom Zorn gebeutelter Mensch sich je auf das Geistige konzentrieren? Er ist ja ganz mit sich selbst beschäftigt; er agiert sich aus; diesseitiger geht es nicht mehr. Am Ende empfindet er sogar noch einen Anflug von Befriedigung in seiner Raserei. Offen für Gott ist man nur, wenn man seinen Zorn besiegt, auch den unterdrückten Zorn, dessen Restformen in einem rumoren: die Wut, den Ärger, das Geschimpfe.

Nur einem steht Zorn zu: Gott selbst. *Quod licet Jovi, non licet bovi.*[1] Im heiligen Zorn Gottes manifestiert sich ein metaphysisches Gewaltmonopol, das spätestens am Tag des jüngsten Gerichts in Aktion tritt, bei der Abrechnung Gottes mit der Menschheit. Nur Gott selbst steht es zu, nach seinen Gesetzen zu richten. Man kann auf Gnade und Barmherzigkeit hoffen, aber man darf sich nicht an seine Stelle setzen. Es liegt eine ungeheure Anmaßung darin, wenn sich ein Mensch zum Zornkonkurrenten Gottes aufschwingt. Im Lauf der Jahrhunderte hat sich dem Verbot des Zorns allerdings eine Erlaubnis hinzugesellt: Unter der Führung der Kirche fühlten sich die Menschen dazu berechtigt, als Erfüllungsgehilfen des heiligen Zorns zu agieren. Daraus wurden Kreuzzüge, Inquisitionsprozesse, Konfessionskriege und die Verbrennung von Ketzern und Hexen. Wesentliche Impulse zur Rechristianisierung der christlichen Religion im Sinn einer Beschwichtigung ihres eifernden Stellvertreterzorns kamen erst von außerhalb: von der Aufklärung und ihrem Ideal der religiösen Toleranz.

Mit dem Toleranzgebot wird eine weitere Schicht der Sündhaftigkeit des Zorns sichtbar. Zorn ist fleischlich, Zorn ist anmaßend, Zorn ist menschenfeindlich. Das Verbot des Zorns ist die Ergänzung zum christlichen Gebot der Nächstenliebe. Hat Jesus nicht gesagt, was man tun soll, wenn man geohrfeigt wird? Er kehrte die alttestamentliche Maxime um. Auge um Auge, Zahn um Zahn, Ohrfeige um Ohrfeige: Dies ist der spontane Impuls, die evolutionsbiologisch einprogrammierte Verteidigungsreaktion. Jesus dagegen fordert radikale Friedfertigkeit gerade dann, wenn das Zurückschlagen nur ein Gebot des gesunden Menschenverstands zu sein scheint: Man soll dem Angreifer auch noch die zweite Backe hinhalten. Mit der zornigen Reaktion des Zurückschlagens lässt man sich auf die normale Handlungslogik dieser Welt ein; Zornlosigkeit dagegen läuft auf ein permanentes Krisenexperiment hinaus – was unter Menschen normal ist, wird auf den Kopf gestellt.[2] Dies löst zwar meist zusätzliche Aggression aus, aber auch Verunsicherung. Man bekommt die zweite Ohrfeige, aber man bekommt oft auch Aufmerksamkeit, Verwunderung und manchmal ein Innehalten des Gegners.

Gewaltlosigkeit birgt ein besonderes Veränderungspotenzial, während in der gewaltsamen Reaktion immer die gleiche Eskalationstendenz angelegt ist. Im Durchbrechen der Zornspirale liegt eine als Schwäche getarnte Überlegenheit, weil man sich nicht das Gesetz des Handelns aufzwingen lässt. Der Protagonist des Westernklassikers *Weites Land*, dargestellt von Gregory Peck, bringt alle genau dadurch zur Weißglut, dass er jede Provokation stoisch über sich ergehen lässt. Er akzeptiert es, als Feigling betrachtet zu werden, um nicht vor sich selbst als einer dazustehen, der nach der Pfeife der anderen tanzt. Am Ende steckt er alle in die Tasche. Zorn ist der Tanz nach der Pfeife der anderen.

Ein Leviathan statt vieler Wölfe

Gelassenheit, Gewaltlosigkeit und Nächstenliebe würden freilich einer Frau wenig helfen, die nachts in der Tiefgarage von einem Sexualtäter angegriffen wird. Plötzlich ist die Zivilisation suspendiert. Die Frau ist gezwungen, sich auf die Stufe des Täters zu begeben, auf die Stufe des Kampfes jedes gegen jeden, den Hobbes als *Naturzustand* bezeichnet.[3] Erst spät in der Geschichte der Moderne, nach der zweiten Frauenbewegung des 20. Jahrhunderts, kamen in den siebziger Jahren Kurse für Frauen mit dem Lernziel Zorn auf.

Im Naturzustand fallen die Menschen wie die Wölfe übereinander her. Besiegen lassen sich die vielen Wölfe nur durch ein Ungeheuer, den

Leviathan.[4] Mit dieser Metapher bezieht sich Hobbes auf das institutionelle Gefüge der Zivilisation. Der liebe Staat, nach dem heute so viele rufen wie früher nach dem lieben Gott, ist gar nicht so lieb. Warum sieht Hobbes den Staat als Ungeheuer? Weil er das Monopol auf Gewaltausübung übertragen bekommt. In der säkularisierten Welt wird aus dem heiligen Zorn Gottes der legitime Zorn der Allgemeinheit, vertreten durch die Regierung. Sie darf verhaften, verurteilen, bestrafen und Krieg führen. Dass der Staat aggressiv sein darf, ist im Interesse aller, denn auf dieser Basis können alle in Frieden leben – vorausgesetzt, der Staat hat wirklich das Interesse aller im Auge und ist nicht bloß das Instrument der einen, um die anderen im Morgengrauen abzuholen und zu deportieren.

So weit wie möglich soll der Zorn des Leviathan den Zorn des Einzelnen überflüssig machen, so dass er nur noch für Notwehrsituationen wie beim Überfall in der Tiefgarage gewappnet sein muss. Da stehen wir nun mit gefletschten Zähnen und dürfen uns nicht mehr gegenseitig an die Gurgel. Der Staat transformiert Zorn in Ärger, in ohnmächtige Wut, in Geschimpfe.

Zorn ist zielgerichtet; er ruht nicht, bis er sich durch eine Tat beschwichtigt hat. Ärger, Wut und Schimpfen sind dagegen kaum mehr als bloßes Ausdrucksgeschehen, das den Attackierten weitgehend egal sein kann. Sie sind peinlich für die Zeugen, nutzlos für die Aufgeregten und überdies eine Gefahr für ihre Gesundheit. Wo der Leviathan herrscht, muss jeder die Aggressivität, die er unter der Bedingung des Naturzustands gegen den Feind gerichtet hätte, gegen sich selbst wenden. Immerhin, per saldo ist der bloße Ärger aller auf alle ein gutes Zeichen. Er ist der Preis der Aufhebung des Kampfes aller gegen alle. Wenn die Menschen aufeinander schimpfen, haben sie sich darauf eingelassen, gewaltfrei zu koexistieren. Sich gar nicht erst aufzuregen ist unter diesen Umständen ein Gebot der Lebensweisheit; glücklich, wer es schafft.

Die Erfindung der Peinlichkeit

Wie es eine von allen Kulturen der Welt geteilte Mimik des Lächelns gibt, so auch eine des Zorns.[5] Gerunzelte Stirn, verkniffene Augen, nach unten gezogene Mundwinkel, ein vorgeschobener Unterkiefer und angedeutetes Zähnefletschen signalisieren unter Primaten Kampfbereitschaft. Die Menschen bilden da keine Ausnahme. »Jeder Schuss ein Russ, jeder Stoß ein Franzos«: mit »Stoß« ist bei dieser Devise deutscher Soldaten unter Kaiser Wilhelm der mit dem Bajonett gemeint. Bis heute wird in der Nahkampfausbildung Mimik, Gestik und Lautsprache des Zorns militärisch instrumentalisiert.

Dabei arbeiten die Ausbilder gegen die mühsam erworbenen Früchte der guten Erziehung an. Wenn man im Restaurant eine Stunde auf sein Essen warten muss, mag man emotional nicht weit von einem Kampf bis aufs Messer entfernt sein, aber man würde sich vor den anderen Gästen schämen, die Beherrschung zu verlieren, erst recht in angenehmer und erotisch vielversprechender Begleitung. Eine begehrte Frau würde durch eine martialische Szene weniger beeindruckt als abgestoßen; ein Mann, der sie gewinnen will, wird sich gerade dann um Eleganz und Witz bemühen, wenn er kurz davor steht, die Fassung zu verlieren.

Die Zivilisation hat die Physiognomie des Zorns als hässlich definiert. In einem berührenden Gedicht beklagt Bert Brecht die Unzugänglichkeit der Schönheit in barbarischer Zeit:

(...)
Dabei wissen wir doch:
Auch der Hass über die Niedrigkeit
Verzerrt die Züge.
Auch der Zorn über das Unrecht
Macht die Stimme heiser. Ach wir,
Die wir den Boden bereiten wollten für Freundlichkeit
Konnten selber nicht freundlich sein.
(...)[6]

Der hier spricht, meint die Ästhetik des Sozialen, nicht die Schönheit des Einzelnen. Erst im Lauf der Kulturgeschichte haben die Menschen einen Begriff von der Anmut des Zwischenmenschlichen herausgebil-

81

det. Glatte Haut, ebenmäßige Gesichtszüge, schöne Körper gelten auch bei Naturvölkern als erstrebenswert; ein Sensorium für die Schönheit oder Hässlichkeit *sozialer* Formen entsteht jedoch erst, wenn der Kontakt mit der Natur zurücktritt und Kultur zum zentralen Lebensraum wird.

Bei der Ästhetisierung des Sozialen wird das Natürliche überformt und überdeckt. Die Hochschätzung des Gekünstelten definiert das Natürliche als Entgleisung. Im Bemühen um gutes Benehmen arbeitet man der Peinlichkeit entgegen: Bloss nicht ohne Selbstkontrolle ertappt werden! Das Ungehobelte, Unartikulierte, Unverfeinerte gilt als hässlich, die Verfremdung des Kreatürlichen als schön. Schon das bloße Symbol zählt, die Bekundung der Absicht, sich zu beherrschen.

Trotz seines dürren Titels wurde das Hauptwerk von Norbert Elias, *Über den Prozess der Zivilisation,* zu einem der großen Klassiker moderner Selbstdeutung.[7] Mehr zufällig stieß Elias einige Jahre nach seiner Flucht aus Nazideutschland in der Bibliothek des Britischen Museums in London auf Benimmbücher der höfischen Gesellschaft. Jedem anderen wären Vorschriften über das Schnäuzen, Schmatzen, Rülpsen und Furzen nur ein wenig amüsant erschienen. Für Elias waren sie Ausgangspunkt einer Prozesstheorie, die die Zeit vom Mittelalter bis zur Gegenwart überwölbt. An der Zivilisierung der Körperfunktionen demonstriert Elias das Voranschreiten der Ästhetisierung des Sozialen.

Der tierische Körper macht, was ihn ankommt, nur die Dressur setzt manchen Tieren Grenzen. Auch Menschen verhalten sich erst einmal wie undressierte Tiere, sowohl in der Gattungsgeschichte wie in der Geschichte ihres persönlichen Lebens. Der wohlerzogene Mensch hat seit seinem Säuglingsalter eine Lerngeschichte durchlaufen, zu der die Reinlichkeitserziehung ebenso gehört wie die Unterdrückung zornigen Brüllens. Während die Queen in vollendeter Selbstbeherrschung auf ihrem Pferd sitzt, lässt das Pferd unter ihr allen erdenklichen Körpervorgängen freien Lauf. Elias beschreibt die Distanz zwischen dem Benehmen des Pferdes und dem der Queen als Ergebnis eines jahrhundertelangen kollektiven Lernvorgangs. Keineswegs ist es den Menschen nur einfach so eingefallen, sich besser zu benehmen. Das Verbergen, Unterdrücken und Ignorieren von Affekten und körperlichen Vorgängen – im Wesentlichen in Form von Tabus – gehört zu einer bis heute anhaltenden umfassenden Veränderung des Umgangs mit spontanen Regungen.

Höflichkeit wurde Elias zufolge umso wichtiger, je mehr Menschen in einem vernetzten sozialen Zusammenhang integriert waren. Zur Zeit der Ritter und des Feudalwesens war Mitteleuropa in viele winzige Parzellen zerstückelt, in denen wenige Menschen weitgehend autark lebten. Auf Höflichkeit kam es erst an, als die politischen Gebilde größer wurden, die Wirtschaftsbeziehungen komplexer und die Institutionen zentralisierter. Damit wurden, wie es Elias ausdrückt, die Handlungsketten immer länger, ein Vorgang, der bis heute anhält. Dass man es mit Fremden zu tun hat, wird zum Normalfall. Affektkontrolle und die Beherrschung allgemeiner Regeln für den verbindlichen Umgang mit Menschen unter der Regie des Sachzwangs entscheiden über den sozialen Erfolg.

Das Verbot des Zorns ist damit aktueller denn je. Geändert hat sich gegenüber den ursprünglichen Lehren der Asketen nur die Begründung. Was die christliche Moral verurteilte, weil es fleischlich, anmaßend und feindselig war, gilt in der fortgeschrittenen Moderne als unmöglich, weil es die Geschäftsbeziehungen stört, oder die Arbeitsbeziehungen oder den Bildungsbetrieb. Ohne Affektkontrolle käme es auf der ganzen Welt ständig zu Reibungen, weil sich immer mehr Menschen an immer mehr verschiedenen Orten aufhalten und dort auf unbekannte andere Menschen stoßen. Wegen dieser Aktualität der Affektkontrolle ist das Wort *Zorn* auch immer noch gebräuchlich, anders als *Völlerei, Hoffart* und *Unkeuschheit.*

Der von Elias betonte soziale Zweck der Selbstbeherrschung mag ihre Entstehung im Lauf der Zivilisationsgeschichte erklären, vollständig verstanden hat man Höflichkeit, Freundlichkeit und gutes Benehmen jedoch erst dann, wenn man sich ihre ästhetische Bedeutung vor Augen hält. Wir stoßen an dieser Stelle auf zwei entgegengesetzte Wege des schönen Lebens: hier der Hedonismus der Selbstdisziplin, dort der Hedonismus des Herauslassens. Hier die Ästhetik des Spiels, dort die Lust der Regellosigkeit. Wie sehr die Ästhetik des Spiels zur Heimat von Menschen werden kann, zeigt sich, wenn sie alleine sind und sich trotzdem nicht gehen lassen. Sie könnten unflätig auf den verachteten Politiker schimpfen, den sie gerade im Fernsehen erleben, aber sie schweigen. Sie könnten ihr Abendessen zwischen Tür und Angel in sich hineinschlingen, aber sie decken sich den Tisch, zünden sich eine Kerze an und schmatzen nicht.

Hedonismus des Herauslassens

Nur wo Regeln herrschen, kann man provozieren. Erst der Prozess der Zivilisation hat einen Raum für unzivilisiertes Verhalten geschaffen. Im Hedonismus des Herauslassens mischen sich die Lust an der Befreiung des Körpers und der Gefühle mit der Lust am Schockeffekt. Damit spielt Luis Buñuel in seinem Film *Das Gespenst der Freiheit:* Einige Menschen treffen sich zu einem Essen. Sie sitzen um einen großen Tisch, lesen Zeitung und unterhalten sich. Der Unterschied zur üblichen Abendgesellschaft ist nur: Sie sitzen auf Toilettenschüsseln. Ab und zu fragt einer der Gäste das Personal mit verlegenem Lächeln nach dem »Örtchen«. In einem engen, WC-artigen Raum finden sie etwas zu essen und zu trinken, das sie hastig und mit einer gewissen Betretenheit zu sich nehmen.

Buñuels Umkehrung des Tabus kritisiert den symbolischen Zweck von Tischsitten und körperbezogenen Benimmregeln: demonstrative Selbstkontrolle. Alles Unwillkürliche entweder zu verstecken oder zu »manierieren«, bewertet er implizit als Terror der Konvention. Da haben wir die »verlogene bürgerliche Gesellschaft«! Sie verweist die Unwillkürlichkeit der unaussprechlichen Ausscheidungsvorgänge ins gesellschaftliche Exil der Toilette und sie verschleiert die Unwillkürlichkeit von Hunger und Durst durch Konversation, geduldiges Warten, Benutzung von Besteck, Kauen mit geschlossenem Mund, Körperdistanz zum Essen, gemessene Armbewegungen und durch die Thematisierung des Essens vorwiegend unter dem Gesichtspunkt des Geschmacks, kaum unter dem Gesichtspunkt des Hungers.

Die 68er-Bewegung und der Psychoboom der siebziger Jahre kritisierten Affektkontrolle und Höflichkeit als »Dressur«. Fritz Teufel defäkierte im Gerichtssaal; Nina Hagen masturbierte live im Fernsehstudio; man zeigte sich ungeschminkt, ungekämmt und ungewaschen; das Rülpsen erlebte eine ungeahnte Blüte; und keine Gefuhlsäußerung war wichtiger als der Ausdruck von Unmut, Unlust und Missgunst. In Selbsterfahrungsgruppen übten die Teilnehmer das Herauslassen ihrer Gefühle nicht weniger sorgfältig ein, als sie in ihrer vorangegangenen Erziehung das Gegenteil einstudieren mussten, die Gefühlskontrolle.

Hier verband sich der Hedonismus des Ausagierens mit einem Dampfkesselmodell des Menschen: Wenn im Inneren Druck entsteht, muss man die Ventile öffnen. Das Einprügeln auf Kissen wurde in kurzer Zeit zur psychotherapeutischen Mode; damit sollte der Zorn auf Eltern, Lehrer, Partner, Vorgesetzte, Gott und die Welt herausgelassen werden. Von da aus sprang das Dampfkesselmodell über ins Alltagsdenken. Wer seinen Aggressionen freien Lauf ließ, hatte sich endlich selbst begriffen; wer unhöflich war, wer seine Langeweile oder seinen Unmut zeigte und seinen spontanen Körperfunktionen Priorität vor den ästhetischen Empfindungen des Gegenübers einräumte, fühlte sich souverän. Die Unmittelbarkeit des Zorns übernahm die Regie. In einer Fernsehdiskussion mit Heiner Geißler, damals Generalsekretär der CDU, unterbrach seine Kontrahentin den Austausch von Argumenten mit dem empörten Ausruf: »Schauen Sie mir in die Augen, Herr Dr. Geißler!« Das Ventil wird geöffnet, der Zorn herausgelassen, Höflichkeit als falscher Schein ironisiert (»Herr Dr. Geißler«).

Doch der Hedonismus des Herauslassens ist schon wieder auf dem Rückzug. Seit der Erfindung der Höflichkeit im Mittelalter wurde zwar immer wieder Kritik daran laut. Romantische Bewegungen – etwa Sturm und Drang und Wandervogel – ächteten die Höflichkeit als verlogen und undurchsichtig; die Achtundsechziger waren nicht die Ersten. Aber der Prozess der Zivilisation erwies sich immer wieder als unaufhaltsam. So wird auch heute wieder in Frage gestellt, was noch vor Jahren als neue Botschaft verkündet wurde: dass alle immer nur offen und ehrlich miteinander umgehen sollen, ungekünstelt und ohne doppelten Boden.

In der Idee der Höflichkeit finden wir diese Botschaft skeptisch beurteilt. Die immer wieder aufbrechende Kritik der Höflichkeit enthüllt, was die Ästhetik des Sozialen den Menschen bedeutet. Das Echte, Eigentliche, Natürliche – so die Gegenkritik – ist chaotisch, destruktiv und unschön. Wohl bedeutet Affektkontrolle Selbstzwang. Es fühlt sich unangenehm an, seinen Zorn zu bändigen. Wird man jedoch unhöflich, so ersetzt man einen Nachteil durch zwei andere. An die Stelle des Selbstzwangs treten Unberechenbarkeit und Hässlichkeit. Höflichkeit befreit die Menschen von der wechselseitigen Zumutung von Authentizität und Spontaneität. In bestimmten Situationen mag das Unverstellte erlaubt oder sogar erwünscht sein: Natürlichkeit als eine Art Theaterpause. Sonst aber ist es besser, wenn sich alle nach dem Drehbuch guten Benehmens richten: Rituale statt Launen, Form statt Natur, Aufmerksamkeit statt Rücksichtslosigkeit, schöner Schein statt hässlicher Wahrheit. Höflichkeit schafft einen angenehmen und produktiven öffentlichen Raum, vergleichbar einer gut angelegten Stadt, wo sonst Urwald wäre. Die Idee der Höflichkeit dreht den Spieß um: Das Natürliche öffentlich zu zeigen ist geschmacklos und unzumutbar, seine Kontrolle eine moralische Leistung. So hat sich seit der Konventions- und Zivilisationskritik der sechziger und siebziger Jahre der Wind wieder gedreht. Wie schon in der höfischen Gesellschaft studieren die Karrierewilligen wieder Benimmratgeber. Manager besuchen Seminare, um zu lernen, wann und wie man einer Dame die Hand küsst, wie man unterhaltsam plaudert, was man wo anzieht oder wie man sich gekonnt aus der Affäre zieht, wenn man sich bei Tisch bekleckert hat. Vielen ist zwar in ihrer Unbeholfenheit und Ungehobeltheit anzumerken, dass die Tradition der Affektkontrolle ein bis zwei Generationen lang abgerissen war. Aber sie kommt wieder in Gang, denn jene Mechanismen, die Elias schon im Mittelalter ausgemacht hat, sind immer noch wirksam, ja sie sind seither nur ständig stärker geworden und kulminieren im Zeitalter der Globalisierung. Wer Erfolg haben will, muss sich benehmen können, und dies zunehmend auf internationalem Parkett. Der vorübergehende Abschied vom Benimm war ein Eigentor. Unhöflichkeit als neue Konvention wirkte von Anfang an noch zwanghafter als die Konvention der Höflichkeit und scheitert nun an der anhaltenden Kraft jener Umstände, die Affektkontrolle erzwingen.

Coolness

Ärger und Wut zu verbergen gilt modernen Menschen nicht bloß als lästige Pflichtübung im Dienst bestimmter Zwecke, vielmehr wurde sie zum Selbstzweck. Wie im bürgerlichen Zeitalter der Begriff der Höflichkeit nicht nur eine instrumentelle Bedeutung hatte, sondern auch eine distinktive und eine ästhetische, so heute der Begriff »cool«. Er drückt das Prinzip aus, von der inneren Hitze nichts nach außen dringen zu lassen, mehr noch: die innere Hitze gar nicht erst entstehen zu lassen. Coolness ist die moderne Korrespondenztugend zur Todsünde des Zorns. Geduld und Liebe, die Korrespondenztugenden des Mittelalters, sind mit Coolness nicht gemeint.

Coolness nicht als Mittel zum Zweck, sondern als Selbstzweck hat im Stoizismus einen philosophischen Vorläufer noch vor der Kodifikation der sieben Todsünden. Die Stoa war die zentrale Lebensphilosophie der Antike seit dem 4. vorchristlichen Jahrhundert. Nichts war ihr wichtiger als Gelassenheit selbst angesichts des eigenen Todes. Sokrates, bis zu dem die Wurzeln der Stoa zurückreichen, schuf bei seinem vom Scherbengericht beschlossenen Selbstmord 399 vor Christus ein Skript des heiteren Sterbens, das im Lauf vieler Jahrhunderte immer wieder nachgespielt wurde, etwa 65 nach Christus von Seneca auf Befehl von Kaiser Nero. Das zentrale Lebensprinzip der Stoa war die *Apathie*, wörtlich als »Freiheit von Gefühlen« und nicht etwa als »Dumpfheit« zu übersetzen. Selbstkontrolle, Beherrschtheit, Gelassenheit, Herrschaft des Verstandes über die Emotionen, Herrschaft des Kopfes über den Bauch, Einklang von Ich und Realität, Nüchternheit, Rationalität, Säkularität – diese durch und durch coolen Ideale prägten 600 Jahre lang das Denken der Antike. Sie sind heute so aktuell wie damals. Die Rede ist hier sowohl von der demonstrativen Coolness als moderner Form der Selbstinszenierung als auch von Coolness als Glücksprinzip; von Coolness nach außen wie von Coolness nach innen.

Naturzustand ist überall. Über die Zukunft des Zorns

Die Moral der sieben Todsünden bekämpfte den Zorn als Störung der Beziehung zu Gott. Die Moral der Antike bekämpfte den Zorn als Störung der Seelenruhe. Die Moral der Moderne bekämpft Zorn als Sand im Getriebe und als Störung der Ästhetik des Sozialen. Wenn sich auch die Deutungsrahmen unterscheiden, so zieht sich doch ein Grundgedanke durch zweieinhalb Jahrtausende europäischer Geschichte: Es ist gut, nicht jeder Regung freien Lauf zu lassen. Auch wenn sich der Zorn auf andere bezieht: Den Ärger damit hat man unweigerlich selbst. Glücklich, wer es lernt, ihn gar nicht erst aufkommen zu lassen.

Läuft die Moderne letztlich auf die endgültige Abschaffung des Zorns hinaus? Der Staat hat das Gewaltmonopol; eine Generation nach der anderen lernt die Lektion der Affektkontrolle; alle überbieten einander an Coolness. Wenn es so weitergeht, kommt die zornskeptische Moderne in einem leisen Paradies lächelnder Menschen an. Viele, die sich zunächst mit dieser Vision anfreunden, machen freilich eine Desillusionierung durch. Sie merken, dass sie den Zorn brauchen, aber sie haben nicht gelernt, damit umzugehen. Nachdem die Moderne lange an der Verminderung des Zorns gearbeitet hat, kommt nun die Zeit, sich seiner Rechtfertigung bewusst zu werden und ihn in den Alltag zu integrieren.

Im Jahr 2000 wurde die Ladera Ranch ins Leben gerufen; eine am Reißbrett geplante Stadt des Friedens. In kurzer Zeit waren alle 700 Häuser an wohlhabende US-Bürger verkauft, die sich ein Leben ohne Zorn versprachen: unter ihresgleichen lebend, umfassend gegen Kriminalität geschützt, bestens mit allem versorgt, eingebettet in ein Netzwerk freundlicher Nachbarn, in Laufweite vom nächsten urbanen Treffpunkt entfernt, täglich unterhalten von Eventmanagern, mit garantierten Sozialkontakten schon wegen der offenen Architektur. Fünf Jahre später setzt bereits der Exodus aus der Ladera Ranch ein.[8] Wieder einmal hat sich die Utopie der zornlosen Gesellschaft als leeres Versprechen erwiesen, wie in den Wohngemeinschaften der Achtundsechziger, wie in den versunkenen sozialistischen Jubeldiktaturen, wie unter den »Brüdern« und »Schwestern« christlicher Gemeinschaften, wie in Partnerschaften, die in Euphorie beginnen und im Krieg enden.

Leviathan, Affektkontrolle und Coolness können den Naturzustand zurückdrängen, das Schlimmste verhindern und für ein angenehmes Sozialklima sorgen, ganz aus der Welt ist der Kampf aller gegen alle jedoch nicht zu schaffen. Wie nahe der Naturzustand ständig ist, merkt man bereits, wenn man in einer Menschentraube vor einem Schalter ansteht. Einen gibt es immer, der sich vordrängt. Der Staat als Leviathan kann nicht überall sein, nicht auch noch hier vor dem Schalter. Unmöglich kann er bis in die letzten Winkel des Alltagslebens vordringen, in Ehen, Nachbarschaften, Büros und Geschäfte.

Die Macht des Leviathan verliert sich im Kleinen und Entlegenen. Zum Römischen Reich gehörten immer auch Zonen der Barbarei: Territorien jenseits von Gesetz und Kontrolle.[9] Die Ladera Ranch war gedacht als Leviathan im Leviathan, als Provinz von zornverhindernder Regelungsdichte mit maximalem Auflösungsvermögen innerhalb der staatlich nicht erreichbaren Barbarei. Aber dann ließ A sein Auto jeden Morgen um fünf Uhr vor dem Haus im Stand laufen; B wurde von seiner Frau mit der Postbotin in flagranti erwischt; C machte die Stadt mit seinem Kampfhund unsicher; D ging allen mit seinem Geschwätz auf die

Nerven. Selbst wenn die Manager der Ladera Ranch auf all dies mit weiteren Regelungen reagieren, selbst wenn die Tentakel des Leviathan mikroskopisch klein werden – nie wird das Ungeheuer den Naturzustand flächendeckend kontrollieren können, zu groß ist der dramatische Reichtum der konkreten Welt.[10] Und wenn der Leviathan allumfassend würde und seine Kontrolle in jeden Winkel hinein ausdehnen könnte, wäre es furchtbar wie in George Orwells Roman *1984*: Dem »Großen Bruder«, ausgestattet mit einem perfekten Überwachungssystem, entginge nichts.

Die neue Lektion

Zunächst erlernten die Menschen der Moderne die Kontrolle des Zorns. Sie errichteten öffentliche Regelsysteme und bekamen ihre Affekte in den Griff. Damit vergrößerten sie ihren Freiraum, gleichzeitig aber auch die Zonen der Barbarei außerhalb der Kontrolle durch den Leviathan. Durch diese Zonen reiten sie als einsame Helden wie im Western. In ihrer Partnerschaft, in Nachbarschaftsbeziehungen, am Arbeitsplatz, beim Gang durch eine Stadt oder in der Schalterhalle sind sie auf sich gestellt, und es ist jederzeit möglich, dass sie sich ihrer Haut wehren müssen. Zorn ist kein antiquiertes Gefühl; man braucht ihn, um klar zu machen, wo die eigene Interessensphäre anfängt und wo die Toleranz aufhört. In den Zonen der Barbarei gilt das Recht des Stärkeren, und stärker ist derjenige, der gut zornig sein kann: entschieden, planvoll, deutlich und ohne Selbstzweifel an der Berechtigung seines Gefühls.

Die Moral der Moderne zeigt sich hier skeptisch gegenüber dem Grundsatz der unbedingten Nächstenliebe. Der andere wird als Gegner gesehen und angegriffen. Ob man ihm die andere Wange hinhält, ist eine taktische Frage, die sorgfältig erwogen sein will. Man ist es sich selbst schuldig, sich nicht alles gefallen zu lassen. Wenn sich der andere als Feind benimmt, ist Liebe nicht am Platz. Im Lernprogramm der Moderne ist jedoch immer auch die kritische Selbstreflexion enthalten – sowohl die instrumentelle Selbstreflexion, geleitet durch die Frage »Wie wehre ich mich meiner Haut?« als auch die moralische: »Wie weit darf ich gehen? Wo beginnt die legitime Interessensphäre des anderen? Was wäre unfair?«

Immer mehr müssen sich unsere Gerichte mit Nachbarschaftskonflikten beschäftigen. Acht Jahre lang, so wurde beispielsweise berichtet, geht es bereits hin und her zwischen einem, der täglich in seinem Garten Golfschläge übt, und einem anderen, der sich dadurch gestört fühlt und in die Offensive gegangen ist. Mit seinem Gartenschlauch spritzt er über den Zaun gezielt auf den Nachbarn. Beide agieren als zornige Kämpfer in der freien Wildbahn der Barbarei, gleichzeitig aber versuchen sie auch, durch die Anrufung der Gerichte den Leviathan für ihre jeweiligen Zwecke einzuspannen: Er soll verbieten, Golfschläge im Garten zu trainieren; er soll verbieten, in kämpferischer Absicht Wasser über den Zaun zu spritzen.

Hier wird ein weiterer Aspekt der Lektion sichtbar: die Weisheit der Resignation. Wie es lebenslange Scherzbeziehungen gibt,[11] so auch Zornbeziehungen. Keine Erfahrung ist älter: Nach kurzer Zeit haben die Gegner ein gemeinsames Drehbuch ausgearbeitet, das zum alltäglichen Muster wird. Ich schlage meine Bälle, du spritzt über den Zaun. Ich stöhne leise auf, du fühlst dich angegriffen. Ihr schickt einen Selbstmordattentäter, wir einen Kampfhubschrauber. Wie kein anderes Gefühl führt Zorn zur Perpetuierung ineinander verhakter Beziehungen der wechselseitigen Sabotage des schönen Lebens. Wenn sich Zorn nicht schnell als konstruktiv erweist, dann führt er bald in eine dauerhafte Blockadegemeinschaft. Doch wenigstens bei Nachbarschaftsbeziehungen und Partnerschaften hat die Moderne die Option der Flucht für fast alle zugänglich gemacht. Der moderne Zornige sucht nach nicht allzu langer Zeit das Weite – das Leben ist so kurz.

Gott fordert Unterwerfung

In einem Interview sagte V. S. Naipaul über seine Beziehung zum Islam, er könne keine Religion respektieren, die es ihren Gläubigen auferlege, fünfmal am Tag Turnübungen zu machen. Auf einen Moslem, der sich täglich vor Gott niederwirft, muss Naipauls Sarkasmus wie eine schwere Beleidigung wirken – so wie Naipaul sich schwer beleidigt fühlen würde, wollte man ihn unter Drohungen zu dieser Demutsgeste zwingen. Naipauls Äußerung drückt mehr aus als nur eine Animosität; sie steht für die Distanz zwischen Moderne und Religiosität überhaupt. Am konkretesten wird der Gegensatz zwischen religiöser und moderner Weltanschauung in der Sexualität, am abstraktesten bleibt er in der Polarität von Demut und Selbstbewusstsein, an der Naipauls Spott ansetzt. Nun könnte man zunächst denken, dass eine Forderung umso geringere Bedeutung hätte, je abstrakter sie ist, doch gerade wegen ihrer Abstraktheit ist die Forderung nach Unterwerfung besonders schwerwiegend, denn so lässt sie sich auf die ganze Gesellschaft übertragen, die damit zur Untertanengesellschaft werden muss – in Politik, Justiz, Wissenschaft, Technik, Produktion und öffentlicher Verwaltung; in den Beziehungen zwischen Eltern und Kindern oder zwischen Mann und Frau.

In den vielen Sündenkatalogen, die im Lauf der Weltgeschichte der Religionen aufgestellt wurden, steht die Verweigerung des Respekts vor der jenseitigen Instanz meist an erster Stelle. Religion nimmt Stolz übel, und das Christentum treibt dies auf die Spitze. Die zehn Gebote fordern zunächst Unterordnung, bevor sie sich sozialethischen Themen zuwenden, und immer wieder erklärten die Kirchenväter, etwa Origines, Hieronymus, Augustinus, Gregor I. und Cassianus, den Stolz zur schlimmsten Todsünde. Das war gut durchdacht: Wenn man dem abstraktesten Laster entsagt, dem eigenen Willen, ergibt sich die Abwendung von allen übrigen Lastern zumindest logisch gesehen von selbst.

Traditionelle christliche Glaubenspraxis ist mit einer Körpersprache der Unterwerfung verbunden: niederknien, aufstehen, die Hände falten, den Kopf senken. Der neu zu weihende Priester stellt den restlosen Verzicht auf den Stolz und den eigenen Willen zugunsten Gottes dar, indem er sich mit ausgebreiteten Armen flach auf den Boden legt, das Gesicht nach unten. Die Subordination des eigenen Lebens unter die jenseitige Instanz gehört zum festen Symbolbestand von Bibel, Kirche, Theologie und Gebet; hier kommt der unendliche Rangabstand zwischen Mensch und Gott zum Ausdruck: »Diener Gottes«, »Knecht Gottes«, »elender Mensch«, »nichtswürdige Kreatur«, »armseliger Sünder«. Ein Christ soll gehorsam und demütig sein. »Dein Wille geschehe«, heißt es im Vaterunser. Ähnliche Worte spricht Jesus im Verlauf seiner Passionsgeschichte.[1] Gehorsam und Demut sind christliche Kardinaltugenden.

Die christliche Theologie interpretiert die Passionsgeschichte als Paraphrase zur alttestamentlichen Geschichte von Abraham und Isaak.[2] »Gott versuchte Abraham und sprach zu ihm: ›Abraham!‹ Und er antwortete: ›Hier bin ich.‹ Und Er sprach zu ihm: ›Nimm Isaak, deinen einzigen Sohn, den du lieb hast, und geh hin in das Land Morija und opfere ihn dort zum Brandopfer auf einem Berge, den ich dir sagen werde.‹« Abraham tat alles wie befohlen, was freilich nicht ohne Täuschung von Isaak abging. »Und als sie an die Stätte kamen, die ihm Gott gesagt hatte, baute Abraham dort einen Altar und legte das Holz darauf und band seinen Sohn Isaak, legte ihn auf den Altar oben auf das Holz und reckte seine Hand aus und faßte das Messer, auf daß er seinen Sohn schlachte.« Erst da gebietet ein weiteres metaphysisches Kommando Einhalt. Bis zum Äußersten hat Gott die Situation ausgereizt; nun ist er zufrieden und verspricht ihm: »Weil du solches getan hast, will ich dein Geschlecht mehren wie die Sterne am Himmel und wie den Sand am Ufer des Meeres und deine Nachkommen sollen die Tore ihrer Feinde besitzen ...«[3] Gewiss lässt sich diese zentrale Stelle der christlichen Mythologie historisch-kritisch verstehen und respektieren. Reimarus[4] freilich nahm sich 1768 die Freiheit, solche Passagen der Bibel moralisch zu verurteilen. Die Geschichte von Abraham und Isaak erscheint bei diesem Blickwechsel als Apotheose des Kadavergehorsams.

Von allen Weltreligionen kommt einzig der Buddhismus zumindest dem Prinzip nach ohne Demutsgesten aus, weil er keine heilige Instanz kennt, der gegenüber man demütig sein müsste. (In ihrer alltäglichen Glaubenspraxis allerdings importieren viele Menschen, die sich als Buddhisten bezeichnen, durchaus Unterwerfungselemente aus anderen Religionen). Nach der Lehre Buddhas sind auch die Götter erlösungsbedürftig, ja sie sind sogar den Mönchen unterlegen, die so konsequent sind, den zur Vernichtung des Leidens führenden Weg ins Nirwana zu gehen. Buddha stellte sich gegen die Erlösungslehre der Upanischaden. Nicht in der Beziehung zu Göttern suchte er die Erlösung, sondern in der Beziehung des Einzelnen zu sich selbst.

Noch heute mutet die Paradiesvorstellung des Buddhismus verstörend an, wenn man aus dem kulturellen Kontext des Christentums kommt. Das Paradies ist das Nichts; die Erlösung ist ein Verwehen, ein Erlöschen des Durstes, ein Ende der Lebensgier. Die höchste Stufe der Existenz ist erreicht, wenn keine Wiedergeburt mehr folgt, wenn also die Existenz aufhört. Diese Auffassung ist so nahe am Atheismus und so fern von der Mythenwelt anderer Religionen, dass die Frage diskutiert wird, ob man den Buddhismus überhaupt als Religion bezeichnen sollte.

Die Verehrung von Buddha ist mit der Verehrung von Gott nicht zu vergleichen. Buddhisten machen sich mit ihrer Verehrung nur ein Vorbild bewusst, das sie, so gut es geht, nachahmen wollen. Anhänger anderer Religionen dagegen machen sich eine heilige Instanz bewusst, der sie sich unterwerfen. Für Buddhisten ist Stolz eine Form der Selbstschädigung, für alle anderen Religionen ist Stolz gegenüber Gott eine Form der Sünde.

Ohne Stolz keine Moderne

Wie mit der Völlerei, der Unkeuschheit und der Habgier wendet sich die christliche Moral auch mit dem Verbot des Stolzes gegen die menschliche Natur: Zum einen stellt sich das Verbot des Stolzes gegen die Lebenshaltung eines fortschrittsoffenen, grenzüberschreitenden Wesens, das Selbstbewusstsein braucht, um etwas zu riskieren. Zum anderen enthält es den Menschen die Früchte der Abenteuer vor, die sie auf sich nehmen, um weiter zu kommen: den Genuss des Erreichten. Ohne Stolz, verstanden als Freude an sich selbst und der eigenen Leistung, ist Genuss nicht zu haben.

In der Moderne hat Stolz also einen *instrumentellen* und einen *äs-*

thetisch-emotionalen Aspekt; seine Stigmatisierung als Todsünde der Hoffart wendet sich zum einen gegen die Fortschrittsgeschichte von Naturwissenschaft, Technik und Ökonomie im Dienst der Daseinsvorsorge (Glück 1), zum anderen gegen das Projekt des schönen Lebens in den Zeiten ohne Leid (Glück 2).[5] In beiden Fällen steht die Todsünde des Stolzes der Ideenwelt der Moderne entgegen. Ihren Weg konnte die Moderne nur nehmen, weil sie sich darüber hinwegsetzte.

Eines der bekanntesten Beispiele für den *instrumentellen Aspekt* des Stolzes steht am Anfang der modernen Wissenschaft. Galilei hatte seine Erkenntnisse der Respektlosigkeit zu verdanken. Selbstbewusst vertraute er bei seinen Forschungen nur dem eigenen Verstand und den eigenen Beobachtungen. Die naturwissenschaftlichen Dogmen der Kirche ignorierte er voller Hochmut. Zwar widerrief Galilei vor der Inquisition die Früchte seiner Arbeit. Um seine Haut zu retten, genügte er der Christenpflicht des Gehorsams. Dennoch waren seine Gedanken nicht mehr aus der Welt zu schaffen. Neues physikalisches Wissen setzte sich durch, und mit ihm die Erkenntnishaltung des modernen Naturwissenschaftlers, für den nichts zählt außer der empirischen Erfahrung und dem eigenen Verstand.

Der *ästhetisch-emotionale Aspekt* des Stolzes betrifft den Lebensgenuss und die Freude an sich selbst. Bis heute ist zum Beispiel Konsum mit einem Hauch des Unmoralischen verbunden. Er gilt als oberflächlich, materialistisch, umweltschädlich, unsozial, egoistisch, hedonistisch. Zu konsumieren bedeutet, sich etwas zu gönnen, und dazu braucht man ein gewisses Selbstbewusstsein. Konsumenten dürfen sich nicht genieren, etwas für sich zu beanspruchen; demütige Konsumenten bringen nur geringe Umsätze. Sie verursachen Gewinneinbrüche, Entlassungen, verminderte Steuereinnahmen und reduzierte Sozialleistungen. Oft genug ist die Bedeutung der ökonomischen Schubkraft des Massenkonsums für das »Anspringen« der Industrialisierung betont worden.[6] Aus christlicher Sicht aber hat Massenkonsum vor allem einen blasphemischen* Aspekt, er verträgt sich nicht mit der Demut vor Gott. Konsumgüter sind Teil des Lebensgenusses, der den Fortschritt von Wissenschaft, Technik und Ökonomie in der Moderne erst sinnvoll macht. Konsum führt den Menschen vor Augen, warum ihre Anstrengungen nicht einfach nur absurd sind. Fähig zum genussvollen Konsum sind sie aber nur, wenn sie Unbescheidenheit an den Tag legen und ihre materiellen Begierden nicht bloß als Beweis ihrer Nichtswürdigkeit erleben.

* Gotteslästerung

Die Moderne hat den Stolz nicht erfunden, aber sie hat ihn gebraucht und ihm wieder neue Geltung verschafft. Ganz am Anfang, noch bei den hominiden Vorformen des Menschen, stand das Ordnungsprinzip der Rangordnung. Im Lauf der Evolution haben die Menschen das Prinzip der Rangordnung aus dem Tierreich in ihre eigene Entwicklungsgeschichte hinübergenommen und weiterentwickelt. Dazu fähig, sich selbst zu reflektieren, verbanden sie die Wahrnehmung ihrer Position in Rangordnungen mit einem Bewusstsein ihres eigenen Wertes oder Unwertes. Rangbewusstsein, Rangsymbole und Rangstolz sind seitdem allgegenwärtig.

Lächerlicher Stolz

In vielen allegorischen Darstellungen der sieben Todsünden wird Stolz als Eitelkeit dargestellt, oft symbolisiert durch einen Spiegel. Die moderne Kritik des Stolzes sieht ähnlich aus, gehört jedoch in einen ganz anderen Rahmen. Einer ihrer Klassiker ist der französische Karikaturist Honoré Daumier, dem das politische Leben und das französische Justizwesen des 19. Jahrhunderts in reicher Fülle szenisches Material lieferte, um Überheblichkeit zu ironisieren.[7] Was Daumier ins Lächerliche zieht, sind die pathetische Selbstinszenierung und der Narzissmus hässlicher alter Männer; die Angeberei der Würdenträger; die wortreiche Arroganz derjenigen, denen es irgendwann einmal gelungen war, die Position eines Staatsanwalts oder Rechtsanwalts zu erringen und sich ein Publikum zu verschaffen.

Daumier lehnt den Stolz jedoch nicht grundsätzlich ab, vielmehr setzt er ihn in seiner Kritik des Stolzes geradezu voraus, denn er kann das öffentliche Auftreten anderer nur verspotten, indem er selbst öffentlich auftritt. Nur dann ist dies kein Widerspruch, wenn man zwischen schlechtem, hohlem, substanzlosem Stolz einerseits und verdientem, gerechtfertigtem, wohlbegründetem Stolz andererseits unterscheidet.

Diese Unterscheidung ist säkularer Art; auch sie gehört zu den Möglichkeiten des Denkens und Urteilens, die sich im Lauf der Moderne allmählich gegen das Christentum durchgesetzt haben. Die Lehre von den sieben Todsünden differenziert dagegen nicht zwischen verschiedenen

Varianten des Stolzes, sie verurteilt ihn pauschal: Wer stolz ist, achtet sich selbst und vertraut sich selbst; wer sich aber selbst achtet und vertraut, der missachtet und misstraut Gott.

Von Selbstbewusstsein zu ungerechtfertigter Anmaßung ist es nur ein kleiner Schritt. Bereits in den ersten Komödien der europäischen Geschichte taucht ein Muster auf, das bis heute funktioniert: das Drehbuch des lächerlichen Stolzes. Je höher der Rang, je aufgeblasener der Stolz, desto offensichtlicher die Unangemessenheit und desto tiefer der Absturz ins Lächerliche. Die frühen Komödien, angefangen mit dem Genre des sumerischen Dialogtextes, inszenieren das Duo von klugem Diener und dämlichem Gebieter.[8] Komisch wird das Schauspiel erst durch den Stolz des Herrn, der bei einem auf seinen wirklichen Fähigkeiten beruhenden Rangverhältnis am unteren Ende der Hierarchie stehen würde.

Wie sehr gerade auch die Kirche zum lächerlichen Stolz neigte, spiegelt sich in den Attacken Luthers auf den Dünkel des Klerus wider, indirekt auch in der als Gegenmodell gedachten, weitgehend enthierarchisierten Struktur der protestantischen Kirchen. In seinem Film *Roma* amüsiert sich Federico Fellini über kirchliches Statusdenken in Form einer klerikalen Modenschau. Das 19. Jahrhundert war die hohe Zeit der Statussymbole, das 20. Jahrhundert war die Zeit ihrer soziologischen Kritik und langsamen Demontage, beginnend mit Veblens Arbeit über den »demonstrativen Konsum der reichen Leute«, erschienen 1900.[9] Bourdieus Untersuchung der »feinen Unterschiede« aus dem Jahr 1979 setzte Veblens Lachen über die USA mit Blick auf Frankreich fort.[10] Ein Jahrhundert soziologische Aufklärung ist nicht ohne Wirkung geblieben: Heute protzt man verhaltener, und das Lachen über unangemessenen, nur durch den Besitz von Statussymbolen gerechtfertigten Stolz sitzt lockerer.

Umso unmittelbarer ist Stolz nun an den Wert des nackten Menschen im Hier und Jetzt gebunden; umso weniger lässt er sich symbolisch durch Gegenstände, Titel, Positionen und vergangene Leistungen absichern; umso wichtiger wurde der Begriff der Würde als moralischer Anspruch an die anderen, den eigenen Stolz nicht zu verletzen, und als ein Wert, den man sich selbst schuldet: eine Kategorie sowohl der Moral nach außen wie der Moral nach innen.

Neid: Wo ist dein Bruder Abel?

Die Vertrautheit des Unverständlichen

Wer jahrelang in Universitätsgremien das Verhalten saturierter Primaten beobachtet hat, weiß um die Allgegenwart des Neides selbst unter
der Bedingung des Überflusses – es kommt vor, dass Kollegen monate-
lang um Hilfskraftgelder kämpfen, die sie dann am Jahresende unver-
braucht an die Verwaltung zurückgeben. Sammler des Absurden finden
beim Neid so viel Material wie bei keiner anderen Todsünde.

So machen gerade Asketen des frühen Christentums, die Neidfreiheit
predigten, einen neidischen Eindruck. Sie konkurrierten um die öffentliche Aufmerksamkeit, die ihre Entsagungsakte erregten. Ständig ver-
suchten sie, sich gegenseitig zu überbieten. Symeon Stylites kam im
5. Jahrhundert auf die Idee, auf einer Säule zu leben. Die erste war zwei
Meter hoch, aber er siedelte auf immer höhere Säulen um. Als er starb,
war die Säule auf zwanzig Meter gewachsen. Sie wurde zum Ausgangspunkt einer Jahrhunderte währenden Manie der Säulensiedelei und
zum Symbol einer Steigerungsspirale des Neides unter den Wettkämp-
fern demonstrativen Verzichts.[1]

In Anlehnung an Aristoteles definiert der Kirchenvater Basilius im
4. Jahrhundert Neid als »Kummer über den Erfolg des Nächsten«. Auch
Gott wirkt selten menschlicher, als wenn er neidisch und eifersüchtig
ist. Der »Nächste«, den Gott beneidet, ist der *andere* Gott. Der neidische
Gott des Alten Testaments ist ein alter Bekannter, ein Typ wie du und
ich, eine Projektion menschlicher Schwächen ins Metaphysische. »Und
der Herr sprach zu Moses: Siehe, du wirst schlafen bei deinen Vätern,
und dies Volk wird sich erheben und nachlaufen den fremden Göttern
des Landes, in das sie kommen, und wird mich verlassen und den Bund
brechen, den ich mit ihm geschlossen habe. Da wird mein Zorn entbren-
nen über sie zur selben Zeit, und ich werde sie verlassen und mein Ant-
litz vor ihnen verbergen, so dass sie völlig verzehrt werden.«[2]
Gott selbst trägt hier neidische Züge, worin er vielen anderen Göttern

97

gleicht. Kaum etwas fürchteten die Griechen mehr als den Neid der Götter, und die Römer hatten, wenn sie sich vom Glück begünstigt fühlten, nichts Eiligeres zu tun, als sich auf die Brust zu spucken, um in den Augen der Götter weniger beneidenswert zu wirken. Erst die christliche Reflexion des Neides machte Schluss mit dem Neid, der aus dem Jenseits kam. Im Neuen Testament wird Gott, vermittelt durch Jesus, zum Inbegriff der Neidfreiheit. Jesus selbst lebt vor, was er den Jüngern ansinnt: nicht neidisch zu sein und jedem sein Glück zu gönnen.

Dazu besteht aller Anlass. In der biblischen Version der Menschheitsgeschichte ist bereits der erste Mord ein Neidmord. »Es begab sich aber zu der Zeit, dass Kain dem Herrn Opfer brachte von den Früchten des Feldes. Und auch Abel brachte von der Erstlingen seiner Herde und von ihrem Fett. Und der Herr sah gnädig an Abel und sein Opfer, aber Kain und sein Opfer sah er nicht gnädig an. Da ergrimmte Kain sehr und senkte finster seinen Blick. Da sprach der Herr zu Kain: Warum ergrimmst du? Und warum senkst du deinen Blick? Ist's nicht also? Wenn du fromm bist, so kannst du frei deinen Blick erheben. Bist du aber nicht fromm, so lauert die Sünde vor der Tür, und nach dir hat sie Verlangen; du aber herrsche über sie. Da sprach Kain zu seinem Bruder Abel: Lass uns aufs Feld gehen. Und es begab sich, als sie auf dem Feld waren, erhob sich Kain wider seinen Bruder Abel und schlug ihn tot. Da sprach der Herr zu Kain: Wo ist dein Bruder Abel?«[3]

Neid beginnt in der Familie und endet in der Politik. Nationalismus und Kolonialismus wurden vom Neid geschürt. In den großen Kriegen war der Neid der Nationen eine treibende Kraft. Und hätte es den Antisemitismus unter Hitler ohne den Neid vieler auf Besitz und Genie der Juden überhaupt gegeben?[4] Er nährte sich aus dem scheelen Blick auf ihren Wohlstand; er sättigte sich mit der Aneignung von Fabriken, Wohnungen, Möbeln, Gemälden, Schmuck und Geld aus dem Besitz der Deportierten und Exilanten; er wurde beschwichtigt durch die Besetzung ihrer Positionen in Wirtschaft, Verwaltung und Bildungssystem; er gab erst Ruhe nach dem Tod oder der Flucht der Beneideten.

Wer ist frei von Neid? Gedankenexperiment: Im Supermarkt hat sich eine Schlange vor der Kasse gebildet. Da macht überraschend eine zweite Kasse auf. Die Letzten der Schlange stürzen sich nun, als ginge es um ihr Leben, auf die zweite Kasse und sind plötzlich die Ersten. Alle, die diesen Moment der Gnade versäumt haben, müssen nun zwar keineswegs länger warten, als sie ohne die Eröffnung der zweiten Kasse hätten warten müssen, aber länger als diejenigen, die sonst erst nach ihnen drangekommen wären. Kaum jemand, der in dieser Situation nicht den Stich des Neides spüren würde, den Kummer über den Erfolg des Nächsten: ein wohlvertrautes, nagendes, ohnmächtiges Gefühl, als hätte man ein Vakuum im Bauch. Warum die und nicht ich? Die Enttäuschung über den entgangenen Vorteil verbindet sich mit der klammheimlichen Wut auf die Begünstigten. So weit ist der Fall klar, und auch, wie man damit umzugehen hat: Pokerface, cool bleiben! Und nun das Rätsel: Was in aller Welt hat man davon? Was ist der Sinn der Enttäuschung, die einem nichts einbringt? Und was nützt die Wut auf die anderen? Was hat die Befreiung von der Todsünde des Neides mit dem schönen Leben zu tun? Wer genauer über seinen Neid nachdenkt, versteht sich selbst nicht mehr. Umso eigenartiger berührt uns die Universalität des Neides quer durch die Zeiten und Kulturen, die bisher noch alle Analytiker des Neides festgestellt haben.[5] Neid schadet. Er macht unglücklich, wenn man ihn empfindet; er schafft sich unschuldige Opfer, sogar Mordopfer; er bringt die Menschen dazu, sich durch Strategien der Neidvermeidung selbst zu blockieren. Aber trotz aller Einsicht kann jeder dem Neid anheim fallen.

Zu den Rätseln des Neides gehört der Umstand, dass der Neider lieber selbst auf etwas verzichtet, als es dem Beneideten zu gönnen. Bei einer Tarifauseinandersetzung in einem englischen Flugzeugturbinenwerk ließen Arbeiter einen Teil der Lohnerhöhung fahren, um zu verhindern, dass eine rivalisierende Gruppe ihnen gleichgestellt würde.[6] Sie gaben Geld hin, um sich den Kummer über den Erfolg des Nächsten zu ersparen. Dem entspricht der Befund der neueren Glücksforschung, dass Menschen vor allem dann glücklich sind, wenn sie mehr haben als die, mit denen sie sich vergleichen; unwichtig ist dagegen, ob sie absolut gesehen viel oder wenig haben.[7] Wenn ich so viel erbe wie mein Bruder, bin ich zufrieden, mögen es auch nur tausend Euro sein. Wenn ich aber eine Million erbe und er zwei, bin ich neidisch und unzufrieden.

Was rätselhaft bleibt, wenn man nur auf den einzelnen Menschen sieht, wird schnell verständlich, wenn man sich die Bedeutung des Neides in der Evolution vor Augen hält. Worauf es hier ankommt, hat der Evolutionsforscher Richard Dawkins mit seinem Modell der sogenannten egoistischen Gene auf den Begriff gebracht: Entscheidend ist die Frage, welche Gene die höchste Chance haben, sich fortzupflanzen.[8] »Neidische« Gene überleben eher als »stoische«. Das neidische Individuum weiß genauer, was es will, und ihm wird schmerzhaft im sozialen Vergleich bewusst, was ihm fehlt. Es setzt sich in Konkurrenzsituationen und Rangkämpfen besser durch. Es wird stark auf Kosten anderer. Es verteidigt sein Territorium besser. Wenn zu wenig für alle da ist, hat es die besseren Karten. Aber das ist nur die halbe Wahrheit. Ebenso wichtig wie der Neid war das entgegengesetzte Verhalten für die Evolution der Menschheit, der Altruismus. Auch die Bereitschaft, den Bedürftigen zu helfen und die Schwachen zu schützen, ist den Menschen genetisch mitgegeben.[9]

In welchem Mischungsverhältnis die beiden entgegengesetzten Neigungen stehen, hängt von den Umständen ab. Angeborene Dispositionen bestimmen das Individuum nicht vollständig, sie verringern nur seinen Variationsspielraum. Was aus den Anlagen eines Menschen wird, ist eine Frage der Kultur, der moralischen Selbstreflexion und der öffentlichen Ordnung. Das Ethnologenehepaar Krige berichtet über die Allgegenwart des Schadenszaubers in der Kultur der Lovedu in Afrika, einer von Neid und Neidparanoia blockierten Gemeinschaft.[10] Ausgestattet mit denselben Genen, machten sich die frühen Christen jedoch auf den genau entgegengesetzten Weg.

Neid als Todsünde

Als Gregor I. den Neid in den Katalog der Todsünden aufnahm, konnte er bereits an ein umfangreiches patristisches Schrifttum zu diesem Thema anknüpfen. Chrysostomus und Basilius, zwei Kirchenväter des 4. Jahrhunderts, die sich intensiv damit beschäftigten, betrachteten Neid als eine »unverzeihliche« Sünde, verbunden mit dem endgültigen Verlust des Himmelreichs. Der Neid wird also von Anfang an als »Todsünde« geführt. Auch wenn ihn Evagrius noch unter der Rubrik »Hauptlaster« in den ersten Katalog aufnimmt, ist Neid mehr als nur ein Laster und führt direkt in die Hölle.

Es sollte noch lange dauern, bis der Neid bei Thomas Hobbes auch einmal Verständnis und Anerkennung fand, nämlich als hedonistische menschliche Grundstrebung. Aber dies blieb eine Ausnahme. Die vehemente Ablehnung des Neides setzt mit Demokrit ein, wird von Plato

und Aristoteles vertieft, von den Kirchenvätern zur Todsünde vergrößert, mündet bei Descartes, Rousseau und Diderot in die Pathologisie-
rung des Neides, um bei Kierkegaard, Nietzsche und Max Scheeler in
schierer Verachtung zu enden.

Im Verhältnis zu den anderen Todsünden ist der Neid etwas Besonderes. Ob Völlerei, Unkeuschheit, Habgier, Trägheit, Zorn oder Stolz –
immer verbindet sich die Läuterung mit einer Zumutung. Der Sieg über
den Neid dagegen hat etwas Wohltuendes, denn der Neid ist ja an erster
Stelle ein Stachel, der den Neider selbst quält. Er tut sich etwas an; umso
besser für ihn, wenn es ihm gelingt, den Neid zu unterlassen, besser
nicht nur im christlich-moralischen, sondern auch im irdisch-hedonis-
tischen Sinn. Das Rätselhafte am Neid, das schon Demokrit beschäftigt
hat, ist ja die mit ihm verbundene Selbstschädigung, von schlechter
Laune bis hin zur Krankheit. Anders als bei den anderen Sünden fordern die Stoiker in der Antike ebenso wie die Bußprediger im Hoch-
mittelalter nicht einfach nur die Mäßigung des Neides, sondern seine
Totalamputation.

Die Sonderstellung des Neides schlägt sich auch in der Abwesenheit
eines positiven Korrespondenzbegriffs des gemäßigten Neids nieder.
Der Völlerei korrespondiert auf der Seite des Guten das bescheidene Essen und Trinken, der Unkeuschheit die eheliche Treue und der fromm
auf Fortpflanzung gerichtete Geschlechtsverkehr, der Habgier korrespondiert der Besitz des Notwendigen, der Trägheit das wohlverdiente
Ausruhen nach getaner Arbeit und die Regeneration der Arbeitskraft,
dem Zorn das deutliche Wort, dem Stolz die Würde des gläubigen Menschen. Nur dem Begriff des Neides entspricht kein kontrapunktischer
Begriff der Reduktion auf das (in der Semantik der Stoiker) vernünftige
oder (in der Semantik der Kirchenväter) gottgefällige Maß. Neid ist
immer unvernünftig und sündig, selbst der Neid in der Schlange vor der
Kasse des Supermarkts.

Im Weltbild des frühen und mittelalterlichen Christentums galt Neid
wie alle anderen Todsünden als verwerflich, weil er die Beziehung zu
Gott stört. Wie kann man Gott nahe sein, wenn man ständig damit
hadert, dass einem fehlt, was der Nächste hat? Neidisch zu sein heißt,
zum Diesseits hin zu denken und zu handeln und damit Gott aus den
Augen zu verlieren.

Aber es kommt noch etwas hinzu, das den Neid in christlichen Augen
besonders gefährlich macht. Fast immer ist Neid mit anderen Todsün-

den verbunden. Worum beneidet man andere denn? Meist um Vorteile, die sich den anderen Todsünden zuordnen lassen. Man hasst sie für die Schlemmerei, die einem selbst vorenthalten bleibt; für sexuelle Erfahrungen, denen man selbst vergeblich hinterherläuft; für den Luxus, den man selbst nicht hat; für ihren Vorsprung an Freizeit, Unverblümtheit und Prestige. Der neidische Mensch sündigt also nicht nur insofern, als er neidisch ist, er will im selben Atemzug auch noch in anderer Weise sündigen; er ist unglücklich, weil ihm die Gelegenheit zu anderen Sünden vorenthalten bleibt.

Dieser Verstoß gegen die Moral nach innen verbindet sich mit einem Verstoß gegen die Moral nach außen.[11] Zum Neid auf die anderen, die sich etwas Gutes tun oder den Selbstzwang lockern, gesellt sich die gegen sie gerichtete Feindseligkeit. Wohin diese führen kann, präzisiert Thomas von Aquin in seiner Darstellung der »fünf Sprößlinge des Neides«: Schadenfreude, Ohrbläserei,[12] Missgunst, Ehrabschneidung und Hass.

[handschriftlich:] ↳ = Aufhetzen anderer, Verbreiten einer feindseligen Stimmung

Neidparanoia, Die Schwester des Neides

[handschriftlich:] Geistesstörung mit Sinnestäuschung

Die radikale Stigmatisierung des Neides, in der christlichen Moral wie in der abendländischen Philosophiegeschichte, spiegelt die negative Sonderstellung des Neides im Alltag aller Menschen in allen Zeiten und Kulturen. Und wie so manche intensiv empfundene Bedrohung, so beschwört auch das universelle Risiko des Neides Konsequenzen herauf, deren Schädlichkeit den abgewehrten Schaden oft übersteigt. Wie die Schutzmaßnahmen gegen einen äußeren Feind das freie Leben einer Gesellschaft zum Erliegen bringen können, so auch die Schutzmaßnahmen gegen den Neid. Neidparanoia ist die Schwester des Neides.

In seiner brillanten Abhandlung über den Neid breitet der Soziologe Helmut Schoeck reiches ethnologisches Material aus, das dokumentiert, wie sich Neid und Neidvermeidung zu einer Blockade jeder freien Entwicklung verbinden können.[13] Geschildert werden Kulturen im Griff der Neidparanoia, in denen nichts mehr geht. Die neidische Schädigung anderer, sei es durch direkte Aktionen, sei es durch Schadenszauber, ist dort so alltäglich wie das Wetter. Dass sich in diesem Klima ein Deutungsmuster stabilisiert, demzufolge jedes beliebige ungünstige Ereignis, etwa eine Krankheit, ein Ernteschaden durch Tiere oder ein Defekt am Auto als Neidschaden interpretiert wird, hinter dem Verwandte, Nachbarn, Kollegen oder die Ahnen stecken können, ist unvermeidlich.

Ebenso unvermeidlich bilden die Menschen Alltagsstrategien heraus, um Neid gar nicht erst entstehen zu lassen. Sie scheuen sich, in irgendeiner Weise überlegen zu scheinen, teilen alles sofort auf, um nicht mehr zu haben als die anderen, inszenieren sich in demonstrativer Mittelmäßigkeit. Sie befürchten, wie Schoeck etwa über Dorfgemeinschaften in Indien berichtet, den bösen Blick bereits dann, wenn andere sie als gesünder, schöner, kinderreicher oder wohlhabender wahrnehmen könnten, und scheuen deshalb den Erfolg. Der Ethologe S. Herbert Frankel »beobachtete in Westafrika, wie Leute vor den Eingängen zu Banken herumlungerten, um sich wie Aasgeier auf ihre Verwandten zu stürzen, wenn diese mit einem abgehobenen Betrag herauskamen. Ein Häuptling musste seine Gelder von Bank zu Bank transferieren, weil seine Verwandten aus den Bankbeamten Auskünfte über seine Guthaben herauslockten. Er baute sich ein Haus, ließ es aber absichtlich unfertig stehen, um seinen Verwandten sagen zu können: ›Seht, ich bin ein armer Mann, ich kann nicht einmal mein Haus fertig bauen‹.«[14]

Wer den Neid *anderer* fürchtet, greift zu Techniken ostentativer Selbstnivellierung, etwa sich klein machen, unauffällig angezogen sein, einen harmlosen Gesichtsausdruck zeigen und nie zugeben, dass es einem gut geht. Wer den *eigenen* Neid fürchtet, den Stachel im eigenen Fleisch angesichts des Glücks und des Erfolgs anderer, der ist froh, wenn niemand glücklich und erfolgreich ist. Am besten lässt man überhaupt niemand hochkommen. Im maoistischen China trugen alle die gleiche Kleidung. Die schlecht geschnittenen blauen Einheitsanzüge verhinderten eine Differenzierung nach Eleganz und Schönheit. Warum auch nicht? Gibt es etwas Ungerechteres als Schönheit und die mit ihrer Hilfe errungenen sozialen Erfolge? Genau dies ist bereits die Frage des Neides. Gegenfrage: Wenn jemand schön ist, warum soll er dann keinen Vorteil davon haben? Die ehrliche Antwort lautet: Um den Stachel des Neides denen zu ersparen, die nicht so schön sind.[15]

Und wenn sich Glück und Erfolg Einzelner trotz Schadenszauber, Selbstnivellierung oder erzwungener Gleichheit durchsetzen? Dann soll sich der Glückliche wenigstens schämen und möglichst unsichtbar machen. Konsumgeiler Hedonist! Siehst du nicht die Hauptsache: das Leid der Welt? Was fällt dir ein, dich einfach deines Lebens zu freuen?

Neidvermeidung scheint auf den ersten Blick das beste Mittel gegen den Neid. Im Alltag wird sie kaum wahrgenommen, in der Philosophie schon, vor allem bei Philosophen des Stolzes wie Schopenhauer und Nietzsche. Doch sie kritisieren die Neidvermeidung. Warum? Es ist zwar richtig: Neid macht immer unglücklich, zuallererst den Neider selbst, und wenn sich dieser nicht im Griff hat, oft auch den Beneideten. Aber dieses Unglück wird noch wesentlich verschärft, wenn Neidvermeidung zur Norm erhoben und als moralisch geboten anerkannt wird. Denn die Verminderung des Unglücks (sowohl des Neiders selbst als auch des Beneideten) ist im speziellen Fall der Neidvermeidung nur um den Preis der gleichzeitigen Einschränkung des Glücks zu haben. Neidvermeidung heißt Glücksvermeidung: Gleichmacherei, demonstrative Askese, Verbergen von Freude und Erfolg, Glücksscham, »Leid der Welt« als privilegiertes und politisch korrektes Thema von Kunst und Wissenschaft.

Die ursprüngliche Glücksfeindschaft der christlichen Religion hat hier eine ihrer Wurzeln. Im moralischen Programm der sieben Todsünden war der Neid verboten, und genau durch dieses Verbot, umgemünzt in Techniken der Neidvermeidung, die doch nur die logische Konsequenz waren, verschaffte der Neid sich erst recht Geltung und Wirksamkeit. Über die Einengung des Lebens durch den Neid kann die Moderne nur hinauskommen, wenn sie ihn, wie Rousseau vorgeschlagen hat, als anthropologischen Grundtatbestand akzeptiert. Dann ist der Neid zwar immer noch unangenehm, aber seine Macht wird wenigstens nicht auch noch dadurch verdoppelt, dass niemand mehr etwas haben darf und aller Anlass, neidisch zu sein, aus der Welt geschafft wird.

In sechs von sieben Fällen hat der moderne Sieg über die Todsünden den Charakter der Befreiung und Aneignung. In sechs von sieben Fällen steht in der Moderne jeder Einzelne vor der Aufgabe, sein persönliches Gleichgewicht zwischen Ausleben und Selbstbegrenzung nach eigenem Gutdünken zu finden: Ernährung, Sexualität, schöne Dinge, süßes Nichtstun, Selbstbewusstsein und Ausagieren negativer Gefühle. Beim Neid jedoch gibt es kein solches Gleichgewicht. Völlerei, Unkeuschheit, Habgier, Trägheit, Stolz und Zorn haben ein positives Gegenstück, der Neid nicht. Es liegt an der unumkehrbar negativen Psychodynamik und Soziodynamik des Neides, dass es eine moderne Befreiung zum eigenen Neid, vergleichbar der modernen Befreiung zur eigenen Sexualität, nicht geben kann.

Hat es die Moderne besser?

»Der Skythe beneidet nicht den Ägypter, sondern den Landsmann, und unter denen nicht die Unbekannten, sondern die, mit denen er umgeht, besonders die Nachbarn und die gleichen Berufs«, so Basilius in einer seiner Predigten über den Neid. Mit seinem Zeitgenossen Chrysostomos war er sich darin einig, dass Neid vor allem in Situationen großer sozialer Nähe entsteht. Kulturkritische Nostalgiker beklagen zwar die Anonymität unserer Städte und die Vereinzelung der Menschen, aber all dies führt immerhin zum Austrocknen von Biotopen des Neides. Die größten Neider sind Verwandte, Freunde und Nachbarn – und die Fratres und Patres, mit denen man im Kloster zusammenlebt. Zu den prekären Aspekten langjähriger Face-to-face-Kontakte zählt, dass jeder durch das Wohlergehen des anderen immer wieder irritiert werden kann: »Womit hat der das verdient? Was hat er, das ich nicht habe? Wie er lächelt, wie er sich freut! Umbringen könnte ich ihn!«

Kain war Gott ausgeliefert. Gott interessierte sich nicht für Kains Opfer, sondern bevorzugte das von Abel. Geschwister sind den Eltern ausgeliefert, nirgendwo brennt der Neid heißer als unter Geschwistern. Untertanen sind vom Feudalherrn abhängig, Mönche vom Abt, ein Nachbar vom anderen in der vormodernen Gesellschaft. Wer ausgeliefert ist, muss neidisch werden, wer Optionen hat, kann seinem eigenen Neid entfliehen.

Alle, die über den Neid nachgedacht haben, von Demokrit bis Diderot, legen eine solche Flucht dringend nahe. Um sich nach einer verschmähten Liebe möglichst schnell zugrunde zu richten, gäbe es kein besseres Mittel, als in der Wohnung des begehrten Partners Wanzen und Kameras anbringen zu lassen, um das neue Glück des anderen hautnah zu erleben. Chrysostomos beschreibt den Neider als einen »nackten Menschen, der von allen verwundet wird«. Je weiter man sich vom Objekt des Neides entfernen kann, desto besser, denn desto mehr verringert sich die Gefahr, dass der Neid einen zerfrisst.

Neidpolitisch gesehen hat die Moderne einen Fortschrittspfad beschritten, denn sie hat den Menschen mehr Distanz, Autonomie und Fluchtmöglichkeiten gebracht. So bedeutete Ellis Island, die erste Station der Auswanderer nach Amerika bei der Ankunft in New York, für viele erst einmal die Ankunft in der Neidlosigkeit. Dabei blieb es freilich nicht. Zwar kamen die Ankömmlinge in Ellis Island aus der prekären Geborgenheit neidstimulierender Sozialwelten, aber die Disposition zum Neid hatten sie mitgebracht. In den Südstaaten der USA nahmen die Lynchmorde immer dann zu, wenn die Baumwollpreise fielen.[16] Wenn der Neid damit auch nicht verschwunden ist, könnte er doch nach der Erlösung vom Terror der Nähe, des Ausgeliefertseins und der Ausweglosigkeit zumindest weniger geworden sein. Und noch ein neidstimulierender Faktor ist in der Moderne schwächer geworden: die Knappheit.

Wenn nicht Unter-, sondern Überernährung das bedrängendste gesundheitliche Problem westlicher Bevölkerungen ist, dann muss das Arsenal der Neidobjekte zumindest aus der Binnenperspektive geschrumpft sein. Hinzu kommt die bereits im Abschnitt über den Zorn dargestellte subjektive Bedingung der Affektkontrolle: die von Norbert Elias beschriebene Zivilisierung von Gefühlen, die Anstoß erregen könnten. Neid ist *uncool* – wenn man ihn schon empfindet, dann wird man ihn tunlichst verbergen. Der unterlegene Kandidat ist der Erste, der dem Wahlsieger gratuliert, und niemand lächelt freundlicher als der Gewinner der Silbermedaille.

»Aber es gibt doch noch soziale Ungleichheit!« Natürlich, aber was den Westen betrifft, haben die Früchte des Neides – die unendlich vermehrten Angebote der Warenwelt – begonnen, auf den Neid selbst zurückzuwirken. Allmählich wirkt der gestiegene Lebensstandard als Neidbremse. Dennoch ist der Neid aus der Warenwelt nicht wegzudenken: Luxusautos, Edelklamotten, Urlaub im Fünfsternehotel, die schicke Penthousewohnung, der eigene Swimmingpool machen andere neidisch, doch das scheint wenig im Vergleich zum Flächenbrand des Neides im 19. und 20. Jahrhundert. Großbildschirme, Laptops, Autos, Eigenheime, Kücheneinrichtungen und Wursttheken haben mehr zur Seligkeit der Menschen beigetragen, als es die Moral der sieben Todsünden je vermochte.

Soziale Ungleichheit besteht fort, aber auf hohem Niveau. Zwar findet Neid als »Kummer über den Erfolg des Nächsten« mehr Anknüpfungspunkte denn je, aber genau dies schwächt ihn auch ab. Die Sozialwelt ist zu einem Panoptikum der Unterschiede geworden, wie sie die Welt noch nie gesehen hat. Damit überfordert sie den Neid auf materielle Güter; ermattet und desorientiert sitzt der Neider im Sessel. Das Neidpotenzial der Menschen zerstreut sich bei zahllosen kleinen Anlässen; Ungleichheitserfahrungen, die so wehtun wie einst der indignierte

Blick der Gutgekleideten auf die Zerlumpten, sind seltener geworden. Man kann gar nicht alles haben wollen, was andere haben – es wäre einfach zu viel. Irgendwelche materiellen Wünsche bleiben immer offen, aber ihre Intensität lässt nach, je mehr man hat.

Das eherne Gesetz des sinkenden Grenznutzens zieht dem auf die Warenwelt bezogenen Neid die Zähne. Und plötzlich, nachdem eine Ewigkeit lang das Wünschen mit dem Habenwollen identisch war, wird das Nichthaben zum Wunsch: Einfachheit, Entsorgung, Leere, weniger! Ziele werden populär, die Neid logisch auszuschließen scheinen. Wer neidisch ist, will etwas haben; wer nichts haben will, kann nicht neidisch sein. Undenkbar ist es freilich nicht, dass sich die Neidspirale allmählich ins Postmaterielle schraubt: Die vom Besitz Beschwerten beneiden alle, die sich davon befreit haben.

Entlastet von der ständigen Nähe der anderen, ermutigt durch unendlich vermehrte Wahlmöglichkeiten, bei Laune gehalten durch Unterhaltungsangebote, verwöhnt durch angenehme Dinge und bequem mit allen vernetzt bieten die Menschen in der Moderne dem Neid weniger Angriffspunkte. Neidfördernde Bedingungen – Nähe, Ohnmacht, Knappheit – sind seltener geworden, doch täuschen wir uns nicht: Der Neid findet immer etwas, auch im postmateriellen Denken.

Wenn Auto, Wohnung, Kleider, Badeurlaub und Fernsehgerät nicht mehr die Objekte des Neides sind, dann eben Aussehen, Gesundheit, Beziehungen, Jugend, Begabungen, Karriere und erotische Erfolge. Der Neid richtet sich auf alles, was gerade als wünschenswert gilt und knapp ist. Deshalb ist der Neid ein ewiger Begleiter der Menschen. In der Vormoderne waren materielle Wünsche utopisch, die heute nicht einmal mehr der Rede wert scheinen. Ohnmächtig sah man dem Prassen der Reichen zu. Im postmateriellen Denken jedoch begegnet uns diese Ohnmachtserfahrung wieder. Und bei aller Vereinzelung hat sich zumindest ein Platz erhalten, an dem die Menschen nicht voreinander fliehen können, wenn sie den eigenen Neid oder den anderer nicht mehr aushalten: der Arbeitsplatz. Als zeittypische Gestalt des Neides tritt das Mobbing hervor.

Kultur des Neides, Kultur des Eifers

In einem moralphilosophischen Kolloquium der ganzen Menschheit mit Vertretern aus allen Zeitaltern gäbe es bei sechs der sieben Todsünden erbitterte Wortgefechte, nur beim Neid wären sich alle einig. Der Repräsentant der Moderne in diesem Kolloquium würde sich vielleicht gelassen geben und die soeben dargestellten Argumente vortragen. Quintessenz: Natürlich sind die Menschen noch neidisch, aber nicht mehr so oft, nicht mehr so heftig, nicht mehr so ausweglos. Nun erhebt sich Einspruch: Macht die Moderne nicht geradezu einen Fetisch aus der Konkurrenz? Wettbewerb, freie Marktwirtschaft, Neoliberalismus, Rankings für alles, selbst für Universitäten, und nicht zuletzt der Sport: Ist dies etwas anderes als der institutionalisierte Dauerneid?

Das entscheidende Gegenargument hat bereits Aristoteles ausgearbeitet: Neid (chthonos) als Unlust angesichts des Wohlergehens eines anderen ist zu unterscheiden von der Unlust des Eifers (zelos), wenn der andere in einer Konkurrenzsituation gewinnt. Im Fall des Eifers hat jeder Konkurrent bestimmte Bedingungen akzeptiert; jeder hatte seine Chance, nur einer konnte gewinnen. Dass die anderen nun frustriert sind, ist klar, aber es gilt auch: Neues Spiel, neues Glück. Eifer ist produktiv. Die Griechen waren glühende Wettkämpfer, auch Plato, dessen Überlegungen den Ausgangspunkt für die Systematisierung von Aristoteles bildete. Reiner Neid dagegen tritt außerhalb produktiver Konkurrenzsituationen auf. Er gehört zu keinem Spiel, er hält sich nicht an Regeln, er sieht keine neuen Chancen vor. Er ist ausschließlich destruktiv.

Der entscheidende Unterschied zwischen Neid und Eifer liegt in der Vorstellung darüber, wie die Differenz zwischen dem Neider und dem Beneideten zu beseitigen ist. Neid setzt beim Beneideten an: Es ist sein Fehler, dass er im Vorteil ist. Ich will ihn auf mein Niveau herunterholen, durch Intrigen, Aufstacheln der Feindseligkeit Dritter und üble Nachrede; schlimmstenfalls mache ich ihn einen Kopf kürzer, dann trägt er ihn nicht mehr ganz so hoch. Eifer dagegen setzt beim Neider selbst an: Ich beneide jemanden? Dann muss ich mich eben anstrengen. Wir werden ja sehen, vielleicht gelingt es mir, auf das Niveau des Beneideten zu kommen oder ihn gar zu übertrumpfen.

Es ist nur ein kleiner Schritt von der Kultur des Neides zur Kultur des

Eifers, aber mit diesem Schritt wird alles anders. Das moderne Denken unterscheidet sich vom vormodernen in genau diesem Punkt, und eine entscheidende Figur beim Übergang zur Kultur des Eifers war Martin Luther. Zwar hielt er an der Erbsündenlehre fest und war gewiss kein Apostel des Hedonismus, aber er betonte nachdrücklich und nachwirkend die Selbstverantwortung und ermunterte den Eifer eines jeden, seiner »Berufung« nach tätig zu werden und das Beste aus sich herauszuholen. Der Calvinismus stärkte die Kultur des Eifers noch einmal erheblich durch die Prädestinationslehre, derzufolge irdisches Glück Indikator für göttliche Gnade sei. Eigentlich müsste einen dies doch resignativ – und neidisch – stimmen, aber es war genau entgegengesetzt: Die Menschen strengten sich unermüdlich an, um sich die Gnade Gottes zu beweisen.[17] Von dieser verqueren Logik ist schließlich nur die Bereitschaft zur eigenen Anstrengung übrig geblieben. So konnte es geschehen, dass die Floskel »Darum beneide ich Sie« geradezu den Charakter des Kompliments annahm. Was früher das beschämende Eingeständnis einer Schwäche bedeutete, wurde in der Moderne zum Ausdruck von Anerkennung.

Vor diesem wirtschaftsethischen Hintergrund übernahm der Eifer als produktiver Abkömmling des Neides mehr und mehr die Herrschaft über den Konsum. Die Befriedigung der Grundbedürfnisse war den Menschen nicht genug, weil sich zwei Neidmotive meldeten: es den Höheren gleichzutun und die Niedrigeren auf Distanz zu halten. Der Versuch der Underdogs, Unterschiede zu überwinden, lag im Wettstreit mit dem Versuch der Topdogs, Unterschiede wieder herzustellen. Möbel, Wandschmuck, Kleider, Bildungswege, Reisen, Bekanntschaften, Verlobungen und Hochzeiten der unteren Schichten richteten sich nach dem Vorbild der oberen Schichten aus; deren Lebensstil wiederum befand sich ständig auf der Flucht vor den Kleinbürgern. Hier der Neid der Besitzlosen und seine Besänftigung durch Konsum mit dem flüchtigen Gefühl, gleichgezogen zu haben; dort das Glück des Beneidetwerdens, der souveräne Blick der Herrenreiter über das Volk hinweg, das zu Fuß unterwegs war, unterlegt von der Angst vor dem Verlust ihrer Privilegien.

In der Kultur des Neides ist das Beneidetwerden ein Unglück, in der Kultur des Eifers dagegen ein Glück. In der Kultur des Neides fühlt sich der Erfolgreiche schuldig am Neid der Erfolglosen, während sich in der Kultur des Eifers die Erfolglosen schämen und die Erfolgreichen auftrumpfen. Ihren Dünkel, ihre Angeberei, ihr blasiertes Geschwätz mag man als abstoßend empfinden, und Bescheidenheit scheint zunächst sympathischer. Aber auch Bescheidenheit ist Gift, wenn sie der Angst vor Neid entspringt: Ich ducke mich weg; ich freue mich nur hinter zugezogenen Gardinen; ich setze mich selbst herab, um keinen Neid zu erregen.

Ein Rest von Glücksfeindschaft

Wahrgenommene Glücksunterschiede zwischen dir und mir sind der Anlass des Neides, und Glücksfeindschaft ist seine Moral: Dir soll es nicht besser gehen als mir. Wenn es richtig ist, das Glück des Einzelnen als eine Kernidee des Westens zu begreifen, dann mutet die Stigmatisierung des Neides geradezu modern an. Der westliche Mensch nennt das bloß nicht mehr »Sünde«, sondern »Problem«.

Die vorprotestantische Moral betrachtete den Neid im Grunde als eine Art Doppelsünde: als sündiges Schielen auf Formen des Glücks, die ihrerseits sündig sind. Darüber setzte sich die Moderne zwar hinweg, aber der Neid blieb ihr erhalten. Er folgt den Menschen wie ein Schatten; sie können ihn nicht loswerden, sondern sich nur überlegen, wie sie damit umgehen. Am besten geht es dem, der das Glück der anderen mit stoischer Gelassenheit betrachten und sich gar mit ihnen freuen kann. In der Alltagskultur der USA ist das Muster der neidlosen Anerkennung – inszeniert oder nicht – weiter verbreitet als in Europa. Alles nur Show? Das müssen die Gratulanten und Bewunderer mit sich selbst ausmachen. Doch ob Show oder nicht: Konstruktiv ist die mit ihr verbundene öffentliche Billigung allemal. Sie ermuntert die Menschen zum schlichten irdischen Glück.

In Europa dagegen regt sich Skepsis, sobald die schlichten Freuden des Konsums zum Thema werden. Vor allem zwei Kritikmuster treten hervor. Typ eins ist der Leid-der-Welt-Einwand: »Wie kann man glücklich sein, wenn A der Fall ist?« A ist ein Platzhalter für den Hunger auf der Welt, die Slums der Megastädte, die Klimakatastrophe, die Arbeitslosigkeit, den Krieg und anderes mehr. Typ zwei ist das Desillusionierungsmotiv: »Was heißt schon Glück – es handelt sich doch bloß um B!« B ist ein Platzhalter für Manipulation durch Werbung, Oberflächlichkeit, Verdrängung eines Unglücks, falsche Bedürfnisse und sehr oft nur: *irgendetwas*, das genauer zu benennen sich nicht lohnt, denn die wenigen Wissenden sehen es ohnehin klar genug, die Mehrheit dagegen wird ewig dumm bleiben.

Beide Typen von Argumenten sind in Europa so fest etabliert, dass man sie schon zur intellektuellen Folklore zählen kann. Sie richten nicht viel Schaden an, denn offensichtlich genießen die Menschen ihr Leben trotzdem. Zur Zeit der Balkankriege Ende der neunziger Jahre beschrieb eine vorübergehend in Deutschland untergebrachte Studentin aus dem Kosovo, was ihr im deutschen Universitätsleben am meisten auffiel: das Lachen, der lebensbejahende Gesichtausdruck, die gute Stimmung überall.[18]

Die zwei Argumente gegen das Glück – Leid der Welt und Selbsttäuschung – verfangen nicht, weil sie nicht stichhaltig sind. Man kann gleichzeitig das Leben genießen und das Leid der Welt sehen. Man kann sich einfachen, normalen Freuden hingeben, einschließlich Konsumfreuden, ohne ein Idiot zu sein. Der munter vor sich hin lebende Zeitgenosse liest oder hört die Argumente gegen das Glück, nickt dazu, bringt sie vielleicht selbst vor und beteiligt sich an der glücksskeptischen Folklore, aber er bleibt im Grunde unüberzeugt und zieht keine Konsequenzen daraus. Trotzdem werden diese Argumente immer wieder vorgebracht.

Warum? Man könnte denken, die Moral der sieben Todsünden sei immer noch wirksam. Näher liegt jedoch die entgegengesetzte Annahme: Gerade ihre Aufhebung setzte eine neue, subtile Art von Glücksfeindschaft in Gang. Die Entfesselung der persönlichen Glückssuche bedeutete in Wahrheit eine Entfesselung des Neides und der Neidparanoia. Auf durchaus kultivierte Weise bricht sich die Glücksfeindschaft Bahn, getarnt als Altruismus (»Wie kann man glücklich sein, wenn A der Fall ist«) oder als elegante Geste der Distanzierung vom Massenkonsum (»Was heißt schon Glück – es handelt sich doch bloß um B«).

Die psychischen Mechanismen der neidischen Glücksfeindschaft hat schon Nietzsche ausgelotet: Dem Weltvernichter »gelingt etwas nicht; schließlich ruft er empört aus: ›So möge doch die ganze Welt zugrund gehen.‹ Dieses abscheuliche Gefühl ist der Gipfel des Neides, welcher folgert: Weil ich *etwas* nicht haben kann, soll alle Welt *nichts* haben! Soll alle Welt nicht *sein*!«[19] Nietzsche sieht auch noch die alte Moral grüßen:»Auf dem Wege zum ›Engel‹… hat sich der Mensch jenen verdorbenen Magen und jene belegte Zunge angezüchtet, durch die ihm … das Leben selbst unschmackhaft geworden ist: – so dass er mitunter vor sich selbst mit zugehaltener Nase dasteht und mit Papst Innozenz dem Dritten mißbilligend den Katalog seiner Widerwärtigkeiten macht (›unreine Erzeugung, ekelhafte Ernährung im Mutterleibe, Schlechtigkeit des Stoffs, aus dem der Mensch sich entwickelt, scheußlicher Gestank, Absonderung von Speichel, Urin und Kot‹).«[20] Den Triumph der Neider sieht Nietzsche gekommen,»wenn es ihnen gelänge, ihr eigenes Elend, alles Elend überhaupt, den Glücklichen ins Gewissen zu schieben: so dass diese sich eines Tags ihres Glücks zu schämen begönnen und vielleicht untereinander sich sagten ›es ist eine Schande, glücklich zu sein! es gibt zu viel Elend!‹«[21]

Kurz nach der Tsunami-Katastrophe erschien Anfang 2005 in der Süddeutschen Zeitung die Rezension eines neuen Romans von Sibylle Berg:»Sibylle Berg hat den allgegenwärtigen Alarmismus und den mit geheucheltem Mitleid schlecht verbrämten Katastrophenvoyeurismus zusammengerührt und alles auf hoher Flamme überkochen lassen. Sie hat alle Fluten, Seuchen, Beben und Eruptionen der letzten Jahre gesammelt und lässt sie nun noch einmal auf Deutschland und den Rest der Welt niedergehen. Mal schauen, was passiert. Fest steht: Auch das Innere der Menschen ist ein schweflig-schwärend' Katastrophengebiet. Sibylle Berg hat als Erste die Katastrophe als Lebensform und Erzählprinzip erkannt. Die Welt geht unter. Und das ist gut so. Denn sie war Schrott.«[22]

Vertrauter Sound, Kritik-Folklore, ein Beispiel von vielen… der Neid, der aus der Rezension ebenso spricht wie aus dem rezensierten Buch, wendet sich an die Gemeinschaft der Neidischen. Rezension und Buch sind, was der Neid schon immer war: negative Emotion ohne tragfähiges Argument. Verbrämt als Moral, habitualisiert als Muster, reduziert auf ständig wiederholte Worte, richtet er zwar nicht viel Schaden an, aber er verhindert Gewinn: klare Selbsterkenntnis, entspannteren Umgang mit Neidgefühlen, vielleicht sogar ihre gelegentliche Überwindung, Ironie, Kultivierung des Glücks.

Religion ohne Magie

Berührungspunkte bei aller Fremdheit

Es zählt zu den Überraschungen der Gegenüberstellung von Todsünden und Moderne, dass neben vielen auseinanderstrebenden Motiven auch Gemeinsamkeiten sichtbar werden. Erstens kommt die Moderne keineswegs bei allen sieben Todsünden zu einer völligen Revision der vormodernen Sichtweise. Nur Völlerei, Unkeuschheit, Habgier und Hoffart, also die Formen der Suche nach eigenem Glück und Sinnenfreude, gab die Moderne frei. Sie heißen jetzt »Gaumenfreuden«, »Sinnlichkeit«, »Sex«, »Luxus«, »Selbstsicherheit« oder ähnlich. Im Hinblick auf Zorn und Neid ist die Moderne dagegen ähnlich skeptisch wie die Kirchenväter, nur in einem anderen Bezugsrahmen. Die naheliegende Formel *Dissens bei den Lüsten, Konsens bei den schlechten Gefühlen* stimmt aber noch nicht ganz, denn der Genuss des Nichtstuns gilt auch noch in der Moderne zumindest als suspekt, wenn nicht gar als eine Art Sünde, obwohl es sich um ein angenehmes Gefühl handelt, wenn man die Kunst des Nichtstuns beherrscht.

Eine zweite Gemeinsamkeit zwischen Mittelalter und Moderne zeigt sich im Nachdenken über Grenzen. Was immer sich gegen die Moral der sieben Todsünden sagen lässt, wenigstens einen Vorteil bringen sie dem ein, der sich ihr fügt: Er riskiert nicht, das rechte Maß zu verlieren. Dabei geht es nicht um das rechte Maß aus dem Blickwinkel des Nächsten, dem die Glückssuche der anderen schaden könnte, sondern aus dem Blickwinkel des Glückssuchers selbst. Der Sündenkatalog ist nicht primär sozialethisch, sondern individualethisch angelegt: als Selbstbeschränkung im *Leben für Gott*. Um den Nächsten geht es in den zehn Geboten, in der Bergpredigt und in vielen Episoden des Lebens Jesu. In den sieben Todsünden dagegen geht es um den Einzelnen.

Als unbeabsichtigte Nebenwirkung ergibt sich dabei ein bescheidener persönlicher Glückseffekt wie eine versteckte Gnade, wie eine liebevolle Ironie des wirklichen Gottes nach dem verbissenen Verzicht auf das persönliche Glück für den falschen: Ein Übermaß macht unglücklich, und zumindest diesem Unglück entgeht der Asket. Wer eine Zeit lang darbt, erschließt sich eine Ressource der Lust bei der nächsten Mahlzeit. Eine Phase sexueller Enthaltsamkeit kann sich als Voraussetzung einer Ekstase erweisen, die dem Libertin versagt bleibt. Wer ganz wenig besitzt, hat mehr Freude an seinen paar Habseligkeiten als jemand, der seinen Wohlstand kaum noch überblicken, geschweige denn gebrauchen kann.

Wer im Übermaß lebt, entgeht dem Unglück des Mangels, aber ihm droht das Unglück von Übersättigung, Lustunfähigkeit und Desorientierung. Lebt man im *Unter*maß, verhält es sich umgekehrt, immerhin. Was sich die Moderne erst wieder erarbeiten muss, die epikureische Reife der Selbstbegrenzung, liefert die Vormoderne unbemerkt und nebenbei, wenn auch als eine Art von unbeabsichtigtem christlichem Stoizismus: Gelassenheit und unverbrauchte Genussfähigkeit als kleiner Schadensausgleich für Verzicht.

Der Katalog der sieben Todsünden hatte also den durchaus diesseitigen Nutzen des Lustgewinns durch Begrenzung, der im modernen Leben ohne Sünde erst wieder neu zu erarbeiten ist und in Formulierungen wie *weniger ist mehr* zum Ausdruck kommt. Und es war klar, was man nicht tun sollte. Die Moderne dagegen überlässt den Menschen sich selbst. Nur sozialethisch bietet sie noch Orientierung. Die Schädigung von anderen Menschen verbieten Strafgesetze, Geldstrafen für Ordnungswidrigkeiten und Konventionen der Rücksichtnahme. Selbstschädigung dagegen verbietet niemand. Es gibt keinen metaphysisch legitimierten Sündenkatalog; jeder muss sich seine Sünden schon selbst definieren. Mit der individualethischen Einfachheit, die einem die sieben Todsünden brachten, ist es in der Moderne vorbei.

Warum Todsünden? Warum sieben?

Jemand, der die Bibel nicht kennt, könnte angesichts der Bedeutung der sieben Todsünden in der christlichen Tradition vermuten, dass sie Teil einer zentralen göttlichen Offenbarung wären, vergleichbar den zehn Geboten. Davon aber kann keine Rede sein. Die Bibel ist so widersprüchlich und vieldeutig, dass sie sich zur Begründung von allem und jedem benutzen lässt. Einerseits warnt das Buch der Sprüche – freilich eher im Tonfall des lebensklugen Ratschlags, nicht der eindringlichen Sündenwarnung – vor verschiedenen Lastern, die auch im Kanon der Todsünden auftauchen: Trägheit,[1] Hoffart,[2] Zorn,[3] Habgier,[4] Völlerei.[5] Andererseits kann man die Bibel auch heranziehen, um den puren Daseinsgenuss zu rechtfertigen. Wiederholt feiert der Prediger Salomo etwa die Sinnlichkeit: »So geh hin und iss dein Brot mit Freuden, trink deinen Wein mit gutem Mut ... Lass deine Kleider weiß sein und lass deinem Haupte Salbe nicht mangeln. Genieße das Leben mit deinem Weibe, das du lieb hast ...«.[6] Auf der Hochzeit von Kanaa vollbringt Jesus das Wunder, die zur Neige gehenden Weinvorräte wieder aufzufüllen, und zwar mit einem so köstlichen Wein, dass der Speisemeister verwundert den Bräutigam fragt, warum er denn den guten Wein nicht gleich am Anfang kredenzt habe, als alle noch nüchtern genug waren, um ihn zu würdigen.[7] Andererseits finden sich in der Bibel, vor allem im Neuen Testament, auch andere Beispiele. Johannes der Täufer ging in einem Gewand aus Kamelhaaren in die Wüste, ernährte sich von Heuschrecken und wildem Honig und forderte zur Buße auf. Jesus lobte die Ehelosigkeit. Vor allem aber Paulus (und weitere Autoren des Neuen Testaments, die unter dem Namen »Paulus« geschrieben haben[8]) zeigte sich in seinen Briefen immer wieder als Moralapostel im buchstäblichen Sinn. Ob man die sieben Todsünden oder ihr genaues Gegenteil aus der Bibel »ableitet«, ist weniger eine Frage der Interpretation als der Textauswahl.

Die Ursprünge der Todsündenlehre liegen in der persisch-babylonischen Zeit.[9] Die Menschen begannen, guten und bösen Mächten Gestalt zu geben; sie stellten sich Götter vor, die gegeneinander kämpften. Dieses Motiv vermischte sich später mit dem Sieben-Dämonen-Glauben semitischer Völker und mit dem hellenistischen Gnostizismus, einer sektiererischen Bewegung, die dem Glauben an eine vorgeburtliche Seelenreise anhing: Auf ihrem Weg durch sieben Himmelssphären empfängt die Seele des Neugeborenen sieben negative Eigenschaften, die erst nach dem Tod wieder an Himmelswächter übergeben werden. Diesen Mythos sieht der englische Kulturhistoriker Morton S. Bloomfield als eigentlichen Ursprung des Todsündenkonzepts an.[10] Eine weitere Quelle ist das »Testament der Zwölf Patriarchen«, entstanden etwa 100 vor Christus, das sieben »Truggeister« erwähnt, darunter Wollust, Völlerei, Zorn und Stolz.[11]

An all dies knüpfte Evagrius Ponticus im 4. Jahrhundert nach Christus an. Evagrius gehörte dem frühchristlichen ägyptischen Mönchtum an, das den genannten Traditionen besonders nahe stand. Er könnte als der Begründer der Todsündenlehre gelten, wenn er tatsächlich »Todsünden« gesagt hätte – eine Ausdrucksweise, die Unverzeihlichkeit und den Verlust des ewigen Lebens suggeriert. Aber Evagrius sprach nur von »Hauptlastern«, genau wie Cassianus,[12] der sein Schüler war und die Lehre nach Marseille trug, von wo aus sie sich schnell verbreitete. Weil er Evagrius nicht erwähnte, galt Cassianus lange Zeit als eigentlicher Urheber, buchstäblich zum Glück der Mönche in den folgenden Jahrhunderten, denn er war nicht gar so streng und asketisch eingestellt wie Evagrius; seine »Heilmittel« gegen die Hauptlaster halten sich im Rahmen.

Evagrius und Cassianus sprechen nicht von sieben, sondern von acht Lastern. Vor allem Cassianus arbeitet den Gedanken aus, dass sie nicht selbst schon Sünde seien, sondern bloß zur Sünde hinführten. Dass im Lauf der Jahrhunderte aus den acht Hauptlastern die sieben Todsünden wurden, verweist auf einen Prozeß der Dramatisierung, der Umdeutung und der öffentlichkeitswirksamen Etikettierung der ursprünglichen Lehre.

Schon bei den Assyrern, Ägyptern, Hethitern, Persern, Griechen und Römern finden sich Sündenverzeichnisse, die der Unübersichtlichkeit des menschlichen Lebens mit einfachen Oberbegriffen und der Reduktion auf eine überschaubare Anzahl von Verfehlungen zu Leibe rücken. Im 6. Jahrhundert reduzierte Papst Gregor I. die ursprüngliche Zahl der Todsünden von acht auf die magische Zahl sieben, was auf eines der Geheimnisse ihrer Wirksamkeit hinweist. Das Bestechende daran war ihre den vollen Raum des Menschlichen abschreitende Systematik. Ihre Zahl musste einerseits gering genug sein, um Übersicht zu schaffen und Symbolkraft haben. Die Zahl Sieben taucht etwa auch bei den sieben Tagen der Schöpfung auf, bei den sieben Bitten des Vaterunsers, bei den sieben letzten Worten Christi am Kreuz, beim Buch mit den sieben Siegeln in der Offenbarung des Johannes, bei den sieben Sakramenten, bei den sieben Tugenden. Aber andererseits musste die Zahl der Sünden auch groß genug sein, um möglichst viele der irdischen Regungen und körperlich spürbaren Wünsche abzudecken, mit denen ein normaler Mensch auf die Welt kommt. Es liegt in der Logik dieses Strebens nach alltagstauglicher Einfachheit, dass Papst Gregor I. zwei Jahrhunderte nach Evagrius den Katalog teilweise neu systematisierte und reduzierte. Bei den nunmehr sieben Todsünden ist es dann geblieben.[13]

Dass die Hauptlaster allmählich in Todsünden umbenannt wurden, hängt mit der Ausweitung des sozialen Geltungsbereichs des Sünden-katalogs zusammen. Evagrius und Cassianus hatten mit ihrem Katalog der Hauptlaster nur das mönchische Leben im Sinn; sie wandten sich an ein Spezialpublikum von Christen, die ein besonderes Leben führen wollten, besondere Ziele hatten und dafür ein besonderes Mittel brauch-ten: die Askese. Die Befreiung des Geistes von »Dämonen« – modern ausgedrückt von körperlichen Begierden und von Störungen durch Ge-fühle – war in der Tradition der Askese als notwendig erachtet worden, um sich zu konzentrieren und dabei Gott nahe zu kommen. In der Askese suchten die Mönche *Gnosis* – Gotteserkenntnis. So kann man die ersten Kodifikationen der Hauptlaster als eine Art monastischer Ratgeberliteratur betrachten, die noch ohne massive metaphysische Strafandrohung auskam, sondern im Gegenteil die größte denkbare Be-lohnung bereits im Hier und Jetzt versprach: das Glück der Gotteserfah-rung im Austausch gegen das Glück der Sinne.

Dass jedoch schon Papst Gregor I. nicht mehr nur die Mönche im Sinn hatte, zeigt ein bezeichnendes Detail: Er führt ein Laster neu in den Katalog ein, das im mönchischen Kommunismus eine geringere Rolle spielte als in der Konkurrenz der Ungleichen draußen in der Welt: den Neid.[14] Mit der Überwindung der Klostermauern jedoch ging ein Etiket-tenwandel von »Hauptlastern« zu »Todsünden« einher, der die Schwere der Schuld zumindest rhetorisch auf den höchsten Grad steigerte, unbe-kümmert um das Defizit an Fundierung durch die Heilige Schrift, denn in der Bibel taucht der Begriff der Todsünden an keiner Stelle auf. Seit dem 12. Jahrhundert nahm die Lehrtätigkeit der Mönche bei den Laien zu, und damit begann die Ausbreitung der Todsündenlehre im Volk. Das IV. Laterankonzil führte 1215 die obligatorische Beichte ein. Nun waren die Todsünden endgültig im Alltag angekommen, denn die Beichtfra-gen, denen sich nun alle ständig zu stellen hatten, fußten auf dem Kata-log von Papst Gregor I.

Aus Lastern wurden Sünden, und aus Sünden Todsünden. Die bloße Warnung vor Lastern kann Menschen im Alltag nicht sonderlich beein-drucken, die Warnung vor Todsünden schon eher. Bald tauchten nun die sieben Todsünden in zahlreichen Volkspredigten, in der Bußliteratur und in der bildenden Kunst auf. Die ursprüngliche Botschaft bei Evagrius,

Cassianus und Papst Gregor I. lautete: Menschliche Regungen hindern dich daran, dein wichtigstes Lebensziel zu erreichen, die Annäherung an Gott. Nun war die Botschaft: Was dich zum Menschen macht, macht dich schuldig. Diese Umdeutung kam freilich nicht von ungefähr. Schon der Sündenfall im ersten Buch Mose, nach christlichem Verständnis der Beginn der Geschichte der Menschen auf Erden, legt die Idee einer zum Wesen des Menschen gehörenden Sündhaftigkeit nahe. Insgeheim nahm dabei die christliche Ethik eine neue Gestalt an. Bis zur Renaissance war der Begriff der Todsünde noch eng mit der Übertretung der zehn Gebote verbunden.[15] Die zehn Gebote fordern Respekt vor Gott und schützen die Interessensphäre des Nächsten; die sieben Todsünden dagegen stigmatisieren das Innenleben. Nach dem IV. Laterankonzil startete ein Vorgang semantischen Umlernens, dem sich kein Christ entziehen konnte. Der Ort, an dem sich die Umdeutung vollzog, war die Beichte. Siebenmal hintereinander machten von nun an die Beichtfragen dem Beichtkind klar, was mit »Sünde« gemeint ist: der Katalog Papst Gregors I. Mit dem neuen Bezugsrahmen des Begriffs der Todsünde verlagerte sich der Schwerpunkt ethischen Denkens von der Sozialsphäre zur Individualsphäre. Sein neuer Kern war die Missbilligung des Menschlichen an sich.

Menschliche Schwäche

Für sein lustvolles Leben zahlt Don Giovanni am Ende einen hohen Preis – er muss zur Hölle fahren. Nach dem Glück zu suchen ist des Teufels, sei es in Mozarts Oper, sei es in Goethes *Faust*. Auf typische, ja fast unvermeidliche Formen des Versuchs, sich das Leben schön zu machen, fiel ein Schatten; die sieben Todsünden verdüsterten den Alltag.

Bis ins Urchristentum reichen die Wurzeln der Verfluchung des Glücks zurück. Nur widerwillig gesteht der Apostel Paulus den Gemeindemitgliedern das zu, wovon sie als schwache, von fleischlichen Begierden getriebene Menschen leider nun einmal nicht lassen können – das Glück der geschlechtlichen Vereinigung. Sollten sie, wenn es denn gar nicht anders ging, ihren Sex haben, natürlich nur im Rahmen der Ehe, aber schön und gottgefällig war das nicht.[16]

Freilich: Die Theologen behaupteten, dass selbst der Verzicht auf alles nichts nützte. Nach der Erbsündenlehre ist man auch dann sündig, wenn man allen nur Gutes tut und das eigene Glück verachtet. Einzig die Gnade Gottes kann einen retten; und wehe dem Sünder, der sie durch hemmungsloses Ausleben seiner Gefühle aufs Spiel setzt. Es ist Satan selbst, der einen mit Glücksphantasien verführt. In Clive Staples Lewis' Satire *Dienstanweisung für einen Unterteufel* verrät der erfahrene ältere Teufel dem jüngeren den wichtigsten Trick, um den Fuß in die Tür zu bekommen: die Hinwendung zum konkreten Leben, zum »Strom unmittelbar sinnlicher Erfahrungen«.[17]

Schon der Wunsch nach Verfeinerung ist eine Anfechtung, der es standzuhalten gilt. Auf den calvinistisch inspirierten Küchenbildern der niederländischen Malerei im 17. Jahrhundert kriechen Fliegen und Käfer, die Symbole des Teufels, über die Speisen.[18] Je größer die ersehnte diesseitige Ekstase, desto fürchterlicher die in Aussicht gestellte Verdammnis. Widerstand gegen sexuelles Begehren war identisch mit dem Kampf des Guten gegen das Böse in vorderster Linie; die Heiligsprechung gerade der entschlossensten Lustverweigerer ist ein bis heute anerkanntes Zeugnis einer Moral der unverblümten Glücksfeindschaft.

Wie wenig die Heroisierung der Askese ausrichtete, zeigen die niederländischen Küchenbilder freilich zur Genüge. Den prallen Hühnerschenkeln, dem aufbrechenden Fruchtfleisch, den glatten Äpfeln entströmt ungefilterte Sinnlichkeit, die wohl erst erklärt, weshalb das Genre der Küchenbilder damals so beliebt war. Wie das Jugendverbot der Pornografie heute, so steigerte die symbolische Verfremdung der Sexualität damals nur noch den Kitzel; die Insekten schreckten weniger ab, als dass sie die Phantasie anregten und die Anspielungen eindeutig machten. Moderne Zeitgenossen können kaum noch nachfühlen, wie verführerisch Worte wie »Sünde«, »Laster«, »Verworfenheit« einst waren, und welche Sehnsucht nach Errettung jene Worte ansprachen, die bezeichneten, was den Lasterhaften versagt blieb: »Läuterung«, »ewige Seligkeit« und »Gnade«.

Das schlechte Beispiel der Reichen

Das Verbot gerade des Naheliegenden, die Abwertung gerade der am deutlichsten gefühlten Bedürfnisse provozierte immer wieder Spott und Frivolität. So schuf etwa Peter Dell der Ältere um 1540 einen Reigen allegorischer Figürchen aus Birnbaumholz, die das Thema der Todsünden geradezu spielerisch bearbeiten: kokett, lebensfroh und ganz und gar nicht moralisierend.[19] Sie scheinen eine Lebensauffassung, in der das Glück als Sünde gilt, eher zu ironisieren als zu verdammen. Peter Dells Figuren gehören in eine Tradition zunächst vor allem höfischer Libertinage, die sich um die sieben Todsünden einen Dreck scherte. Wer von Gott mit den höchsten weltlichen Privilegien gesegnet worden war, nahm auch metaphysische Vorrechte in Anspruch. In den Berichten über sexuelle Ausschweifungen, tagelange Fress- und Sauforgien, räuberische Kriege, Prunksucht und grenzenlose Verschwendung der Herrschenden tauchen kaum einmal Hinweise auf Reue und Selbstkritik der Akteure auf. Mochten die niedrigen Stände über sich selbst aus dem Blickwinkel des schlechten Gewissens nachdenken – ganz oben traten an die Stelle des schlechten Gewissens die Lebensgier und die Statuskonkurrenz in Form demonstrativen Konsums. Es war eben eine Frage des Standes, in welcher Weise man über sich selbst nachzudenken hatte. Moralische Selbstkritik war die angemessene Reflexionsform der niederen Stände, strategische Lustoptimierung und Selbstinszenierung die der oberen.

So kam es, dass die metaphysische Semantik der sieben Todsünden von der sozialen Semantik der Ungleichheit überlagert wurde. Es war weniger bitter, vom Glück der unermesslich Begünstigten ausgeschlossen zu sein, wenn man dafür den Status der Gottgefälligkeit beanspruchen konnte. Im skeptischen Blick auf die Happy Few verbanden sich soziale und christliche Motive. Aus der sozialen Spaltung der Gesellschaft bezog die Idee der sieben Todsünden zusätzliche Kraft: Sie lieferten ein Deutungsschema, demzufolge sich das irdische Gefälle im Jenseits tendenziell umkehrte. Die Letzten werden die Ersten sein, und wer zuletzt lacht, lacht am besten – überzeugend für jeden, der von dem Wunsch gepeinigt wird, auch einmal in Saus und Braus leben zu können, aber keinerlei Aussicht darauf hat. Diese Auffassung kann sich sogar auf die Bibel berufen: »Es ist leichter, dass ein Kamel durch ein Nadelöhr gehe, als dass ein Reicher ins Reich Gottes komme.«[20]

Auf diese Weise haben schlechte Beispiele das Deutungsschema der Sünde gestärkt und Widerstand provoziert. Am nachhaltigsten wirkte die Empörung über die Exzesse der Renaissancepäpste, deren Feste mit Hunderten von Dirnen bis heute berüchtigt sind; die Historikerin Barbara Tuchmann sieht in ihrer Studie zur *Torheit der Regierenden* hier den moralischen Ausgangspunkt der Reformation.[21]

Leben für Gott und eigenes Leben

Seit den ersten Tagen rangen die charismatischen Führer des Christentums in immer wieder neuen Anläufen um die Idee des Lebens für Gott. Zu den Feldherren dieser ewigen Schlacht zählten Paulus, Evagrius, Cassianus, Papst Gregor I., Thomas von Aquin und viele andere. Fußsoldaten waren alle, die – als Kleriker oder als Laien – ein von diesseitigen Wünschen und Leidenschaften bestimmtes Leben als Gottlosigkeit verabscheuten, es bei ihren Mitmenschen als Sünde brandmarkten und bei sich selbst unterdrückten, so gut sie dies als »schwache Menschen« eben vermochten. Sie meinten, gegen den Teufel selbst zu kämpfen. Sobald man aber, angekommen im postmythischen Denken, nicht mehr an den Teufel glaubt, nimmt man diesen Kampf als Feldzug gegen den normalen Menschen und seine Idee des eigenen Lebens wahr.

Anlass zu Ermahnungen, Bußpredigten und Beschuldigungen gab es ständig. Der normale Mensch wollte einfach keine Ruhe geben; seine Begierden und heftigen Regungen drängten täglich an die Oberfläche. In vielen anderen Religionen ist der normale Mensch besser mit sich selbst versöhnt als im Christentum. Schon in der Schöpfungsgeschichte ist ein Konflikt zwischen Gott und dem normalen, neugierigen, verführbaren, Lust suchenden Menschen angelegt. Nur der seine Natur verleugnende, seinen Eigenwillen unterdrückende Mensch hätte im Paradies bleiben dürfen. Weil er gegen Gottes Willen verstieß und eigenmächtig spontanen Wünschen folgte, wurde er vertrieben.

Eine der Botschaften des biblischen Schöpfungsmythos ist die Unvereinbarkeit des Lebens für Gott mit dem eigenem Leben. Zwei Ideen, die in anderen Religionen durch *Und* verbunden sind, werden in der christlichen Religion durch *Entweder-Oder* getrennt.

121

Es war jedoch nicht eine menschenfreundlichere Religion, sondern die Abkehr vom religiösen Denken überhaupt, durch die sich in Europa im 17. und 18. Jahrhundert allmählich die Anerkennung des eigenen Lebens anbahnte. Als Friedrich Schleiermacher zu Beginn des 19. Jahrhunderts für eine Wiederentdeckung des Religiösen eintrat und sich »an die Gebildeten unter ihren Verächtern« wandte, tat er dies nicht als religiöser Eiferer, sondern als romantischer Erbverwalter der Aufklärung. Die theologisch ungewohnte Zulassung des normalen Menschen durch Schleiermacher blieb auf einen kleinen Kreis beschränkt. Geradezu epidemisch verbreitete sich dagegen die Apotheose des diesseitigen Menschen in einem weltanschaulichen Rahmen ohne Gott. Gott ist tot: Nietzsches Widerruf des Bekenntnisses zur Religion ging mit einem Bekenntnis zum »Übermenschen« einher. Hundert Jahre zuvor hatte Rousseau den normalen Menschen begrüßt, nun jagte Nietzsche ihn wieder davon. Die Missbilligung des Menschlichen kehrte in säkularisierter Form wieder.

Die Aufklärer des 18. Jahrhunderts hielten Gott zwar für möglich, aber leiten lassen wollten sie sich von der Natur und vom eigenen, selbstverantwortlichen Denken. Sie glaubten nicht an Rechtfertigung durch göttliche Gnade, sondern an Erziehung. Ihre Moral gab jedem Einzelnen einen Platz zum Leben und diskreditierte die Inanspruchnahme dieses Platzes nicht als Sünde. Sie glaubten an die produktive Kraft des Zweifels und nicht an Offenbarungen und Mythen. Zwar schlossen sie Religion nicht aus, aber sie machten sie nicht gleich zum Ausgangspunkt ihres Denkens. Sie kämpften nicht gegen, sondern für das eigene Leben. Sie stellten es jedem anheim, seinen Weg selbst zu finden.

Diese Denkweise begründete gleichzeitig den durchschlagenden Erfolg der Aufklärung *und* die ständige Gefährdung ihres Erfolgs. Als Zerstörerin hat die Aufklärung gründliche Arbeit geleistet, als Schöpferin dagegen war sie wesentlich zurückhaltender als ihre Gegner. Sie unterschied sehr klar zwischen guten und schlechten Diskursformen, Erziehungsformen und Staatsformen, nicht aber zwischen guten und schlechten Lebensformen. Wie soll man leben, wenn niemand vorschreibt, wie man leben soll? Wenn diese Frage erst einmal alltäglich geworden ist, gerät der ursprüngliche Enthusiasmus, von dem der normale Mensch bei seiner Befreiung zunächst bewegt wurde, allmählich in Vergessenheit, und die Empfänglichkeit für Vorschriften nimmt wieder zu.

Gott des Opfers, Gott des Gebets

Den sieben Todsünden ist gemeinsam, dass sie dem Einzelnen ein Opfer für Gott abverlangen. In vielen Religionen legen Götter ziemlich menschliche Bedürfnisse an den Tag: Sie wollen gepriesen werden, sie wollen repräsentative Behausungen, sie wollen Gaben. Im Gegensatz dazu interpretieren die sieben Todsünden die Idee des Opfers als Verzicht auf schöne Momente. Der Gott des Christentums bekommt nichts Materielles oder Symbolisches, sondern etwas ganz Persönliches. Mit einem blutenden Lamm ist es nicht getan; Gott bekommt das Leben selbst, das eigene Leben, vor die Füße gelegt.

Immer wieder haben sich Christen einen Gott vorgestellt, der sich an den Schmerzen und Entbehrungen freut, die man seinetwillen auf sich nimmt. Ein spektakuläres Beispiel ist die Selbstgeißelung bis aufs Blut.[22] Im Vergleich dazu wirkt alltäglicher Verzicht unauffällig, das Opfer ist hier jedoch größer, weil es das ganze Leben betrifft. Wenn ein lustfeindliches Leben als gottgefällig gilt, dann ist Gott eine Instanz, die schweigend standardisierte Gesten der Unterwerfung annimmt oder es schweigend und rachsüchtig registriert, wenn diese Gesten unterbleiben: Fasten, sexuelle Enthaltsamkeit, Verzicht auf den Genuss schöner Dinge, Verzicht auf süßes Nichtstun.

Den Gedanken, etwas für andere Menschen zu opfern, können viele Menschen nachvollziehen, ob sie religiös sind oder nicht, wie etwa die globale Spendenbereitschaft und die Hilfsaktionen nach der Tsunami-Katastrophe im Indischen Ozean Ende 2004 gezeigt haben. Keine Gesellschaft, ob winziges Naturvolk oder riesiger Staat, kommt ohne wechselseitige Hilfe aus. Religiöse Solidaritätsgebote – etwa *Teile dein Brot mit den Armen* bei den Christen oder die Almosenpflicht als eine der fünf zentralen Regeln des Islam – überhöhen lediglich metaphysisch, was ohnehin geschieht, auch in den säkularisierten Gesellschaften Europas.

Man opfert etwas für andere Menschen, weil sie es brauchen, aber wozu dient das Opfer für Gott? Abraham war sogar dazu bereit, Isaak zu opfern, und unzählige Märtyrer starben im Lauf der Geschichte den Opfertod. Was ist der Hintergrund? Für die Gläubigen ist das Opfer für Gott eine Kommunikationsform. Darin ähnelt das Opfer dem Gebet. Während jedoch besonders das christliche Gebet eine unvergleichliche, in anderen Religionen nicht erreichte Freiheit und Direktheit einräum, indem es Gott als Zuhörenden und Sprechenden modelliert, dominiert in der Idee des Opfers für Gott die archaische Vorstellung einer potenziell bedrohlichen, jähzornigen, launischen und korrumpierbaren Figur. Ganz anders das Gebet: Hier kann der Mensch als Einzelner Gott gegenübertreten. Er offenbart sich ihm so komplex, wandelbar, widersprüchlich und situationsverhaftet, wie er eben ist, aber jeweils auf ganz eigene Weise. Für den Betenden ist Gott ein Verstehender. Für den Opfernden dagegen ist Gott der Verständnislose, den der Opfernde seinerseits recht verstanden zu haben hofft. Im Gebet als metaphysischer Kommunikation ist Gott der Gebende und der Mensch der Empfangende, beim Opfern verhält es sich umgekehrt. Der Mensch gibt, Gott nimmt: Tiere, Blumen, Kerzen, Kapellen, Kirchen, schöne Momente, im Extremfall des Martyriums auch einmal ein ganzes Leben.

Größer könnte ein Gegensatz kaum sein als der zwischen Gebet und Opfer: hier die zweiseitige, individualisierte, menschenfreundliche Gesprächsbeziehung; da die einseitige, schematisierte, menschenfeindliche Entgegennahme von Gesten. Anthropomorph sind beide Vorstellungen, aber sympathisch nur die erste. Der Gott des Opfers hat lächerliche Züge; er wirkt infantil und reizt zum Spott, wie ihn Goethe in seinem Gedicht *Prometheus* zum Ausdruck bringt:

Bedecke deinen Himmel, Zevs,
Mit Wolkendunst
Und übe, dem Knaben gleich
Der Disteln köpft,
An Eichen dich und Bergeshöhn
Mußt mir meine Erde
Doch lassen stehn
Und meine Hütte die du nicht gebaut,
Und meinen Herd,
Um dessen Glut
Du mich beneidest.

Ich kenne nichts ärmers
Unter der Sonn' als euch Götter!
Ihr nähret kümmerlich
Von Opfersteuren
Und Gebetshauch

Eure Majestät;
Und darbtet, wären
Nicht Kinder und Bettler
Hoffnungsvolle Toren.

…

Hier sitz ich, forme Menschen
Nach meinem Bilde,
Ein Geschlecht das mir gleich sei,
Zu leiden, zu weinen,
Zu genießen und zu freuen sich,
Und dein nicht zu achten
Wie ich![23]

Nach einem Jahrhundert der Religionskritik verabschiedet Goethe den lächerlichen Gott und begrüßt das eigene Leben. Die Zeit der magischen Religiosität, der sieben Todsünden und des Lebens für Gott scheint zumindest in der protestantischen Theologie nach der Aufklärung vorbei. Das eigene Leben in der Moderne ist mit »frommem Selbstbewusstsein«, um mit Schleiermacher zu sprechen,[24] nicht notwendig unvereinbar. Der Gott des Opfers verschwindet, der Gott des Gebets bleibt möglich, aber Religiosität wird schwieriger und reflexionsbedürftiger denn je: ein Projekt, das nur die Bibel als Grundlage hat, ohne sich wörtlich darauf stützen zu können, bestenfalls auf ihren Geist – Lesen zwischen den Zeilen, Flimmern, Unschärfe, Gestaltsehen: nichts für schlichte Gemüter, nichts für Liebhaber klarer Verhältnisse, nichts, was magische Religiosität jemals war – ein Projekt ohne Vorbild. Hat der Begriff der Sünde in diesem Projekt noch einen Platz?

Sünde als Tat, Sünde als Entfremdung

In verschiedenen Religionen und Zeitaltern stößt man auf das gleiche Muster: Sünde heißt, durch bestimmte Taten die heilige Ordnung zu durchbrechen. Die Urbedeutung von Sünde lässt sich am besten mit Begriffen wie Tabubruch, Frevel, Übertretung oder Sakrileg fassen. Viele

Religionen kennen keine schlimmere Sünde als die Schändung ihrer Heiligtümer.

In diesem Muster wird Sünde als Tat gefasst. Wie denn sonst?, ist man versucht zu kommentieren. Doch es gibt daneben noch eine ganz andere, spezifisch christliche Vorstellung von Sünde: Man kann sich mit seinen Taten noch so viel Mühe geben, es nützt nichts, sündig ist man trotzdem. Diese zweite Vorstellung modelliert Sünde als grundsätzliche Gottesferne; nur Gott selbst kann sie aufheben. Sünde 1 ist leicht zu begreifen, Sünde 2 keineswegs. Zwei grundverschiedene religiöse Konstrukte werden mit ein und demselben Ausdruck bezeichnet, Verwirrung und Missverständnisse ohne Ende sind unausbleiblich – eine theologische Arbeitsbeschaffungsmaßnahme von Ewigkeit zu Ewigkeit.

An vielen Stellen des Pentateuch sind die Verhältnisse noch einfach;[25] es geht um Sünde 1, um Tun und Unterlassen. Gott meldet sich oft zu Wort, um mitzuteilen, was geboten und was verboten ist. Bei der Aushändigung der Gesetzestafeln mit den Zehn Geboten gibt er es den Menschen sogar schriftlich. Gleich die ersten drei Gebote greifen das zentrale Motiv aller Religionen auf: Sünde heißt Respektverweigerung durch einzelne Taten. Und Gott definiert genau, wie ihm Respekt zu bezeugen ist: Du sollst keine anderen Götter neben mir haben. Du sollst den Namen des Herrn, deines Gottes, nicht missbrauchen. Du sollst den Sabbattag heiligen.

Im 2. Buch Mose erscheint Gott als ein wahrer Pedant, der jeden Aspekt des Gottesdienstes bis ins Kleinste regelt. Beispielsweise soll der Tisch für die Schaubrote zwei Ellen lang, eine Elle breit und eineinhalb Ellen hoch sein. Er soll mit vier Goldringen verziert sein, die so angebracht sind, dass man Stangen durchstecken kann, um den Tisch zu tragen – aber keine beliebigen Stangen! Nein, es müssen mit Gold überzogene Stangen aus Akazienholz sein. Es folgen minutiöse Vorschriften über den Leuchter, es folgt eine notarsfeste Baubeschreibung der Stiftshütte, selbst die Anweisungen für das Öl im Leuchter und für die Kleidung der Priester fehlen nicht.[26]

Doch gerade im historischen Moment der Übermittlung der göttlichen Ordnung an Moses auf dem Berg Sinai begeht das Volk, für kurze Zeit ohne Aufsicht, sogleich die (Tat-)Sünde, sich einen Gott aus Gold zu machen, das goldene Kalb. Gott ist empört: »Der Herr sprach zu Mose: Ich will den aus meinem Buch tilgen, der an mir sündigt ... Ich werde ihre Sünde heimsuchen, wenn meine Zeit kommt. Und der Herr schlug das Volk, weil sie sich das Kalb gemacht hatten.«[27] Immer wieder kommt Gott auf die Kardinalsünde der Respektverweigerung zu sprechen, und er bekennt sich offen zu seiner Eifersucht auf andere Götter: »Denn der Herr heißt ein Eiferer; ein eifernder Gott ist er.«[28] Die ersten drei Gebote – keine anderen Götter haben, den Namen Gottes achten, den Feiertag heiligen – dienen, im Gegensatz zu den sieben dann folgenden Geboten, nur der Klarstellung der Verhältnisse.[29] Sie regeln nicht das menschliche Zusammenleben, sondern fordern rein symbolische Handlungen im Austausch gegen Gottgefälligkeit. Erst durch sündige Taten kann Gottesferne entstehen, und andererseits kann man durch fromme Taten Gottesnähe herstellen.

Auch die Opfervorschriften, die Gott reichlich erlässt, fallen in dieselbe Kategorie wie die ersten drei Gebote, einschließlich der Generalklausel »Und daß niemand mit leeren Händen vor mir erscheine«.[30] Das kennen wir Menschen von uns selbst: Zug um Zug! Tat gegen Tat! Wenn du was von mir willst, musst du mir auch was geben. Aber in stolzen, nach Unabhängigkeit von Gott oder von den Göttern strebenden Taten kündigen die Menschen den metaphysischen Tauschhandel auf. Wie bei den Griechen *Hybris* die schlimmste Sünde war, so war es bei den Kirchenvätern der Stolz, dem alle anderen Sünden entspringen.

In gewisser Weise hat die Geschichte der Moderne den Kirchenvätern Recht gegeben. Am Anfang der Moderne stand der ketzerische Wunsch, so zu sein, wie sich die Gläubigen bis dahin nur Gott vorgestellt hatten: kreativ, wissend, autonom, Herr des Schicksals. Die Menschen begannen, nichts mehr als gegeben hinzunehmen, sie wollten sich alles selbst überlegen und alles nach ihren Wünschen gestalten. Nichts war dabei hinderlicher als die Religion. Systematisch spielten die Menschen der beginnenden Moderne das im 1. Buch Mose beschriebene Skript der Erbsünde nach. Wie Adam und Eva aßen sie vom Baum der Erkenntnis und maßten sich Hoheit über ihr eigenes Leben an. Papst Gregor I. hätte sich bestätigt gefühlt: Am Anfang der modernen Abtrünnigkeit stand der Stolz, alle anderen Todsünden folgten auf den Fuß: Habsucht in Form von Kapitalismus, Völlerei in Form von Konsum, Unkeuschheit in Form von sexueller Libertinage, Neid in Form von Statuskämpfen und Statussymbolen, Trägheit in Form von Sozialschmarotzertum und passiver Unterhaltungsorientierung, Zorn in Form von Gewalttätigkeit. Mit den Augen Gregors betrachtet, ist die Moderne ein Sündenbabel. Der Sündenbegriff, den er dabei zugrunde legte, entspricht dem in allen Religionen verbreiteten Muster: Todsünden gehören zur Kategorie von Sünde 1; sie sind Tatsünden.

Diesen Sündenbegriff hatten auch die großen Religionsverächter wie Voltaire, Marx, Stirner, Nietzsche oder Russell im Sinn. Doch sie verschossen ihre Pfeile auf ein Ziel, das sie für das Zentrum des Christentums hielten, ohne zu merken, dass sie nur noch die Peripherie attackierten. Sie meinten noch Sünde 1, während die christliche Religion bereits Sünde 2 in den Mittelpunkt stellte: den durch Taten nicht beeinflussbaren Zustand der Gottesferne. Hören wir etwa Nietzsche: Der christliche Glaube »ist von Anfang an Opferung: Opferung aller Freiheit, allen Stolzes, aller Selbstgewissheit des Geistes; zugleich Verknechtung und Selbstverhöhnung, Selbstverstümmelung.« Dieses Pathos passt zu Tonfall und Gebärdensprache des strafenden Gottes im Pentateuch; zum Gott des Neuen Testaments konnten die Religionskritiker kein Verhältnis finden, weil er ungreifbar bleibt. Zugänglich ist nur Jesus als Vermittler; doch der konkrete, archaische, naiv vorgestellte Gott des Pentateuch, der Gott von Sünde 1, ist verschwunden. Es liegt einige Ironie darin, dass ausgerechnet die Verächter der Religion eigentlich nur den Raum des Glaubens im Sinn von Sünde 2 freizumachen halfen wie eine Putzkolonne.

Nur im visuellen Sinn blieb der Gott der Bücher Mose unsichtbar, als Charakter aber, man könnte auch sagen »als Mensch«, enthüllte er sich in einer Deutlichkeit, die nichts zu wünschen übrig ließ. Erst die Distanziertheit Gottes im Neuen Testament machte ihn respektabel. Auf paradoxe Weise wird diese Distanziertheit durch die Gottessohnschaft Jesu gleichzeitig aufgehoben und bekräftigt. Damit tritt jedoch, wenn man den Text so liest und interpretiert, wie Luther dies getan hat, eine ganz andere Auffassung von Sünde in den Vordergrund, eine Auffassung, die nicht Taten im Sinn hat, sondern Entfremdung. Welch ein Gegensatz: auf der einen Seite der fordernde und bedrohliche Gott im Pentateuch, der es beispielsweise gleich in Stein gemeißelt haben will, dass das Obergewand des Priesters unter dem Schurz aus blauem Purpur gemacht sein soll, versehen mit einer Borte, damit es am Rand nicht einreißt. Das ist Tatsündendenken pur. Auf der anderen Seite der Gott des Neuen Testaments: Wenn er doch nur Vorschriften machen würde, und seien sie noch so kleinlich, dann käme er einem wenigstens nahe. Aber er ist unendlich weit weg. Zu sagen, dass der Gott des Neuen Testaments über Vorschriften erhaben sei, wäre noch weit untertrieben – Gott ist vielmehr erhaben über das Erhabensein. Dieser Gott ist kein argwöhnischer Buchhalter, der Minuspunkte gegen Pluspunkte aufrechnet. Das klingt zwar sympathisch, aber auch fremd. Wer eine Sündenbilanz von Gott erwartet, hat seine Unbegreiflichkeit nicht begriffen. Der Gott von Sünde 1 ist menschlich, der Gott von Sünde 2 ist unerreichbar und in keiner Weise zu erfassen. Auf Taten, gute oder böse, kommt es bei Sünde 2 nicht mehr primär an. Sünde 2 entspringt nicht aus Taten, sie ist ein Zustand, in den man hineingeboren wird: der Zustand der Gottesferne, der auf die Ursünde zurückgeht – auf den Sündenfall im Paradies. Was unter diesen Umständen zählt, ist die Gnade Gottes und der Glaube. Aber Glaube woran?

In der neueren Theologiegeschichte reduziert sich der christliche Glaube mehr und mehr auf ein einziges, letztes Element göttlicher Offenbarung: auf den Glauben an die Gottessohnschaft Christi. Jesus ist, um mit Schleiermacher zu sprechen, der »vollkommene Mensch«, dessen Beispiel die Erfahrung der Gottesferne erst möglich macht. Sünde als Zustand (nicht als Tat) wird diesem Verständnis nach durch die Erfahrung des Unterschiedes zwischen der eigenen Person und der Person Jesu offenkundig. Der Glaube führt zu einer schmerzhaften Differenzerfahrung, zum Bewusstsein des Zustands der eigenen Sündhaftigkeit; das Sündenbewusstsein führt zu einer Sehnsucht nach Erlösung. Damit ist bereits die Essenz der christlichen Existenz beschrieben; dass jemand, der so lebt, in geringerem Maß zu Tatsünden neigt, ist nichts weiter als ein durchaus wünschenswerter Nebeneffekt.[31]

Das Alte Testament gebietet und verbietet; es fordert gute Taten: *Werkgerechtigkeit*.[32] Das Neue Testament macht klar, dass Werkgerechtigkeit nicht vor Gottesferne schützt; umgekehrt zeigt das Neue Testament, dass ein im alttestamentlichen Sinn sündiger Mensch (ein Wucherer, eine Prostituierte, ein Straßenräuber) gläubig werden und in den Genuss der Gnade kommen kann.

Der neutestamentliche Gott ist glaubwürdiger als der des Pentateuch. Er ist würdevoller und weniger widersprüchlich. Unglaubwürdig wirkt der alttestamentliche Gott, weil er Menschen für ihre Taten verantwortlich macht, obwohl er doch seinerseits für die Menschen verantwortlich ist. In der christlichen Theologie tritt mit Luther das eigentlich schon viel ältere Prinzip der Rechtfertigung allein durch den Glauben (*sola fide*) mit neuer Kraft an die Stelle des archaischen Prinzips der Werkgerechtigkeit. Was sich alle Religionen seit eh und je unter Sünde vorgestellt haben, wird damit unwichtig. Dieser in der protestantischen Theologie fest etablierten Position stimmt auch die katholische Theologie zu, wenn auch eher zögernd und fast hinter vorgehaltener Hand. Theologisch gesehen, beruhte der moderne Sieg über die Sünde auf einem Missverständnis. Was in der Theologie seit Luther »Sünde« hieß, hatte kaum noch etwas mit dem archaischen Sündenverständnis zu tun. Luther wandte sich entschieden gegen die Fixierung auf Werkgerechtigkeit, nicht nur, weil er sah, welch ein Schindluder die Kirche damit trieb, sondern vor allem auch, weil er es als durch die Schrift erwiesen ansah, dass weder fromme Taten noch sündige Taten für die Gottesbeziehung eine Bedeutung hatten. Er gab das Paradigma des an Symbolhandlungen gebundenen metaphysischen Tauschhandels auf und ersetzte es durch das Paradigma von Glaube und Gnade.

Die Moderne distanzierte sich also von einem christlichen Sündenbegriff, der theologisch seit langem überholt war. Dies führte dazu, dass sich moderne Denker mit dem lutherisch geprägten Sündenbegriff kaum auseinander setzten, und die Menschen im Alltag schon gar nicht.

Die heutige Verwendung des Sündenbegriffs in Ausdrücken wie *Verkehrssünder, Unterlassungssünde* oder *sündige Meile* ist insofern religionsgeschichtlich kurios. Von der protestantischen Auffassung enthalten diese Begriffe nichts. Verkehrssünder lassen es an Werkgerechtigkeit fehlen; und das Spannende an der sündigen Meile sind die obszönen Werke. Nur noch im ironischen Beiklang und im leichten Kitzel verblasster Erinnerung an aufgehobene Verbote finden sich letzte Spuren eines religiösen Inhalts, der lediglich als christlich vorgestellt wird, den aber die christliche Theologie selbst immer wieder abgelehnt hat. Nach wie vor ist das populäre Verständnis von Sünde auf dem Stand des Alten Testaments. Der Begriff meint immer noch Tabubruch, Frevel, Übertretung, Sakrileg – Sünde als Tat.

Als sich die Alltagskultur im 18. und 19. Jahrhundert vom Stigma der Sünde emanzipierte, war der theologische Paradigmenwechsel längst abgeschlossen, er war bloß nicht populär geworden. Sünde als Gottesferne und sonst nichts, unabhängig von der hausbackenen Vorstellung des gottgefälligen Lebens – dieses Paradigma blieb weitgehend auf die Theologie begrenzt, ohne die Volksfrömmigkeit zu erreichen.

Mit dem archaischen, auf Werkgerechtigkeit gegründeten Sündenbegriff tut sich die Volksfrömmigkeit entschieden leichter. Wenn ich mich durch sündige Werke von Gott entferne, dann sagt mir der gesunde

Menschenverstand, dass ich mich Gott durch Unterlassen dieser Werke und durch gute Werke annähern kann: ein klarer Handel. Die Vorstellung von Gottesnähe *sola fide*, nur durch den Glauben, verunsichert; man sieht sich in die ohnmächtige Situation des Gnadenempfängers verwiesen. Dagegen zeigt die Vorstellung von Gottesnähe durch Werkgerechtigkeit erreichbare Wege zu Gott auf – man kann etwas tun. Die archaische Vorstellung ist dem Menschlichen viel näher als die neutestamentliche, und genau diese Anschlussfähigkeit an das Alltagsdenken begründet ihre Eingängigkeit und Unausrottbarkeit. Ihr innerster Kern besteht in der Botschaft, dass Gott auch nur ein Mensch ist, wenn auch ein besonders mächtiger, eifersüchtiger und lustfeindlicher. Damit kann man irgendwie zurechtkommen, darauf kann man sich einstellen. Aber was soll man mit der schwer begreiflichen Rechtfertigungslehre[33] und ihrem Gott jenseits aller anthropomorphen Bilder anfangen?

Nicht zuletzt geht das theologisch zurückgebliebene Gottesverständnis der Volksfrömmigkeit auf das Konto der Kirchen, die sich von einer so gut zur Herrschaftssicherung geeigneten Denkfigur nicht trennen wollten. Man hat es leichter mit Menschen, die sich der Beichte unterwerfen und Zerknirschung an den Tag legen, als mit solchen, deren religiöser Fokus gar nicht auf ihrem alltäglichen Handeln liegt, sondern allein auf dem Glauben. Man hat es leichter mit chronisch Schuldigen, die auf die Kirche als moralische Entsorgungsinstanz angewiesen sind, als mit solchen, für die Schuld unwichtig ist im Vergleich zu Glaube und Gnade.

Daran hat sich bis heute nicht viel geändert. Die Religionsfeindschaft der Moderne ist die Antwort auf die im archaischen Sündenbegriff eingeschlossene Menschenfeindschaft der Religion. Dass sich die Abwehr der Moderne gegen einen nach theologischem Verständnis gar nicht geführten Angriff richtete, erscheint in der säkularisierten Welt nur noch wie eine Haarspalterei, für die niemand Interesse aufbringt. Der alte Sündenbegriff war so mächtig wie eingängig, der neue war schwach weil erklärungsbedürftig. Viele kannten ihn nicht, und die ihn kannten, begriffen ihn nicht, schon gar nicht die wortgewaltigen Verächter der Religion. Die Distanzierung der Moderne gegenüber der christlichen Religion hätte sonst weniger schroff ausfallen können, aber die Kirchen versagten vor der Aufgabe, den Zeitgenossen klar zu machen, dass sie dabei waren, das Kind mit dem Bade auszuschütten.

Der Sieg über die Sünde, die Glaubensutopie der Christen, wurde

131

Wirklichkeit, freilich ganz anders als gedacht. Die Menschen begannen, die Sünde als naives Konstrukt zu betrachten, als Element einer religiösen Mythenwelt, für die gerade noch die Historiker zuständig waren. Nach dem alten Paradigma war freilich genau dies der Beweis für die Existenz und die reale Macht des Bösen: »Der größte Sieg des Teufels ist, dass die Menschen nicht mehr an ihn glauben.«[34] Die Pointe liegt nun darin, dass die Zerstörung des alten Paradigmas, demzufolge der Teufel zu Sünden anstiftet, durchaus den Diskussionsstand der Theologie wiedergibt. *Sünde als Tat* ist angesiedelt in der magischen Denkwelt des Pentateuch, *Sünde als Entfremdung* in der neutestamentlichen, an die Moderne anschlussfähigen Denkwelt. Für zwei so verschiedene Inhalte ein und dasselbe Sprachzeichen – »Sünde« – zu verwenden, war zumindest grob fahrlässig, vielleicht aber zeigt sich darin mehr: die Angst vor der eigenen Courage. Wie soll man all das den Menschen vermitteln? Sie hungern doch nach schlichten Mythen und eingängigen Botschaften. Den Glaubenseliten die Theologie, der Gemeinde den metaphysischen Boulevard!

So gehört es einerseits zu den großen Sensationen der Kulturgeschichte, dass die Menschen die Sünde überwanden, ohne sich amoralisch zu fühlen – eine Leistung vieler über Jahrhunderte hinweg. Nicht äußere Faktoren haben diesen Wandel bewirkt, auch nicht innere Schwäche oder Degeneration. Vielmehr geht die Hinwendung zum Projekt des schönen Lebens und die Abwendung von der damaligen christlichen Kultur der Schuld auf eine einmalige, kollektive Anstrengung des Geistes zurück. Fast vollständig verdrängte ein neues Deutungsmuster das alte Schema der Sünde, das keinen ausgelassen und den Umgang der Menschen miteinander geprägt hatte. Kollektive Lernprozesse sind zwar normal. Hier aber handelte es sich um ein kulturhistorisches Ausnahmeereignis, das die Menschen zu neuen Menschen machte – neu insofern, als sie sich selbst, Gott und die Welt vollkommen anders zu sehen lernten.

Andererseits war diese Sensation gleichzeitig ein unerkannter Skandal, denn der Feind war längst besiegt. Theologiegeschichtlich war der Sieg über die Sünde innerhalb des Christentums längst ein Fakt; die Aufklärer und ihre Epigonen glaubten eine Schneise zu schlagen, wo längst ein ausgetretener Pfad verlief. Sie wandten sich gegen die christliche Religion überhaupt und verabschiedeten doch bloß das Alte Testament. Damit begründeten sie die Religionsferne der säkularisierten Welt aus einem Irrtum heraus.

Doch damit noch kein Ende. Der Irrtum setzte sich in der von religiöser Seite vorgetragenen Kritik der Aufklärung sogar noch fort. Immer wieder traten Verteidiger des Christentums auf den Plan, die als Protagonisten des archaischen Sündenparadigmas agierten. Sie bekämpften die Aufklärung als moralischen Niedergang, der nur in der Hölle enden kann. In der Gegenwart vertieft sich das Missverständnis weiter. In einer noch vor wenigen Jahren nicht für möglich gehaltenen Vehemenz geht der archaische Sündenbegriff in der Gegenwart wieder zum Angriff über. In der Abwehr, die er provoziert, droht das moderne Verständnis von Sünde als Entfremdung erneut unterzugehen.

Selbst Menschen unserer Zeit neigen dazu, die Diagnose der Dekadenz und mit ihr den archaischen Sündenbegriff zu übernehmen. Sie teilen den Eindruck allgemeiner ethischer Orientierungslosigkeit, obwohl ihre Lebenspraxis und ihre soziale Alltagserfahrung das Gegenteil belegen. Was viele Zeitbeobachter als Abwesenheit von Wertvorstellungen ansehen, stellt sich bei unbefangener Betrachtung lediglich als ein Mangel an Explizitheit heraus. Von einem moralischen Vakuum in der Kultur des Westens kann nur sprechen, wer nach einem allgemeinverbindlichen, metaphysisch verankerten Kodex sucht. Versteht man unter Moral dagegen die Geltung von Prinzipien, die das menschliche Zusammenleben regeln und die es möglich machen, zwischen gut und schlecht zu unterscheiden, so bleibt von dem kulturpessimistischen Befund wenig übrig.

Magische und moderne Religiosität

Rückkehr der Religion betitelte Paul Nolte einen Essay aus dem Jahr 2004;[35] ein Buch aus demselben Jahr von Friedrich Wilhelm Graf trägt den Titel *Die Wiederkehr der Götter*[36]. Der zweite Titel trifft besser, denn er spielt auf eine bestimmte Form von Religiosität an. Bei »Göttern« denkt man an eine magische, vormoderne Form, »Religion« dagegen lässt sich auch mit modernem, aufgeklärtem Denken vereinbaren. Die (im Folgenden noch zu präzisierende) Unterscheidung von magischer und moderner Religiosität macht einen erstaunlichen Vorgang sichtbar: Es ist die magische Form, die zurückkehrt, und nicht etwa die moderne.

Im 18. Jahrhundert schien das Ende der magischen Form nur noch eine Frage der Zeit. Die Aufklärung erreichte die Bibel und ließ nicht viel von ihr übrig. Unter dem Titel *Fragmente eines Wolfenbüttelschen Ungenannten* veröffentlichte Gotthold Ephraim Lessing ab 1774 Teile einer Schrift, die den Glauben an die Bibel verweigerte. Gegen die orthodoxe protestantische Theologie, vor allem vertreten durch Johann Melchior Goetze, führte Lessing einen Stellvertreterkampf für den eigentlichen Autor der Fragmente, den Hamburger Gymnasialprofessor Hermann Samuel Reimarus, dessen Urheberschaft erst posthum im Jahr 1813 bekannt wurde. Der »Fragmentenstreit« schlug hohe Wogen, Lessing und Goetze verzettelten sich schließlich, aber der Gegensatz von magischer und moderner Religiosität war öffentlich geworden und blieb bestehen.

Angekündigt hatte sich dieser Gegensatz allerdings schon lange vorher mit dem radikalen *Tractatus theologico-politicus* Spinozas aus dem Jahr 1670. Im 18. Jahrhundert war es vor allem Voltaire, der die zunächst noch schwache Tradition moderner Religiosität und Religionskritik angriffslustig fortsetzte. Die Bedeutung der *Fragmente* von Reimarus und der daran anschließenden Schriften Lessings liegt in ihrer ausführlichen Bezugnahme auf den Text der Bibel. Mit voller Wucht traf modernes Denken nun die protestantische Theologie und die gebildeten Christen.

Auf den ersten Blick wundert man sich, wie sich christliche Religiosität danach überhaupt noch halten konnte, und das letzte Wort dazu ist ja auch noch nicht gesprochen. Die Bibel gilt nun nicht mehr als sakrosankte Botschaft Gottes an die Welt, sondern als menschliche Konstruktion. Der Sinn einzelner Passagen der Bibel ist nicht zu trennen vom kulturellen Kontext ihrer Entstehung. Gottes Wort ist Menschenwort, Menschenwort aber ist historisch zu relativieren und bleibt zweifelhaft. Reimarus glaubte nicht an Wunder und scheute sich nicht, alle als Betrüger hinzustellen, die Wunder bezeugten – die Propheten, die Apostel, selbst Jesus. An den biblischen Personen kritisierte er, dass »ihre Handlungen so vielfach von den Regeln der Tugend, ja des Natur- und Völkerrechts abweichen«. Er weist zahlreiche Widersprüche der Bibel nach. Auferstehung und Gottessohnschaft Jesu gelten ihm als Humbug.

Die Bibel zu verstehen, heißt demnach, Menschen zu verstehen – und nicht etwa Gott. Die Bibel veranschaulicht vergangene Religiosität, ihre Erzählungen sind als Mythen und Hinweise auf historische Ereignisse zu lesen und nicht als Offenbarungen. Was bleibt dann noch übrig? Bei Spinoza ist Gott identisch mit der Ordnung der Welt; die Bibel und die

Religionen hält er für moralisch-politische Konstruktionen, die der Zeit unterworfen sind und deren Zweck darin besteht, denjenigen Menschen einen Halt zu geben, die zu philosophischem Denken unfähig sind. Dieser Tonfall kehrt bei Voltaire wieder, nur wenige Jahrzehnte vor den *Fragmenten* Lessings: »Wenn Gott nicht existierte, müsste man ihn erfinden«. Erfinden für wen? Für die schlichten Gemüter, antwortet Voltaire, für die »esprits simples«.

An die Stelle der Glaubensgewissheit setzten die Aufklärer die Vernunftgewissheit, an die Stelle einer geoffenbarten Ordnung die Natur, an die Stelle der Gebote die eigene Erkenntnis. Aber Aufklärung heißt auch skeptische Zerstörung der eigenen Konstrukte. Längst wurden die zu Beginn der Aufklärung errichteten Gebäude postmagischen Denkens in Grund und Boden gezweifelt. Geblieben ist heute nur ein Letztes: die Berufung auf vernünftig scheinende Regeln des Diskurses. Ohne dieses Letzte geht es nicht, mehr gibt es aber auch nicht, es muss genügen.[37]

In der sich ausbreitenden Kühle modernen Denkens geht vom Werk Friedrich Schleiermachers einige Jahrzehnte nach dem Fragmentenstreit wieder etwas Wärme aus. Häufig als »Romantiker« etikettiert, war er doch aufgeklärt genug, um nicht wieder zur magischen Auffassung der Bibel zurückzukehren. Aber er öffnete der Eigenlogik des Glaubens wieder die Tür: Nicht alles lässt sich begründen, nicht alles lässt sich verbalisieren, und der Intuition kommt neben dem Verstand eine eigene Erkenntnisqualität zu. Religiosität gehört zum Menschen als »Sinn und Geschmack für das Unendliche«. Jede Zeit muss allerdings ihre eigene Form der Religiosität finden, muss sich das Unendliche auf ihre besondere Weise aneignen. Christus verkörpert eine göttliche Idee: den »Menschen an sich«. Glauben heißt: dieser Idee nachfühlen. Und Dogmatik heißt: Verständigung der Gläubigen in ihrer Zeit über den Inhalt ihres Glaubens – nicht etwa Belehrung über den einzig wahren Glauben.

Damit bestätigte Schleiermacher zwar das Ende der Bibel als letzter Berufungsinstanz in Glaubensfragen und als wörtlich zu verstehende Handlungsanleitung, aber er eröffnete auch einen neuen Zugang zu ihr als geistigem Raum des »Nachfühlens«. Religiosität ist ihm zufolge freilich in jedem angelegt, ob er die Bibel kennt oder nicht: die Frage nach dem Woher und Wohin; die Sehnsucht nach Berührung mit dem Unendlichen und Heiligen; die Fähigkeit, sich mit anderen darüber zu verständigen; das Wissen um die Begrenztheit und die Vorläufigkeit des eigenen Wissens; die Einsicht in die »schlechthinnige Abhängigkeit«

135

jedes Menschen von etwas Unfasslichem; und Gefühle, vor allem das Gefühl der Liebe. In der Sonderstellung der christlichen Liebe zeigt sich am deutlichsten Schleiermachers Verbindung zur christlichen Tradition, die, was die Kultivierung dieses Motivs anbelangt, bis zur Tugendlehre des Mittelalters und weiter zurück bis zum Urchristentum, zum Neuen Testament und zu Jesus Christus reicht.

Im Wesentlichen aber ist der Glaube im modernen Protestantismus freigegeben. Alle, Theologen wie Laien, sind dazu aufgefordert, sich immer wieder neu über ihren Glauben zu befragen, tastende Antworten zu versuchen und sich darüber auseinander zu setzen. Und das soll noch Religion sein? Die evangelische Theologie seit Schleiermacher ist ein Grenzgang: ohne Mythen, ohne Dogmen, ohne letzte Autoritäten; eine Religion, die auf den denkenden und fühlenden Einzelnen als wichtigste Instanz in Glaubensfragen setzt; eine oszillierende, anstrengende, diskutierende, verunsichernde und verunsicherte, ewig vorläufige Religion; eine Religion, die ihre eigene Geschichte nicht als Heilsgeschichte, sondern als Geschichte von Menschen begreift und ihre Traditionen und Texte als Sammlung von Beispielen, Bildern, Anregungen. Geblieben ist die Idee des Glaubens, die Vorstellung, dass es etwas gibt, was für alle Menschen von zentraler Bedeutung ist. Verschwunden sind alle magischen Inhalte des Glaubens. Geblieben ist die Idee des Unendlichen. Verschwunden ist ihre platte Übersetzung in anthropomorphe Phantasien. Geblieben ist schließlich ein letztes, aber zentrales Moment von Offenbarung, der Glaube daran, dass Gott in der historischen Person Jesus konkret und anschaulich geworden ist. Verschwunden ist die Kampfansage an alle, die daran zweifeln.

Religiosität als Sinn für das Unendliche; Intuition als Grundmodalität der spirituellen Erfahrung; Jesus als Idee des vollkommenen Menschen: Diese teils mystischen, teils philosophischen Ankerpunkte im Denken Schleiermachers markieren eine bis heute wirksame Wende der protestantischen Theologie. Der normale Mensch spielt hier nicht mehr die Rolle eines satanischen Gegenprinzips zum Göttlichen. Eigenes Leben und Gottesbegegnung widersprechen sich nicht. Jesus belustigt sich über die eindimensionale Vermengung der Themen:»Der Menschensohn ist gekommen, ißt und trinkt, so sagen sie: Siehe, was ist dieser Mensch für ein Fresser und Weinsäufer, ein Freund der Zöllner und Sünder!«[38] Hier artikuliert sich ein komplexes, mehrdimensionales Denken, das Religiosität und Lebenslust als vereinbar darstellt.

Allerdings wirkt der Bedeutungsgewinn der modernen protestantischen Theologie nach Schleiermacher bescheiden, wenn man ihn am Bedeutungsverlust der Theologie im Zuge der Aufklärung misst. Im Vergleich zu den großen ideengeschichtlichen Strömungen des 19. Jahrhunderts wurde die Theologie zu einer marginalen Disziplin, und das erst recht im Vergleich zu der zentralen Bedeutung, die sie bis zur Aufklärung hatte. Schleiermacher hat moderner Religiosität eine bis heute wirkende Form gegeben; wenn je das Wort Paradigmenwechsel gepasst hat, dann auf die Wirkung seiner Schriften. Aber das alte Paradigma magischer Religiosität blieb lebendig, ja es erneuerte sich umso dynamischer, je energischer die Religionskritik seit Spinoza ihre Angriffe führte. Die Erweckungsbewegungen des 19. Jahrhunderts setzten der modernen Religiosität nach Schleiermacher wieder magisches Denken entgegen. Sie knüpften an die Tradition des Pietismus an, die bis ins 17. Jahrhundert – das Jahrhundert Spinozas – zurückreicht. Aufklärung und Vernebelung gehen Hand in Hand.

Kraft der Bilder, Blässe des Gedankens

Heute ist das Paradigma magischer Religiosität erneut auf dem Vormarsch – und moderne Religiosität auf dem Rückzug. Mit dem Islam, mit den evangelikalen Erweckungsbewegungen auf der ganzen Welt und mit der religiös gefärbten politischen Rhetorik der konservativen Machtelite der USA erreicht mythisches Denken nun täglich die Abendnachrichten. Die ursprüngliche, vormoderne Form von Religiosität zeigt sich global in neuer Vitalität. Sie erregt das ungläubige Staunen der säkularisierten, diesseitigen, »materialistischen« Moderne mit ihrer unsicheren, auf das Ungreifbare gerichteten Religiosität, die nach dem Urteil ihrer Gegner allenfalls Mitleid und die Chance der Missionierung verdient, wenn nicht Verachtung und Tod.

Magische Religiosität operiert mit eindrucksvollen narrativen Schemata, eingängigen Metaphern und berührenden Ritualen. Sie kennt keinen Zweifel und kultiviert das öffentlich inszenierte Glaubenserlebnis als Beweismittel. Ihre Texte beanspruchen wortwörtliche Geltung und beruhen auf Offenbarungen. Tägliche Riten und der ständige Kon-

137

takt mit der Gemeinschaft der Gläubigen geben Sicherheit und innere Ruhe. Die Stärke magischer Religiosität besteht – ungewohnt und verstörend – gerade nicht im Argument, sondern in der Unbeirrbarkeit und in der Diskursverweigerung, als hätten die Menschen nun allmählich genug von der Moderne, von der Mühsal aufgeklärten Denkens und von der Nüchternheit einer Welt ohne Magie.

Nach mehr als zweihundert Jahren gerät die moderne, postmagische Form der Religiosität in die Defensive. Ein Denken, das unwiderstehlich schien, weil es auf die Bereitschaft der Menschen setzte, ihren Verstand zu benutzen, erscheint nun blass und kraftlos. Hatte zuerst die Magie dem aufgeklärten Bewusstsein nichts entgegenzusetzen, so ist es nun gerade umgekehrt. Genug der Reflexion, der Dekonstruktion, der Ernüchterung! Wie ein bequemer Polstersessel lädt der naive, wörtliche Glaube zum Sitzen ein, nachdem die postmagische Theologie lange genug dazu aufgefordert hatte, auf eigenen Beinen zu stehen.

Magische Religiosität ist stark. Sie überzeugt durch die Kraft ihrer Bilder; sie steht nicht zur Diskussion; sie wirkt anziehend durch die Unbedingtheit ihres Bekenntnisses und ihrer Postulate. Moderne Religiosität ist schwach. Sie erhebt die endlose Diskussion über den Glauben zum Prinzip. Sie verzichtet auf die Macht des Charismas. Sie entkräftet Metaphern durch die Einführung einer Meta-Ebene des Denkens über das Denken, die es erst ermöglicht, Metaphern *als Metaphern* zu reflektieren und historisch zu relativieren

Warum gibt es, zweihundert Jahre nach Schleiermacher, die moderne Form der Religiosität überhaupt noch? Gerade deshalb, weil ihre Schwäche im Vergleich zur magischen Religiosität lange Zeit ihre Anschlussfähigkeit an modernes, aufgeklärtes Denken bewirkt hat. Pointiert gesprochen, macht gerade die Schwäche der postmagischen Religiosität ihre Stärke aus – ähnlich, wie kulturkritische Selbstreflexion die Stärke der westlichen Lebensform ausmacht und organisierter Skeptizismus[39] die Stärke der modernen Wissenschaft. Moderne Religiosität wie moderne Wissenschaft setzen auf den denkenden, seinem Verstand und seinem Herzen trauenden Einzelnen und betrachten ihre Ergebnisse immer nur als vorläufig. Die Zukunft moderner Religiosität ist allerdings weniger gewiss als die der Wissenschaft; sie hängt davon ab, ob das moderne Denken, in dem sie beheimatet ist, sich seines Wertes bewusst bleibt. Nur damit hat auch das moderne Denken selbst eine Zukunft.

Der Weg des Westens

Christliches Abendland

Noch vor zehn Jahren hätte die Überschrift dieses Abschnitts ironisch gewirkt. Seit sich aber der Westen zunehmender Bedrohung ausgesetzt sieht und seine Zerklüftung offenbar wird, ist eine Rehabilitierung des Begriffs *christliches Abendland* zu beobachten. Man verwendet ihn wieder ohne Anführungszeichen. Kehrt nun eine Vision des Westens wieder, deren Überwindung eines der Anliegen der Aufklärung war?

Wie die Debatte um den Beitritt der Türkei in die EU zeigt, ist der Begriff des christlichen Abendlands dabei, sich als Kategorie einer normativen Heimatsuche zu verfestigen, deren Wortführer eine euphemistische Interpretation der Geschichte des Westens in aktuelle geopolitische Handlungsanweisungen umsetzen. »Christlichkeit« fungiert dabei als Mutter aller Normen der »okzidentalen Wertegemeinschaft«, und im Subtext sind dabei meist auch die besseren Menschen gemeint.

Der Begriff des christlichen Abendlands passt auf das mittelalterliche Europa der Kreuzzüge, das den Feinden des Westens heute dazu dient, ihre Feindschaft zu rechtfertigen. In der Verteidigung des Westens taucht nun also dieselbe historische Schimäre auf wie im Angriff. Wird der von serbischen Nationalisten bemühte Amselfeldmythos zum Vorbild einer westlichen Identitätspolitik, die ihre Wurzeln in vormoderner Zeit sucht?

Beiläufig setzt diese Positionsbestimmung Jahrhunderte der Säkularisierung aufs Spiel. Richtig angefreundet haben sich viele Beobachter der Moderne ohnehin nicht mit ihr. Zum Bedeutungshof von »säkularisiert« gehört auch: oberflächlich, konsumorientiert, egozentrisch und – leise im Hintergrund – sündig. Für die USA gelangt Samuel S. Huntington in seinem Buch *Who are We?* zu dem Ergebnis: Nein, so sind wir nicht, vielmehr sind wir christlich-religiös in der Tradition der puritanischen Einwanderer in Amerika.[1]

Kann man denn, wie Huntington dies versucht, aus der Geschichte des Westens etwas über seine Werte lernen? Natürlich nicht, antworten wir mit Kant. Aus dem Faktischen lässt sich nichts Gesolltes ableiten. Es kommt ja auch niemand auf die Idee, die Deutschen von heute erneut auf den Nationalsozialismus einzuschwören, weil sie sich 1933 einmal fast zu hundert Prozent zu Hitler bekannt haben.[2] Geht es um den Weg des Westens, so ist schon die Frage *Who are We?* falsch gestellt, denn sie läuft darauf hinaus, Wertentscheidungen durch Beobachtungen zu ersetzen. Man begründet das, was man sein will, durch das, was man zu sein glaubt; und man begründet die Mutmaßungen darüber, wer man sei, durch die Geschichte. Demnach gibt es keinen Unterschied zwischen Natur und Kultur, zwischen Tatsachen und Werten, zwischen Geschichte und Zukunft. Der gute Weg ist angeblich der dem eigenen Wesen entsprechende Weg; wohin sich eine Kultur entwickeln soll, findet man am besten heraus, indem man sich mit ihren Wurzeln beschäftigt. Ihre eigentliche Bestimmung liegt in ihrer Vergangenheit verborgen. Wurzeln und Wesen, Jargon der Eigentlichkeit: Huntingtons Kategorienfehler ist typisch für die Auseinandersetzung mit der Identität von Kulturen und Nationen seit dem 19. Jahrhundert.

Der Diskurs über den Weg des Westens ist auf der normativen, nicht auf der empirischen Ebene zu führen. Huntingtons Frage muss dann anders lauten, nicht *Wer sind wir?*, sondern *Wer wollen wir sein?*. Geschichte dient dabei nicht der kulturellen Wesensschau, sondern der Anregung. Sie ist ein Archiv von guten und schlechten Ideen, ein Kabinett von Vorbildern und falschen Propheten, eine Sammlung von Erzählungen über Fortschritte, Rückschritte und Katastrophen, eine Quelle von Hinweisen über den bisherigen Weg. Nur: Ob man diesen Weg weitergehen will, ergibt sich in keiner Weise aus der Vergangenheit. Es ist immer wieder neu eine Frage der Entscheidung.

Der Westen hätte sich ja dazu entscheiden können, so zu bleiben, wie er immer schon war. Er hätte die Selbstwahrnehmung als christliches Abendland zum Kompass einer Ortsbestimmung machen können, die ihn immer wieder zum Ausgangspunkt zurückgeführt hätte. Er hat jedoch das Gegenteil getan. Nicht als Wertgemeinschaft, sondern als Transformationsgemeinschaft ging der Westen bisher seinen Weg. Seine wichtigste Metamorphose hatte gerade nicht das Aussehen eines Bekenntnisses zur Christlichkeit, sondern der Emanzipation davon. Säkularisierung begriff er als moralischen, politischen und philosophischen Fortschritt. Was aus christlicher Sicht Wertverfall bedeutete, galt den führenden Köpfen des 18. und 19. Jahrhunderts als Wertgewinn. Freilich verwendete der Westen dabei Bauelemente aus seiner Vergangenheit als christliches Abendland. Bildlich gesprochen, baute er die Quader zusammengestürzter Sakralbauten in seine Fabriken und Bürokomplexe ein. Für Max Weber ist der Kapitalismus aus der protestantischen Ethik hervorgegangen. Bald aber war die protestantische Motivation verschwunden, übrig blieb der ausufernde, verselbständigte Kapitalismus in der säkularisierten Welt des Westens.[3]

Säkularisierung bedeutet jedoch keineswegs das Ende der Religion, wie etwa Jürgen Habermas betont,[4] sondern nur ihre Umwandlung und Wiederaneignung unter neuen Vorzeichen: historische Relativierung heiliger Texte, philosophische Ausgrenzung der Theologie, gesellschaftliche Eingrenzung religiöser Praxis, viele Religionen statt einer. In einer einflussreichen religionssoziologischen Analyse bestimmt José Casanova die Stellung der Religionen *innerhalb* und nicht etwa jenseits der säkularisierten Gesellschaft. Getrennt von Staat und Politik, bleiben die Religionen doch Teil der Zivilgesellschaft und des Privatlebens.[5] Weder sind Religionen in der säkularisierten Gesellschaft verschwunden, noch wird eine Gesellschaft durch eine Rückkehr der Götter etwa gleich postsäkular.

Aber der Weg des Westens geht weiter, selbst die Rückkehr des Gottesstaates ist denkbar, wie Max Weber in einer Art soziologischer Apokalypse ausführt. »Niemand weiß noch, . . . ob am Ende dieser ungeheuren Entwicklung ganz neue Propheten oder eine mächtige Wiedergeburt alter Gedanken und Ideale stehen werden, oder aber . . . mechanisierte Versteinerung, mit einer Art von krampfhaftem Sich-wichtig-nehmen verbrämt.«[6] Kaum hatte Weber dies geschrieben, tauchten die neuen Propheten auch schon auf, um dann noch im Lauf des 20. Jahrhunderts wieder zu verschwinden. Steht nun eine Wiedergeburt alter Gedanken und Ideale bevor?

In Europa klopft das Magische zwar an die Tür, aber von seiner Wiederkehr kann noch keine Rede sein. Was die USA betrifft, so vermittelt Samuel Huntington in der schon zitierten Arbeit *Who are We?* genau diesen Eindruck. Er bestimmt die Identität der USA im Rückgriff auf die anglo-protestantische Religiosität des 19. Jahrhunderts. Prompt wurde er jedoch in Europa dafür kritisiert: Nicht von den protestantischen Kirchen Nordamerikas seien Washington, Franklin, Jefferson, Hamilton, Madison und ihre Mitstreiter fasziniert gewesen, sondern von den Ideen der französischen Aufklärung und der Antike.[7]

Mit seinem neuerlichen Versuch, den Westen als christliches Abendland zu bestimmen, knüpft Huntington an die Thesen seines weltweit diskutierten, von vielen bewunderten Buchs über den Kampf der Kulturen an.[8] Dieses Buch ist ein Lehrbeispiel für die praktischen Konsequenzen von Definitionen, was in diesem Fall heißt: für ihre politischen und militärischen Wirkungen. *Westlichkeit* heißt für Huntington Christlichkeit, versetzt mit römischem Erbe; *Modernität* dagegen heißt Technisierung, Industrialisierung, höherer Lebensstandard und Alphabetisierung. Westlichkeit kann auf zweitausend Jahre zurückblicken, Modernität dagegen ist nur so alt wie der jeweilige nationale Wachstumspfad. In Huntingtons Vorstellungswelt ist die Kultur des Westens durchaus auch ohne Modernität vorstellbar, und umgekehrt ist Modernität ohne Westlichkeit denkbar. Die Mormonen können demnach als integrierter Teil der Kultur des Westens durchgehen und Saudi-Arabien als moderner Staat. Kulturen (wie die westliche) können sich nach Huntington modernisieren, so viel sie wollen, sie bleiben doch immer die alten. Das christliche Abendland ist demnach gut beraten, wenn es sich auf seine Wurzeln besinnt und auf neue Kämpfe vorbereitet ist, die den uralten Konfliktlinien folgen.

Was Huntington jedoch nicht zur Kenntnis nimmt, ist die anhaltende Kraft einer jahrhundertelangen geistesgeschichtlichen Bewegung, die sich gegen jede ethno-religiöse Begrenzung des Gefühls von Zusammengehörigkeit wandte. Genau darauf aber zielt Huntingtons Kulturbegriff ab: auf ethno-religiöse Gemeinschaften, die für alle Zeiten zusammengehören. Dabei kam es der von ganz Europa bewunderten amerikanischen Revolution von 1776 gerade nicht auf Religion und Herkunft an, sondern auf den Respekt vor Regeln, die allen sinnvoll scheinen, weil sie allen gerecht werden: Gewaltenteilung, Rechtsstaatlichkeit, Mehrheitsregel, Minderheitenschutz, Freiheit der Meinung, Freiheit der Wissenschaft, Freiheit der Religion bis hin zur Erlaubnis, sich ganz von der Religion abzuwenden, Menschenwürde und Anerkennung der Suche nach diesseitigem Glück. In der amerikanischen Revolution wurde das christliche Abendland durch eine auf die Aufklärung zurückgehende, radikal neu gedachte Kultur jenseits der Religion ersetzt, ohne dass die Religion aus ihr verbannt worden wäre. Der Westen blieb aber der Westen, nicht trotz dieser Metamorphose, sondern gerade deshalb. Hier stimmt die Redensart wirklich einmal: Der Westen erfand sich neu.

Auch die französische Revolution griff das neue Muster auf, aber sie pervertierte es bald. Der europäische Nationalismus griff einiges davon auf und pervertierte es nicht minder. Faschismus und Sozialismus trieben die Perversion auf die Spitze. Dennoch ist jene Idee von Kultur, die Habermas auf den Begriff des Verfassungspatriotismus gebracht hat, heute lebendiger denn je.[9] Die vielen Desillusionierungen haben nicht etwa zur Zerstörung der Ideen der Aufklärung geführt, sondern nur zu größerer Klarheit und höherer Wachsamkeit gegen ihre Pervertierung. Es tut nichts zur Sache, dass Desillusionierung meist in Aufklärungsskepsis eingepackt ist. Entfernt man die Verkleidung, enthüllt sich aufgeklärtes Denken.

Es war ausgerechnet das Christentum, das einen entscheidenden Beitrag zur Säkularisierung von Wissenschaft, Recht, Politik, Institutionen und Bildung geleistet hat: mit der langen Tradition von Kritik und Gegenkritik in der Theologiegeschichte, mit der institutionellen Konkurrenz von Kirche und Staat, mit der Pflege der antiken philosophischen Tradition, mit der technischen Innovationsfreudigkeit der Klöster, in besonderem Maß aber mit der Reformation. Das Christentum brachte die Säkularisierung hervor, aus der Religion entstand die aufgeklärte Religionskritik.

Weber sieht die Aufklärung als »lachende Erbin« der protestantischen Askese. Sarkastisch merkt er jedoch an, dass ihre »rosige Stimmung« nun wohl endgültig im Verbleichen sei. Doch er selbst ist ein Beispiel dafür, dass das Projekt der Aufklärung keineswegs gescheitert ist. Im Gegenteil gehört es zum Wesen aufgeklärten Denkens, sich schließlich auch skeptisch gegen sich selbst zu wenden. Wer dem Programm folgt, immer wieder neu hinzusehen und keinen Stein auf dem anderen zu lassen, bezweifelt schließlich auch die Hoffnungen, die ihn zu diesem Programm ermuntert haben. Was wie Resignation erscheint, ist jedoch das Gegenteil: Fortsetzung des Projekts der Aufklärung.

Zwar gibt es auch heute noch den archaischen Kampf der Kulturen im Sinn Huntingtons, daneben aber gibt es ein zweites Muster, einen Kampf der Kulturen ganz anderer Art: den Kampf aufgeklärten Denkens gegen das archaische. Das zweite Konfliktmuster lässt sich jedoch im Denksystem des ersten nicht einmal annähernd begreifen. Aufgeklärtes Denken bildete sich in einer langen geistesgeschichtlichen, ökonomischen und politischen Bewegung heraus, die in Westeuropa ihren Ausgang nahm und von Amerika aufgegriffen wurde, eine Bewegung reflektierenden, kritischen Denkens.

In seiner Einengung des Begriffs der Moderne auf das von Naturwissenschaft, Technik und Ökonomie vorwärts getriebene Steigerungsspiel vergisst Huntington ihren gesamten geistigen Hintergrund, der weit über die bloße Expansion des Könnens und Habens hinausgeht. Das Auto mit Navigationssystem und Klimaanlage ist nur ein Aspekt; es gehört in einen umfassenden Kontext der Kultivierung von Selbstbewusstsein, Selbstbeobachtung und Selbstveränderung. Die Gesellschaften, in denen dieses Denken Fuß fasste, gelten bis heute als die Stammländer des »Westens«: Europa und Nordamerika. Sie begreifen sich als Protagonisten eines Projekts der Moderne, das Industrialisierung lediglich einschließt, sich aber nicht darin erschöpft. Und nur das Teilprojekt der Industrialisierung geht in den Ländern des Westens allmählich in eine Phase deutlich verminderter Intensität über, nicht jedoch das Gesamtprojekt der Moderne. Dieses zielt allgemein auf die Entfaltung des menschlichen Potenzials.

Der Wert des Normalen

Doch was ist aus der Hoffnung auf den sich vervollkommnenden Menschen geworden, der auf seinen eigenen Kopf setzt und seinem Herzen folgt? Was fängt er mit dem Möglichkeitsraum an, den er sich durch die Industrialisierung geschaffen hat? Was kann man ihm zutrauen? Max Weber erblickt schon Anfang des 20. Jahrhunderts anstelle des idealen Menschen eine armselige Kreatur. Verstand und Gefühl, die Götter von Aufklärung und Romantik, degenerieren in Webers Sicht zu mentalem Müll. Am Ende seiner *protestantischen Ethik* lässt er in einer knappen, düsteren Passage sein Inneres erkennen und lüftet den Vorhang vor einem pessimistischen Gemälde. »Fachmenschen ohne Geist, Genussmenschen ohne Herz: dies Nichts bildet sich ein, eine nie vorher erreichte Stufe des Menschentums erstiegen zu haben.«[10] So hatte sich Lessing die Erziehung des Menschengeschlechts wohl kaum vorgestellt.[11] Auf dich und mich, auf uns Alltagsmenschen der Gegenwart, die wir mit unseren Handys telefonieren, für zwei Wochen in die Karibik jetten, uns für Eigenheime abrackern, Klingeltöne herunterladen und abends fernsehen, schaut Weber mit dem verächtlichen Blick des deutschen Genies herab.

Und so wird die alte Melodie der Kulturkritik bis auf den heutigen Tag nachgepfiffen. Schon zu Webers Zeit, vor hundert Jahren, war das Muster der Verachtung des Normalen ein ausgetretener Pfad; inzwischen wurde er gepflastert und mit Bogenlampen erhellt, damit auch die weniger Erleuchteten ihn finden. Ganze Prozessionen von »kritischen Geistern« ziehen auf diesem Wallfahrtsweg zum Altar der höheren Bedeutung dahin und sind fester Bestandteil der intellektuellen Folklore des Westens. Das Muster der Verachtung des Normalen reicht bis ins 18. Jahrhundert zurück, bis zum Aufbruch in die Epoche flächendeckender Säkularisierung in Europa. »Ach! der Menge gefällt, was auf dem Marktplatz taugt, / Und es ehret der Knecht nur den Gewaltsamen; / An das Göttliche glauben / Die allein, die es selber sind«, dichtete Hölderlin. Die Religion hatte die Menschen metaphysisch geadelt; ohne die Religion waren sie nichts. Gewiss: Als Christen waren sie nur Sünder gewesen, aber die Demut vor Gott machte sie gleichzeitig unendlich überlegen, verband sich damit doch die Hoffnung auf die Unsterblichkeit ihrer Seele. »Alles ist eitel« war zum Motto religiöser Arroganz im härenen Gewandt der Bescheidenheit geworden. Wenn Gläubige die irdische Welt mit dem Maß der Unendlichkeit bewerten, müssen sie zwangsläufig als Weltverächter enden. Was zählt denn noch, wenn man an dieser Unendlichkeit teilhaben kann; und was würde man selbst noch zählen, sollte man diese Teilhabe in Frage stellen?

Im säkularisierten Kult der Vernunft ging das metaphysische Adelsprädikat verloren, aber es wurde im Kult des außergewöhnlichen Menschen schleunigst wieder zurückgeholt: im Geniekult des Sturm und Drang, im Übermenschkult bei Nietzsche, im Selbstverwirklichungskult der Gegenwart. Wie sich vormals Bürger dem Adel als Gläubige überlegen fühlten, vor allem wenn auch noch wirtschaftlicher Erfolg als Beweis ihres Gnadenstands hinzukam, so fühlten sie sich nun den Gewöhnlichen als außergewöhnliche Einzelne überlegen.

In der Tradition bildungsbürgerlicher Anmaßung bezeichnen die Begriffe »Geist« und »Herz«, die Weber am Ende der *Protestantischen Ethik* zitiert, das Wertvollste, was ein Mensch besitzen kann. Es lässt sich jedoch nicht herstellen, vielmehr hat man es irgendwie. Die Vorstellung von der Erwähltheit des Genies paraphrasiert die puritanische Lehre, dass Gott in seinem unbegreiflichen Ratschluss manchen seine Gnade zukommen lässt und manchen eben nicht. Wer aber über das

Außergewöhnliche verfügt, nimmt es auch bei den wenigen anderen Auserwählten wahr. Dass man nicht genau sagen kann, worum es sich handelt, liegt in der Natur des Übermenschlichen. Soll man Geist und Herz vielleicht mit dem Thermometer oder dem Zollstock bestimmen? Wer so kleinkariert denkt, beweist ja schon damit, dass er nicht dazugehört. Er ist nichts weiter als ein »Fachmensch« oder ein »Genussmensch« oder beides zusammen. Metaphysisch gesehen ist er ein Nichts. Bis heute hat sich die Arroganz der irgendwie Erhabenen gegenüber den bloß Normalen im intellektuellen Leben Europas, vor allem aber Deutschlands, gehalten. Menschen ohne Geist und Herz sind zu banal, um zu merken, wie banal sie sind. Sie haben keinen Tiefgang, kein Geheimnis, keine Bedeutung.

Doch der Vorbehalt gegenüber den normalen Menschen verblasst allmählich und die Kunst des adornesken Redens wird nur noch in peripheren intellektuellen Milieus geübt und vorgeführt. In Zirkeln gemeinsamer Verachtung finden sich die besseren Menschen zur wechselseitigen Versicherung ihrer Bedeutsamkeit zusammen und verschaffen sich ein Gefühl der Überhöhung, das halbwegs ausreicht, um das Leben ohne Gott auszuhalten.

Sie konstruieren freilich eine soziale Unterscheidung, von der die gewöhnlichen Menschen ohne Geist und Herz inzwischen gar nichts mehr wissen wollen. In der neuen Normalität zählen Rankingtabellen, Notendurchschnitte und Testergebnisse. Die Selbstwahrnehmung ist profan geworden. Das Gehirn verdrängt den »Geist«, und das »Herz« symbolisiert nicht mehr die unsterbliche Seele. Als inneres Organ steht es nach heutigem Verständnis auf derselben Stufe wie der Dickdarm. So drängen sich die Außergewöhnlichen als schrumpfende Gemeinschaft einer leerlaufenden Arroganz in den Ecken von Feuilletons, Bildungsinstitutionen und privaten Selbsterhöhungszirkeln.

In seinem Roman *Saturday* lässt der englische Autor Ian McEwan einen erfolgreichen Hirnchirurgen, Henry Perowne, als Protagonisten des normalen Menschen auftreten. McEwans Erzählung ist vor allem ein Protokoll des Staunens. Bei einer Fahrt durch London erinnert sich Perowne an den gestrigen Tag: »Am Abend hielt jemand einen Vortrag über die Zukunftsaussichten unserer konsumorientierten und technologischen Zivilisation: nicht gut. Doch wenn unser System heute unterginge, dann hielten uns zukünftige Erdenbewohner für Götter, gesegnet mit Supermarkt-Füllhörnern, Strömen allgemein zugänglicher Daten, warmen, leichten Kleidern, verlängerter Lebenserwartung, wundersamen Maschinen. Tragbare Telefone, kaum größer als ein Ohr. Riesige Musiksammlungen in einem Gegenstand, groß wie eine Kinderhand. Kameras, die ihre Schnappschüsse um die Welt schicken können. Mühelos hatte er dieses Vehikel, in dem er jetzt fährt, über das Internet bestellt. Und hier hüpft sie, diese drahtige junge Frau im Freizeitdress hinter dem dreirädrigen geländegängigen Babyjogger. Überhaupt sehen eigentlich alle Leute, an denen er auf dieser angenehm normalen Straße vorbeifährt, jedenfalls so zufrieden aus wie er selbst.«[12] Fast kindlich wirkt der akzeptierende Blick des normalen Menschen auf die gewöhnliche Welt: jenseits der Arroganz.

Langsame Annäherung

McEwans Erzählung polarisierte die Rezensenten. Was die einen mit Wut und die anderen mit Bewunderung und Erstaunen erfüllte, ist die dezidiert positive, ja liebevolle Sicht des Westens, der McEwan in langen inneren Monologen von Perowne Raum gibt. Für viele Kritiker konnte es keine größere Provokation geben als seine Deutung der modernen Gegenwart. Mit der Selbstironie des Naturwissenschaftlers, der ja eigentlich nichts von der Sache versteht, genehmigt sich Perowne ein unbefangenes Urteil beim Blick aus der Windschutzscheibe: »Gewöhnliche Menschen! Lichterketten! Er versuchte sich vorzustellen, wie Newton es gesehen hätte, oder Boyle, Hooke, Wren, Willis, seine Zeitgenossen, diese klugen, neugierigen Männer der englischen Aufklärung, die einige Jahre lang praktisch das gesamte damalige Wissen in ihren Köpfen bargen. Bestimmt wären sie überwältigt gewesen. Im Geiste zeigte er es ihnen: Dies haben wir erreicht, das ist heute normal. Das Lichtermeer wäre ein einziges Wunder. Doch es will ihm nicht recht gelingen. Er kann sich nicht am eisernen Vorhang des Faktischen vorbeizwängen, vermag nicht die Langeweile eines Autostaus auszublenden, die Verspätung, zu der er selbst beiträgt, und die tristen kommerziellen Hoffnungen der Ladenreihe, vor der er jetzt schon seit einer Viertelstunde festsitzt.«[13] Im internationalen intellektuellen Milieu wirkt diese Passage wie eine Pietätlosigkeit. Statt den katastrophalen Zustand der Welt zu beschwören, wie es sich gehört, konstatiert Perowne kleinere Belästigungen, die im Verhältnis zur Hauptsache lächerlich wirken. Die Hauptsache aber tritt zutage, wenn man zu denen zurückkehrt, die als Erste das erhofften, was heute selbstverständlich ist: ein weit vorangeschrittener Prozess der Annäherung an gute Lebensbedingungen.

Natürlich könnte es sich bloß um einen vorübergehenden Prozess handeln, aber immerhin um einen von Dauer, dessen Dynamik vielleicht noch lange nicht ausagiert ist. Mit der Naivität eines Menschen, der keinen Anspruch darauf erhebt,»Geist« zu haben, sondern dem es vollauf genügt, in seinem Beruf erfolgreich zu sein und ein gelingendes Familienleben zu führen, feiert Perowne die jüngsten Revolutionen der Warenwelt. Aber der Prozess ist umfassender. Er zeigt sich sogar bei einer distanzierten Betrachtung des Irakkriegs, gegen den an jenem Samstag die Massen demonstrieren.

Auf den ersten Blick scheint der Irakkrieg nichts Neues gebracht zu haben: verlogene Begründungen, desaströse politische Hybris, Chaos, unschuldige Opfer und jede Menge neuer Probleme anstelle des erhofften Neuanfangs. Er warf jedoch auch ein Schlaglicht auf den kommunikativen Fortschritt der Weltöffentlichkeit, die noch nie mit so viel Beteiligten und auf so hohem Niveau über einen Krieg diskutiert hat. Zwar wurde der Krieg so nicht verhindert, dennoch hat die ungewohnte globale Diskurserfahrung eine neue weltpolitische Situation geschaffen, in der Kriege weniger wahrscheinlich geworden sind. Wenn man die mitteleuropäische Pflicht zum Lamento für einen Moment beiseite lässt, fühlt man sich an das späte 18. und das 19. Jahrhundert erinnert, als in Amerika und Europa nichts so sehr zum Wandel der Zeit beitrug wie die Entstehung einer zeitungslesenden und diskutierenden politischen Öffentlichkeit. Dass sich die Zeiten im 20. Jahrhundert verfinsterten, und zwar gerade unter Ausnutzung dieser neuen Öffentlichkeit, wäre nur dann ein Gegenargument, wenn sie sich nicht auch wieder aufgehellt hätten. Die faschistischen und sozialistischen Diktaturen haben den Westen letztlich nicht von der Landkarte getilgt. Unter unvorstellbaren Opfern und unendlich langsam hat er dazugelernt.

Dieser Eindruck von Suchen, Finden, Verwerfen, Weitersuchen und allmählicher Annäherung lässt sich nicht überall bestätigen, aber er verstärkt sich derzeit eher. Betrachten wir etwa Indien und China, zwei aufstrebende Mächte, vor denen der Westen allmählich mehr Angst zu haben scheint als vor dem islamistischen Terror. Wie ist die Veränderung der Lebensumstände in diesen beiden bevölkerungsreichsten Staaten der Welt zu beurteilen? Ist es ein Rückschritt, dass hier eine Zeitraffer-industrialisierung in Gang gekommen ist, mit vielen Begleiterscheinungen, die der Westen aus seiner eigenen Geschichte kennt? Fabriken, ja ganze Städte werden aus dem Boden gestampft. Landschaften werden zersiedelt, Denkmäler zerstört, Lebensräume geschädigt. Aber es werden auch Wohnungen gebaut, Straßen angelegt, Schäden repariert. Und die Menschen? Ihre Mobilität steigt, sie müssen (wie von Sennet beklagt,[14] von den Menschen selbst dagegen meist begrüßt) flexibel werden; die alten Solidarsysteme von Familie und Nachbarschaft erodieren; ihre Freiheit aber nimmt zu. Sie wollen dasselbe wie wir, und sie bekommen im Lauf der Zeit immer mehr davon. Sie wollen Geld und Einkaufsmöglichkeiten, sie wollen fernsehen, es bequem haben und nach ihren Bedürfnissen leben. Touristisch gesehen verlieren die von der Moderne umgepflügten Zonen ihren Reiz; kulturkritisch gesehen verwandeln sich traditionsgeleitete Gemeinschaften in funktionsdifferenzierte Aggregate von Individuen, die sich auf der Straße nicht mehr grüßen und ständig das Handy am Ohr haben. Aber das ganze Bedauern über Kulturverlust und soziale Kälte, vielleicht noch mit antikapitalistischen Emotionen und mit Ärger über steigende Übernachtungspreise gemischt, scheint zynisch angesichts des entfesselten Verlangens von Milliarden Menschen nach höherem Lebensstandard, nach politischer Modernisierung, nach Gleichberechtigung der Geschlechter und nach einer Tür, die man hinter sich zumachen kann. Und wieder ergibt sich ein Eindruck eines langfristigen Weges: Suchen, Finden, Verwerfen, Weitersuchen und allmähliche Annäherung an bessere Lebensbedingungen.

Vom Geist zum Gehirn

Wer ist der Akteur dieses Prozesses? Dass Gott die Geschicke der Welt lenken würde, bezweifeln sogar viele Gläubige. Viele meinen, dass *Wer* ohnehin das falsche Fragepronomen sei; es müsse heißen *Was*. Auch gegenwärtig ist, nur unter anderem Namen, Webers Deutungsmuster des stahlharten Gehäuses der Favorit unter den Theorien der neueren Geschichte: System, Globalisierung, Empire, Eigendynamik, struktureller Zwang, Kapitalismus, Gier des Marktes, *shareholder value*. Es dominiert die Vorstellung einer überpersönlichen Kraft als Subjekt der Geschichte.

Letztlich ist freilich allen klar, dass diese Kraft nichts Metaphysisches ist. Am Ende erscheinen hinter dem überpersönlichen Wesen eben doch konkrete Menschen, die ihren Verstand benutzen, Gefühle haben, Entscheidungen fällen und Gewohnheiten ausbilden. Das Verführerische bei den Metaphern überpersönlicher Kräfte liegt darin, dass sie der Selbsterfahrung der meisten zuwiderlaufen. Es gehört zu den effektvollen Pointen der Kulturkritik, dass der Einzelne nichts bewirken könne. Unsere Selbstwahrnehmung wird als Täuschung hingestellt, und die Hoffnung der Aufklärung mit ihrem naiven Glauben an die Gestaltungsmacht konkreter Menschen wird elegant desillusioniert.

Die Modelle von den überpersönlichen Kräften arbeiten mit Bildern, die schnell vergessen lassen, dass es im Kulturellen keine überpersönlichen Kräfte geben kann. Metaphern dienen eigentlich nur der Veranschaulichung, aber man neigt dazu, sie wörtlich zu nehmen. Viele unterliegen ihrer suggestiven Kraft und nehmen den Unterschied zwischen Metapher und beschriebenem Sachverhalt bald nicht mehr wahr. Adam Smith sagt »unsichtbare Hand«, und wenn man nicht aufpasst, glaubt man irgendwann, dass im Marktgeschehen tatsächlich eine unsichtbare Hand am Werk sei. Schlüsselt man die Metapher auf, so stellt sich heraus, dass sie nichts weiter ist als eine eingängige Abstraktion: die Zusammenfassung unzähliger individueller Handlungen.

Theoretiker der überpersönlichen Kräfte machen sich kaum Gedanken darüber, um *welche* Individuen es sich dabei handelt: Wie diese Menschen denken; auf welchen kollektiven Lernprozessen der Vergangenheit sie aufbauen können; in welchen kollektiven Lernprozessen sie selbst gerade begriffen sind; ob sie religiös sind oder nicht; was sie unter Glück verstehen; wie sie im Lauf ihrer Geschichte auf das reagieren, was sie selbst in die Welt gesetzt haben. Welche enormen Unterschiede es gibt und was sie bewirken, sieht man bereits, wenn man beispielsweise von Deutschland nach England fliegt, und dann von dort weiter in die USA.

Gesucht ist eine Beschreibung von Kultur, die die vielen Einzelnen in die Geschichtsdeutung zurückholt, aber nicht als Übermenschen, sondern als normale Menschen, die keine metaphysischen Qualitäten wie »Geist«, »Herz«, »Seele« oder »Genie« benötigen, um Sinn von Wahnsinn und Unsinn unterscheiden zu lernen. Am weitesten kommt dieser Idee gegenwärtig die Naturwissenschaft entgegen. Sie sieht jeden Einzelnen als Einheit von Gehirn, Erbanlagen und Körper. Sie hebt den nackten Menschen in den Fokus. Kulturgeschichte wird dabei denkbar als Vorgang kollektiver zerebraler Selbstorganisation, auf den sich durchaus Begriffe wie Fortschritt und Rückschritt anwenden lassen, ohne dass man auf metaphysische Konstrukte angewiesen wäre. An die Stelle der Verheißung tritt das auf den nackten Menschen bezogene, profane Kriterium der Entfaltung seiner Möglichkeiten, an die Stelle der überpersönlichen Macht die gemeinsam konstruierte Normalität.

Wenn man den Wandel der Zeit als Ergebnis der Aktivität eines Schwarms von Gehirnen betrachtet, kann man Begriffsressourcen des alltagspraktischen Denkens nutzen, um die Bewegungen dieses Schwarms zu beschreiben. Man kann über Kultur so urteilen, wie man beispielsweise über den Kenntnisstand eines Fünfjährigen reden kann, über die Glaubwürdigkeit eines Zeitungsartikels oder über den Sinn einer Entscheidung. Gegenstand der Geschichtsschreibung ist dann die Verdummung oder Reifung von Gesellschaften. Aus der Dialektik von Verstand und Gefühl in der Kulturgeschichte wird die Interaktion von linker und rechter Gehirnhälfte auf kollektiver Ebene. Aus der Emanzipation wird die Sorge des Gehirns um seinen Möglichkeitsraum. Der Schwarm der Gehirne arbeitet an der Erweiterung der Optionen in Reichweite des Körpers. Er sorgt für eine endogene Steigerung der Möglichkeiten des Gehirns durch Wissen, Selbsttätigkeit, Metaebenen, Logik, Denktechniken, Aushalten von Ungewissheit. Der Schwarm der Gehirne erfindet und installiert Techniken der Vernetzung wie Buchdruck, Telefon, Internet. Von Lessings Formel der Erziehung des Menschengeschlechts ist dies nicht weit entfernt. Es sind die kollektiv lernenden Gehirne, die sich selbst erziehen oder blockieren.

Mit der allmählichen Überwindung magischer Religiosität beseitigte das Gehirn Denkblockaden, mit der Erweiterung des objektiven Möglichkeitsraums beseitigte es Handlungsblockaden. Die lernenden und kommunizierenden Gehirne kultivierten ihre Reflexivität; sie machten ihre eigenen Operationen zum Gegenstand ihrer Operationen. Heute mehr denn je beschäftigen sie sich mit sich selbst, beschreiben sich selbst, erklären sich selbst.

Die Gehirne kultivieren den Fachmenschen und den Genussmenschen, ihre linke und rechte Hälfte. Zerebral gesehen, vernebeln die Begriffe »Geist« und »Herz« den Vorgang der Selbstaneignung des Gehirns mehr, als dass sie ihn klären würden. Verstand und Gefühl: Mehr gibt es nun einmal nicht. Fachmensch oder Genussmensch oder beides zu sein: Mehr kann man nun einmal nicht wollen. Der Rest ist Metaphysik. Nach den kulturgeschichtlichen Epochen der Eindimensionalität – Verstandesseligkeit in der Aufklärung, Gefühlsseligkeit in der Romantik – ist, unterstützt von der Popularisierung der naturwissenschaftlichen Sicht von Psyche und Kultur, die Zeit für die Epoche der Zweidimensionalität gekommen.[15] Die Verabschiedung des Übermenschen und die Begrüßung des normalen Menschen durch die Naturwissenschaft ist der letzte Schritt einer langen Geschichte der Ernüchterung.

Ernüchterung. Eine vergessene Faszination

»Der Mensch stammt vom Affen ab« – wie ein ansteckender Bazillus verbreitete sich diese Botschaft nach dem Erscheinen von Darwins Werk über den Ursprung der Arten im zeitungslesenden und diskutierenden Publikum Europas und Amerikas. Dass ausgerechnet dieser Aspekt der Evolutionstheorie die Menschen im späten 19. Jahrhundert so provozierte, zeugt von einem vitalen letzten Rest religiöser Weltsicht noch im fortgeschrittenen Stadium der Säkularisierung.

Wir können uns vorstellen, dass selbst der Religionsverächter Voltaire erst einmal schockiert gewesen wäre. Wie andere Denker der Aufklärung glaubte auch er an die Vernunft als etwas Wunderbares von unergründlicher Herkunft. Tief beeindruckt war Voltaire als junger Mann nach einem zweijährigen Englandaufenthalt nach Frankreich zurückgekehrt. Er war Deist geworden und glaubte nun an einen Gott von der Art eines gütigen Monarchen, der (wie schon die Götter Griechenlands) nicht jenseits aller Vernunft schalten und walten konnte, sondern ihr unterworfen war. An dieser Vernunft konnten die Menschen teilhaben, wenn sie sich, mit Kant zu sprechen, von ihrer selbstverschuldeten Unmündigkeit freimachten. Selbst den Gottlosen des 18. und 19. Jahrhunderts war der schmeichelhafte Gedanke nicht fremd, durch die Teilhabe an der Vernunft metaphysisch veredelt zu sein. So war es nicht die biologische Kernaussage der Evolutionstheorie über das Zusammenspiel von Mutation und Selektion, die zunächst populär wurde, sondern das damit verbundene Dementi der biblischen Schöpfungsgeschichte, die immer noch in halbmetaphysischen und pseudosäkularisierten Verkleidungen fortlebte.

Der Widerstand der Kreationisten gegen das Erwachen aus dem Traum der Magie hält nun schon eineinhalb Jahrhunderte an, und ausgerechnet in den USA, aus denen die führenden Evolutionsforscher des 20. Jahrhunderts kommen, ist er am größten. Sigmund Freud sah in der Evolutionstheorie eine der drei großen narzisstischen Kränkungen in der Geschichte des Westens. Die beiden anderen waren die Degradierung der Erde zum Satelliten im Sonnensystem durch Kopernikus und die Diskreditierung der Vernunft durch Freud selbst. Auf der Couch des Psychoanalytikers muss auch der erhabenste Denker argwöhnen, mit seinen gesetzten Worten nur sich selbst vom Unaussprechlichen ablenken zu wollen. Mentalitätsgeschichtlich erscheinen alle drei Paradigmenwechsel jedoch nicht als Kränkungen, sondern als Stärkungen. Sie ähneln kalten Duschen.

Kränkungen verletzen; kalte Duschen dagegen sind zwar zunächst unangenehm, dann aber erfrischend. Noch Theodor Fontane schrieb in einem seiner Briefe, verfasst etwa zu Darwins Zeit, *Verklärung* sei das wesentliche Ziel aller Kunst. Tolstoi, Tschechow, Maupassant oder Ibsen sahen dies anders. Und plötzlich gab es kein Halten mehr. Architektur, Malerei, Lyrik und Prosa des 20. Jahrhunderts schwenkten auf den Pfad der Ernüchterung ein, den Naturwissenschaft, Ökonomie, Technik und Philosophie lange vorher begonnen hatten: mit den Regeln wissenschaftlicher Theoriebildung durch Erfahrung, mit den Regeln der Argumentation ohne Berufung auf Dogmen und Autoritäten, mit dem kühlen  Blick für Rationalisierungspotenziale, mit der ständigen Entwertung des bereits Erreichten auf den langen Pfaden der Technikgeschichte.

Wenn Weber vom Kapitalismus als stahlhartem Gehäuse spricht, so klingt dabei ein nostalgischer Unterton an, der gegen die kalte Dusche protestiert. Seit die kognitiven Konstruktionen der Moderne im Raum des Geistes ständig weiter vordringen und seit ihre physischen Konstruktionen Landschaften, Siedlungen und Häuser prägen, haben die Klagen nicht aufgehört, bis heute. Ihr Kern ist ästhetischer Natur: Das Neue, Nüchterne, Funktionale gilt als hässlich; das Alte, Magische, Verzauberte als schön. So drohte die Gemeinde Gmund am Tegernsee im

Jahr 2005 einem Bauherrn Strafgelder und den Abriss seines neu gebauten Hauses an, weil es nicht dem vorgeschriebenen Stil traditioneller Bauernhäuser entsprach. Die Bauordnung schrieb ein weit überhängendes Vordach und unterteilte Fenster vor, die Architekten empfanden dies als »Alpenjodlerstil«. Es entstand ein schlichter moderner Bau, den die Ortsansässigen als »Führerbunker« kritisierten. Sieht denn nicht jeder, dass ein nach altem Brauch gestaltetes Haus schöner ist als eine Schuhschachtel?[16]

Moderne Zeiten mit Max Weber als entzaubert zu bezeichnen, ist zutreffend und irreführend zugleich. *Form follows function, ornament is crime*, der Leitsatz von Architektur und Design, wandte sich zwar vehement gegen jeden Zauber. Mit der Verklärung des Bauwerks durch Zinnen, Erkerchen, Butzenscheiben, Kapitälchen und Skulpturen sollte Schluss sein. In ähnlicher Weise hatten sich schon die Unternehmer neuen Typs gegen die Zünfte gewandt; und so hatte Spinoza gegen die magische Religiosität argumentiert. Entzauberung ja, dafür Frischluft, wohltuende Leere, Freiheit.

Franz Kafkas dokumentarischer Bericht *Die Aeroplane von Brescia* ist ein Text, der die Poesie der Ernüchterung so feiert wie die Gedichte Eichendorffs die Poesie von Wald und Mühlengrund. Der Berichterstatter schildert sich selbst als Teil einer modernitätsbegeisterten Menge, die sich daran freut, in der Welt der Sachlichkeit angekommen zu sein. »Nun aber kommt der Apparat, mit dem Blériot den Kanal überflogen hat; keiner hat es gesagt, alle wissen es. Eine lange Pause, und Blériot ist in der Luft, man sieht seinen geraden Oberkörper über den Flügeln, seine Beine stecken tief als Teil der Maschine. Die Sonne hat sich geneigt, und unter dem Baldachin der Tribünen durch beleuchtet sie die schwebenden Flügel. Hingegeben sehen alle zu ihm auf, in keinem Herzen ist für einen anderen Platz. Er fliegt eine kleine Runde und zeigt sich dann fast senkrecht über uns. Und alles sieht mit gerecktem Hals, wie der Monoplan schwankt, von Blériot gepackt wird und sogar steigt. Was geschieht denn? Hier oben ist ein Mensch in einem Holzgestell verfangen und wehrt sich gegen eine freiwillig übernommene unsichtbare Gefahr. Wir aber stehen unten ganz zurückgedrängt und wesenlos und sehen diesem Menschen zu.«[17] An die Stelle der Priester sind die Piloten getreten, an die Stelle religiöser Verheißungen die eingelösten Versprechen der Flugzeugkonstrukteure, an die Stelle der Schuld die Schaulust im Hier und Jetzt: Faszination der Ernüchterung.

Vor Jahrhunderten ließen sich Menschen durch Entzauberung bezaubern. Bereits im Jahr 1670 begann mit dem Erscheinen von Spinozas Ethik eine der radikalsten Ernüchterungen in der Geschichte von Philosophie und Theologie. Was bei Spinoza vom Glauben übrig blieb, war die Idee der konzentrierten Wahrnehmung und der Bewunderung der Welt, mehr nicht. Spinoza hatte eine durch und durch jüdisch-religiöse Bildung erfahren; seine geistige Entwicklung danach war eine Art berauschender Ernüchterung: Einsicht in die historische Bedingtheit der heiligen Schriften, Ablösung vom Begriff der Sünde, Zersetzung anthropomorpher metaphysischer Spekulationen. Was diese Ernüchterung zu Spinozas Zeit emotional bedeutete, lässt sich daran ermessen, dass der Hexenwahn in Europa seinen Kulminationspunkt noch lange nicht erreicht hatte; erst 1780 wurde die letzte Frau als Hexe geköpft. Die radikale Entzauberung der Religion durchzuhalten, war Spinoza und seinen Anhängern Risiken und Unannehmlichkeiten wert; von der Absage an religiöse Mythen waren sie ebenso ergriffen, wie sich umgekehrt magisch Gläubige von ihren Phantasien ergreifen lassen. Den Zeitgenossen galt Spinoza als Atheist. Nach Einschüchterungsversuchen bis hin zu einem Attentat wurde er 1656 von der jüdischen Gemeinde in Amsterdam exkommuniziert. Erst die Denker späterer Jahrhunderte feierten Spinozas ernüchternde Philosophie als eine dem Diesseits zugewandte, lebensbejahende, dogmenfreie Religion der »Immanenz«. Sie besagt: Indem man in der Welt ist, ist man in Gott, denn die Welt ist Gott. Heute, wiederum Jahrhunderte später, trifft die freudige Prognose Lichtenbergs aus dem späten 18. Jahrhundert auf viele Menschen in den säkularisierten Zonen der Welt zu: »Wenn die Welt noch eine unzählbare Zahl von Jahren steht, so wird die Universalreligion geläuterter Spinozismus sein.«

Am Anfang des langen Weges der Ernüchterung wirkte der Übergang von der Verzauberung zur Sachlichkeit faszinierend. Dann aber ging es den Menschen damit wie mit dem Nachlassen des Schmerzes: die Erlösung war so wundervoll wie flüchtig, und heute ist sie vergessen. Was ist aus dem Triumphgefühl geworden, mit dem man die ästhetische Überladenheit, die Autoritätsgläubigkeit, die religiöse Borniertheit und den Despotismus hinter sich lassen konnte? In der historisch-vergleichenden Reflexion der modernen Gegenwart, in Kunstwerken und Erzählungen kann wohl die Erinnerung daran aufleben, sie ist aber gewiss nur ein matter Widerschein des ursprünglichen Gefühls. Der belebende

Reiz des Anfangs ging in die Routine von Dekonstruktion und Relativierung über. Aus der ursprünglichen Passion der Ernüchterung wurde der leidenschaftslose Aufenthalt in der entzauberten Welt. Von Entzauberung wird man ergriffen, solange man noch für sie kämpfen muss und solange man noch vor Augen hat, welche neue Freiheit sie bringt. Irgendwann aber kommt der Moment des Vergessens; irgendwann kommt der Verlust des Bewusstseins für die Wertsteigerung, die das Leben durch die Ernüchterung erfahren hat.

Dies ist der Zeitpunkt für Nostalgie und die neue Suche nach altem Zauber, für die Sehnsucht nach Mythen, für Wünsche, die lange Zeit unterdrückt wurden. Konvertierten früher viele von der Magie zur Moderne, so ist es gegenwärtig umgekehrt. Die neuen Konvertiten wollen weniger Freiheit; sie wollen machtvolle Bilder, starke Emotionen, charismatische Führer, klare Gebote und Verbote; und sie haben es satt, sich immer wieder der Ungewissheit auszusetzen und den Mühen der Metaebene zu unterziehen.

Zurück zum Anfang dieses Abschnitts: Im Jahr 1860 hielt die *British Association for the Advancement of Science* einen Kongress in Oxford ab. Auf dieser Tagung kam es zu einem der vielen historischen Duelle zwischen Magie und Ernüchterung. Zuerst sprach der Bischof von Oxford, ein eloquenter Gegner von Darwins Theorie. Am Ende seines Vortrags wandte er sich direkt an einen seiner Zuhörer, Sir Thomas Henry Huxley, einen herausragenden Naturwissenschaftler seiner Zeit, der ihm als überzeugter Vertreter der Evolutionstheorie bekannt war: »Ich möchte gerne Professor Huxley, der mich sicher gleich in Stücke reißen wird, eine Frage bezüglich seiner Abstammung von den Affen stellen: Handelt es sich bei Ihren äffischen Vorfahren um Verwandte väterlicherseits oder mütterlicherseits?« Huxley ließ seine Replik ruhig angehen. Zunächst umriss er knapp Darwins Theorie, dann sagte er, »dass der Mensch keinen Grund hat, sich eines Affen als Großvater zu schämen. Wenn es einen Vorfahren gäbe, dessen ich mich schämen würde, dann wäre es ein Mensch, ... der sich in wissenschaftliche Fragen einmischt, mit denen er nicht wirklich vertraut ist, nur um sie durch ziellose Rhetorik zu vernebeln und die Aufmerksamkeit seiner Hörer von den tatsächlichen Kernpunkten abzulenken.« Was dann geschah, schildert der Wissenschaftshistoriker und Zoologe Rainer Willmann: »Applaus brandete auf, Lady Brewster fiel in Ohnmacht, und der Bischof von Oxford musste einsehen, dass er verloren hatte.«[18] Hier haben wir einen der großen Momente in der Ernüchterungsgeschichte des Westens, einen Moment, der uns heute fast wehmütig spüren lässt, dass die Zeit kühlen Denkens mit heißem Herzen vorbei ist.

Begeisterte Befreite, nörgelnde Freie

Weltweit hat sich das kühle Denken etabliert. Aus dem Eros der Ernüchterung wurde die Routine der Nüchternheit. Im künstlerischen und philosophischen Blick auf sich selbst betrachtet sich die Moderne zunehmend mit Selbstablehnung – ein Luxus, den man sich umso eher leisten kann, je weniger bedroht man sich fühlt. Als die Gegner überrollt waren, als man keine Einigkeit zur Durchsetzung der Moderne mehr brauchte, wurden die begeisterten Befreiten zu nörgelnden Freien. Ein Widerspruch war dies freilich nicht. An allem zu zweifeln, mit allem unzufrieden zu sein, alles verbessern zu wollen: diese Grundhaltung gehört zum innersten Kern der Moderne, in der das skeptische Subjekt die Hauptrolle spielt. Paradoxerweise hat damit dasselbe Prinzip, das den ungeheuren Erfolg modernen Denkens begründete, seine eigene Diskreditierung im Programm. Das alles dominierende Bekenntnis der Moderne besteht darin, an nichts zu glauben, auch nicht an sich selbst.

In der Geschichte der europäischen Nachkriegsmoderne hat sich dies zum Extrem gesteigert; sie ist geprägt von Missmut, Ekel, Verachtung und schlimmen Befürchtungen. Hatte nicht der Weg der Moderne in der ersten Hälfte des 20. Jahrhunderts zum größten Genozid, zur umfassendsten Zerstörung und zu den meisten Todesopfern geführt, die die Geschichte je gesehen hatte? Die hochkulturelle Reaktion darauf war Düsternis und das Ersterben des Humors. Wenn überhaupt einmal jemand lacht, dann handelt es sich entweder um das arrogante Lachen der Illusionslosen angesichts der Dümmlichkeit der Fortschrittsgläubigen oder um das bittere Lachen der Propheten, auf die niemand gehört hat.

Die Pointe dieser Entwicklung ist allerdings ein Paradox im Paradox. In der scheinbaren Schwäche liegt gerade die Stärke der Moderne. Ihre ständige Unzufriedenheit mit sich selbst bewahrte sie davor, unbemerkt zur Religion zu werden – so stellt es sich jedenfalls bei langfristiger Betrachtungsweise dar. In der Gesamttendenz blieb die Moderne säkular, neonbeleuchtet, nervös, eine Handwerkerin der instrumentellen Vernunft und ewig auf Achse. Das Zeitalter der faschistischen und sozialistischen Heilsversprechen ist vorbei, solange die Moderne fortbesteht. Gewohnt ist der Westen an eine Kombination von beiläufigem Lebensgenuss und Skepsis in allen Schattierungen. Typisch westlich ist die elegante kulturkritische Attitüde der Gebildeten, die Selbstironie der Konsumenten, der Tabubruch im Theater nach dem Ende aller Tabus, die Sehnsucht der Betriebsamen nach einem langsameren und einfacheren Leben. In den politischen Kulturen des Westens herrscht eine Grundstimmung von Unzufriedenheit und Protest. Problematisierung ist die dominante Herangehensweise der Medien, gleich an welches Thema. Und gerade in den reichsten Nationen der Welt ist von nichts häufiger die Rede als von ihren Problemen und einer drohenden Armut.

All diese negativen Haltungen waren jedoch nie Fortschrittsbremsen, sondern wesentliche Ressourcen des Erfolgs. Mit ihrer Kultur der Unzufriedenheit haben sich, unbegreiflich für andere, die Menschen des Westens bestens arrangiert, ja sie verstehen allgegenwärtige Kritik als Teil ihrer Lebensqualität. Nichts macht sie misstrauischer als Schönfärberei, nichts provoziert schneller ihren Spott als Harmonie. Ständig haben sie den Verdacht, dass man sie einlullen will, obwohl oder weil sie es andererseits lieben, ergriffen zu werden.

Verstand und Gefühl

Das Nörgeln ist eine Verstandesleistung, das Ergriffensein ist ein Gefühl. Wie sehr beides zur Moderne gehört, sieht man etwa an Begriffen wie »Medienpolitiker« oder »Stimmungsdemokratie«. Der Argwohn richtet sich hier gegen die Vermengung von Sachfragen mit Emotionsfragen. Er wäre freilich überflüssig, wenn moderne Menschen überwiegend Verstandesmenschen wären. Sie sind es nicht; die Kultur des Nörgelns bewahrt sie jedoch vor der Vorherrschaft der Gefühle. Nur zu gerne lassen sie sich verführen, gleichzeitig aber wollen sie die Kontrolle nicht aus der Hand geben.

Zwar scheint die Moderne nichts anderes zu sein als ein gigantisches

Projekt der Ernüchterung, Versachlichung, Verhässlichung und Gefühlsunterdrückung, aber dieser Eindruck beruht auf einer Wahrnehmungsverzerrung. Das Missverständnis, das uns in den Selbstbeschreibungen der Moderne (etwa im Begriff der Entzauberung) begegnet, ist die Folge einer bestimmten Asymmetrie von Ernüchterung und Ergriffenwerden: Ernüchterung verlangt Anstrengung, Ergriffenwerden geht fast von alleine. Der Eindruck der Gefühlsfeindschaft der Moderne entsteht dadurch, dass die Arbeit der Ernüchterung alle Aufmerksamkeit und Energie beanspruchte. Moderne heißt jedoch auch Kultivierung der Gefühle. Der nüchterne Blick auf die Gefühle ist nicht als Gefühlsverbot zu deuten.

Zur Kultivierung der Gefühle gehört einerseits die Gefühlskritik, andererseits das Ausleben, die Klärung, die Darstellung von Gefühlen. Ein tobendes Fußballstadion, Pornografie, Natur- und Denkmalsschutz, hoch emotionalisierter Konsum, Boulevardpresse, Lebensdrehbücher der Erweckung und der revolutionären Selbstveränderung, nicht zuletzt Religiosität – all dies gehört ebenso zum Weg des Westens wie Naturwissenschaft und Technik, Rationalisierung der Produktion, Verrechtlichung und politischer Diskurs. Gefühle und Ästhetik sind nicht etwa »postmodern«; vielmehr ist es ein zentrales Anliegen im Prozess der Selbstaneignung des Gehirns, der emotionalen Seite des Menschen ebenso zu ihrem Recht zu verhelfen wie der rationalen. Dass die Kritik der Moderne immer wieder den Tod des Gefühls befürchtet oder bereits diagnostiziert hat, etwa in der Metapher des alles verschlingenden Raubtierkapitalismus,[19] mag als Tatsachenaussage gemeint sein, zeigt jedoch genau das Gegenteil an: die Vitalität der Suche nach Gefühl. Was als Beschreibung daherkommt, gehört zum Phänomen der fortgeschrittenen Moderne selbst.

In der kulturgeschichtlichen Dialektik von Ernüchterung und Ergriffenwerden hatten es die Ernüchterer immer schwerer als die Charismatiker und Erwecker. Die Ernüchterer aller Zeiten mussten immer erst einmal ein Gerüst von Prinzipien und Begriffen aufbauen; sie mussten viel schreiben; und sie mussten ihre Schriften unter Leute bringen, die über die zur Ernüchterung notwendigen Begriffe und Argumente erst einmal noch nicht verfügten. Ihre Adressaten waren zunächst immer naiv, bauchgesteuert und mythenbesessen; sie waren Menschen ohne Übung in Logik, ohne Fähigkeit zum geistigen Grenzverkehr zwischen Handeln und Denken, ohne ausgeprägte Selbstbeobachtung. Alles, worauf die Ernüchterer setzen konnten, war das noch verpuppte Abstraktionsvermögen und die Neugier. Wie Luther, wie die Humanisten, wie die Aufklärer mussten auch alle übrigen Ernüchterer zu überzeugen versuchen, wobei sie es mit einem Publikum zu tun hatten, dem die intellektuellen Voraussetzungen für das Überzeugtwerden zunächst noch abgingen.

Ernüchterung dauert lange. Wenn sie aber erst einmal geschafft ist, mündet sie leicht in Orthodoxie. Auf die leidenschaftliche erste Phase der Ernüchterung folgt die Nüchternheit. Gefühle sind farbig, Nüchternheit ist grau. Führer der Ernüchterung sind Gelehrte, Führer des Ergriffenwerdens sind Charismatiker. Ernüchterungsbewegungen gleichen einem Schwelbrand, Erweckungsbewegungen einem Lauffeuer. Von Argumenten, von Für und Wider, von Konzepten und Interpretationen wollen die Ergriffenen nichts wissen – sie tanzen, singen, lachen, weinen, schweigen, schreien, geißeln sich, geraten in Trance und fallen in Ohnmacht. Theologie wird durch Eingebung ersetzt, Schriftgelehrsamkeit durch Priestertum aller Laien. Jeder kann ein religiöser Führer werden. Gefühle liest man nicht nach, sie kommen über einen. Das eigene Innenleben wird zur Heiligen Schrift. Jeder ist sein eigener religiöser Experte.

Die Spur des Gefühls zieht sich durch die gesamte Religionsgeschichte. Gott nicht intellektuell zu erkennen, sondern durch und durch zu spüren, von ihm erleuchtet zu werden, Gottes-Wissen durch Gottes-Gefühl zu erlangen war die leitende Idee gnostischer Strömungen in der Spätantike vom Mittelmeerraum über Mesopotamien bis zum Iran. Den Gnostizismus der christlichen Frühzeit beerbte die Mystik, deren Idee erlebter Gotteserfahrung jenseits von Sprache und Denken sich bei Bernhard von Clairvaux bis zur religiösen Erotik steigerte: zur Phantasie der Vereinigung der Seele mit ihrem Bräutigam Christus. Im protestantischen Pietismus des beginnenden 18. Jahrhunderts kreiste alles um das Erlebnis einer spirituellen Wiedergeburt und um das Erfühlen der biblischen Wahrheit in der täglichen Lebenspraxis. Später setzten Erweckungsbewegungen in Deutschland, in Skandinavien, in den angelsächsischen Ländern und heute in der ganzen Welt die pietistische Tradition fort. Was der Verstand nicht begreifen kann, soll das Gefühl beglaubigen: das Ergriffenwerden vom Heiligen Geist, die Ekstase einer radikalen Lebenswende hin zu Gott – religiöse Klarheit durch die freudige Resignation des Intellekts, spontanes Erlebnis statt mühsamen Studiums und ewigen Zweifels.

Der Ergriffene sehnt sich keineswegs nach Verstand, der Ernüchterte
dagegen sehnt sich nach Gefühl. Deshalb rief die Aufklärung als große
Ernüchterungsbewegung diesseits der Religionen emotionsbetonte
Gegenbewegungen auf den Plan: zunächst die literarisch-subkulturel-
len Strömungen von Empfindsamkeit[20] und Sturm und Drang,[21] dann
die Romantik.[22]

Wie eine Unterrichtspause wirkten diese Strömungen auf die Zeitgenossen. Die Fenster wurden aufgemacht, frische Luft strömte in den
Saal, man durfte lachen, reden, essen, trinken und sich austoben. Man
durfte auch über die Lehrer lästern. Aber der Unterricht ging weiter.
Wenn keine magische Religion im Spiel ist, ergänzen sich Verstand und
Gefühl. Man muss sich nicht für diesen oder jenen Glauben entscheiden, man darf beides sein, Fachmensch und Genussmensch. Heinrich
Heine schrieb nicht nur romantische Lyrik, er war auch einer der kri-
tischsten Köpfe seiner Zeit. Im *Wintermärchen* ironisierte er die deutsche Kleingeistigkeit und ging seiner schriftstellerischen Unabhängigkeit zuliebe nach Frankreich. Schumanns Vertonungen von Gedichten
Heines zählen zu den Höhepunkten der romantischen Musik, gleichzeitig jedoch war Schumann Gründer und Autor der *Neuen Zeitschrift für
Musik*, er reflektierte, kritisierte, informierte in der Tradition der Aufklärung. Gewiss, es gab auch Romantiker, die sich in Eskapismus verloren, so die im »Lukasbund« zusammengeschlossenen deutschen und
österreichischen Maler, deren Spottname *Nazarener* inzwischen zum
kunstgeschichtlichen Begriff aufsteigen durfte. Rückwärtsgewandt,
geistig, künstlerisch und in ihrer tatsächlichen Lebensführung auf der
Flucht vor der Welt, waren die Nazarener Vorboten späterer Aussteiger
von Ascona über Poona bis Auroville.[23] Dennoch lässt sich in der säkula-
ren Dialektik von Verstand und Gefühl, anders als in der magisch-religi-
ösen, langfristig die Absicht erkennen, mit der Spannung der beiden
Pole fertig zu werden und sie zu integrieren.

Moderne Menschen folgen eher den Ernüchterern nach; aufmerksam
hören sie den Analytikern, Skeptikern, Ironikern und Nörglern zu. Ihre
Sympathien aber liegen typischerweise bei den Erweckern. Echnaton ist
der Popstar unter den Pharaonen; neben ihm verblasst die lange Reihe
der »vernünftigen« Gottkönige. Was moderne Menschen an Echnaton
fasziniert, ist seine ungeschminkte Expressivität, sein Ausgeflipptsein,
sein religiöser Nonkonformismus, die Kultivierung seiner Emotiona-
lität, wovon alle Bildnisse zeugen, die von ihm und seiner Familie erhal-

ten geblieben sind. Ähnlich ist Nietzsche ein Popstar unter den Philosophen; er attackierte das apollinische, kopfgesteuerte Prinzip und begeisterte sich für das bauchgesteuerte dionysische. Grau erscheinen uns die Schriftgelehrten im Vergleich zu Jesus und seinen Jüngern; langweilig wirkt die Scholastik im Vergleich zur Mystik, die sogar eine Art religiösen Liebesakt zu denken wagt. Das orthodoxe Judentum respektieren wir, das chassidische fasziniert uns;[24] der orthodoxe Islam gilt als unmodern, vom Sufismus dagegen wollen moderne Menschen Expressivität lernen;[25] der orthodoxe Protestantismus hat in der Moderne schon oft gegen protestantische Erweckungsbewegungen verloren. Der Verstand moderner Menschen schließt sich dem aufgeklärten Agnostizismus an, ihr Gefühl der charismatischen, laienzentrierten, ekstatischen Religiosität.

In seiner Zeit als Bundeskanzler wurde Helmut Kohl 1991 in Halle auf offener Straße aus der Menge heraus mit Eiern beworfen. Unvermittelt löste er sich aus seiner Entourage und stürmte in langen Schritten auf die Absperrung zu. Mit gestreckten Armen griff er in die Menge und versuchte, sich den Angreifer zu angeln, dem offenkundigen Impuls gehorchend, es ihm heimzuzahlen. Hätte der Kanzler den Eierwerfer nur kräftig geschüttelt? Hätte er ihn geohrfeigt? Hätte er ihn mit Fußtritten traktiert? Das Fernsehpublikum, fasziniert vom gewaltigen Schauspiel des aus der Rolle gefallenen Kanzlers, erfuhr es nicht, denn die Begleiter Helmut Kohls gingen beherzt dazwischen. Sie taten ihren Job, nur dass sie diesmal nicht den Bundeskanzler gegen das Volk schützten, sondern umgekehrt. Die Presse kommentierte diesen Vorfall eher pikiert, dem Ansehen Helmut Kohls hat er jedoch nicht geschadet. Brandt galt als Gefühlskanzler, Schmidt als Verstandeskanzler, Kohl letztlich als beides: einerseits als schier unbesiegbarer Machtmensch und Politfuchs, andererseits als Gefühlsmensch, der Wärme ebenso ausstrahlen konnte wie Wut und der gerne vom Essen und Trinken sprach.

Wenn Angehörige der politischen Elite Gefühle zeigen, ist dies beileibe kein Grund für die Wähler, sie bei der nächsten Gelegenheit abzustrafen. Dass Joschka Fischer lange Zeit die Skala der beliebtesten Politiker anführte, lag auch daran, dass er sich mit seinem Bestseller *Mein langer Lauf zu mir selbst* als »Mensch« inszenierte. »Und was haben Sie da gefühlt?« – im Soziolekt der Talkshows und Interviews bedeutet dies immer, dass nun endlich die emotionale, private Seite einer öffentlichen Figur zur Sprache kommen soll. Freimütig zugegebene Schwächen,

Schrulligkeiten, psychische und gesundheitliche Krisen, zerbrochene Beziehungen, neue Lieben und sonstige Wendepunkte des Lebens fesseln das Millionenpublikum wesentlich mehr als Vorschläge zur Steuerreform. Das narrative Schema der öffentlichen Lebenserzählung folgt häufig der Dramaturgie der Erweckung, so auch bei Fischer, der das Muster des radikalen Wandels geschickt mit der Fitnesswelle der neunziger Jahre zu verbinden wusste. Fischer, Schröder, Trittin, Schily – wie nie zuvor nahmen Hauptfiguren einer Regierung den Bonus der Lebenswende und des Neuanfangs für sich in Anspruch. Auch Fischer hatte seine Prügelszene, im Vergleich zur Hallenser Episode mit Kohl stand er da jedoch noch auf der anderen Seite der Front. Wie der Eierwerfer von Halle griff er »den Staat« an, die Polizei. Ins Fernsehen und in die öffentliche Diskussion geriet diese Szene aber erst Jahrzehnte später, als Fischer selbst den Staat repräsentierte. Geschadet hat ihm sein Gefühlsausbruch ebenso wenig wie Kohl der seine. Wer es als Politiker versteht, sich als »Mensch« darzustellen, hat einen Konkurrenzvorteil vor denen, die damit hinter dem Berg halten. Sie gelten als »hölzern«, »undurchsichtig« und nicht in genügendem Maß »zum Anfassen«.

Was ihnen die Moral der sieben Todsünden im Namen Gottes zumutete, das muten sich die Menschen in der Moral des Westens selbst zu. Zwar ist in beiden Moralsystemen etwa der Zorn verpönt, doch die Gründe für seine Besänftigung sind verschieden. Nicht um sein Seelenheil zu retten, ließ sich Kohl daran hindern, den Eierwerfer von Halle anzugehen, sondern um wiedergewählt zu werden. Gefühlskontrolle gehört zu einem Geschäft auf Gegenseitigkeit. Man zahlt mit Spontaneitätsverzicht, aber man bekommt auch etwas dafür. Allerdings kann man den Zusammenhang zwischen Einzahlung und Verzinsung selten unmittelbar erfahren. Nur mit einiger Abstraktion lässt sich erkennen, dass alle etwas davon haben, wenn alle sich zusammennehmen. Die seltenen öffentlichen Schauspiele des Kontrollverlusts werfen für kurze Zeit ein Schlaglicht auf den Sinn der Coolness, die sonst so selbstverständlich ist wie unsere Grußrituale. Im Zuschauer mischen sich Einsicht und Verständnis: Es ist klar, dass man nicht einfach drauflosprügeln kann, sonst fliegt alles auseinander; aber es ist auch klar, dass jedem mal der Gaul durchgeht, ja man empfindet sogar Sympathie, weil man einen Blick auf den »Menschen« erhaschen konnte.

Der »Mensch« als Metapher meint Gefühl. Wie ein Jockey auf dem tänzelnden, sich aufbäumenden Rennpferd, so sitzt der Verstand auf dem Gefühl und bringt das Kunststück fertig, es zu bändigen. Dass man nun »Mensch« sagt und nicht, wie Freud,»Es«, oder wie die Rohrstockpädagogen früherer Zeiten»Flausen«, oder wie die anständigen Bürger des 19. Jahrhunderts»Liederlichkeit«, verdankt das Gefühl seiner Rehabilitierung durch den Psychoboom, dessen Konjunktur nun schon seit den siebziger Jahren ungebrochen anhält.

Aus der Sicht der Hirnforschung verdreht das Bild von Jockey und Rennpferd freilich die neurophysiologischen Tatsachen. Nicht der Verstand kontrolliert das Gefühl, vielmehr führt das Gefühl den Verstand. Menschen, bei denen Gefühl und Verstand physiologisch getrennt sind, sei es durch Krankheit, Unfall oder Operation, sind handlungsunfähig, weil sie sich nicht mehr entscheiden können, auch wenn sie alles durchschauen.[26] Wie aber war die Moderne dann überhaupt möglich? Wie konnte es so weit kommen, dass das Bild von Jockey und Pferd das soziale Handeln durchaus zutreffend beschreibt, während im Inneren der Menschen das Pferd den Jockey nach sich schleift? Diese Diskrepanz löst sich auf, wenn man annimmt, dass auch die Kontrolle des Gefühls eine Sache der Leidenschaft sein kann. Auch bei Gefühlen lassen sich verschiedene Ebenen unterscheiden – primäre Gefühle und Metagefühle, die sich auf andere Gefühle beziehen. Die für die Moderne zentralen Metagefühle sind Scham und Stolz: *Ich bin aus der Rolle gefallen* und *Ich habe mich im Griff*.

Die Kathedrale der Kritik

So sehr der Westen gelernt hat, Gefühle anzuerkennen, so kompromisslos ist er letztlich doch in seinem Kontrollanspruch geblieben. Psyche und Gesellschaft sind aufeinander abgestimmt. Von einer distanzierten Beobachtungsposition aus sieht man eine Kathedrale der Kritik aufragen, ein Bauwerk, getragen von Formen der Skepsis, des Misstrauens, der Verneinung, der Destruktion. Nichts ist für kulturfremde Beobachter des Westens schwerer zu verstehen als die exzessive Zulassung der Negation.

Kritik bedeutet, alles unter dem Gesichtspunkt seiner möglichen Aufhebung zu betrachten. Gefühl: Der kontrollierende, gefühlskritische Verstand verneint spontane Reaktionen. Wissenschaft: Ein Forscher widerspricht dem anderen, und alle zusammen überlegen ständig, welche Teile des überkommenen Wissens falsch sein könnten. Staat: Die wichtigsten Verfassungsgrundsätze sind diejenigen, die dem Staat etwas verbieten. Politik: Demokratie heißt, dass jeder jedem widersprechen darf, und nichts ist in einer Demokratie wichtiger als die Opposition. Ökonomie: Wirtschaft und Technik sind auf Innovation, sprich: Zerstörung gepolt. All dies geht einher mit ständigem Wandel, mit Desorientierung und Ungewissheit als Routine. Kritik ist das einzig Beständige in der Kultur des Westens; der Rest gilt als vorübergehend. Wissen ist Vermutungswissen, Regierungen sind auf Zeit gewählt, Technik veraltet, die Jüngeren verstehen die Älteren nicht mehr.

Das Gefühl blüht in der Affirmation, der Verstand wächst in der Negation. Dass der Erfolg des Westens gerade auf der Negation beruht, ist so offensichtlich wie kontraintuitiv.[27] Kulturgeschichtlich war es ein weiter Weg bis zum kollektiven Beherrschen der Kunst der konstruktiven Verneinung,[28] und jeder, der im Westen lebt oder leben will, muss diesen Weg ebenfalls einschlagen. Genau hier, auf der Trennlinie zwischen dem Weg der Negation und dem Weg der Affirmation, verläuft die heiße Front zwischen dem Westen und seinen Feinden. Kritik ist unangenehm, Lob ist freundlich. Negation reißt erst einmal etwas ein, Affirmation stabilisiert das Bestehende. Zweifel und Dekonstruktion verunsichern, Traditionspflege und Orthodoxie spenden Gewissheit. Wer Verneinung als Kulturtechnik gelernt hat und praktiziert, empfindet eine öffentliche Kultur der Bejahung als Gesinnungsterror; wer aus einer solchen Kultur kommt, ist von nichts so sehr befremdet wie vom allgegenwärtigen Infragestellen. Einst hat der Westen den Übergang von der Bejahung zur Verneinung im Zuge der Aufklärung als Befreiung erlebt; nun erfahren fundamentalistische Konvertiten aus dem Westen den Übergang von der Mentalität der Verneinung zur Mentalität der Bejahung als Erlösung.

Die Kathedrale der Kritik ist eine dezidiert öffentliche Einrichtung. Als Gegenwelt dazu wurde in einiger Entfernung das Haus des Privatlebens errichtet. In Wissenschaft, Technik, Politik, Recht und Ökonomie regiert die Skepsis, die Unzufriedenheit, das Gegenargument, die Suche nach Fehlern. Konsum dagegen, intime Bindungen, die Wohnung oder spielerische Tätigkeiten gehören zum Reich des Gefühls, zur weitgehend unantastbaren persönlichen Sphäre. Wie sehr hier das Prinzip der

Affirmation herrscht, zeigt sich in der Beobachtung von privaten Alltagsgesprächen einerseits und öffentlichen Auseinandersetzungen andererseits. Im Café, am Gartenzaun oder im Bett überwiegt das Kopfnicken, das Ja, die Bestätigung; im Bundestag, auf einer wissenschaftlichen Fachtagung oder an der Börse überwiegt das Stirnrunzeln, das Aber, die Kritik, schon aus Prinzip.[29]

Mit dieser besonderen Zuordnung von Verstand und Gefühl, Negation und Affirmation, öffentlich und privat zu verschiedenen Lebenssphären zurechtzukommen, macht es Menschen aus Kulturen der Affirmationsherrschaft zusätzlich schwierig, im Westen zu leben, denn hier wird die private Sphäre in keiner Weise durch klare Vorgaben seitens der öffentlichen Sphäre reglementiert. In einer Situation von unendlich vermehrten Optionen darf und muss man den affirmativen Teil seines Lebens selbst kultivieren.

Die Aufklärung hat die westliche Öffentlichkeit hervorgebracht; parallel dazu haben Empfindsamkeit, Sturm und Drang und Romantik die westliche Privatsphäre konstituiert. Beides hat sich im Lauf der Zeit durchdrungen. Inzwischen haben die Menschen des Westens gelernt, die Intelligenz der Negation (»Könnte man es nicht noch besser machen?«) auch privat in Anspruch zu nehmen. Sie interessieren sich für Psychologie, Soziologie und Hirnforschung; sie führen »Beziehungsgespräche«; sie entscheiden sich kritisch zwischen verschiedenen Wellness-Anbietern; sie kaufen in großem Umfang Ratgeberliteratur zur alltäglichen Lebensführung. Das aufgeklärte, kritische Denken hat sich bis in die Wohnungen vorgearbeitet. Es drückt sich in Eigensinn, Beweglichkeit, Offenheit, Reflexivität aus. Es konkretisiert sich als Reiselust, als Faszination an Selbsterforschung, als Geringschätzung alltäglicher Routinen, als Obsession des Stilbruchs in Mode und Kunst, als endlose Diskussion über alles und jedes.

Umgekehrt ist das romantische Element seinerseits in die aufgeklärte Öffentlichkeit vorgedrungen. Dort existiert es in klar umgrenzten Situationen planmäßiger Euphorisierung. Worauf es im fortgeschrittenen Stadium der Rationalisierung des Gefühls ankommt, ist der geregelte Grenzverkehr zwischen den Zonen der Kontrolle einerseits und denen der Authentizität andererseits. Das Gefühl darf und soll sich nun in den aus dem Boden geschossenen Enklaven der Entfesselung ausagieren: in den wandernden Ekstasezentren des Welttourismus, in Events, in Computerspielen, in Fußballstadien neuen Typs, in Rockkonzerten, in der

Sexualität. Es realisiert sich in der Suche nach persönlichem Glück, nach großen Gefühlen und berührenden Momenten.

Zwar haben sich die Romantiker gegen die Aufklärung abgegrenzt, aber was sie als Überwindung ansahen, stellt sich heute als Ergänzung heraus, als Weg zum ganzen Menschen, der nicht nur seinen Verstand ausleben will, sondern auch sein Gefühl und seine Phantasie, dabei aber seinen Verstand keineswegs vergisst. Schleiermacher als romantischer Theologe, Heine als romantischer Dichter, Brahms als romantischer Komponist, die Brüder Grimm als romantische Ethnologen waren nicht unaufgeklärt, sie fügten der Aufklärung nur die Feier des erlebenden Subjekts hinzu.

Die Analyse des westlichen Arrangements von Verneinung und Bejahung fördert die tiefste Schicht des Gegensatzes von Westlichkeit und Fundamentalismus zutage. In der öffentlichen Kultur des Westens dominiert die Verneinung; davon erholen sich die Menschen in ihren affirmativen Privatkulturen; aber auch damit gehen sie zunehmend modern, das heißt kritisch, reflektierend und negierend um – es ist ihnen nicht fremd, auch privat alles in Frage zu stellen und etwas Neues zu beginnen. Fundamentalismus dagegen heißt Affirmation total. Das öffentliche Leben wird bestimmt von der Gefolgschaft, vom Glauben, vom demonstrativen Bekenntnis. Es gibt keine Diskurse. Zweifel wird bestraft. Öffentlich auftretende Verneiner landen als Ketzer im Gefängnis und sind wie zur Zeit der Inquisition vom Tod bedroht. Gefordert ist ein unbedingtes Ja; ein Ja, das auf Emotion, auf Glauben und expliziter Unterdrückung des Verstandes beruht.[30]

Auch die Kultur der Negation kennt das öffentliche Ja, sonst wäre sie nicht überlebensfähig, doch handelt es sich dabei regelmäßig um ein Ja, das aus der Verneinung der Verneinung entsteht: das seufzende Ja zum kleinsten Übel, das zögernde Ja zum Kompromiss, das vorläufige Ja zum Vermutungswissen in der Gewissheit seiner baldigen Negation. In der Idee von Gottesstaat und Religionspolizei wird das totale Ja und seine Überwachung institutionalisiert, während die private Kultur des Einzelnen sich dem zu fügen hat; durchtränkt von Regeln, bietet sie genau das nicht, was der Begriff »Privatsphäre« im Westen bedeutet – Eigensinn, freies Spiel, selbstgesetzte Regeln. Dennoch ist die Privatsphäre in fundamentalistischen Staaten und Diktaturen die letzte Zufluchtsstätte des öffentlich verbotenen Nein. Wenn Frauen Jeans tragen, Männer Alkohol trinken und Jugendliche vorehelichen Sex probieren, dann hier.

Der Unterschied zwischen Westlichkeit und Fundamentalismus entwickelte sich in den letzten Jahren zu einer globalen Leitdifferenz. Welch ein Umschwung: Die Ost-West-Spannung der Nachkriegszeit, ein profaner, intramoderner Konflikt, ging zu Ende, und ein Gegensatz zwischen modernem und vormodernem Denken brach auf. Aus dem touristisch interessierten Blick auf die Buntheit der Welt mit ihren charmanten Resten vorsintflutlicher Enklaven wurde befremdetes Kopfschütteln. Durch die fundamentalistischen Attacken wurde das Denken der säkularisierten Kultur in ungeahnter, fast schon vergessener Weise herausgefordert. Niemand denkt noch, der Westen könne seinen Selbstbehauptungsanspruch allein mit der Maxime *Leben und leben lassen* durchsetzen.

Inzwischen droht das Wort *Fundamentalismus* zu einer ebenso griffigen wie leeren Formel zu werden. Es markiert einen Unterschied, aber worin besteht der Unterschied eigentlich? Unter der Hand werden die dringend gesuchten Erklärungen nach den terroristischen Attacken tautologisch: Das Unbegreifliche wird scheinbar begreiflich, wenn man es einfach nur benennt.»Es handelt sich um Fundamentalisten«.»Ach so.«

Fluchen versus Schimpfen

Der Gegensatz zwischen Westlichkeit und Fundamentalismus äußert sich in vielen Facetten. Eine davon ist das dem Westen völlig abhanden gekommene soziale Muster der Verfluchung. Wenn die westliche Öffentlichkeit sich mit fundamentalistischen Flüchen konfrontiert sieht, weiß sie nicht so recht, wie ihr geschieht. Bestens geläufig ist ihr das Schimpfen, vor allem über Abwesende; die Verfluchung dagegen ist in der Semantik des Westens so wenig anschlussfähig wie der Begriff der Sünde.

Im Schimpfen wird die Kultur der Negation ins Soziale übersetzt. Was in der Politik die Opposition ist, in der Wissenschaft der Falsifikationsversuch und in der Wirtschaft die schöpferische Zerstörung, das ist im Verhältnis von Mensch zu Mensch die abfällige Rede über Dritte. Indem man über andere herzieht, macht man sich Luft und zieht eine imaginäre Grenze. Das Schimpfen folgt der gesetzlich erzwungenen Toleranz wie ein Schatten. Wer über einen Dritten schimpft, tut damit kund, dass er mit dem ärgerlichen Tatbestand zukünftiger Koexistenz rechnet, und dies tritt umso klarer hervor, je mehr er dem Dritten bei der nächsten Begegnung schöntut. In der direkten Begegnung mit dem anderen gerät Negativität in Konflikt mit Affirmation. Wohl ist der Wunsch allgegenwärtig, dass der andere nicht so sein soll, wie er ist; andererseits muss man mit ihm auskommen. Ehrlichkeit gilt als Tugend, sie zu praktizieren als Unverschämtheit. Der größte Teil zwischenmenschlicher Kritik bleibt den kritisierten Personen gegenüber heimlich. Alle glauben einander nur zu gerne die Zeichen des Respekts, der Zuneigung, der Bewunderung, der Faszination. Dass ausgerechnet man selbst nicht zu den Objekten abfälligen Redens gehöre, ist eine der nützlichen Lebenslügen in der Alltagskultur des Westens, ein Weichspüler der rauen Wirklichkeit wechselseitiger Vorbehalte wie das verborgene Schimpfen selbst. In der Gemeinschaft der höflichen Schimpfenden geht es darum, in bedrängter Nachbarschaft recht und schlecht miteinander zurechtzukommen, obwohl man die ganze Welt unter dem Aspekt zu sehen gelernt hat, dass sie besser sein könnte.

Der Fluch dagegen verweigert das zähneknirschende Ertragen des anderen; er soll ausgegrenzt, ja vernichtet werden. Der Fluch zielt darauf ab, die Kultur der Bejahung zu verteidigen. Sind die Verfluchten beseitigt, erreicht die Welt den Zustand von Ordnung und Befriedung; sie wird zum Gottesstaat. Wer andere verflucht, nimmt für sich in Anspruch, als Sprachrohr des verärgerten Gottes zu dienen; wer nur über andere schimpft, redet in eigener Verantwortung. Die Verfluchung ist eliminatorisch mit metaphysischer Rückendeckung, das Schimpfen ist lediglich eine moderne Kulturtechnik der Koexistenz.

Schimpfende rechnen nicht damit, dass der Ärger jemals aufhört; sie haben sich in der »toleranten« Gesellschaft arrangiert; schlimmstenfalls prozessieren sie gegeneinander. Wie gut man es in schimpfenden Gesellschaften aushalten kann, wissen die Menschen der deutschsprachigen Länder besonders gut, haben doch Deutschland und Österreich renommierte, vielfach preisgekrönte Beschimpfer hervorgebracht, etwa Theodor W. Adorno, Rudi Dutschke, Peter Handke, Botho Strauß, Thomas Bernhard, Hans Neuenfels, Christoph Marthaler, Elfriede Jelinek, Christoph Schlingensief und zahllose Feuilletonisten. In der tiefsten Bedeutungsschicht enthält ihr übellauniger Tonfall die überraschende Botschaft, dass alles in Ordnung ist.

Die Bundesrepublik Deutschland, ja der Westen in seiner Gesamtheit ist eine »Republik ohne Mitte«, wie es Richard Herzinger formuliert hat. In der Republik ohne Mitte herrscht ewiger Streit, Unsicherheit, Stimmengewirr – und die Sehnsucht nach Ruhe und Idyll. Das Geschimpfe nährt sich selbst: Die einen schreien die anderen an, dass sie endlich still sein sollen, und diese schreien zurück. Ist es nicht unerträglich? Nein, es ist besser als alles andere. Herzinger ist einer der wenigen, die den Verlust der Mitte nicht beklagen, sondern als zivilisatorische Errungenschaft begrüßen. Statt selbst eine neue Mitte vorzuschlagen, kritisiert er alle Vorschläge dieser Art.[31]

Zerebralgeschichtlich gesehen war das Hineinwachsen in die Kultur der Negation ein Weg kollektiver Intelligenzsteigerung, wenn auch mit dem unerfreulichen Nebeneffekt der Ankunft in einem Alltag der üblen Nachrede. Umgekehrt blasen die Verflucher der Ungläubigen zur Beschränkung des Verstands. Mehr und mehr hat sich bei der Untersuchung der Lebenswege islamischer Terroristen herausgestellt, dass sie alle nicht etwa aus ihren Heimatkulturen heraus den Westen angegriffen haben. Vielmehr haben sie lange Jahre im Westen verbracht. Sie kennen den Ärger, das Schimpfen, die Ungewissheit, den Zweifel des Westens. Vor diesem Hintergrund wirkt die Idee einer Kultur der Affirmation wie eine Verheißung auf sie. Regelmäßig tauchen in ihren Biografien charismatische Religionsführer auf, die die späteren Terroristen »erweckt« haben.[32] Die Sehnsucht nach Affirmation siegt über das anstrengende Arrangement mit Kritik, Schimpfen, Ungewissheit und Wandel.

Wo liegt der Westen?

Ständig ist vom Westen die Rede – bei Regierungsbesuchen, in Leitartikeln, in Geschichtswerken oder auf Demonstrationen von Globalisierungskritikern. Aber was ist damit gemeint? Auf dem Globus gibt es keinen Quadratmeter, der nicht westlich von irgendwelchen anderen Punkten auf dem Globus liegen würde. Containerschiffe, die von San Francisco aus nach Japan oder China fahren, nehmen Westkurs auf, um in den Fernen Osten zu gelangen. Der geographische Sinn des Begriffs »Westen« widerspricht hier seinem geopolitischen und kulturellen Sinn diametral. Einmal ist eine Richtung gemeint, einmal ein Gebiet. Wenn ein Schüler im Geographieunterricht auf die Frage *Wo liegt der Westen?* auf ein bestimmtes Gebiet auf der Weltkugel zeigt, fängt die Klasse an zu lachen; wenn er im Geschichtsunterricht lediglich in eine Himmelsrichtung deutet, lacht die Klasse auch.

In der Auffassung des Westens als Gebiet haben sich Unterscheidungen kumuliert, die auf den ersten Blick ohne Zusammenhang scheinen: antikes Rom versus Rest der Welt, Westrom versus Byzanz, Mitteleuropa versus zaristisches Russland, Nato versus Warschauer Pakt. Und heute? Wen meinen Fundamentalisten, wenn sie die Dekadenz des Westens anprangern? Sie könnten beispielsweise eine Gruppe von Touristen auf Bali im Auge haben, die sich aus Europäern, Australiern, US-Bürgern und Neuseeländern zusammensetzt. In dieser Gruppe fehlen nur noch einige Japaner, um ein Ensemble von Gebieten zu repräsentieren, das Dahrendorf mit dem heutigen Westen gleichsetzt: die OECD-Staaten[33] – die Gruppe der Nationen mit einer »gesetzlichen und liberalen Ordnung« also, auf die es Dahrendorf bei seiner Begriffsbestimmung des Westens vor allem ankommt. Ökonomen sagen dazu: Die Nationen mit dem höchsten Pro-Kopf-Einkommen. Kulturhistoriker sagen dazu: Die Nationen, die sich auf den Weg der Moderne gemacht haben. Hassprediger sagen dazu: Die sündigen Nationen.

Wenn vom Westen die Rede ist, haben wir es mit einer Reihe sich überlappender kultureller, ökonomischer und politischer Bedeutungen zu tun, die alle gleichzeitig gemeint sind. Westlichkeit ist etwas, das man Nationen ebenso zuschreiben kann wie Personen. Wahrnehmungspsychologisch betrachtet ist der Westen eine Gestalt: eine immer wieder ähnliche Anordnung von Mustern. Der Westen hat ein Gesicht, eine Melodie, ein Drehbuch, eine Form.

In der Gebietsgeschichte des Westens gibt es Oszillationen um einen harten Kern herum. Westeuropa gehörte immer schon zum Westen, in der Neuzeit gehörten dann auch die USA und Australien, die großen Siedlerstaaten, dazu. Nach dem zweiten Weltkrieg wurden schon verwestlichte oder sich verwestlichende Gebiete in Osteuropa »östlich«, um nach 1989 wieder mit Macht zur Westlichkeit zurückzustreben. Insgesamt ist die Geschichte des Westens eine Ausbreitungsgeschichte. Noch ist der Westen, global gesehen, eine Ansammlung von Provinzen, aber es ist möglich, dass die Ausbreitungsgeschichte des Westens so lange weitergeht, bis der Begriff nicht nur geographisch, sondern auch soziologisch absurd wird, weil er die ganze Welt meint. Dies jedenfalls ist die Hoffnung, die Dahrendorf als bekennender Denker des Westens an den Tag legt.

Dahrendorf geht sogar so weit, im Zuge dieser Ausbreitungsgeschichte militärische Interventionen unter Umständen für gerechtfertigt zu halten. Im englischen Parlament unterstützte er die Absicht von Premierminister Blair, an der Seite der USA im Irak einzumarschieren. Blut für Öl? Dies ist ein Kritikmuster, das auch in der westlichen Öffentlichkeit weit verbreitet ist. Dahrendorf dagegen nahm Blair seine gute Absicht ab: für die offene Gesellschaft Krieg zu führen. »So könnte man argumentieren, dass der Irakkrieg ein Vorbote dessen war, was zur Regel wird, wenn wir Kants ›Idee zu einer allgemeinen Geschichte in weltbürgerlicher Absicht‹ verwirklicht sehen wollen.«[34]

Als sich alle vorgeschobenen Kriegsgründe als unhaltbar herausgestellt hatten, blieb für Dahrendorf immer noch einer übrig: der Sturz eines Diktators wie Saddam. Dahrendorf untermauerte seine Position mit dem Hinweis auf die Nachgiebigkeit der späteren Kriegsalliierten gegenüber Hitler im September 1938. Was immer man von Dahrendorfs Argument im konkreten Fall des Irakkriegs halten mag, allgemein gesehen besteht ein grundsätzlicher Konsens darüber, dass Situationen auftreten können, in denen der Westen bis zum Einsatz von Waffengewalt intolerant gegen Intolerante sein muss, gewalttätig gegen Gewalttäter. Verstummt ist die innerwestliche Opposition der Verständnisvollen, die die terroristischen Anschläge dem Westen selbst in die Schuhe schoben und sie durch die behauptete Demütigung der Angreifer für legitimiert hielten. Eine neue Konfliktlinie wird inzwischen durch das Argument markiert, dass der Westen durch seine Verteidigung genau das verspielen könnte, was er verteidigen will: Rechtsstaatlichkeit, Herrschaft des Arguments und Toleranz – das Erbe der Aufklärung.

Aber gibt es den Westen als einheitliche Gestalt überhaupt? Die offenen Gesellschaften des Westens sind in sich und im Verhältnis zueinander gespalten, weil sie offen sind. Sie unterscheiden sich, wie etwa Deutschland und England, in ihrer Stellung zum Irakkrieg. Sie unterscheiden sich beim Einsatz polizeilicher Mittel und in ihren Verhörmethoden. Sie unterscheiden sich in ihrem Säkularisierungsgrad. Sie unterscheiden sich im Ausmaß der Pressefreiheit.

Je genauer man ein kulturelles Phänomen untersucht, desto deutlicher treten seine Unschärfen zutage. Erkenntnistheoretisch ist dies nichts Besonderes – wie könnte es auch anders sein? Im Vergleich zu Diktaturen, Gottesstaaten, heruntergewirtschafteten Staatsruinen und vorindustriell gebliebenen Zonen der Armut scheint die Gestalt des Westens klar konturiert; vergleicht man dagegen die westlichen Nationen untereinander, treten Unterschiede hervor, und wenn man nur fünf Jahre wartet, ändern sich die Unterschiede so schnell, wie eine Regierung auf die andere folgt. Von innen gesehen, scheint der oszillierende, streitende, schimpfende Westen ständig in Auflösung begriffen, von außen gesehen wirkt er gerade in seiner Zerklüftung und Variabilität einheitlich. Wäre es nicht so, so hätten wir es nicht mit dem Westen zu tun, sondern mit Byzanz.

Man erfasst den Westen besser, wenn man ihn nicht als etwas Seiendes, sondern als etwas Werdendes begreift. Der Westen ist das Ensemble der Gesellschaften, die das Ideal der offenen Gesellschaft *anstreben*. Sie sind zwar ein Stück weit gekommen, aber keine von ihnen ist am Ziel, und alle erleiden auch Rückschläge. Italien hat durch die Veränderungen der Medienlandschaft und der Justiz unter Berlusconi ein Stück Westlichkeit verloren. Die USA haben mit der Einrichtung eines rechtsfreien Raums auf Guantanamo ebenfalls an Westlichkeit verloren. Aber in Italien gibt es Wähler und in den USA Gerichte. Der Westen: Das sind die Gebiete auf dem Globus, die sich auf einen Prozess der Annäherung an Ideale eingelassen haben, die so alt sind wie die Aufklärung. Dass es sich dabei um eine Springprozession handeln könnte (zwei Schritt vor, einer zurück), ist vielleicht eine übertrieben optimistische Annahme. Dass der Westen aber wenigstens in etwa sein gegenwärtiges Niveau halten könnte, scheint nicht gänzlich weltfremd, da er diese Fähigkeit bereits längere Zeit unter Beweis gestellt hat.

Westlicher Lebensstil

In der Wahrnehmung seiner Gegner erscheint der Westen in anderer Gestalt als in seiner Selbstwahrnehmung. Mit ihrer öffentlichen Sphäre und den dort geltenden Regeln setzen sich die Menschen des Westens intensiv auseinander, nicht jedoch ihre Verächter. Für diese steht die Privatsphäre im Vordergrund. In den öffentlichen Diskursen des Westens geht es um die Politik der Freiheit; seine Feinde entrüsten sich über das, was dabei herauskommt. Zu überzeugen versucht der Westen auf der Ebene der Verfassungsgrundsätze, zurückgewiesen wird er auf der Ebene der Lebensstile.

Aus der Außenperspektive zeigt sich eine Dimension von Westlichkeit, die aus der Innenperspektive weitgehend unter den Tisch fällt – soll doch jeder machen, was er will. Im Westen hört der Spaß erst dann auf, wenn jemand etwas macht, was andere stört oder schädigt. So ist zwar der Betrieb eines Swingerclubs durch die Gewerbefreiheit geschützt und sein Besuch durch das Grundgesetz, doch wenn er sich mitten in einer Ortschaft ansiedeln will, muss das im Zweifel gerichtlich geklärt werden.[35] Was sich in der Binnensicht des Westens als ein riesiges Durcheinander persönlicher Wege darstellt, wirkt in der Außensicht so homogen wie eine Orgie.

Paradoxerweise macht erst das Stigma der Sünde kenntlich, wozu die öffentlich gepflegten Werte des Westens dienen sollen. »An sich« ist der Schutz der freien Entfaltung der Persönlichkeit im Grundgesetz (oder der Schutz von *pursuit of happiness* in der Verfassung der USA) ohne Bedeutung; wertvoll ist nur das Leben, das Menschen unter diesem Schutz führen. Und dieses Leben haben die Feinde des Westens genauer im Blick als dieser selbst.

Dass es den Begriff des westlichen Lebensstils überhaupt gibt, ist angesichts der beispiellosen Heterogenität westlichen Privatlebens nur nachzuvollziehen, wenn man sich in nichtwestliche Beobachter hineinversetzt. Die immer größere Formenvielfalt des Wohnens, der Bekleidung, der Musikstile, der Designs und der Lebensläufe lässt sich kaum noch in Begriffe fassen. Allzu partikularisiert scheint der westliche Lebensstil, die Differenzierung seiner Codes nicht mehr überschaubar, ein konkreter gemeinsamer Nenner unmöglich. Dies als Individualisierung zu beschreiben, wirkt wie eine Form soziologischer Resignation: Die Kollektivdiagnose endet mit dem Befund, dass es nichts Kollektives mehr gibt. Aber dies ist ein Trugschluss; Individualisierung *ist* die kollektive Lebensform des Westens, und sie wird von außen auch so wahrgenommen.

Trotz aller Differenzierung hat »westlicher Lebensstil« eine konkrete Bedeutung, die den meisten Menschen des Westens intuitiv durchaus zugänglich ist. Es gibt Gemeinsamkeiten, die etwa den Unterschied zwischen einem in die Jahre gekommenen Harley-Davidson-Fahrer und einer Studentin, die sich bei *attac* engagiert, klein erscheinen lassen im Verhältnis zum dem, was beide von jemand trennt, der nicht zur Kultur des Westens gehört.

Gemeinsam ist ihnen der Fokus ihres Denkens im Hier und Jetzt, die Suche nach dem Glück auf dieser Welt und nicht im Jenseits, ihr Anspruch auf Eigenständigkeit in jeder Hinsicht, vor allem aber ästhetisch, emotional und moralisch. Gemeinsam ist ihnen auch die Kenntnis eines riesigen Kosmos von Produkten, die zu diesen Einstellungen passen, und das Wissen um die kulturellen Schemata, die man zum Umgang mit diesen Produkten braucht. Die Studentin mag den Harley-Davidson-Kult ablehnen, aber sie kennt die Grundmuster seiner Semantik, und wenn nicht, dann weiß sie doch intuitiv zumindest über das Grundlegende Bescheid: dass die Menschen des Westens in unübersehbar vielen Mikrowelten mit eigenen Symbolkosmen herumwandern. Auch der Rechtsanwalt, der sich am Wochenende in seine Lederklamotten zwängt und auf seiner Harley losfährt, hat eine ungefähre Vorstellung von Bioläden oder Eine-Welt-Büros, eingeschlossen ihr Publikum und dessen Denkweise. Der selbstverständliche, gelassene Umgang mit Diversität und die auf diese Diversität bezogene Kulturkenntnis bilden eine Basis, auf der alle stehen und mit deren Hilfe sich alle gegenseitig begreifen. Was den Menschen heute so selbstverständlich erscheint, dass sie es gar nicht mehr wahrnehmen, ist ihnen freilich nicht in den Schoß gefallen; es ist das Ergebnis eines langfristigen kollektiven Lernprozesses mit vielen schmerzhaften Stationen.

Nulli certa domus

Keinem ist ein sicheres Haus gegeben – *nulli certa domus*.[36] In den letzten Jahrzehnten häuften sich Nachrichten von heiligen Kriegen, Selbstmordattentaten, Gottesstaaten, Religionspolizei, Märtyrern, Ayatollahs und Mullahs. Man hörte von einem Blutbrunnen auf dem Friedhof von Teheran, vom Himmel und von der Hölle, von den Engeln und vom Satan. Kindersoldaten und Gotteskrieger hatten das Paradies vor Augen, als sie in den Kampf gingen. Dass ausgewachsene, hoch gebildete Männer wortwörtlich daran glaubten, für einen Todesflug mit dem ewigen

Leben im Paradies, mit 7 Ehefrauen, 77 Jungfrauen und 2000 Sklavinnen belohnt zu werden, wirkte an keinem Ort verstörender als in New York, dem Weltzentrum moderner Nüchternheit. Schimpfend ist der Westen seinen Weg gegangen; nun jedoch trifft er auf Fluchende. Versuche, die bestehenden Konflikte »im Dialog« zu lösen, stoßen auf eine Kultur, in der ein Dialog nicht vorgesehen ist. Im Jahr 2004 veranstaltete eine Augsburger Pfarrgemeinde eine »interreligiöse Weihnachtsfeier«. Sie endete mit einer Schlägerei, weil es zu Kontakten männlicher Teilnehmer mit muslimischen Frauen kam, deren Beschützer sofort energisch einschritten.[37] Was ist zu tun, wenn sich ein integratives Prinzip wie der Dialog nicht etwa als gemeinsamer Orientierungsrahmen erweist, in dem die wechselseitige Verneinung so lange hin und her geht, bis ihre Ecken abgeschliffen sind, sondern als eine der zentralen Konfliktquellen: als zutiefst westlicher Wert, den die andere Seite ablehnt und bekämpft?[38] Der Westen sieht sich der Provokation gegenüber, etwas Ungewohntes, Merkwürdiges, fast schon Vergessenes zu tun: sich offensiv zu seinem eigenen Standpunkt zu bekennen, ebenso wie es seine Gegner tun.

Wie beispielsweise eine Frau mit ihrem Körper und ihrem Gesicht umgehen soll, wie ein Mann mit seiner Frau und wie beide Geschlechter mit ihrer Fähigkeit zu denken, gerät zum Manifest. Jede Seite sieht die andere mit Unverständnis und Verachtung. Dialog zu fordern ist zwar aller Ehren wert und – wenn sich beide Seiten darauf einlassen – auch sinnvoll, aber es genügt nicht.[39] Die gegenwärtige Schwäche des Westens in dieser Konfrontation besteht nicht etwa in einem Defizit an Wertvorstellungen, sondern in ihrer Versteckheit. Bisher gab es keinen rechten Anlass, das Selbstverständliche explizit zu machen. Erst jetzt ändert sich dies allmählich, nachdem plötzlich das alte Stigma, der Makel der Sünde, wieder auferstanden ist. Gerade das, woran das Herz der Menschen des Westens am meisten hängt, macht sie in den Augen der magischen, vormodernen Religionen schuldig. Der Hass auf den Westen zielt auf sein normatives Zentrum: das Projekt des schönen Lebens.

Während man nun halbwegs genau angeben kann, wo der Westen im politischen Sinn liegt, werden die geographischen Konturen des Westens im privaten Sinn allmählich unscharf. Freiheitsrechte gelten nur für bestimmte Hoheitsgebiete, Lebensstile dagegen wandern mit den Menschen über die Grenzen. In den Westen kommen mehr und mehr Menschen, die sich der westlichen Lebensform erst allmählich annähern, oder sich dagegen abgrenzen, oder sie bekämpfen. Umgekehrt tauchen Elemente des westlichen Lebensstils immer häufiger in nichtwestlichen Zonen auf, verkörpert nicht nur von Reisenden, sondern auch von Landesbewohnern.

Gewiss: Dass beispielsweise auch die Einwohner von Kairo Coca-Cola trinken, Mobiltelefone haben und sich täglich in einem gigantischen Verkehrschaos gegenseitig blockieren, sieht zwar westlich aus, ist es aber erst dann, wenn den als westlich kodierten Konsumgütern auch westliche Lebensstile entsprechen. Dies geht jedoch viel langsamer vonstatten als die Distribution »westlicher« Produkte (die meist nur noch der Idee nach westlich sind, aber woanders hergestellt werden). Der Westen polarisiert. Ob prowestlich oder antiwestlich – keiner kann sich seiner Faszination entziehen. Viele setzen alles daran, als Immigranten zu kommen und westlich zu werden, wobei die Aneignung der schönen Dinge und der Gebrauch der Freiheit ebenso eingeschlossen sind wie das rasche Erlernen der Rhetorik westlicher Kritik. Menschen in China und Indien machen aus der Imitation des Westens eine Lebenshaltung, eine Profession, eine Industrie. Anfänglich bereiten diese beiden Gruppen dem Westen die üblichen Schwierigkeiten, die Neuankömmlinge und Konkurrenten nun einmal mit sich bringen, am Ende aber haben auch sie den Lernprozess durchlaufen, der zum westlichen Lebensstil führt.

In ganz anderer Weise muss sich der Westen jedoch mit seinen Feinden auseinander setzen. Was vom Westen anderswo ankommt, kann in der lokalen Assimilation vollständig verfremdet werden; umgekehrt bleibt das Fremdartige, das den Westen erreicht, oft so fremd, wie es am Anfang war. Allmählich weicht die zunächst weit verbreitete Hoffnung auf die »multikulturelle Gesellschaft« einer Skepsis, die genauso typisch westlich ist, wie es die Hoffnung war. Die Hoffnung hatte auf Lernbereitschaft gesetzt, die Skepsis sieht dezidierte Lernverweigerung durch einen militanten Konservativismus, der – gefühlsbestimmt und verstandesfeindlich – Affirmation einklagt und Negation verteufelt.

Dass sich die Differenz der Mentalitäten allmählich durch globale Verwestlichung von selbst aufheben würde, scheint von Jahr zu Jahr zweifelhafter. Stattdessen ist ein schleichender Vorgang der *Ent*westlichung vorstellbar geworden. Auch die Mentalität des Westens hat kein ewiges Leben; auch sie kann der Vergessenheit anheimfallen. Man kann nicht einfach darauf vertrauen, dass Aufklärung und Romantik ein *point of no return* für die ganze Menschheit waren.

In der zweiten Hälfte des 20. Jahrhunderts sonnte sich der Westen noch in Selbstgewissheit. In postkolonialer Gelassenheit vertraute er damals auf seine Eigendynamik. Nicht militärische Eroberung, sondern Verstrickung und Verlockung galten als Königsweg sowohl für die eigene Konsolidierung als auch für die Assimilierung fremder Kulturen. »Wandel durch Annäherung« und »vertrauensbildende Maßnahmen« sind strategische Begriffe aus dieser Zeit, die mit undiskutierter Selbstverständlichkeit die Annahme einschlossen, dass der Wandel immer nur zum Westen hin erfolgen würde und dass es immer nur die anderen wären, die ihr Misstrauen abbauen müssten. »Entwicklung« war und ist ein weiterer Begriff der politischen Rhetorik, der aus der Asymmetrie zwischen dem Westen und dem Rest der Welt einen zentralen Wert ableitet und diesen in eine Vision übersetzt. Bruchlos setzt sich dieses gleichzeitig normative und empirische Weltmodell in der Universalformel »Globalisierung« fort, selbst in der Rhetorik der Globalisierungskritiker. Man sagt Globalisierung und meint Verwestlichung.

Zwar lassen sich viele Beispiele für Verwestlichung finden, etwa die Geschichte der Tigerstaaten Südostasiens, die Ereignisse von 1989, die Anziehungskraft der Europäischen Union, der Einfluss mächtiger transnationaler Institutionen wie der Welthandelsorganisation, der Weltbank und des Internationalen Währungsfonds, die globale Verbreitung von westlich geprägten Konsumgütern, Bildern, Informationen, Stilelementen und Mobilitätsmustern im Alltagsleben.

Doch jedes Paradigma hat Grenzen und blinde Flecken. In den neunziger Jahren schärfte sich das Bewusstsein dafür, dass die Weltformel linearer Verwestlichung zu einfach war. Inzwischen erscheint der Westen als eine Provinz neben anderen, der sich die übrigen keineswegs nach und nach von selbst anschließen. Der Westen spürt Ablehnung; seine methodische Skepsis trifft auf unerschütterliche Orthodoxie; seine Lebensfreude wird als Sünde gebrandmarkt. Erneut steht der Westen der Missbilligung des Menschlichen gegenüber, doch unter neuem Vorzeichen. Im 18., 19. und 20. Jahrhundert war aufgeklärtes Denken eine Kampfansage an Aberglauben, überkommene Moralvorstellungen und autoritäre Strukturen. Im 21. Jahrhundert dagegen tritt aufgeklärtes Denken nicht mehr als Herausforderer auf, sondern wird selbst angegriffen. Die ursprüngliche Offensive verlor sich in Unbekümmertheit, die Unbekümmertheit wird in die Defensive gedrängt.

Der Angriff kommt jedoch nicht nur von außen, er formiert sich auch in der Mitte des Westens. Konservative Kämpfer für ein neues westliches Wertbewusstsein finden Resonanz. Bis in die politische Rhetorik ist die Religionisierung des Denkens in den USA vorgedrungen; sie artikuliert sich beispielsweise in der zunehmenden Ablehnung der Evolutionstheorie durch die Theorie des *intelligent design* und die Schöpfungslehre;[40] sie zeigt sich im Comeback der Unterscheidung zwischen Gut und Böse seit Reagan oder in der Inszenierung einer demokratischen Form des Gottesgnadentums unter George W. Bush. Weltweit sind evangelikale und charismatische Kirchen und Sekten auf dem Vormarsch,[41] nicht nur in Nord- und Lateinamerika, in Afrika und in Südkorea, sondern auch in Europa, vor allem im Osten. Die alte, magische Religiosität nimmt wieder einen herausgehobenen Platz ein. Der Himmel, von dem der Heilige Geist kommt, um die Menschen in ekstatischen Momenten zu erwecken, gehört zu den Kontrapunkten der Aufklärung. Am Rand des modernisierten, postmythisch gewordenen Protestantismus entstehen nun schon seit zweihundert Jahren immer wieder neue Erweckungsbewegungen, und nie waren sie so erfolgreich und ausgreifend wie heute. Ausgerechnet die einzige Religion, die überhaupt eine moderne Theologie hervorgebracht hat, die christliche, ist auch bei der Rückkehr zur Vormoderne führend.[42] Die Anhängerschaft dieser Bewegung wächst rasch, ihr politischer Einfluss nimmt zu, vor allem in den USA. Im Vergleich dazu erscheint Mitteleuropa, säkular aus langer Tradition, wie eine Insel der Verdammten.

Dazu passt, dass die Stabilität des praktizierten Katholizismus (im Gegensatz zu seiner theologisch reflektierten Variante) bis heute nicht auf seiner Modernität, sondern auf seinem mythengesättigten Konservativismus beruht – alles bleibt: die Heiligen, das Unfehlbarkeitsdogma des Papstes, die Diskreditierung der Lust und das Fegefeuer. In einem ganz anderen Sinn als gewohnt kann man hier von »Erbsünde« sprechen: Vererbung einer Tradition der Missbilligung des Menschlichen.

Auch große Teile der islamischen Welt sind explizit antiaufklärerisch; zweifelndes Denken ist in vielen islamischen Staaten genauso unter Strafe gestellt wie im Westen der Steuerbetrug. Mullahs und Ayatollahs entscheiden darüber, wie man zu leben und zu denken hat – und sie haben Zulauf.

In immer neuen Verkleidungen kehrte unaufgeklärtes Denken im 19. und 20. Jahrhundert wieder. Nationalismus, Sozialismus und Faschismus überfluteten die Menschen mit Vorschriften und diskreditierten den Anspruch auf das eigene Leben nicht weniger umfassend als vorher die christliche Religion. Bei Nietzsche tritt an die Stelle des Stigmas der Sünde das Stigma der Gewöhnlichkeit, und der normale Mensch kommt vom Regen in die Traufe, schwankend zwischen Minderwertigkeitskomplexen und prahlerischer Aufplusterung. Mit der Bedeutungszunahme der Naturwissenschaften verliert die abendländische Diskurstradition des Streitens über Werte, über Lebensphilosophie und über die Grundlagen des Denkens ähnlich an Bedeutung wie die Gebrauchsanweisung für ein veraltetes Küchengerät, und mit dem Aufkommen der kommunikativen Skepsis in den Geisteswissenschaften erscheint vielen schon der Versuch illusorisch, sich mit anderen über Werte oder argumentative Prinzipien zu verständigen.

All dies wirkt auf den ersten Blick unverbunden, auf den zweiten erkennt man als verbindendes Element ihre antiaufklärerische, das eigene Leben des normalen Menschen wieder vereinnahmende oder missachtende Tendenz. Dass die Reihe der neuen Propheten, die sich teils sogar im Namen der Aufklärung de facto gegen sie wenden, seit dem 18. Jahrhundert nicht mehr abgerissen ist, weist freilich auch auf die Vitalität aufgeklärten Denkens und auf die Verbreitung der Idee des schönen, eigenen Lebens hin. So zusammengewürfelt und ohne Bezug zueinander die Reihe der neuen Propheten auch scheint, so deutlich ist doch ihr heimlicher Konsens der Verneinung des Common Sense und der Verachtung der persönlichen Suche nach Glück.

Auf dem Weg zur gereiften Moderne

Wann immer er will, darf sich Lessing zurück zur Erde begeben und sich über den Zustand der Welt informieren. Ob freilich in dieser Erlaubnis Güte oder Ironie liegt, hat er noch nicht endgültig herausgefunden. Sein Zellennachbar Adorno jedenfalls ist sich ganz sicher, dass Lessing sich mehr und mehr zum Gespött des Himmels macht, geht er doch seit Jahrhunderten derselben treuherzigen Frage nach: Wie es denn stehe »mit der Erziehung des Menschengeschlechts«? Immerhin schien Lessing die Bilanz noch am Ende jedes Jahrhunderts gemischt; bis heute sieht er den Zeitpunkt endgültiger Entmutigung nicht gekommen.

Auch am Anfang des 21. Jahrhunderts zeigt sich ein gemischtes Bild. Verwundert hört Lessing die Menschen Worte wie »Globalisierung«, »Entwicklung«, »Wachstum«, »Zivilgesellschaft« oder »Moderne« so verwenden, als stünde seine Vision kurz vor der Verwirklichung. Was er sieht, ist freilich nur das alte Mischungsverhältnis von Lernen und Vergessen in einer neuen Gemengelage. Er sieht Gebiete, die in jenen anarchischen Zustand zurückgefallen sind, den Hobbes »Naturzustand« nennt. Reitermilizen überfallen Dörfer und metzeln Wehrlose nieder. Dorfbewohner steinigen eine Frau, die angeblich Ehebruch begangen hat. Ein Diktator lässt ganze Stadtviertel abreißen, weil er dort Oppositionelle vermutet.[43] Doch meistens versuchen die Menschen, sich langfristig zu organisieren und eine öffentliche Ordnung herzustellen, oder sie tun wenigstens so, was Lessing, bescheiden geworden, auch schon für einen minimalen Fortschritt hält. Noch immer scheint ihm die Frage nach der Erziehung des Menschengeschlechts nicht völlig abwegig; aber noch immer ist der Befund unbefriedigend und ambivalent. Adorno dagegen ist zufrieden. Hat er nicht recht gehabt?

Mit »Erziehung des Menschengeschlechts« haben Lessing und mit ihm viele weitere Denker der Aufklärung so etwas wie Dazulernen in eigener Regie und im wohlverstandenen eigenen Interesse gemeint. Wie sich verschiedene Teile der halbwegs geordneten Zonen der Welt dazu verhalten, lässt sich mit kaum einem Beobachtungsinstrument so gut erkennen wie mit dem Begriff der Sünde. Sichtbar werden bei grober Sortierung drei Muster. Reiht man diese Muster aneinander, fügen sie sich zur Gestalt eines Prozesses zusammen, der dem idealen Geschichtsbild der Aufklärer ähnelt. Doch die empirische Beschreibungskraft dieses Modells ist begrenzt: Die drei Muster treten in verschiedenen Teilen der Welt gleichzeitig auf; mancherorts lässt das »nächste« Muster auf sich warten; mancherorts gibt es Tendenzen, vom zweiten oder dritten Muster wieder zum ersten zurückzufallen.

Das erste Muster ist das der Vormoderne, das zweite das der sich entwickelnden Moderne und das dritte das der gereiften Moderne. Im Muster der *Vormoderne* herrscht das Weltbild magischer Religiosität; Sünden sind Verstöße gegen göttliche Vorschriften. Im Muster der *sich entwickelnden Moderne* dominiert das Aufbegehren gegen diesen Sündenbegriff; Vorschriften akzeptieren die Menschen nur noch, wenn sie einen sozialen Sinn ergeben. Im Muster der *gereiften Moderne* schließlich ist der alte Sündenbegriff in Vergessenheit geraten und die antike

Idee der Selbstbegrenzung kehrt wieder, doch diesmal ist freiwillige Selbstbegrenzung gemeint, und sie wird nicht als geoffenbarte Idee aus dem Jenseits aufgefasst, sondern als eigene Idee.

Seit langem richtet sich die Selbstwahrnehmung des Westens fast ausschließlich auf die öffentlichen Manifestationen der Moderne: auf Demokratie, Rechtsstaatlichkeit, rationale Organisation, Regelwerke geordneter Transformation und auf den Schutz der Privatsphäre. Die Reflexion der Sünde dagegen nimmt das Private selbst in den Fokus. Man blickt in Wohnzimmer, Schlafzimmer und Küchen; man fühlt sich in fremde Körper ein; man durchreist Welten von Träumen, Phantasien und Obsessionen. Mit dem Thema der Sünde tritt man den Menschen nahe und fragt nach dem konkret gefühlten Wert oder Unwert, den die Moderne für sie hat. Man macht nicht vor der verfassungsrechtlichen Umhegung des Privatbereichs Halt, man begnügt sich nicht mit der Betrachtung der öffentlichen Vermeidungsimperative und abstrakten Kontrollsysteme, die dazu dienen, das Glücksstreben der Einzelnen zu schützen und die objektiven Voraussetzungen des Glücks zu steigern. Lebensstandard, wissenschaftlicher und technischer Fortschritt, Infrastruktur, öffentliche Einrichtungen wie Museen und Schwimmbäder: schön und gut. Aber was machen wir daraus? Wie eignen wir uns die gegebenen Möglichkeiten an?

Für die Zukunft des Westens ist es entscheidend, das Privatleben als Feld der Moderne zu erschließen. Hier liegen noch ungehobene Ressourcen für eine Erneuerung modernen Wertbewusstseins. Das Odium der Nüchternheit, der Kälte, der Entzauberung konnte nur entstehen, weil die Reflexion der Moderne den nackten Menschen vernachlässigte. Den Sinn abstrakten Denkens kann man einsehen; begeistern kann man sich dafür kaum. Es ist schwer, die Menschenrechte, das Parlament oder das Verfassungsgericht zu lieben, selbst wenn man bereit ist, sein Leben dafür zu riskieren. Dies heißt jedoch nicht, dass man die Moderne nicht lieben könnte. Voraussetzung für diese Liebe ist, dass man das Leben, das sie ermöglicht, als ihr eigentliches Anliegen erkennt und würdigt.

Bisher ist das persönliche Glück kaum einmal in akzeptierender Weise zum Thema moderner Intellektualität gemacht worden. Spott über Fernsehserien ja, Konsumekel ja, Kritik der hedonistischen Vernunft jede Menge, aber nur zögernde Anerkennung des Gelingens, der Ankunft, der Begegnung im Hier und Jetzt als Thema der gereiften Moderne:

Dieses Missverhältnis ist Indiz für eine Vernachlässigung der Früchte, die die Steigerung der Möglichkeiten eingebracht hat.

Schlagen wir die Zeitung auf: Unvermeidlich sind die Themen Islam, Fundamentalismus und Terror seit Jahren zentraler Gegenstand von Berichterstattung und Reflexion. Der Blickwinkel jedoch, unter dem sie erörtert werden, verengt sich mehr und mehr auf innere Sicherheit, Krieg, Geopolitik und Migration. Damit allein lässt sich die Herausforderung des Westens nicht beantworten, schon deshalb nicht, weil die Herausforderung weit über die Terroranschläge hinausgeht.

Die Rückkehr zum magischen religiösen Denken ist nicht auf den Islam beschränkt, sie schließt auch diejenigen Religionen ein, die Huntington dem Westen zurechnet, den Protestantismus in seinen evangelikalen Strömungen und die katholische Kirche. Was Huntington westlich erscheint, beurteilt Philip Jenkins als das genaue Gegenteil: als Rückkehr vormoderner Denkformen, deren Überwindung doch erst zur Identität des Westens geführt habe. An der Stelle einer Verwestlichung des Globus sieht Jenkins die Verbreitung und Befestigung von magischer Religiosität in der Missionierungskonkurrenz dreier Glaubensrichtungen (Islam, protestantische Erweckungsbewegungen, katholische Kirche) überall auf der Welt, vor allem aber in den Ländern des Südens.[44] Dazu gehört alles, was dem Westen fremd ist: Herrschaft der Affirmation, domestizierender Sündenbegriff, charismatische statt argumentativer Diskursformen.

Religiös motivierter Terror ist nur ein Teil der weltweiten Rückkehr der Vormoderne. Die Herausforderung besteht nicht allein in der Bedrohung durch Gewalt, und ihr ist mit polizeilichen oder militärischen Mitteln allein nicht zu begegnen. Sie besteht in der Wiederkehr und Verbreitung von Denkmustern, die sich vehement vom westlichen Denken abwenden – mindestens ebenso nachdrücklich, wie sich der Westen einst von ihnen abgewandt hat. Erkennbar wird eine globale Szenerie, in der die einen nicht einmal mehr über den Begriff der Sünde verfügen, während er für die anderen Teil des Alltagslebens ist.

Am selben Tag wie der oben zitierte Artikel von Jenkins erschien eine Analyse von gegenwärtigen Bewegungen in arabischen Ländern von Amr Hamzawy.[45] Manches erinnert dort an das Jahrhundert der Aufklärung in Europa. Hier und da zeigen sich Anfänge von Demokratisierung, besinnen sich die Massen auf ihr politisches Potenzial, lehnen sich Mutige gegen Patriarchat und Dogmatismus auf. Die Alphabetisierung ist auf dem Vormarsch. Es gibt verhaltene Ansätze von Frauenbewegungen. Trägerin des Friedensnobelpreises 2004 ist die Iranerin Wangari Maathai, die sich für mehr Demokratie, für die Besserstellung der Frau und gegen einen religiös fundierten Machtapparat einsetzt. Vielerorts macht sich eine öffentliche Kultur der Negation und des Protests bemerkbar, auf die lokale Fundamentalisten gewalttätig mit konservativer Verteidigung und Gewalt antworten.

Nicht nur wegen der Einengung seines Blicks auf den Terrorismus nimmt der Westen solche schüchternen Anfänge einer sich entwickelnden Moderne in der islamischen Welt kaum wahr. Vor allem ist der Blick des Westens auch gebannt durch viel spektakulärere, weiter fortgeschrittene Entwicklungen. Die boomenden Ökonomien Asiens – China, Indien, Korea, Taiwan – haben die weltwirtschaftliche Situation in kurzer Zeit massiv verändert, und dies war erst der Anfang.

Gesellschaften der Ankunft: Nicht auf der Höhe der Zeit

Den islamischen Fundamentalismus bekämpft der Westen, mit der sich entwickelnden Moderne Asiens dagegen konkurriert er. Doch tut er beides vor dem Hintergrund desselben Missverständnisses: Er sieht sich so, als wäre er noch im Stadium der sich entwickelnden Moderne, doch steht er schon an der Schwelle zur gereiften Moderne.

Beschränkt auf polizeiliche Maßnahmen und militärische Operationen, verteidigt der Westen seine Kultur der Negation, seine Regelsysteme, seine Verfassungsgrundsätze. Das, wofür all dies gut sein soll: die Entfaltung der Persönlichkeit, das Ausleben von Gefühlen, die Kultivierung des Sinns für Schönheit, die persönliche Suche nach Glück, bleibt Privatsache. Zum Vorwurf seiner Sündhaftigkeit schweigt sich der Westen aus. Was fehlt, ist ein selbstbewusstes Bekenntnis zum Diesseits und zur Lebensfreude ohne Sünde.

Auch ökonomisch agiert der Westen nicht auf der Höhe der Zeit. Ihm mangelt eine historisch aktualisierte Beschreibung seiner selbst, die sein inzwischen erreichtes Stadium auf den Begriff bringen würde. Die Pfade, auf denen sich China und Indien bewegen, sind noch die Pfade der sich entwickelnden Moderne, der Westen aber ist weiter. In Ostasien herrscht

Aufbruchstimmung; es gibt einen enormen Nachholbedarf; alles steigert sich; Grundrechte und soziale Sicherheit für jedermann sind noch im Aufbau. Überall liegen noch die Trümmer der Vormoderne oder einer bürokratisch pervertierten Moderne herum. In Indien muss sich die Moderne immer noch mit islamischem und hinduistischem Fundamentalismus und mit dem Kastenwesen herumschlagen; in China mit behördlicher Willkür und der Missachtung von Grundrechten; in beiden Ländern mit verbreiteter Armut und sozialer Unsicherheit. Hier sind noch enorme Fortschritte möglich: solche der Produktivität, des Lebensstandards, der Infrastruktur, der Bildung, der Frauenemanzipation und der alltäglichen Verfassungswirklichkeit.

Der Westen aber hat Fortschritte dieser Art längst hinter sich. Der Umstand, dass der Westen heute weniger dynamisch erscheint, ist lediglich Ausdruck der Ankunft. Wir haben es mit einem Vorgang zu tun, der sich grob in drei Schritten beschreiben lässt: zögernder Anfang, steile Aufwärtsentwicklung, verminderte Entwicklungspotenziale. Während der Übergang vom ersten zum zweiten Stadium typischerweise eine kollektive Euphorie in der sich entwickelnden Gesellschaft auslöst, machen sich beim Übergang vom zweiten zum dritten Stadium Verzagtheit und Angst breit. Wie Erwachsene, die am liebsten ewig jung bleiben würden, beneiden die Gesellschaften der gereiften Moderne diejenigen, die noch in der Pubertät stecken. Sie reden prahlerisch, zwängen sich in zu enge Klamotten und versuchen, sich in die Diskothek zu mogeln.

Die Selbstwahrnehmung gegenwärtiger Gesellschaften der Ankunft ist noch geprägt von der langen kollektiven Erfahrung einer steilen Aufwärtsentwicklung: beschleunigtes Wachstum, verringerte Bevormundung, zunehmende individuelle Freiheit. Eigentlich ist es ein gutes Zeichen, wenn es im Lauf der Zeit deshalb weniger Verbesserungen gibt, weil schon viel erreicht ist. Doch führt diese Erfahrung eher zu Versagensangst als zu Stolz, eher zu Ratlosigkeit als zu Gelassenheit, eher zum Gefühl der Verarmung als zum Gefühl erreichten Wohlstands. Im Zeitalter der Ankunft benimmt sich der Westen so, als befände er sich, wie der ostasiatische Raum, noch im Zeitalter der Steigerung. Nach einer langen Epoche starken Wachstums wendet sich die politische Phantasie des Westens nicht etwa der Frage zu, wie der Aufenthalt im erweiterten Möglichkeitsraum zu gestalten wäre. Vielmehr wünscht sich die politische Klasse des Westens die letzten zweihundert Jahre zurück. Wachstum – mehr fällt dem Westen nicht ein.

Die kulturelle Aneignung des Stadiums der gereiften Moderne steht noch ganz am Anfang. Über Generationen hinweg haben sich die Menschen daran gewöhnt, Zufriedenheit immer nur aus der Unzufriedenheit heraus zu begreifen. Sie setzten sich nicht mit dem Guten, sondern mit dem Besseren auseinander; nicht mit gegebenen Umständen, sondern mit ihrer Überwindung; nicht mit der Gegenwart, sondern mit der Zukunft.

Viele Menschen des Westens spüren, dass die Zeit der kulturellen Dominanz des Steigerungsdenkens vorbei ist. Steigerungsdenken richtet sich auf das Können, je weiter sich der Horizont des Könnens aber entwickelt, desto mehr wendet sich das Denken dem Sein zu, freilich noch unsicher und zögernd, wie sich etwa in der gegenwärtigen Diskussion zur Arbeit zeigt. In Deutschland, Frankreich oder Holland investieren die Menschen wesentlich weniger Lebenszeit in Arbeit als in den USA. Doch wie wird dieser Unterschied interpretiert? Als »modernisierungsbedürftig« gelten nicht etwa die USA, sondern umgekehrt die Länder Europas. »Besser« ist nicht etwa mehr frei verfügbare Zeit, sondern weniger. Im Zweifel siegt Wachstum über Wohlergehen. Geprägt ist diese Interpretation von einem unterkomplexen Modell der Moderne: Es unterscheidet nur zwei Stadien, wo es drei gibt. Das Stadium der gereiften Moderne fällt unter den Tisch.

Wie einem erst durch Krankheit klar wird, welchen Wert Gesundheit hat, so wird dem Westen durch den fundamentalistischen Terror immerhin klar, dass sich sein Werthorizont nicht in der Steigerungslogik erschöpft. Werte, die der Westen lange Zeit als ähnlich selbstverständlich wie fließendes Wasser und Elektrizität betrachtet hat, sind vielen Menschen nun wieder als Errungenschaften vor Augen getreten. Sie lernen es wieder zu schätzen, dass sie gegen alles sein dürfen und dass jeder gegen jeden polemisieren darf. Sie erfahren wieder als Wert, was viele nervt: Alle Institutionen gelten als reformbedürftig, alle wissenschaftlichen Erkenntnisse sind Kandidaten für den Papierkorb, alle Meinungen sind Keimzellen von Gegenmeinungen, alle Führer werden nach einigen Jahren ersetzt. Erst seitdem die Menschen des Westens sich von jenen befeindet sehen, die ewige Gewissheiten und absolute Wahrheiten für sich reklamieren, erfüllt es sie mit neuem Stolz, dass sie es sich zumuten, ernüchtert im entzauberten Ambiente zu leben und sich der Ungewissheit und den Risiken der Moderne zu stellen. Das matt gewordene Erbe der Aufklärung glänzt nun wieder etwas heller.

Der Terrorismus hat dazu geführt, dass der Westen neu über jene Werte nachdenkt, die vor langer Zeit den Aufbruch aus der Vormoderne begleiteten und den Pfad der sich entwickelnden Moderne ermöglichten. Dass dieser Pfad kein Weg in die Ewigkeit ist, sondern in eine Epoche der Ankunft mit nur noch moderater Steigerung führen muss, ist eine der meistignorierten Tatsachen der Gegenwart. Ausgerechnet der Terrorismus könnte jedoch zum Katalysator eines Denkens werden, das dem Übergang zur gereiften Moderne wirklich gerecht wird. Der fundamentalistische Fluch auf die Sünde enthält als Kontrapunkt das Motiv des schönen, eigenen Lebens: die Ankunft im entgrenzten Möglichkeitsraum nach der langen kollektiven Arbeit an der Steigerung. So führt die Auseinandersetzung mit dem Fundamentalismus das moderne Denken sowohl zurück zu seinen Anfängen wie vorwärts zu seiner Fortsetzung. Wie in einem Spiegel erkennt sich der Westen in der magisch-affirmativen Rhetorik des Terrors der religiösen Eiferer; er sieht sich die Stirn runzeln, ironisch lächeln, den Kopf schütteln; er sieht sein altvertrautes Mienenspiel der Negation, das er sich in der Aufklärung zugelegt hat. Er hört den Fluch auf die Sünder. Aber am Ende einer langen Zeit trotzigen, pubertären Zuwiderhandelns kann der Westen nun die eigentliche Aufgabe erkennen, die im »so nicht« der Sünde schlummert: die Aneignung des Lebens im Zeitalter der Ankunft.

Das schöne Leben

Leben gegen den Tod

»Der Gott, zu dem ich betete als Kind, mag es mir verzeihen. Ich begreife den Tod nicht in seiner Welt.«Im Jahr 1795, als Friedrich Hölderlin dies in einem Brief an seinen Neffen schrieb, war das Mittelalter noch nicht so vollständig aus dem Alltagsdenken verschwunden wie heute. Die Menschen verglichen beispielsweise nicht das neueste Automodell mit dem vorangegangen, sondern das mobile Leben mit dem Leben am immer gleichen Ort. Am Anfang der Moderne sah man noch das Neue im Vergleich zum Alten. Wenn wir dagegen heute auf die Moderne blicken, sind wir kaum noch dazu imstande, aus dem Rahmen der Moderne herauszutreten; wir sind betriebsblind. Heute meint man mit Fortschritt Innovation, zu Hölderlins Zeit meinte man die Moderne überhaupt. Klarer, tiefer, umfassender als die Menschen heute erkannten er und seine Zeitgenossen, wie radikal sich die Welt veränderte.

Zwar redet Hölderlin in seinem Brief von einem Nichtbegreifen, dahinter aber verbirgt sich ein Begreifen, das damals leichter zugänglich war als heute: die Einsicht in den Verlust einer plausiblen Deutung des Todes. Leben im Mittelalter war ein Vorspiel, Leben in der Moderne ist die Hauptsache. Leben im Mittelalter war »Leben vom Tode her«,[1] das Sterben ein Durchgang zum großen Danach im Jenseits. Diesseits und Jenseits, im Leben und danach: Dies waren klare Raum- und Zeitkoordinaten. Wie aber soll man ohne sie den Tod noch begreifen?

Nicht von ungefähr findet sich das obige Hölderlin-Zitat in einer Aphorismensammlung von Elias Canetti,[2] der das Nichtverstehen des Todes wie kaum ein anderer Autor des 20. Jahrhunderts wachgehalten und artikuliert hat. »Es genügt nicht zu sagen, dass alles Tod ist. Natürlich ist alles Tod. Aber man muss auch sagen, dass man, aussichtslos, wie es scheint, sich mit Härte und Erbitterung dagegen stellt, dass alles Tod ist. Der Tod soll – ohne billigen Betrug – sein Ansehen verlieren. Der Tod ist falsch. Es ist unser Sinn, ihn falsch zu finden. Wer aus Ehrlichkeit nur davon handelt, dass es den Tod gibt, stärkt ihn.«[3] Oberflächlich gesehen ist dies eine Aufforderung zur Verdrängung der Tatsache des Todes, bei näherem Hinsehen aber handelt es sich im Gegenteil um einen Versuch, sich den Tod auf moderne Weise bewusst zu machen. Unser modernes Todesbewusstsein fordert dazu auf, sich auf das Leben einzulassen, ein Motiv, das freilich auch in anderen Zeiten und Kulturen auftaucht. Herodot berichtet über Ägypten: »Beim Gastmahl der Reichen trägt nach dem Essen ein Mann ein hölzernes Leichenbild in einem Sarg umher. Der Träger hält es jedem Essgenossen vor und sagt: ›Schau ihn dir an! Dann trink und sei fröhlich! Wenn du tot bist, wirst du auch so aussehen‹«.[4] Auch die Sumerer waren dem Leben zugewandt. Im Gilgamesch-Epos kommt dies an verschiedenen Stellen zum Ausdruck, etwa im Gespräch von Gilgamesch mit einer Schankwirtin. Nachdem er seinen Freund qualvoll sterben gesehen hat, sucht er die Unsterblichkeit. »Das Leben, das du suchst«, sagt sie zu ihm, »wirst du nicht finden. Als die Götter einst den Menschen schufen, teilten sie den Tod der Menschheit zu. Das Leben aber nahmen sie sich. Drum fülle dir, o Gilgamesch, den Bauch. Ergötze dich bei Tag und bei Nacht, bereite täglich dir ein Freudenfest, mit Tanz und Spiel. Lass deine Kleider strahlend sauber sein, wasch dir das Haupt und bade dich in Wasser, blick auf das Kind, das dich an der Hand faßt. Beglückt sei deine Frau an deiner Brust – denn solches ist der Menschen Lust«.[5] Zweitausend Jahre nach Christus können sich moderne Menschen in einem Text wiederfinden, dessen Anfänge zweitausend Jahre vor Christus liegen. Im Detail gehen die Auffassungen freilich auseinander, beginnend mit dem Ratschlag, sich den Bauch zu füllen.

Das Leben vom Tode *her* ist verbunden mit Sündenkatalogen, das Leben vom Tode *weg* mit guten Ratschlägen. Orientierungsbedarf besteht in beiden Fällen. Verbote sind unangenehm, aber simpel; Optionen sind angenehm, aber verunsichernd. Leben vom Tode her setzt Gehorsam voraus, Leben vom Tode weg regt zum Lernen an.

Das Leben vom Tode weg ist eine Privatsache, aber trotzdem von öffentlicher Bedeutung. Wenn die Menschen zu leben wissen, lassen sie mit größerer Wahrscheinlichkeit auch andere leben. Die fatale Appeasement-Politik der europäischen Mächte gegenüber Hitler-Deutschland nahm schon vor dem Zweiten Weltkrieg vorweg, was sich erst nach 1945 europaweit ausbreiten konnte: eine Kultur des Friedens, gegründet auf eine Kultur der privaten Glückssuche. In seiner Reflexion der Zeit von

1914 bis 1933, geschrieben aus unmittelbarer Zeitzeugenschaft heraus, denkt Sebastian Haffner über die politische Bedeutung des privaten Lebens nach. Was den Deutschen im Vergleich zu den Franzosen oder Engländern fehlte, so seine These, war die Aufgeschlossenheit für das einfache, jedermann zugängliche Glück: »Die Begabung meines Volkes zum persönlichen Leben und persönlichen Glück ist schwächer ausgebildet als die anderer Völker. Ich habe später in Frankreich und England mit einem gewissen Staunen und nicht ohne Neid beobachtet und nachempfinden gelernt, welche Fülle von unverwelklichem Glück und welche unerschöpfliche Quelle von lebenslänglicher Unterhaltung etwa der Franzose aus dem verständig-geistreichen Essen und Trinken, dem männlichen Redestreit und der heidnisch-künstlerisch kultivierten Liebe, der Engländer aus seinen Gärten, dem Umgang mit Tieren und seinen vielen, kindlich ernsthaft betriebenen Spielen und Hobbys gewinnt. Der Durchschnittsdeutsche hat nichts Entsprechendes. Nur eine bestimmte Bildungsschicht – nicht gar zu klein, aber doch natürlich eine Minderheit – fand und findet ähnliche Lebensinhalte und Lebensfreuden in Büchern und Musik, eigenem Denken und dem Bilden einer eigenen ›Weltanschauung‹. Gedanken-austausch, nachdenkliches Gespräch beim Glase Wein, treu und etwas sentimental bewahrte und gepflegte wenige Freundschaften, schließ-lich, nicht zu vergessen, ein inniges und intensives Familienleben – das sind die Lebensgüter und -freuden, die in dieser Schicht zu Hause wa-ren. Fast alles davon war in der Dekade von 1914–24 in Unordnung und Verfall geraten, und die Jüngeren wuchsen in keine feste Gewohnheit und Überlieferung hinein.«[6]

Glücksunfähige Menschen sind gefährlich. Weil sie nichts vom schö-nen Leben verstehen, hat es auch keinen besonderen Wert für sie, weder das eigene noch das der anderen. Aber ist Glück nicht nur eine Illusion, eine Augenwischerei? Wie kann man angesichts des Todes überhaupt glücklich sein? »Nach deinem Tode wirst du sein, was du vor deiner Ge-burt gewesen bist.« Ist diese Aussicht desillusionierend oder befreiend? Für Schopenhauer, von dem das Zitat stammt, ging beides Hand in Hand. In der Desillusionierung liegt auch eine Befreiung. Zwar kommst du aus dem Nichts und gehst in das Nichts zurück, aber das klingt schlimmer als es ist. Eigentlich kennst du dich doch schon im Nichts aus; du warst ja dort. Welche Erinnerung hast du daran? Keine – es war we-der schrecklich noch schön. Du kannst nicht genau wissen, wie es nach deinem Tod sein wird, aber es ist sehr wahrscheinlich, dass es so sein wird wie vor deiner Geburt. Noch nicht da zu sein war ohne jede Bedeutung für dich, nicht mehr da zu sein wird auch keine Bedeutung für dich haben.

Das ist tröstlich, aber auch bitter. Bitter deshalb, weil zwischen Geburt und Tod etwas hinzukommt: die Erfahrung des Schönen. Du musst nichts fürchten, aber du kannst auch nichts hoffen. Der Tod wird dich erlösen, doch wird er dir auch alles rauben. Was dir bleibt, ist der Versuch, etwas aus deinem Leben zu machen. Letztlich ist es freilich gleichgültig, ob es dir gelingt, denn du wirst dein Scheitern nicht mehr bedauern können. Sobald du gestorben bist, wird es gleichgültig sein, ob du etwas von Leben gehabt hast, denn mit dir stirbt auch das Gefühl dafür.

Wie passt diese Gewissheit zu der unermüdlichen Arbeit, mit der die meisten ihr Leben zu gestalten versuchen? Im Grunde gar nicht; sie bleibt ein bloßes Gedankenspiel. Wir überlegen, wie viel Zeit wir voraussichtlich noch haben und was wir damit anfangen können. Wir kaufen Geländeautos mit Allradantrieb und allen Extras, reisen, kämpfen um Positionen, Eigentum und sexuelle Erfolge. Wir opfern uns für andere auf. Wir lernen. Wir verbringen den halben Tag vor dem Fernsehgerät oder den ganzen im Internet. Was auch immer wir tun, es ist eine Negation des Todes. Alle schwimmen gegen den Strom, bis die Kräfte schwinden.

Vor dem Hintergrund des Todes ist jede Art zu leben hedonistisch. Man lebt vom Tod weg ins Leben hinein, man flieht vor der Ewigkeit in den Augenblick, vom Nichts zum Begreiflichen. Leben ist nur möglich als Kontrapunkt zum Tod. Die Idee des Todes, so Adorno, »spottet des Denkens kaum weniger als die von Unsterblichkeit«.[7] Jedes Wollen ist in jedem Augenblick Suche nach Glück und Vermeiden von Unglück. Die Schopenhauersche Gewissheit ist nicht lebenskompatibel; wer sich ihr wirklich stellt, kann sich auch gleich umbringen – warum nicht?

Warum nicht sterben?

Was antworten Menschen, wenn man sie danach fragt, warum sie sich nicht umbringen? Nehmen wir an, die Teilnehmer eines Managerseminars würden sich zu Beginn der Fortbildung auf diese Frage einlassen. Vermutlich gäbe es zunächst heroische und altruistische Antworten: Die Befragten nennen Lebensziele, die über ihren subjektiven Horizont hinausweisen. X will Projekte zu Ende führen; Y hat eine Mission; Z wird von anderen Menschen gebraucht. Nun wird weitergefragt:»Welche Gründe haben Sie noch?«, und zwar so lange, bis dem jeweiligen Befragten nichts mehr einfällt.

Dabei ist nun speziell ein Aspekt interessant: Gibt es auch Menschen, die den ersten Kaffee des Tages, die nächste Folge ihrer Lieblings-Soap, Spaziergänge oder Fußball als Grund angeben, um am Leben zu bleiben – all die schönen Nebensachen und kleinen Fluchten? Im Managerseminar werden einem solche Gründe vielleicht nicht einfallen. Andererseits ist bekannt, dass Patienten, die sich mit dem Gedanken vertraut machen müssen, dass sie nicht mehr lange zu leben haben, gerade der Abschied von den unwichtigen, beiläufigen Freuden besonders schwer fällt. Plötzlich spüren sie die Köstlichkeit des leichten, alltäglichen Glücks.

Was den Wert des täglichen Lebens ausmacht, hängt von zwei Bedingungen ab. Wertvoll wird das Leben zum einen durch das, was man tut und was einem widerfährt: Morgenkaffee, Lieblings-Soap, Spaziergänge, Fußballspiele, laue Sommernächte, der Duft des Essens, das Schwimmen im See. Wenigen ist überhaupt klar, dass es daneben noch eine andere Bedingung gibt, die darüber entscheidet, ob aus dem, was man tut und was einem widerfährt, etwas Lohnendes wird: die Art und Weise nämlich, wie man den Strom alltäglicher Ereignisse und Handlungen *reflektiert*: wie man ihn für sich selbst beobachtet und beschreibt.

Eine arabische Geschichte erzählt von einem reichen Mann, der seinem Sohn nichts weiter hinterließ als einen Esel; den Rest seines Vermögens schenkte er den Armen. Der Sohn war selbst schon zu Reichtum gekommen und nicht auf noch mehr Geld angewiesen, trotzdem war er enttäuscht und wütend. Den Esel jagte er mit einem Tritt davon; er wollte das Ärgernis nicht auch noch ständig vor Augen haben. Einen Tag später kommt er am Markt vorbei und sieht, dass sich ein Händler den verschmähten Esel angeeignet hat und zum Verkauf anbietet. Der

Händler preist die Vorzüge des Esels in allen Farben, der enttäuschte Sohn hört längere Zeit zu und wird allmählich stutzig. Tatsächlich, das ist kein schlechter Esel. Schließlich fragt er, was der Esel kostet. Der Händler nennt einen horrenden Preis – und der Sohn kauft den Esel. Erst jetzt sieht er in dem Esel einen wahren Schatz, den er nie mehr hergeben möchte.

Der Esel bleibt gleich; alles, was sich ändert, ist seine Wahrnehmung. Genau entgegengesetzt funktioniert der westliche Lebensstil. Seine Anhänger konfrontieren sich ständig mit Neuem, beobachten den Strom der Ereignisse und Handlungen jedoch immer auf dieselbe Weise. Die Wertschätzung des Lebens ist deshalb weniger hoch, als sie sein könnte. In der Wahrnehmung des eigenen Lebens suchen die Menschen nach großen Momenten, nach Ekstasen, nach Außergewöhnlichem, nach Ergriffenwerden. Das Normale interessiert sie kaum, sie beobachten es gar nicht erst, sondern leben darin wie die Fische im Wasser. Sie eignen sich das schöne Leben, das sie mit Händen greifen können, nur unvollständig an.

Selbstbeobachtung

Wie könnte man vorgehen, um dies zu verändern? Wäre es beispielsweise ein zielführender Weg, sich aus Glücksratgebern eine *To-do-Liste* zusammenzustellen, um allmählich Lebenskunst zu erlernen und das persönliche Wohlbefinden zu optimieren? Auf der Elementarstufe könnte man doch zunächst einmal mit ganz einfachen Vorschlägen beginnen, mit dem kleinen Einmaleins des Glücks, um dann in der Sekundarstufe weitere hinzuzufügen. Im Lauf der Zeit würde man das Handwerk des schönen Lebens immer besser lernen und schließlich auf der Stufe der Weisheit milde lächelnd den Alltag durchschreiten.

Stellen wir uns also eine Ratgeberliste mit drei ersten Imperativen vor: Sei gelassen, sei selbstbewusst, denke positiv. Was würde sich ändern? Wenn man das Experiment ernsthaft betreibt, ändert sich als erstes die Selbstbeobachtung. Man stünde, bildlich gesprochen, den ganzen Tag mit einer Liste in der Hand neben sich, um nach jeder Episode Protokoll zu führen. Die Hoffnung wäre, dass man es schafft, sich im Lauf der Zeit in jeder der drei Kategorien zu verbessern.

Ist dies ein gutes Konzept? Nehmen wir an, die Stiftung Warentest würde verschiedene Glücksratgeber vergleichen. Welches Ergebnis wäre für unsere obige Liste zu erwarten? Für die Note »mangelhaft« spricht ein starkes Argument: Was unser Glücksratgeber als Mittel empfiehlt, sind eigentlich die Ziele. Wenn man zum Arzt geht, hilft es einem wenig weiter, wenn er einem auf die Schulter klopft und den Rat gibt, nun doch einfach wieder gesund zu sein. Gelassenheit, Selbstbewusstsein und positives Denken sind nicht etwa Wege zum Glück, sondern, wenn überhaupt, schon das Glück selbst (bei einer sehr eingeschränkten Definition des Glücks). Der Ratgeber ist tautologisch: Werde glücklich, indem du glücklich wirst. Die Testpersonen werden sich zwar vornehmen, gelassen und selbstbewusst zu sein und positiv zu denken, aber betrachten wir etwa Frau X: Immer noch gerät sie vor jeder roten Ampel aus dem Häuschen, kuscht vor ihrem Chef und sabotiert jede neue Bekanntschaft mit ständiger Unzufriedenheit.

Trotzdem wird die Note »mangelhaft« unserem Ratgeber nicht gerecht, denn wahrscheinlich entwickeln sich Menschen, die sich vornehmen, gelassener, selbstbewusster und positiver zu werden, nach einigen Monaten tatsächlich in diese Richtung. Warum? Psychische und somatische Wirkungen können allein dadurch entstehen, dass man sie will. Wer sich etwas verspricht oder versprechen lässt, bekommt dies in umso größerem Umfang und mit umso höherer Wahrscheinlichkeit, je fester er an das Versprechen glaubt. Ein Beispiel für die Kraft der Suggestion ist der Placeboeffekt, ein anderes die Glaubensgewissheit nach Erweckungserlebnissen. Die bekannte Formel für das zweite Beispiel lautet: *non intelligo ut credam, sed credo ut intelligam.*[8] Glücksratgeber der dargestellten Art sind die Placebos des Alltagslebens. Sie können allein durch die neue Art der Selbstbeobachtung dazu führen, dass die gewünschten Optionen nun auf einmal zugänglich werden und die unerwünschten reflexhaften Handlungsmuster abnehmen, freilich nur in Grenzen.

Ist damit alles in Ordnung und der Weg zum schönen Leben vorgebahnt? Den Haupteinwand gegen den Glücksratgeber kann man nur entdecken, wenn man aus der Logik der Stiftung Warentest heraustritt. Sie kann Waren nur nach Kriterien prüfen, die dem geprüften Objekt bereits innewohnen, ob es sich um Hausratversicherungen, Rasierapparate oder Glücksratgeber handelt. Die Stiftung Warentest fragt, ob der Glücksratgeber sein Versprechen hält, das Versprechen selbst aber stellt sie nicht in Frage: die Gleichsetzung von Glück mit Gelassenheit, Selbstbewusstsein und positivem Denken.

So plausibel diese Gleichsetzung klingt, so wenig hat sie doch Bestand, wenn man sie kritisch untersucht. Mit Gelassenheit kann man beispielsweise jede Hoffnung auf eine leidenschaftliche Liebe in den Wind schreiben; mit Selbstbewusstsein blockiert man sich bei schwierigen Lernprozessen; mit positivem Denken brennt einem leicht das Dach über dem Kopf ab. Die wohlklingenden Abstracta der Lebenskunst kommen nicht nahe genug an das Leben heran, und sie pressen alle Menschen mit ihren unterschiedlichen Temperamenten und Lebensgeschichten in dieselbe Form. Was wäre aus einem gelassenen Ray Charles geworden, was aus einem selbstbewussten Franz Kafka, was aus einem positiv denkenden Schopenhauer? Im Hintergrund des Glücksratgebers steht eine Utopie, die aus allen Menschen buddhistische Mönche machen will: entspannt, lächelnd, leidenschaftslos, anspruchslos, geduldig. Mit *pursuit of happiness* hat die Moderne etwas anderes gemeint: die freie Entfaltung der Persönlichkeit, nicht die Weichspülung der Menschheit. Nun können wir uns zwar andere, entgegengesetzte Glücksratgeber vorstellen, etwa einen Leitfaden, der tägliche Ekstasen verspricht, aber der Haupteinwand bleibt. Kein Glücksratgeber kann dem »dramatischen Reichtum der konkreten Welt«[9] gerecht werden: der unendlichen Verschiedenartigkeit der Menschen und der Einzigartigkeit der Situationen, denen jeder ständig begegnet.

Der Film *Spiel der Götter* von Lama Khyentse Norbu inszeniert eine Begegnung zwischen der Utopie eines geläuterten buddhistischen Menschenmodells und wirklichen Menschen. Diese sind nun einmal aus so krummem Holz gemacht, dass sich nicht Gerades daraus schnitzen lässt, wie Kant gesagt hat, und das zeigt der Film schon in der ersten Einstellung. Während der Meditationsübung sind einige Novizen überhaupt nicht bei der Sache, sie treiben Unfug und geben sich Zeichen. Statt ihr Bewusstsein leer zu machen, frönen sie ihren Leidenschaften. Sie sind die Außenseiter, die Störenfriede. Ihr Herz gehört dem Fußball, und ihr großes Projekt besteht darin, die Fernsehübertragung eines Länderspiels im Kloster zu organisieren. Um die Zen-Meister dafür zu gewinnen, benehmen sie sich zwar bei der Meditation anständig, aber um das Geld für das Leihgerät und die Antenne aufzutreiben, müssen sie umso mehr Verbotenes tun. Schließlich erreichen sie ihr Ziel, und das ganze Kloster versammelt sich am Abend der Übertragung vor dem Fernsehapparat. Das Fußballspiel beginnt. Selbst die Zen-Meister können sich einer gewissen Erregung nicht enthalten. Die Gruppe der Unerleuchteten aber bekommt gerade zu diesem Zeitpunkt die Information zugespielt, dass der Verleiher einen der ihren um sein ganzes Geld und seine Zukunft betrogen hat. Sie zögern nicht, heimlich die Aufführung zu verlassen, weil die Zeit drängt. Sie versäumen die Übertragung, um ihren Mitmönch herauszupauken: schlechte Mönche, aber gute Menschen mit einem klaren Sinn für das schöne Leben – freilich aus ihrer eigenen Perspektive, nicht aus der Perspektive der Religion, nicht aus der Perspektive abstrakter Maximen.

Gesucht ist eine Form der Selbstbeobachtung, die dem Leben in all seiner Unregelmäßigkeit und Einzigartigkeit gerecht wird, eine Form, die Meditation ebenso zulässt wie Leidenschaft für Fußball. Die meisten Glücksratgeber sind normativ und werden damit der Individualität der Menschen nicht gerecht. Schon Ratschläge an sich gehen eigentlich zu weit. Jeder muss sein eigener Glücksratgeber sein; diese Anforderung gehört zum Gebrauch der Freiheit, wie die Moderne sie mit sich bringt.

Die folgenden vier Abschnitte weisen deshalb lediglich auf vier Modalitäten der menschlichen Existenz hin, in denen sich das schöne Leben ereignet: *Körper, Sinnlichkeit, Imagination, Begegnung.* Hier tritt das schöne Leben jeweils in besonderer Weise in Erscheinung; auf diese vier Gegenstandsbereiche kann sich die Selbstbeobachtung richten. Der Rest ist Privatsache. Nach dieser Einteilung sind Meditation und Fußballbegeisterung übrigens aus demselben Stoff gemacht; sie gehören zum Erfahrungsfeld der Begegnung.

Die Befriedigung des Körpers

Sich müde ins Bett legen; frierend eine warme Jacke anziehen; durstig den ersten Schluck hinunterstürzen – in Momenten des Übergangs vom Mangel zur Befriedigung tun sich Paradiese auf. Für Sekunden nur, aber der Drang, dorthin zu gelangen, kann diesen und jeden anderen Einwand besiegen. Esau, der sein Erbe gegen ein Linsengericht eintauschte, symbolisiert den Sieg des Körpers über den Kopf, der Gegenwart über die Zukunft, der paradiesischen Einheit von Wunsch und Handlung im Hier und Jetzt über die planende Vernunft.

Als im Oktober 1977 die von palästinensischen Entführern gekaperte Lufthansamaschine auf dem Flughafen von Mogadishu tagelang in der prallen Sonne stand, gaben die Entführer den vom Durst gepeinigten Passagieren nur ab und zu einen Plastikbecher mit Orangensaft. Eine Frau erzählte später, ihr Mann habe, als sie gerade abgelenkt war, erst seinen und dann auch noch ihren Becher in einem Zug leergetrunken. Nach der Befreiung reichte die Frau sofort die Scheidung ein. Für einen Becher mit Orangensaft hatte der Mann alles verspielt.

Für einen Becher Orangensaft? Nein: Für einen Moment der Erfüllung, für die Sekunde, in der nachlässt, was einen im Griff hat: Durst, Hunger, Schmerz, Kälte, Hitze, Fesseln, Ungeschütztheit, Müdigkeit, Begehren.

Wenn auch an einen vorangegangenen Mangel gebunden, ist die Befriedigung des Körpers ein Moment des Glücks. Die frühchristliche und mittelalterliche Moral stigmatisierte das Streben nach diesem einfachen, schon dem Säugling zugänglichen Glück zwar als Völlerei, Unkeuschheit und Trägheit, aber sie erkannte es genau dadurch auch als etwas Begehrenswertes an. Das Etikett »Sünde« lenkt den Blick auf verbotene Köstlichkeiten, die ohne dieses Etikett weniger verführerisch wären. Auf verquere Weise aktivierte die alte Moral das primitive Glückskapital des Körpers. Die Moderne hat den Begriff der Sünde über Bord geworfen, mit einem ambivalenten Ergebnis: Einerseits waren die Beschränkungen des Glücks aufgehoben, andererseits fehlten nun die gewohnten Wahrnehmungshilfen und Tabus. Auf diese Weise verblasste das Glück der Befriedigung des Körpers in Unachtsamkeit und Beiläufigkeit: verschenkte schöne Momente.

Gemeint ist hier nicht das Glück der Sinnlichkeit, sondern nur das Glück der Sättigung. Gemeint ist nicht der Genuss des Weins, sondern das Verschwinden des Durstes. Der Körper funktioniert als selbsterhaltendes System. Sein kategorischer Imperativ lautet: Dulde keinen Mangel. Wir haben es mit zwei Existenzformen zu tun: mit dem bedürftigen Körper, der ständig in kurzen Momenten der Erfüllung besänftigt wird, und mit dem bedürfnisfreien Körper, der einfach nur Ruhe gibt. Das Drama der Erlösung des Körpers spielt sich in drei Akten ab: Leiden, Abhilfe, Ruhe. Das Leiden und die Ruhe dauern, der Moment der Abhilfe ist im Nu Vergangenheit. Um den mittleren Akt herum drängen sich die drei Hauptzustände in Sekunden zusammen. Gerade noch war das unerfüllte Bedürfnis am größten, da erfährt man schon das Glück seiner Befriedigung, und Sekunden später ist alles vorbei. Die Situation klingt in einem rasch verblassenden angenehmen Gefühl aus.[10]

Der Basishedonismus des Körpers ist ein sich täglich erneuerndes biologisches Glückskapital, dennoch wurde er immer wieder bekämpft. Dem Körper ist es egal, was mit ihm passiert, wenn seine Bedürfnisse befriedigt sind. Aber er beleidigt die Vernunft, weil er oft zu schweren Fehlern verleitet: kurzfristige Befriedigung um den Preis langfristiger Schädigung. Der Körper hat etwas Unfeines und er zeigt mit penetranter Deutlichkeit, wie wichtig man ihn zu nehmen hat. Gott, Moral, Erkenntnis, Kunst und Altruismus hin oder her – immer schiebt sich der Körper dazwischen und fordert die Anerkennung seiner Bedürfnisse.

Gegen das Diktat des biologisch determinierten Basishedonismus revoltieren die Asketen. Bewusst stören sie den Körper dabei, seinem kategorischen Imperativ zu folgen: Heilige, die auf einer Säule sitzen und hungern; religiöse Eiferer, die sich in blutigen Prozessionen selbst geißeln; im Zölibat lebende Priester, die mit den wonnevollen Sünden aller anderen nur über die Beichte in Kontakt kommen; sich schindende Hochleistungssportler. Sie unterdrücken die Freiheiten, die sich der Körper nehmen möchte.

Doch so sehr uns der Basishedonismus irritiert, so sehr fasziniert er uns andererseits. Die Hauptsache ist nicht der dritte, sondern der zweite Akt, nicht das Befriedigtsein, sondern die Befriedigung. Sie dauert kurz genug, und sie unterliegt bei aller Kürze auch noch einer nachlassenden Erlebnisintensität. Am intensivsten erfahren wir den Sekundenbruchteil, in dem die Verminderung des Leidens anfängt: der Anblick des Essens, der allererste Schluck, das Überziehen des warmen Pullovers, das plötzliche Verstummen des Lärms, das Öffnen der lange versperrten Tür, das Fallen der Kleider. In diesen flüchtigen Passagen fügt sich beides – die Gier und das Mittel ihrer Befriedigung – zu einem in sich geschlossenen subjektiven Kosmos zusammen: eine einfache, übersichtliche Welt, in der alles stimmt. Ohne die Gier wäre das Mittel wertlos; umgekehrt ginge ohne das Mittel das Leiden weiter. Aber der Aufenthalt in der Zeitkapsel der Erfüllung beschränkt sich auf den Übergang vom ersten zum zweiten Akt. Noch im zweiten Akt, noch während der Befriedigung, wird die Gier bereits zur knappen, dahinschwindenden Erlebnisressource, mit deren Verlust auch das Objekt der Begierde seinen Wert verliert.

Klassische Orte der Befriedigung des Körpers sind Esstisch, Bett und Bordell. Für das schöne Leben spielen diese Orte heute allerdings eine geringere Rolle als früher, denn Hunger, Müdigkeit und sexuelle Unterdrückung sind zurückgegangen. Supermärkte, Restaurants, Medien, Ferienanlagen und Kontaktbörsen geben den Rahmen ab für eine körperbezogene Glückssuche, die oft keine Befriedigung einbringen kann, weil sich die Besucher bereits im Zustand der Sättigung befinden. Sie wehren ab, nörgeln, halten nach »Schnäppchen« Ausschau; sie betreiben Programmzapping, Locationzapping, Menschenzapping. Sie halten sich beschäftigt, sehen dies und das, schlagen die Zeit tot und sagen hinterher vielleicht, dass es ganz nett gewesen sei. Aber sie rufen nur noch selten *Endlich!* aus, obwohl sie genau danach ständig auf der Suche sind.

Nur unheilbar Kranke, Arme und Gefangene spüren den Mangel jede Stunde am Tag. Unaufhörlich stellen sie sich vor, was sie nicht haben – Gesundheit, Geld, Freiheit. Den zweiten Akt der Befriedigung des Körpers erreichen sie erst nach Jahren oder nie. Für Gesunde und Begüterte, die in Freiheit leben, ist es genau umgekehrt. Sie bleiben im letzten Akt stecken. Das Glück der Sättigung ist ihnen unbekannt, weil sie immer schon satt sind. Sie können von Anfang an tun, was sie wollen, und wissen deshalb nicht, was es bedeutet, frei zu sein. Sie genießen ihre Gesundheit nicht, weil sie nicht wissen, was es bedeutet, krank zu sein.

Ein Witz erzählt von einem Hotelgast, der nicht einschlafen kann, weil er unter seinem Bett immer wieder eine merkwürdige Folge von Geräuschen hört: erst eine Art Trippeln, dann Stille, dann etwas Ähnliches wie Zischen, als ob jemand seinen Atem durch die Zähne blasen würde. Nach einiger Zeit macht er Licht und schaut unter das Bett. Dort sieht er eine Maus, die immer wieder Anlauf nimmt, mit dem Kopf gegen die Wand rennt, dann etwas benommen dasitzt und sich den Kopf hält, wobei sie das zischende Geräusch ausstößt. Schließlich sagt er zur Maus: »Entschuldigen Sie, wenn ich störe. Warum tun Sie das? Es tut doch weh, ständig mit dem Kopf gegen die Wand zu rennen!« »Ja,« antwortet die Maus, »aber es ist so schön, wenn der Schmerz nachlässt.«

Dieser Witz interpretiert Mangel und Leid als Kapital. Die Befriedigung des Körpers ist an vorhergehenden Schmerz gekoppelt, aber sie ist so köstlich, dass kein Preis zu hoch ist. Weil die Maus diesen Moment immer wieder erleben möchte, erneuert sie das Kapital, indem sie gegen die Wand rennt. Die Szene erkennt die Befriedigung des Körpers als Glücksmöglichkeit an, aber sie ironisiert auch alle, denen nichts Besseres einfällt.

Sinnlichkeit

In einem Film über die Tschuktschen, einem in Sibirien lebenden Eskimovolk, sieht man die Bewohner eines Dorfes zum Strand eilen. Mit Messern bewehrte Männer, Frauen und Kinder strömen zum Ufer des Meeres und versammeln sich um einen dort gestrandeten Walfisch. Dann schneiden sie sich einen Brocken Fleisch aus dem Körper des Wals und beginnen zu essen. Einer steht neben dem anderen, schaut aufs offene Meer hinaus und kaut.

Sinnlichkeit beginnt mit der Idee, das Glückskapital des Körpers besser zu verzinsen. Zwar ist nach wie vor der fühlende Körper das zentrale Medium des Glücks, aber der beobachtende und reflektierende Geist schaltet sich ein. Er studiert den Körper, führt ihn, bremst ihn, lehrt ihn. Aus dem stumpfen Vieh macht er ein raffiniertes, lüsternes, mit allen Wassern gewaschenes Luder.

Während Fleisch und Geist im christlichen Bedeutungskosmos als Gegensätze aufgefasst werden (das Fleisch ist vergänglich, der Geist ewig; das Fleisch ist anfällig für Versuchungen, der Geist stemmt sich ihnen entgegen), stehen sie bei der Sinnenfreude in einem Beratungs- und Feedbackverhältnis. Sie kooperieren, um körperlich empfundene Lust systematisch zu steigern. Das ist nichts für die Schwachen im Geist. Sinnlichkeit ist auch eine Frage der Intelligenz, sofern man der Intelligenz den Raum dafür gibt.

Wer zu leben weiß, betrachtet die Asketen wie Geisteskranke, aber durchaus mit einer gewissen Hochachtung. Die Unsinnlichen aber sieht er mit Herablassung. Der sinnliche Mensch nimmt die bloße animalische Befriedigung des Körpers als Zeichen von Dummheit wahr. Er sieht darin eine Komödie, in der sich der Hauptakteur zum Narren macht. Die Befriedigung dauert kurz, die Ruhe danach geht schnell in Langeweile über. Der Sinnliche sucht den Genuss deshalb im Prozess der Sättigung, nicht im Sattsein; er will trinken, aber möglichst ohne den Durst zu löschen. Sinnlichkeit beginnt mit einer glückskritischen Selbstbeobachtung: Kann ich nicht mehr daraus machen? Ich bin selbst schuld, wenn ich die verlässlichen Tröstungen des Körpers nicht steigere, wenn ich den kleinen, alltäglichen Erfahrungen der Befriedigung nicht alle Konzentration zuwende. Es geht darum, mehr herauszuholen, als wenn man einfach nur so dahinlebt. Der sinnliche Mensch kann auf drei Techniken zurückgreifen: Verzögerung, Verfeinerung und Konditionierung.

Verzögerung: Man spart sich das Kapital der Gier noch eine Weile auf; man verschiebt den glücklichen Moment, kostet ihn aber bereits in seiner Phantasie aus: eine Art von hedonistischer Askese. Selbst Deutsche, dem Stereotyp nach unfähig dazu, das Leben auszukosten, sind nicht ohne Talent zur Sinnlichkeit. In der Not der Nachkriegszeit erfanden sie die »Schiebewurst«. Wenn es einer Familie überhaupt gelang, eine Wurst zu ergattern, musste sie rationiert werden. Jeder bekam pro Scheibe Brot nur eine Scheibe Wurst. Um diese Scheibe möglichst intensiv auszukosten, schob man sie beim Essen des Brotes mit den Zähnen bis zum jeweils nächsten Bissen weiter. So hatte man sie schon eine Weile gesehen, gerochen und geschmeckt, bevor man sie schließlich mit geschlossenen Augen aß. Gerade dem äußersten Mangel pressten die Menschen sinnliches Vergnügen ab; sie verzögerten den zweiten Akt im Drama der Befriedigung des Körpers.

Das in die Länge gezogene Essen wurde in Deutschland trotzdem nicht heimisch. Mit umso größerer Begeisterung reisen die Deutschen in Länder, die die Technik der Verzögerung beim Essen und Trinken kultivieren. In einem deutschen Restaurant würde bemängelt, was in einem piemontesischen zum guten Ton gehört: dass sich das Essen über Stunden hinzieht und es eine kleine Ewigkeit dauert, bis der letzte Gang serviert wird. In den Glücksdiskursen der Gegenwart spielt die Technik der Essensverzögerung jedoch keine große Rolle. Zwar gibt es inzwischen eine Slow-Food-Bewegung, aber die Sinnlichkeit der Ernährung wird durch den Vormarsch von Fastfood und Fertiggerichten weltweit zurückgedrängt. Im Gegensatz dazu ist immerhin der schnelle Sex in Verruf geraten. Seit die sexuelle Selbstbeobachtung in der zweiten Hälfte des 20. Jahrhunderts populär und explizit wurde, ist die Verzögerung des Orgasmus ein Dauerthema glückstechnischer Reflexion der eigenen Lebenspraxis.

Verfeinerung: Man wertet das Befriedigungsmittel durch Zutaten auf – das Essen durch Gewürze und Zubereitung, die Liebe durch Rituale und Strategien der Erregung, das Nichtstun durch Kissen und Polster. Verfeinerung hat in der Geschichte der Ernährung eine viel größere Rolle gespielt als Verzögerung. Ihr Ausgangspunkt sind Bedürfnisse wie Hunger und Durst. Stünden aber nur diese Ressourcen zur Verfügung, wäre die Geschichte der Genussmittel nicht zu verstehen. Entscheidend war, dass zu den primären körperlichen Bedürfnissen sekundäre hinzukamen. Dies weist auf die dritte Technik hin:

Konditionierung: Man züchtet sich selbst jenseits von Hunger und Durst neue körperliche Bedürfnisse an und vermehrt auf diese Weise das natürlich gegebene Kapital der Gier. Die Körper lernten neue Abhängigkeiten: Appetit auf einen raffiniert gewürzten Braten, Wunsch nach einem Kaffee, Gelüste auf Süßigkeiten. Durch Konditionierung erwarben die Menschen sekundäre Bedürfnisse auf der Grundlage der primären. Sie ließen sich eine Erziehung zur Sinnlichkeit angedeihen und entfalteten Appetit auf Aromen, auf bisher unbekannte Nahrungsmittel, auf Suchtstoffe. Bald war ihnen auch ohne Hunger und Durst das Glück der Befriedigung des Körpers zugänglich.

Weltkonzerne wie Storck oder Nestlé wären längst pleite, wenn die Körper ihrer Kunden auf dem sinnlichen Entwicklungsniveau von Sammlern und Jägern stünden. Die Nahrungsmittelindustrie ist auf konditionierte und weiter konditionierungsbereite, konditionierungssuchende Zivilisationskörper angewiesen. Diesen Körpern geht es kaum noch um Sättigung, sondern beispielsweise um den zarten Schmelz von Eiskrem oder um das sanft krachende Geräusch beim Biss in ein Waffelröllchen.

Ein Sonderfall ist das Rauchen, ein Bedürfnis, das nicht einmal entfernt mit einem angeborenen Bedürfnis zu tun hat, sondern ausschließlich erworben wird, oft genug sogar gegen anfänglichen Widerwillen. Wenn man das Rauchen erst einmal gelernt hat, tut man zwar etwas Ungesundes, aber man hat den Nichtrauchern eine Dimension der Befriedigung voraus. Raucher gebrauchen ihren Körper als riskantes Instrument reiner Sinnlichkeit ohne den geringsten Anflug sonstigen Nutzens (selbst beim ausschließlich lustorientierten Sex steht die Fortpflanzungs- und Bindungsfunktion noch im Hintergrund). Schiller mit seiner Ästhetik der Zweckfreiheit hätte nicht gezögert, dem Rauchen höheres Prestige einzuräumen als dem Genuss einer Mohrrübe aus biologisch kontrolliertem Anbau. Im Rauchen löst sich der Mensch von seiner Natur, ja er handelt ihr zuwider, um desto menschlicher zu sein: ein Spielender, ein Genießender, einer, der die biologische Voraussetzung für sinnlichen Genuss erst herstellt. Die Zeiten, in denen sinnliche Verfeinerung als gottlos und dekadent galt, sind in der Kultur des Westens vollständig in Vergessenheit geraten. Man redet voll Anerkennung von »Genussmenschen«, »Feinschmeckern«, »Connaisseurs«, »Bonvivants«. Seit Jahrzehnten wird der konsumierende Körper als genießender Körper von allen Seiten hofiert – von Werbung, Medien, Ratgebern, Tourismus, Gastronomie und Nahrungsmittelindustrie. Schwer hat es die Sinnlichkeit dennoch. Anders als in den Zeiten der magischen Religiosität hat die Kritik des Genusses nun nichts mehr mit Gottgefälligkeit tun, sondern mit dem Genießen selbst, mit dem Körper, seiner Ästhetik, Beweglichkeit, Gesundheit und Lebenserwartung. Von da nimmt auch der Kreuzzug gegen das Rauchen in Europa und den USA seinen Ausgang, der die Süchtigen mit jakobinischer Strenge aus Bars, Kneipen und Restaurants vertreibt, sie auf die Straßen jagt und bis in die Wohnungen hinein verfolgt. Die im Dunkeln vor Wohnungstüren, auf Terrassen und Balkonen frierenden Raucher sind Exilierte für eine Zigarettenlänge; ihre Strafe dauert genau so lange wie der Verstoß. Doch die Unbelehrbaren unter ihnen sind nicht einmal durch die Exorzismen auf den Packungen zur Umkehr zu bewegen. Sie zeigen sich unbeeindruckt durch Höllenszenarien und düstere Prophezeiungen, sind trotzig gar, Symbolfiguren eines Kampfes, der mehr und mehr die Züge eines Kampfes zwischen Gut und Böse annimmt.

Imagination

Eine Geschichte von Ambrose Bierce spielt in der Zeit des amerikanischen Bürgerkriegs. Unionssoldaten sind dabei, einen zum Tode verurteilten Südstaatler, Peyton Farquhar, an einem Brückenbalken aufzuhängen. Die Schlinge liegt um seinen Hals, das Brett, auf dem er steht, klappt weg, sein Körper sackt nach unten und zieht die Schlinge zu – da reißt das Seil, der Mann stürzt in den Fluss, taucht unter und lässt sich von der Strömung forttragen. Er schwimmt um sein Leben. Für seine Feinde ist das Gelände zu unwegsam, um ihn am Ufer zu verfolgen. Bald ist er außer Reichweite der Feuerwaffen. Er zieht sich an Land und flieht weiter durch den Wald. Er hat es geschafft, er ist frei und schlägt sich bis zu seiner Farm durch. »Seine Frau, frisch und kühl und süß anzusehen, kommt die Verandastufen herunter, um ihm entgegenzugehen. Am Fuß der Treppe wartet sie, mit einem Lächeln unaussprechlicher Freude, einer Gebärde unaussprechlicher Grazie und Würde. Ach, wie schön sie ist!« Einige Sätze später endet die Geschichte: »Peyton Farquhar war tot. Sein Körper schwang mit gebrochenem Hals sacht von einer Seite zur anderen unter den Spanten der Eulenfußbrücke.«[11]

Der ganze Ablauf war nur eine Phantasie des Delinquenten in den Sekundenbruchteilen gewesen, bis sein Genick brach. Welch ein Glück – von einer Illusion ergriffen zu werden, die den eigenen Tod im Augenblick seines Eintretens in ein Entkommen umdeutet. Was jeder schon im Schlaf erfahren hat, beim Fernsehen, Musikhören, Lesen, in Tagträumen zwischen der Abgabe des Lottozettels und der Ziehung der Gewinnzahlen, gestaltet Ambrose Bierce zu einer dramatischen Erzählung: Glück als reine Kopfgeburt, im Gegensatz zu den körpergebundenen Glücksformen der Befriedigung und der Sinnlichkeit.

Gewiss, wenn es darum geht, etwas vorwärts zu bringen, sei es politisch, wirtschaftlich, wissenschaftlich, technisch oder privat, dann sind Wunschwelten ein Problem. Wozu die Welt ändern, wenn man in die Wunschwelt verschwinden kann? Andererseits haben Wunschwelten viele Vorteile: Sie kosten nichts; sie bleiben geheim; sie sind schrankenlos formbar; sie stehen jederzeit offen. Wenn es ohnehin unmöglich ist, die Welt zu ändern, wie im Fall des Delinquenten in der Geschichte von Bierce, kann man gar nichts besseres tun, als eine schönere Welt zu erfinden. Bei Nahtoderlebnissen wird diese Erfindung unwillkürlich durch gnädige Endorphinausschüttungen unterstützt. Man kann beglückende endokrine Ausschüttungen aber auch willkürlich herbeiführen, indem man sich, zunächst noch ohne Emotion, auf eine Gedankenreise in eine Wunschwelt begibt. Wenn es gut läuft, glaubt der Körper am Ende die Vorstellung und belohnt einen mit angenehmen Gefühlen.[12] Der Mittelmäßige kann sich als Genie erfinden, der Linkische als Womanizer, der Stümper als Konzertpianist.

Sie alle sind Trittbrettfahrer der Evolution, die den Menschen mit der Fähigkeit ausgestattet hat, Wirklichkeit im Kopf zu simulieren. Ohne das Probehandeln in imaginierten Wirklichkeiten kein vorausschauendes Handeln; nur damit konnte sich der Mensch behaupten. Dass man mit dieser Fähigkeit auch noch etwas ganz anderes anfangen kann als zu jagen, Siedlungen zu gründen, Geräte und Techniken zu erfinden und Institutionen aufzubauen, dass man sie hedonistisch verwerten kann, war für das Überleben der Gattung nicht wichtig, aber es faszinierte die Menschen. »Was ist die Wirklichkeit gegen unsere groß'n Romane?« Arno Schmidt spricht hier als Nachfolger von Schiller: Im zweckfreien Spiel kommt der Mensch zu sich selbst. Im Reich der Imagination, jenseits biologischer, ökonomischer und sozialer Zwänge, herrscht Subjektivität in ihrer reinsten Form. Arno Schmidt meinte Erzählungen, Schiller die Kunst generell, aber das Reich der Freiheit hat viele weitere Provinzen. Es gehören auch Boulevardpresse, Werbung, Hollywoodfilme, Comics und Computerspiele dazu.

So diesseitig und allgegenwärtig wie heute wurden die Imaginationen der Menschen allerdings erst in der Neuzeit. Vorher war das Jenseits der zentrale Ort der Phantasie. Der Zauber Platons bestand Jahrtausende darin, die Menschen aus ihrer verfluchten, demütigenden Kreatürlichkeit hinauszuträumen in ein Reich der Unsterblichkeit, an das selbst die kritischen, ernüchterten Philosophen der Aufklärung noch mit Inbrunst und Liebe glaubten. Kant erlaubte sich den Gedanken an die Unsterblichkeit der Seele zunächst nur als »Ausschweifung in das Feld der Phantasie«, später jedoch geht er so weit, die Annahme der Unsterblichkeit der Seele für plausibel, wenn auch nicht für bewiesen zu halten: Wie sonst könnten wir danach streben, gut sein zu wollen?[13]

Was davon zu halten ist, machte Diogenes auf drastische Weise klar, indem er seine Notdurft auf dem Marktplatz von Athen verrichtete, jenen Philosophen zum Hohn, deren Imaginationen des Jenseits bis zur Zeit der Aufklärung prägend sein sollten. Himmel, Paradies, Schlaraffenland, Goldenes Zeitalter, Wiedergeburt als höheres Wesen – viele Kulturen haben sich mythische Tröstungen geschaffen. Die an sie glauben, tun dies umso inbrünstiger, je schlechter es ihnen geht. Es gibt reichlich zu essen; alle sind jung und gesund; es herrscht ewiger Friede; für Zeitvertreib ist gesorgt; und in weniger puritanischen Jenseitswelten als der christlichen bleiben auch keine sexuellen Wünsche offen.[14]

Mit der Nähe zu Gott bietet die stark von Platon inspirierte christliche Imagination des Paradieses allerdings eine unvergleichliche Aufwertung der Person. Sie orientierte sich lange Zeit an einer Phantasie, in die Platon seine Leser im Dialog *Phaidon* hineinzieht: Die unbelehrbar schlechten Seelen (gewiss auch die von Diogenes) bleiben nach dem Tod für immer in der Hölle, die normalen Sterblichen werden wiedergeboren, die Seelen der Philosophen aber steigen, wenn sie hinreichend geläutert sind, ins Reich der ewigen Ideen auf.

Der drastische skatologische Kommentar von Diogenes ist die Vorwegnahme eines theologischen und philosophischen Imaginationsverlusts, der mit Spinoza im 17. Jahrhundert begann, sich mit Schleiermacher an der Schwelle zum 19. Jahrhundert fortsetzte und mit Karl Barth und Karl Rahner im 20. Jahrhundert an ein vorläufiges Ende kam. Sowohl protestantischer- wie katholischerseits erwachte die Theologie aus dem schönen Traum vom Jenseits und lokalisiert seither das Ende des Menschen in dieser Welt, Seite an Seite mit Naturwissenschaft und Materialismus. Im selben Maß nahmen diesseitige Imaginationen zu: Romane, Reiseberichte, Regenbogenpresse, Filme, Fernsehen, Spiele.

Die Volksfrömmigkeit allerdings ließ sich die schönen Jenseitsträume nicht nehmen, und die Kirche unterstützte sie dabei nach Kräften. Als Papst Benedikt XVI., ein mit allen Wassern der modernen Theologie gewaschener Intellektueller, seinen verstorbenen Vorgänger vor dem Publikum der Welt dazu einlud, den Zeremonien seiner ersten Amtstage vom Himmel aus zuzusehen, konnte und wollte sich kaum jemand der Suggestion des Bildes entziehen. Der Petersplatz wurde zum Konklave einer anrührenden und tröstenden Imagination. Religion erscheint hier als Speichermedium der Bilder, als Ressource von Phantasien, als Spielesammlung. Skeptisch äußerte sich die Klasse der Kommentatoren über den »Eventcharakter« der religiösen Massenveranstaltungen des Jahres 2005 im Zusammenhang mit Papsttod und Papstwahl. Sie bewiesen einen Mangel an Humor und spielerischer Einstellung. Man muss Religion nicht glauben, aber man darf sie träumen. Hier könnte sich eine neue Variante moderner Religiosität angedeutet haben: spielerischer Glaube im Rahmen tradierter Bilderwelten, den die Gläubigen als genau das reflektieren, was er ist: ein Als-ob-Glaube. Sie würden damit einer Überlegung folgen, die bereits Blaise Pascal angestellt hat.[15]

Imagination ist eine Modalität des schönen Lebens wie die Sinnlichkeit oder die Befriedigung des Körpers. Wie erpicht Menschen darauf sind, zeigt sich in ihrer Versessenheit auf Erzählungen, der eine weltweite Imaginationsindustrie entgegenkommt. Hier gibt es tradierte Unterteilungen zwischen gut und schlecht: Lesen ist gut, Fernsehen ist schlecht;

Kunst ist gut, Unterhaltungsangebote sind schlecht; das Unverständliche ist gut, das Eingängige ist schlecht; Helmut Newton ist gut, Pornographie ist schlecht ... Noch kursieren jene Etikettierungen, mit denen der normale Mensch seit jeher diskreditiert wird. Aber mit dem Vordringen der Unterhaltungselektronik und des Internets hat sich der Konsum von Imaginationen jeglicher sozialen Kontrolle entzogen. Das Angebot ist so umfangreich, dass sich die Rede von den »heimlichen Verführern« überlebt hat. Jeder ist nun dazu gezwungen, sein eigener Imaginationsmanager zu sein und sich seine Traumwelt selbst zusammenzuwählen. Darin ein Problem zu sehen gehört zur Tradition der Kulturkritik, aber Kant war anderer Ansicht: »Man kann zur Freiheit nicht reifen, wenn man nicht zuvor in Freiheit gesetzt worden ist«. Restlos hat die Technik inzwischen diese Freisetzung bewerkstelligt.

Lässt aber nicht das Überangebot an fabrizierter Imagination die eigene Phantasie verkümmern? Das Gegenteil ist der Fall. Die Fähigkeit, innere Bilder und Erzählungen zu erschaffen, wird durch den Strom der Kreationen, die von außen kommen, angeregt und erweitert. Je mehr Material dem Gehirn zur Verfügung steht, desto mehr eigene Kombinationsmöglichkeiten hat es. Ersetzt man die Missbilligung des Menschlichen seitens der Kulturkritik durch den Blick einer Anthropologie des schönen Lebens, so erscheint die gegenwärtige globale Imaginationsindustrie nicht länger als Katastrophe.

Begegnung

In der Geschichte von Ambrose Bierce hat sich das Innenleben des Delinquenten völlig verselbständigt. Er hat die Berührung mit der Wirklichkeit verloren; die letzten Sekunden seines Lebens verbringt er in einer erfundenen Welt, man könnte auch sagen: in sich selbst. Wenn man aber nun die Pointe der Erzählung einfach weglässt und sich vorstellt, der Strick wäre tatsächlich gerissen, so verwandelt sich die Erzählung in einen Bericht über reale, nicht nur vorgestellte Begegnungen. Am auffälligsten ist natürlich die Begegnung Peyton Farquhars mit seiner Frau. Kein anderes Paar auf der Welt könnte dieselbe Begegnung erleben, denn nicht nur jeder der beiden Partner ist einzigartig, sondern auch ihre gemeinsame Vorgeschichte, die auf beiden Seiten das Kapital der Begegnung anreichert. Die Begegnung wiederholen könnte aber nicht einmal dieses Paar, denn jede Begegnung ist an singuläre Raum- und Zeitkoordinaten gebunden. An einem anderen Tag könnte höchstens eine andere Begegnung zustande kommen.

Begegnungen gelingen umso besser, je umfassender sich das einzigartige Subjektive mit dem einzigartigen Objektiven verbindet: je mehr sie den dramatischen Reichtum der konkreten Welt erschließen. Begegnung heißt Geistesgegenwart. Es gibt eine andere Stelle in der Geschichte von Bierce, die vielleicht noch besser als das Wiedersehen Peyton Farquhars mit seiner Frau illustriert, was Begegnung heißt: »Er war von einem ungestümen Strudel erfasst und weggewirbelt worden, in einer so schnell vorwärts drängenden und zugleich drehenden Bewegung, dass ihm schwindlig und übel wurde. In wenigen Sekunden wurde er auf den Kies des linken Flussufers und hinter einen Vorsprung geschleudert, der ihn seinen Feinden verbarg. Das plötzliche Stocken der Bewegung und die Hautabschürfung an einer seiner Hände durch den Kies brachten ihn zur Besinnung, und er weinte mit Hingabe. Er grub die Finger in den Sand, warf Hände davon in die Luft und segnete ihn mit lauter Stimme. Er sah aus wie Gold, wie Diamanten, Rubine, Smaragde, es gab überhaupt nichts Schönes, woran er ihn nicht erinnert hätte ...«. Das Wesen von Begegnung ist Geistesgegenwart, gleichgültig, worauf sich die Aufmerksamkeit richtet. Es kann sich um einen Menschen handeln, um ein Kunstwerk, um eine Landschaft, um eine Straße, ja sogar einfach nur um Sand.

Der Polarforscher Vilhjalmur Steffansson erwähnt in seinem Buch *Unsolved Mysteries of the Arctic*[16] beiläufig, dass die problematischen Phasen seiner Expeditionen nie die des strapaziösen Unterwegsseins waren. Die Männer fanden die Welt in Ordnung, wenn sie sich täglich bis zur Erschöpfung vorwärts kämpfen mussten, wenn sie hungerten, sich Erfrierungen zuzogen, den Tod anderer mit ansahen und in verzweifelter Lage waren. Hatten sie es dagegen über Monate hinweg warm und gemütlich im Lager; waren sie alle satt und gesund; hatten sie genug Zeit, um zu tun, was ihnen Spaß machte, so wurden sie griesgrämig, streitsüchtig und »verzweifelten an Gott, an der Welt und an sich selbst«. Viele Paare halten zusammen, solange sie das Projekt des Aufbaus einer gemeinsamen Existenz beansprucht. Sie kommen miteinander zurecht, solange das Haus noch nicht fertig gebaut ist. Wenn es darum geht, es gemeinsam zu bewohnen, zerbricht die Beziehung. Bei anderen funktioniert der Alltag bestens; jeder erfüllt seine Aufgaben, das Räderwerk der zweckgerichteten Routinen läuft störungsfrei. Zerwürfnisse gibt es aber regelmäßig dann, wenn die Partner endlich einmal vom Alltag suspendiert sind und gemeinsam Urlaub machen oder eine andere Situation eintritt, in der sie nicht auf ein Ziel hin orientiert sind, sondern freie Zeit zu genießen haben.

In diesen Beispielen geschieht jeweils das Gleiche: eine durch Zwecke und Sachzwänge strukturierte Situation geht in eine frei zu gestaltende Situation über. Im ersten Situationstyp ist alles unwichtig, was dem Zweck nicht dient. Wenn es bei einer Polarexpedition darum geht, mit letzter Kraft das nächste Lager zu erreichen, interessiert man sich für den Sternenhimmel nicht unter dem Aspekt der Schönheit, sondern höchstens unter dem der Bestimmung der Marschrichtung. Wenn ein Haus zu bauen ist, geht es um Finanzierung, Baustoffe, Organisation und Zuverlässigkeit; es sind diese Dinge, über die ein Paar die meiste Zeit redet. Wie es im Innenleben des jeweils anderen aussieht, interessiert in diesem Moment ebenso wenig wie Vogelgezwitscher oder das Abendrot. Genauso ist es mit strukturgebenden Alltagsroutinen. Fallen sie eine Zeit lang weg, wie etwa im Urlaub, dann stehen das Innenleben, der Sonnenaufgang oder Ähnliches an oberster Stelle und erfordern plötzlich eine ganz andere Herangehensweise.

»Ähnliches« bedeutet hier etwas Einzigartiges, das genau an diese Situation gebunden ist, an diesen Menschen, diese Landschaft, diese Gegenstände. Begegnung bedeutet Kontaktaufnahme des Einzelnen mit einem anderen Einzelnen oder mit einem einzigartigen Ausschnitt der Welt, gebunden an Zeit, Ort und spezifische Objekte. Weil bei Begegnungen das Einzigartige im Vordergrund steht, können sie niemals Routine werden. In allen Religionen kommen mystische Richtungen vor, deren Kernidee die Begegnung des Einzelnen mit Gott ist. Platon inszeniert in seinen Dialogen geistige Begegnungen. In der abendländischen Kunst hat sich eine zweifache Tradition der Begegnung herausgebildet: die Begegnung des Künstlers mit seiner Vision bei der Entstehung des Kunstwerks, und die Begegnung des Kunstrezipienten mit dem Werk. Begegnungen beglücken, wenn sie gelingen, und man verzweifelt, wenn man damit scheitert. Im Basislager, beim Bewohnen des endlich fertig gestellten Hauses, im Urlaub ist die Zeit der Begegnung gekommen, und deshalb auch die Zeit der Krise. Es gibt Situationen der

Begegnungspanik, etwa wenn ein schüchterner Verliebter zum ersten Mal mit der Frau allein ist, der er verfallen ist. Schwierig an Begegnungen ist die Unstrukturiertheit ihres Verlaufs.

Zwei Singularitäten, das Ich und der von ihm in den Fokus genommene Aspekt der Welt (beispielsweise eine andere Person, ein Objekt, eine Landschaft) sollen in Beziehung treten. Gelingen kann dies nur, wenn man sich zu konzentrieren versteht und wenn man differenziert wahrnehmen kann. Es ist einfacher, die Geschirrspülmaschine auszuräumen, als sich fünf Minuten lang in ein Bild zu versenken oder die emotionalen Schwingungen eines Gegenüber aufzunehmen.

Bei konzentrierten oder anspruchsvollen *Tätigkeiten* können Zweckgerichtetheit und Begegnung zusammenfallen.[17] Beim Sport, bei der wissenschaftlichen Arbeit, beim Musizieren, beim Kochen oder beim Polieren ihres Autos können Menschen ganz in der Tätigkeit aufgehen und alles um sich herum vergessen, sogar sich selbst. Sie mobilisieren alle Fähigkeiten, die sie für das Ziel ihres Tuns aufbieten können, und lassen sich auf eine längere Interaktion damit ein.

Das Gegenbeispiel zu Steffanssons gelangweilten Expeditionsteilnehmern, die begegnungsunfähig im Lager herumlungerten und nichts weiter zu tun wussten, als zu warten und zu streiten, ist der Fotograf Frank Hurley, der 1914 bis 1916 bei der gescheiterten Südpolexpedition von Sir Ernest Shackleton dabei war. Seine Bilder, die Caroline Alexander in dem 1998 erschienenen Bestseller über die Reise der *Endurance* präsentiert,[18] faszinierten noch fast ein Jahrhundert später ein Millionenpublikum. Viele dieser Bilder entstanden während einer elend langen erzwungenen Pause, nachdem das Packeis die *Endurance* eingeschlossen und schließlich zum Bersten gebracht hatte. Hurley vertrödelte die Zeit nicht, er gestaltete sie. Er konnte nichts für das Überleben tun, also kümmerte er sich um das schöne Leben. Er hielt einen Ausschnitt der Welt fest, der exakt so nur für ihn sichtbar war, nur auf dieser Reise und nie wieder nachher. Nur der Fotografierende steht mit genau dieser Kamera zu genau diesem Zeitpunkt an genau diesem Ort. Wer nicht nur knipst, sondern bewusst fotografiert, begegnet der Welt. Das einzigartige Subjekt kommt mit einem einzigartigen Ausschnitt der Welt in Berührung.

Der Fotoapparat erleichtert Begegnungen, er ist eine Konzentrationshilfe, er zwingt zur Fokussierung. Ähnlich wirkt ein Fernglas, auch wenn man ein wenig mehr selbst dazu tun muss, weil die Notwendigkeit der Konzentration auf einen bestimmten Auslösezeitpunkt entfällt. Dann gibt es im Leben jedes Menschen aber auch Momente, in denen Begegnungen auch ohne Hilfe durch ein Gerät zustande kommen, durch bloßes Schauen: etwa wenn man ein Geschenk auspackt wenn man im Menschengewühl plötzlich ein vertrautes Gesicht entdeckt, oder wenn man nach einer langen Autofahrt plötzlich das weite Meer im Gegenlicht vor sich sieht. Man braucht nichts weiter als seine Augen und sein Bewusstsein, um Begegnungen zustande zu bringen. Bei Begegnungen geht es um mehr als bloße Wahrnehmung: Es geht um den geistigen Rahmen, in den man seine Sinneseindrücke hineinstellt, es geht um den inneren Kosmos, auf den das wahrnehmende Subjekt die es umgebende Welt bezieht. Auch die Begegnung mit Objekten berührt diesen Kosmos. Greifen wir zwei Typen von Gegenständen heraus, die kaum gegensätzlicher sein könnten: Luxusgegenstände, etwa Goldringe, Yachten, Pelzmäntel, teure Parfums, Trüffel, Kunstwerke auf der einen Seite und alte, abgenutzte Gegenstände, treue Lebensbegleiter auf der anderen, etwa ausgebeulte Aktenmappen, verschlissene Jacken, ausgetretene Schuhe oder kampferprobte Geldbeutel. Nur für ihre langjährigen Besitzer haben diese Gegenstände Bedeutung. In jeder Hinsicht könnte man sie durch bessere ersetzen, nur in einer nicht: in ihrem ideellen Wert als Lebensbegleiter. Auf dem Markt wären diese Gegenstände wertlos, ihr Wert entsteht erst aus der Begegnung heraus. Bei Luxusgegenständen dagegen ist es zunächst nur der exorbitante Preis, der sie heraushebt und eine Begegnung erzeugt.

Der Reiz eines Luxusobjekts kommt nicht bloß dadurch zustande, dass man es besitzt, sondern auch dadurch, dass andere es *nicht* besitzen. Im Zeitalter des Massenkonsums hat sich dies immer wieder bestätigt. Sobald alle genug Geld hatten, sich Objekte zu leisten, die zunächst als Luxusobjekte gegolten hatten, änderte sich die Zusammensetzung des Luxusmarkts. So musste etwa die Luxuslimousine im Lauf des 20. Jahrhunderts immer wieder neu erfunden werden, aber auch die exklusive Fernreise, die feine Küche oder der gehobene Einrichtungsstil.

Am Ende, wenn im ewigen Davonlaufen der Luxusprodukte vor den Käufermassen kaum noch eine Steigerung möglich scheint, um durch Qualität und Aussehen exklusiv zu bleiben, besteht ein häufig gewählter Schritt darin, wieder ganz zum Anfang zurückzukehren. Ein Auto ist nichts gegen ein eigenes Reitpferd; eine Digitaluhr ist nichts gegen eine handgefertigte mechanische Präzisionsuhr. In solch überraschenden Wendungen des immer auf der Flucht befindlichen Luxusmarkts hin zu Produkten, die in ihrem Nutzwert von billigen Massenprodukten um ein Vielfaches übertroffen werden, zeigt sich, was hinter dem Wunsch nach Exklusivität steht: die distanzierte Haltung gegenüber jeder Art von Nutzen.

Jedes beliebige Auto hat mehr PS als ein Pferd, aber es macht gerade den Reiz des Pferdes aus, dass man es sich gar nicht wegen seiner »Pferdestärke« hält, dass seine Brauchbarkeit für irgendetwas überhaupt keine Rolle spielt. Worauf es allein ankommt, ist die Begegnung des Luxuskonsumenten mit dem Pferd. So verhält es sich auch mit der sündhaft teuren mechanischen Uhr oder mit Pelzmänteln, die, anders als ein Anorak aus Goretex, vielleicht für die Wagner-Festspiele im August in Bayreuth geeignet sind, nicht aber für heftigen Schneeregen bei einer Wanderung. Das plötzliche, demonstrative Ignorieren der Brauchbarkeit bei Produkten nach einer langen Vorgeschichte der Steigerung des Nutzwertes war immer wieder ein verblüffender, für die Massen schwer durchschaubarer Schachzug, um Luxuscharakter herzustellen und Begegnungen zu erleichtern.

John Bailey erzählt in seinem *Requiem für Iris*, einer Schilderung seiner Ehe mit der Schriftstellerin und Philosophin Iris Murdoch, über deren Obsession des Steinesammelns. Von einer Italienreise kamen beide mit einem Kofferraum voller Steine zurück. Es waren Steine, wie sie überall am Wegesrand, an Flussufern oder am Strand liegen, aber es waren in den Augen von Iris Murdoch besondere Steine. Das Paar lebte lange Zeit auf einem halb verfallenen Gehöft in Südengland, wo auf den Landgütern der Reichen und Adligen der Luxus zu Hause ist: Reitpferde, antike Möbel, Kristallgläser und an den Wänden wertvolle Originale. Ein größerer Unterschied als der zwischen solch erlesenen Objekten und dem Haufen Steine, die Bailey und Murdoch aus Italien mitbrachten, scheint kaum denkbar. Aber falsch: Vom Standpunkt einer möglichen Begegnung aus betrachtet, hat ein Stein von Iris Murdoch mehr mit einem edlen Pferd gemeinsam als mit einem Pflasterstein aus Zement, den man im Baumarkt kaufen kann.

Wie sehr Erzählungen die Begegnung mit Objekten formen, zeigt die Vermarktung von Wein: das Etikett, die Jahreszahl, der Name und die Region, möglichst auch noch Geschichten über den Winzer formen das Geschmackserlebnis offenbar wesentlich mehr als die Flüssigkeit, die in der Flasche ist. Der französische Önologe Frédéric Brocher entlarvte die Abhängigkeit selbst ausgewiesener Weinkenner von der zum Wein erzählten Geschichte mit einigen simplen Experimenten. Er setzte 57 Experten denselben Wein erst als Landwein vor und dann mit einem Gran-Cru-Etikett. Sie alle fielen nicht nur darauf herein, sie hielten sogar – man mag es kaum glauben – einen rot gefärbten Weißwein für Rotwein.[19] Imagination überformt Begegnung; Begegnung überformt Sinnlichkeit; Sinnlichkeit überformt die Befriedigung des Körpers. Die vorangegangenen Abschnitte erkundeten die vier Schichten des schönen Lebens jeweils für sich; die folgenden untersuchen sie zusammenfassend.

Das schöne Leben ist konkret

Überall ist Wunderland
Überall ist Leben.

Geradezu hymnisch beginnt dieses Gedicht von Joachim Ringelnatz, aber es führt einen aufs Glatteis. Seine Fortsetzung:

Bei meiner Tante im Strumpfenband
Wie irgendwo daneben.

Der Wechsel vom Weihevollen ins Derbe fällt hier zusammen mit einem Wechsel vom Abstrakten ins Konkrete. Vom Loblied auf das Leben lenkt Ringelnatz den Blick auf einen obskuren Schauplatz der Sinnlichkeit. Dann verabreicht Ringelnatz dem Leser gleich noch einmal ein ähnliches Wechselbad:

Überall ist Ewigkeit.

Wenn du einen Schneck behauchst,
Schrumpft er ins Gehäuse,
Wenn du ihn in Kognak tauchst,
Sieht er weiße Mäuse.

Ringelnatz springt von der respektvollen Naturbetrachtung in die Niederungen einer albernen Imagination hinab, bei der selbst engagierte Tierschützer erst einmal von ihrem eigenen Lachen überrumpelt wer-

den. In beiden Vierzeilern konfrontiert er Distanz mit Nähe, Abstraktheit mit Konkretheit, Metaebene mit operativer Ebene, Betrachtungen
über das Leben mit dem Leben selbst.

Das Leben selbst ist immer singulär, es hat seinen Schauplatz immer
an einem einzigen Raum-Zeit-Punkt im Universum, und es ist umso
überraschender, absurder, wundersamer, unbekannter, je mehr es einem
gelingt, von der Ebene des Abstrakten ins Hier und Jetzt des Konkreten
hinabzusteigen. Die Befriedigung des Körpers kommt und geht wie ein
Weißbier nach einer Mountain-Bike-Fahrt zu einer Berghütte. Genauso
ist es mit der Sinnlichkeit, der Imagination, der Begegnung: Jede Form
des schönen Lebens ist an einzelne Momente, Begleitumstände, Personen, Räume gebunden. Das Glück hat immer ein Datum und geographische Koordinaten. Das schöne Leben ist konkret.

In seinem fast schon wieder vergessenen Buch *Das Konkrete und das
Abstrakte* rekonstruiert der Sozialanthropologe Dieter Claessens die
Geschichte menschlichen Denkens von ihrem allerersten Anfang an.[20]
Am Anfang war das Konkrete: die direkte und unreflektierte Begegnung
instinktgesteuerter Wesen mit der Außenwelt. Vor zehntausenden von
Jahren gab es dann einen Punkt, den Claessens als *point of no return* be-
zeichnet: den allmählichen Beginn abstrakten Denkens als spezifisch
menschliche Überlebenstechnik. Von da an ging es im Großen und Gan-
zen immer nur in eine Richtung weiter. Das Denken, der Schwarm der
Gehirne, eroberte sich immer größere Abstraktionsmöglichkeiten.

Wenn wir Claessens folgen, ist Abstraktion eine oder sogar *die* Kern-
kompetenz des Menschen im Vergleich zu anderen Lebewesen. Was bei
Hunden der Geruchssinn ist und bei Fledermäusen das Gehör, das ist bei
Menschen die Fähigkeit, Klassen zu bilden, Kovariationen zu erkennen,
Modelle zu konstruieren. Abstraktion beginnt mit Überlegungen wie
»Wenn ich Wasser aus dem Fluss zu meinem Acker führe, werde ich eine
gute Ernte haben«, und führt bis zur Relativitätstheorie und darüber
hinaus. Jeder Begriff beruht auf Abstraktion, jede Regel, jeder Diskurs.
Die ganze Geschichte der Menschheit lässt sich als Abstraktionsge-
schichte rekonstruieren, enorm beschleunigt in der Moderne. Sie geht
jedoch mit einem wachsenden Verlust des Konkreten, Einzigartigen,
Unverwechselbaren einher. Das Unbehagen in der Moderne macht den
Eindruck einer Entzugserscheinung.

Die Geschichte der Menschheit als Entwicklung vom Konkreten zum
Abstrakten wiederholt sich in jedem einzelnen Leben. Am Anfang ist

alles nur körperliche Erfahrung und Begegnung. Das Neugeborene ist zu hundert Prozent dem Konkreten hingegeben; was dann kommt, ist die ständige Veränderung des Mischungsverhältnisses zugunsten des Abstrakten. Als Folge dieser Parallelität von Abstraktionserweiterung und Älterwerden billigen viele dem Abstrakten ein besonderes Prestige im Vergleich zum Konkreten zu.

Dass sich die Menschheit auf den Weg der Abstraktion gemacht hat und dass jeder Einzelne versucht, sich möglichst viel davon anzueignen, liegt an der Brauchbarkeit des Abstrakten für das Können. Mehr und mehr hat sich die Moderne im Lauf des 19. und 20. Jahrhunderts der Steigerung des Könnens verschrieben. Sie organisierte eine Ordnung der Transformation: das Steigerungsspiel von Naturwissenschaft, Technik, Wirtschaft, Politik und Konsum. Gleichzeitig wuchs der Bestand abstrakten Wissens geometrisch an; bis auf den heutigen Tag tastet sich dieses Wissen in immer neue Nischen der Wirklichkeit vor. Abstraktion wurde zur ersten Bürgerpflicht und Abstraktionsvermögen zum obersten Bildungsziel.

Doch dies zieht unweigerlich etwas Überraschendes nach sich: Neben dem Lebens- und Menschheitsthema des Könnens tritt eine große zweite Frage immer näher an uns heran: Was sollen wir mit den unübersehbar vielen Optionen anfangen? Am Anfang geht es primär um das Haben und Können,[21] aber dann immer mehr um das Sein: um den Aufenthalt im selbst geschaffenen Freiraum. Das könnensgerichtete Denken erweitert den Möglichkeitsraum, das seinsgerichtete Denken nimmt ihn in Besitz. Immer mehr können zu wollen, ohne von den so geschaffenen Möglichkeiten Gebrauch zu machen, wäre absurd.

In Tolstois *Anna Karenina* tritt am Rande ein deutscher Uhrmacher in Erscheinung, der im Haus des Stepan Arkadjitsch von Raum zu Raum geht, um die Uhren aufzuziehen. Über diesen Uhrmacher, so erzählt Stepan Arkadjitsch einem Besucher, werde gesagt, dass er selbst eine Art Uhr sei – aufgezogen, um Uhren aufzuziehen.

Warum lachen die russischen Beobachter über den deutschen Uhrmacher? Sie finden ihn absurd. Er ist ein Automat, der Automaten bedient. Er repräsentiert das könnensgerichtete, abstrakte Denken, das aus seiner eigenen Logik nicht mehr herauskommt: Seinsvorsorge, ohne jemals das Sein zu erreichen. Der Uhrmacher kümmert sich um die Koordination der Zeit, das Auskosten der Zeit liegt außerhalb seines Denkens.

Sein ohne Können ist nicht möglich, Können ohne Sein ist sinnlos. Im Projekt der Moderne sind beide Ziele angelegt, aber das könnensgerichtete Denken hat das seinsgerichtete immer mehr an den Rand gedrängt.

Die Schwierigkeit, beide Denkformen in einem Kopf zusammenzubringen, besteht darin, dass man für das Können die Kunst der Abstraktion braucht, für das Sein dagegen die Kunst der Konkretisierung. Will man in beiden Sphären geistig zu Hause sein, braucht man jene Flexibilität, mit der uns Ringelnatz in seinem Gedicht verblüfft.

Die Mischungsverhältnisse von Können und Sein schwanken freilich, von Mensch zu Mensch, von Lebensphase zu Lebensphase, von Epoche zu Epoche. In *Anna Karenina* beispielsweise finden wir alle möglichen Zwischenstufen bis hin zu den Extremen. Den Ausbruch Annas aus ihrer Ehe mit Karenin erzählt Tolstoi als Hingabe an den unwiderstehlichen Reiz der Begegnung, als Obsession für das Konkrete, als progrediente Seinsbesessenheit, die mit dem Moment einsetzt, als sie Wronskij, mit dem sie bald eine ehebrecherische Beziehung haben wird, zum ersten Mal erblickt. Wronskij ist ein gewiss ansehnlicher, aber auch gewöhnlicher Mensch. Annas bedingungslose Zuwendung zu ihm wird nicht als Überwältigung durch Charisma dargestellt und schon gar nicht als etwas Mystisches, sondern, in ihren eigenen Worten, als der Moment, in dem eine Hungernde endlich zu essen bekommt. Dabei geht es um mehr als um Sex, und schon gar nicht geht es um Idylle und inneren Frieden. Es geht um die Begegnung mit dem Konkreten, so schmerzhaft und zerstörerisch sie auch sein mag.

Auf der anderen Seite ihr Mann, mit dem sie seit acht Jahren verheiratet ist, Alexej Alexandrowitsch Karenin: die Inkarnation des Abstrakten und der Könnensorientierung: intelligent, kompetent, ehrgeizig, prinzipientreu, berechnend und berechenbar. In beklemmenden Dialogen inszeniert Tolstoi das Scheitern von Begegnung als Erfahrung unüberbrückbarer Fremdheit zwischen zwei Menschen.

Von Beginn der Moderne an galt das Privatleben als Gegenwelt zu Fabrik, Kontor, Universität und Parlament. Im öffentlichen Raum wurde das Abstrakte kultiviert, in der Wohnung das Konkrete. Körperliche Befriedigung, Sinnlichkeit, Imagination und Begegnung – alle Formen des schönen Lebens zogen sich mehr und mehr aus der Öffentlichkeit zurück. Die Idee der gemütlichen Wohnung, die schon auf den Genrebildern der niederländischen Malerei des 17. Jahrhunderts auftaucht und im Biedermeier triumphiert, impliziert ein Zwei-Welten-Modell:

Die Welt der Wohnung als Enklave singulärer, personegebundener, situationsverhafteter Dramen und Komödien spaltet sich ab von der Welt der überpersönlichen Regeln, der Standardisierung, des Abstraktionsmanagements (also der Anwendung, Erzeugung und Weitergabe von Abstraktionen). Auf der einen Seite Wohnungen, auf der anderen Seite Straßen mit Verkehrsregeln, Gerichte, Parlamente, Bürohochhäuser, Fertigungsanlagen, Schulen, Universitäten und Forschungseinrichtungen.

Welche Errungenschaft eine nur wenigen Menschen zugängliche Wohnung darstellt, zeigt ein Blick auf heutige Slums oder in die Stuben der armen Leute früherer Zeiten, ebenso aber ein Gang durch die prunkvollen Zimmerfluchten eines Schlosses. Gemütlich ist es weder hier noch dort. Sowohl ganz unten wie ganz oben wimmelt es von Menschen. Öffentlichkeit und Intimsphäre sind nicht klar voneinander abgegrenzt. Ganz unten gibt es so gut wie kein Interieur, ganz oben gibt es zwar mehr als genug davon, aber es soll nicht in erster Linie wohltun, sondern beeindrucken.

Noch bis ins neunzehnte Jahrhundert hinein war die Öffentlichkeit in die Wohnung eingeladen; man unterhielt Salons und Jours fixes als Schnittstellen zwischen innen und außen. Bilder aus der zweiten Hälfte des neunzehnten Jahrhunderts, etwa von Adolf Menzel oder den französischen Impressionisten, zeigen dagegen bereits Wohnungen als Enklaven exklusiver Privatheit, zu denen niemand Zutritt hat. Raumaufteilung, Möbel und Stilelemente stellen offensichtlich auf den Zweck ab, dem Körper wohl zu tun, der Sinnlichkeit Raum zu geben, Begegnungen zu ermöglichen. Man bewegt sich leger in Hausschuhen und im Morgenrock, Früchte stehen auf dem Tisch, man liebt roten Plüsch, goldene Fransen und pastellfarbene Vorhänge.

Kein Maler hat die Wohnung als guten Ort so ausgiebig dargestellt wie Carl Spitzweg. Dass viele Kunstliebhaber Spitzweg als Kitschmaler einschätzen, ist teils als Geste der Distinktion gegenüber den Massen von »Spießern« zu verstehen, die Spitzweg lieben, teils als Ausdruck einer lebensphilosophischen Distanz zwischen der skeptischen Moderne des 20. Jahrhunderts und der Verklärung der heilen privaten Welt im 19. Jahrhundert. Doch was Spitzweg ausdrückte, ist heute jedem verfügbar: die Wohnung als Futteral des unbeobachteten, seine Körperlichkeit und seine Schrullen auslebenden Menschen.

Teils bleiben die Motive Spitzwegs ganz auf die Wohnung beschränkt, so beim *Büchernarr* oder beim *Kakteenliebhaber*; die Öffentlichkeit ist hier nur im Blick aus dem Fenster zu erahnen. Teils ist die Öffentlichkeit ganz verschwunden – so beim häufigen Motiv des Einsiedlers oder bei den in alten Festungen vergessenen, Socken strickenden Soldaten neben Kanonen, in denen Vögel nisten. Die Figuren auf diesen Bildern haben sich ein ursprünglich gar nicht als Wohnung gedachtes Ambiente als außen gelegenen Innenraum angeeignet. Teils begibt sich Spitzweg in seiner Motivwahl in die Öffentlichkeit, bleibt dabei aber auf das Thema der Wohnung bezogen, etwa beim Gang der Schildwache durch die Stadt oder bei der *Abreise*. Eine wieder andere Form, das Wohnen zu umkreisen, hat Spitzweg in jenen Bildern gefunden, in denen die Grenzen zwischen Wohnung und Öffentlichkeit oder zwischen Wohnung und Wohnung überschritten werden, freilich auf diskrete, diese Grenzen nur bestätigende Weise: verstohlene neugierige Blicke, Ständchen, Besuche.

Wenn heutige Betrachter die Bilder Spitzwegs als idyllisierend empfinden, offenbaren sie, dass sie die Botschaft genau verstehen. Die Heiligkeit des Privatbereichs hat sogar noch zugenommen. Selbst der Partykeller als Einfallspforte der Außenwelt ist Vergangenheit; Feste feiert man bei Dienstleistungsunternehmen. In der Innenarchitektur der Wohnzimmer verschwinden allmählich die Sitzgarnituren mit Aufnahmekapazität für mehrere Besucher und Statussymbole wie die Schrankwand, zu denen die Vorstellung von Fremden in der Wohnung gehört, die man beeindrucken will. Sehr rasch hat sich in Deutschland in den neunziger Jahren die Sitte verbreitet, die Schuhe bei Betreten der Wohnung abzulegen. Symbolisch wird das Private gegen Kontamination geschützt.

Spitzweg mit seinem Faible für die Verzauberung der Welt durch Konkretheit wären auch die neuen, technikgestützten Privaträume jenseits der Wohnung nicht entgangen, die in wenigen Jahrzehnten im Alltagsleben aufgetaucht sind wie exorbitale Raumstationen, die den Heimatplaneten der Wohnung im fremden Raum umkreisen. Wie hätte er U-Bahn-Fahrgäste mit Kopfhörern und abwesendem Blick gemalt; wie ein Dutzend auf dem Bahnsteig telefonierende, jeweils für sich lachende, gestikulierende, erzählende Reisende beim Warten auf den ICE? Welches imaginäre Spitzwegbild gehört zu dem Titel »Zwei neue Nachrichten in Ihrer Mailbox«?

Die Idee der Begegnung hat sich neue Formen und virtuelle Räume gesucht: SMS, E-Mails, Chatrooms, Blogging. Das Zeittypische besteht dabei nicht nur in der Technik. Wichtiger aus der Sicht des erlebenden Subjekts ist das vorgestellte Gegenüber der Begegnung. Die Asketen verweigerten der Welt den Kontakt, so weit es ihnen nur möglich war, um desto konkreter mit Gott in Berührung zu kommen. Mystiker wie Meister Eckhart gingen den umgekehrten Weg mit demselben Ziel; sie versenkten sich kontemplativ in ihre Gedanken, in die Anschauung von Heiligenbildern oder von Blumen, weil sie hofften, Gott zu begegnen. In der romantischen Sicht der Natur lebte dieses Motiv neu auf. Auch in SMS-Botschaften geht es nach wie vor um Begegnung und Konkretheit, aber so profan wie möglich. Wie in der Mystik sieht man den Adressaten nicht, man hört und spürt ihn nicht, doch immerhin kann man auf eine Antwort hoffen.

Glück 1 und Glück 2

Befriedigung des Körpers, Sinnlichkeit, Imagination und Begegnung sind verschiedene Formen des Glücks. Hier wird es auf jeweils besondere Weise konkret; hier agiert der Einzelne als Einzigartiger. Darauf kommt es an und nicht aufs Geld, besagt das Märchen von Hans im Glück. Dieser startet mit einem Beutel Dukaten. Dann macht er ein schlechtes Geschäft nach dem anderen; was auch immer er gerade besitzt, tauscht er gegen etwas von geringerem Wert ein, bis er schließlich mit leeren Händen dasteht. Die Pointe des Märchens besteht in der Aussage, dass Hans gerade dadurch frei und glücklich wird. Das schöne Leben, so die Moral der Geschichte, ist eine Kunst, die nichts kostet.

Das klingt gut. Aber hören wir eine andere Geschichte: Eine Frau sieht sich vor die Wahl gestellt, eine kleine Menge Gold entweder für einen schönen Ring oder für die Sanierung ihrer Zähne zu verwenden. Natürlich wird sich die Frau fragen: Was habe ich von dem Ring, wenn ich ständig unter Zahnweh leide? Ich muss das Gold für die Zähne investieren.

Ihre Entscheidung illustriert die seit der Antike einflussreiche Unterscheidung zweier grundverschiedener und doch zusammenhängender Glücksbegriffe: *Glück 1* als Freiheit von Leid und Mangel, *Glück 2* als schönes Leben. Wer nach Glück 1 strebt, kümmert sich um die objektiven Lebensbedingungen, wer nach Glück 2 strebt, kümmert sich um die Gestaltung des Lebens unter diesen Bedingungen. Glück 1 meint Lebensumstände, Glück 2 das schöne Leben selbst. Glück 1 entfaltet sich in der Modalität des Könnens, Glück 2 in der Modalität des Seins.

Im Lateinischen und vielen daraus abgeleiteten modernen Sprachen gibt es dafür auch zwei Wörter: *fortuna* und *felicitas*.[22] Das Deutsche kennt diese sprachliche Differenzierung nicht, aber auch dies trägt zur Klärung der Verhältnisse bei. Zwei Anliegen der Menschen, wie sie unterschiedlicher nicht sein könnten, vereinigt die deutsche Sprache in einem Sammelbegriff: Glück als das, was einem Menschen in einer gegebenen Situation wichtiger ist als alles andere.

Bei der Frau mit den Zahnschmerzen ist der Fall zunächst klar: Sie will ihre Schmerzen loswerden. Aber was ist, wenn ihr Gebiss wieder in Ordnung ist? Der Augenblick des Übergangs – die Befriedigung des Körpers – ist beglückend, aber kurz. Jetzt ist Platz für andere Projekte, auch für andere Glücksprojekte. Der Traum vom Ring kann beginnen, aber das Gold ist weg. Zunächst ist man geneigt zu sagen: Es ist nicht so tragisch, wenn sie auf den Ring verzichten muss. Gold, um Schmerzen loszuwerden, ist nützlich, Gold, um sich das Leben zu verschönern, ist entbehrlich. *Glück 1 ist wichtig, Glück 2 ist Luxus.*

Andererseits: Wofür lebt man, wenn nicht für das schöne Leben? In der Sphäre von Glück 1 blitzt das schöne Leben bestenfalls hin und wieder einmal kurz auf, dann nämlich, wenn Leid, Schmerz und Mangel aufhören. Abgesehen von der Sekundenseligkeit körperlicher Befreiung ist Glück 1 immer nur Vorstufe, nur Anhäufen von Möglichkeiten für Glück 2. Wenn man, was freilich keine Selbstverständlichkeit ist, das schöne Leben als legitimes Ziel betrachtet, so erscheint es absurd, sich immer nur mit der Vorstufe zu beschäftigen, es sei denn, die blanke Not zwingt einen dazu. Wer im Überfluss der Möglichkeiten lebt, aber seine Zeit vor allem für die weitere Vermehrung der Möglichkeiten einsetzt, gleicht einem Neurotiker, der sich ständig neue Kleider kauft, sie aber nie anzieht, sondern in Lumpen geht.

So ähnlich wirkt das maulwurfartige Wesen in Kafkas Erzählung *Der Bau*. Es hat sich ein Paradies des Habens gegraben, Vorratskammern in einem weitverzweigten Tunnelsystem, geschaffen für Andachten des Habens in tiefster Stille und Dunkelheit. Von diesem Bild ist es nur ein Schritt zum Alltag des modernen Konsumenten – ein System von immer wieder nachgefüllten Kammern des Habens: volle Kühlschränke,

Autos mit allen Extras, Badezimmer mit Kosmetik-, Hygiene- und Medikamentenarsenal, Musik- und Bildkonserven, Küche mit Küchengeräten, Garage mit Werkzeug. Von da aus führen die täglichen Wege zu den großen Umschlagplätzen der Objekte, zu den Märkten, und von da aus in alle Welt. Aus der Vertreibung aus dem Paradies ist eine Wiederannäherung geworden, aus der Mühe und Arbeit am Rand des Existenzminimums eine globale Orgie des Habens und Könnens. Doch dies gehört noch zur Sphäre von Glück 1; etwas mit dem Haben und Können anzufangen, also von Glück 1 zu Glück 2 vorzudringen, setzt eine andere, entgegengesetzte Handlungslogik voraus. Man maximiert Glück 1 mit der Kunst der Abstraktion, Glück 2 dagegen mit der Kunst der Konkretisierung. Hans im Glück ist kein guter Rechner, deshalb verliert er alles; er ist aber ein guter Genießer. Wir wollen hoffen, dass ihm jemand was zu essen gibt.

Welches Verhältnis besteht zwischen Glück 1 und Glück 2? In den Medien ist wesentlich mehr vom Leid der Welt die Rede als von der Freude an ihr. Viele zögern nicht, dies für einen Spiegel der objektiven Verhältnisse zu halten:»Es gibt nun mal mehr Unglück als Glück« – als ob man das quantifizieren könnte. Hinter der scheinbaren Objektivität der Aussage verbirgt sich eine weit verbreitete persönliche Wertentscheidung: *Glück 1 ist wichtiger als Glück 2.* Begründet wird diese Asymmetrie vor allem mit zwei Argumenten: Vorsorge und Altruismus. Doch was ist, wenn genug Vorsorge getroffen ist und man anderen nicht helfen kann?

Es gibt noch andere Gründe für das Gefälle zwischen Glück 1 und Glück 2. Einer davon hat mit der Ökonomie der Aufmerksamkeit zu tun. Leid ist eine schlechte, also eine interessante Nachricht. Selten – und niemals in den Hauptschlagzeilen – ist von der kontinuierlichen Verminderung des Leids die Rede: von der weltweiten Zunahme der Lebenserwartung, vom Rückgang der Armut seit Beginn der neunziger Jahre,[23] von steigenden Bildungschancen, von Verbesserungen der Situation von Frauen, von der langsamen Erhöhung des Lebensstandards in China und Indien. Was die Uno-Berichte zur Lage der Menschheit Jahr für Jahr dokumentieren, kommentieren die Medien in den Wohlstandsgesellschaften fast nur im Hinblick auf das Fehlende, kaum einmal im Hinblick auf das Erreichte.

Die Neugier auf das Leid, sei es das Leid der Welt, sei es das Leid der Verletzten bei einem Verkehrsunfall, an dem man gerade vorbeikommt, korrespondiert dem Wandel der Motivation bei der Befriedigung des

Körpers. Spannend ist vor allem der erste Akt, das Leiden und die Hoffnung auf seine Linderung. Der zweite Akt, die Erlösung, ist schön, aber kurz. Der dritte Akt schließlich, das Befriedigtsein, ist langweilig. Anhaltende Verbesserungen sind schön für die Betroffenen, aber die Zuschauer wollen Dramatisches. Im Muster des Happy Ends ist der konsumptive Umgang mit dem Leid auf die Spitze getrieben. Klassische Hollywoodfilme hören nicht mit einer Schilderung des langen Zustands der Ruhe auf, sondern mit dem Moment des Übergangs in diesen Zustand. Sie beginnen nicht mit der Ehe, sondern enden mit dem ersten Kuss. Gelöste Probleme sind so öde wie eine dreispurige Autobahn.

Hinzu kommt, dass die Aufgabe, Probleme zu lösen, viel klarer definiert ist als die Aufgabe, gut zu leben. Wer hungert, friert oder Zahnweh hat, braucht nicht lange zu überlegen, was er will. Wer diese oder ähnliche Probleme *nicht* hat, kommt möglicherweise sein ganzes Leben lang zu keiner klaren Linie. Er fängt dieses und jenes an, ist sich nicht sicher, lässt es wieder bleiben, langweilt sich eine Zeit lang, glaubt dann, den eigenen Weg zum Glück gefunden zu haben, und gibt nach vierzehn Tagen wieder auf. Nichts ist zwingend, alles ist ungewiss. Solche Ratlosigkeit kann sich zur Qual auswachsen.

Der leidende, hungernde, schmerzende Körper setzt das Gehirn unter Druck; er treibt es dazu, Abhilfe zu schaffen. Der Körper lässt sich nicht ignorieren. Unterlässt man jedoch das Projekt des schönen Lebens, tut das Gehirn gar nichts. Leid ist ein Stachel im Fleisch, Versäumnis nicht. Der Mangel an Glück 1 endet für viele tödlich. Doch wenn man die Chance von Glück 2 einfach versäumt, stirbt man noch lange nicht. Man bleibt nur unter seinen Möglichkeiten, bei gleichzeitig steigender Lebenserwartung.

Zwar ist die Idee von Glück 2 durchaus erfreulich, lässt man sie aber auf sich beruhen, geht das Leben trotzdem weiter. Irgendwie wird man die Zeit schon totschlagen. Aber wozu lebt man dann überhaupt? Für Friedrich Schiller beginnt das menschenwürdige Leben erst an diesem Punkt.[24] Menschsein realisiert sich seiner Auffassung nach erst auf der Stufe von Glück 2, erst im Gebrauch der Freiheit, zu der Glück 1 nur die Vorstufe ist.

Workaholic und Hans im Glück. Zwei Risiken

Seine ganze Zeit und all seine Energie investiert ein Workaholic in die Sicherung von Glück 1: Haben und Können. Er arbeitet bis zum Umfallen, ohne je die Früchte seiner Arbeit zu genießen. Damit ist er die Gegenfigur zu Hans im Glück. Dieser freut sich über seine Unbeschwertheit; er hat beide Hände frei, weil er nichts mehr besitzt. Gefragt, wovon der denn leben will, lächelt Hans im Glück vielleicht und kontert mit jener Bibelstelle, in der Jesus seine Jünger auffordert, es so zu machen wie die Vögel: »Sie säen nicht, sie ernten nicht, sie sammeln nicht in die Scheunen; und euer himmlischer Vater ernährt sie doch.«[25] Und wenn er doch mal ein Problem hat, wird er den Workaholic aufsuchen und ihn um eine milde Gabe bitten. Moralisch zu rechtfertigen ist die Option für Glück 2 (das schöne Leben) nur so lange, als sie nicht auf Kosten derjenigen geht, die sich dazu breitschlagen lassen, mehr für Glück 1 (die Sicherung der Existenz) zu tun, als es ihrem eigenen Bedarf entspricht.

Jeder Einzelne für sich und jede Solidargemeinschaft ist zu Kompromissen zwischen Glück 1 und Glück 2 gezwungen. Workaholic und Hans im Glück stehen für zwei extreme Positionen; sie schließen keinen Kompromiss. Der eine setzt total auf Glück 1, der andere total auf Glück 2. Beides scheint unvernünftig, wenn nicht sogar unmoralisch. Aber damit ist noch nicht gesagt, was denn wohl vernünftig wäre.

Als Faustregel scheint sich zunächst anzubieten: so viel für Glück 1 tun wie nötig, so viel an Glück 2 herausholen wie möglich. Weit kommt man damit aber nicht; aus zwei Gründen: Erstens ist »nötig« ein dehnbarer Begriff, wenn es sich nicht beispielsweise um einen so klar definierbaren Sachverhalt wie die Kalorienzahl handelt, die man für das tägliche Überleben braucht. Schon die einfach wirkende Frage, was außer der Ernährung denn sonst noch alles für die Gesundheit nötig sein könnte, führt bereits ins Uferlose.

Zweitens ist Glück 2, das schöne Leben, allein durch die Abwesenheit von Not und Leid, also durch Glück 1, nicht automatisch gewährleistet. So könnte Hans mit seinem Glück herzlich wenig anfangen, wenn er zu blöd dazu wäre, seine Zeit zu nutzen und zu gestalten. Wer das schöne Leben will, muss mehr tun, als sich ihm einfach nur hinzugeben: sich bilden, Kontakte pflegen, die Wohnung gestalten, den öffentlichen Raum zu einem inspirierenden Aufenthaltsort machen, die Ästhetik der Natur sprechen lassen. Damit kommt ein weiterer Kompromiss in Sicht. Nicht nur Glück 1 und Glück 2 sind gegeneinander abzuwägen, sondern auch Lernprozesse sowie soziale und räumliche Arrangements als vorausschauende Investitionen für das schöne Leben, die erst einmal eine Anstrengung bedeuten und sich erst später auszahlen. Den Untergang des römischen Imperiums haben viele Historiker auch dem Hedonismus seiner Bürger zugeschrieben.[26] Geschwächt vom Gift des schönen Lebens, verweichlicht, süchtig nach Spielen, abhängig von staatlichen Brotzuteilungen, unfähig dazu, ohne immer neuen Nachschub von Sklaven und Kriegsbeute auf eigenen Füßen zu stehen, konnten sie den einfallenden Germanenstämmen nichts entgegensetzen – ein Beispiel für kollektive Selbstsabotage durch einen schlechten Kompromiss zwischen Glück 1 und Glück 2.

Der Konflikt ist denkbar allgemeiner Natur, und damit auch die mit ihm verbundenen Risiken, ob man es nun mit dem antiken Rom zu tun hat oder mit einem Mittzwanziger unserer Tage. Auch ihm droht Selbstsabotage durch einen schlechten Kompromiss zwischen Glück 1 und Glück 2, wenn er die entscheidenden Jahre verbummelt und seine Karrierechancen verspielt. Doch dem ersten Risiko, mitten im schönen Leben von existenziellen Nöten eingeholt zu werden, steht ein zweites gegenüber: sterben, ohne etwas vom Leben gehabt zu haben.

Auf der Suche nach Kompromissen müssen sich die Menschen in Grauzonen bewegen. Sie suchen nach Anhaltspunkten, nach klaren Kriterien, nach einer praktikabeln Ökonomie des Glücks. Im Konflikt zwischen Glück 1 und Glück 2 gibt es jedoch eine informationelle Asymmetrie, die im Westen dazu führt, dass die Gefahr, das schöne Leben zu versäumen, größer ist als die Gefahr existenzieller Probleme. In der Sphäre von Glück 1 sind Fehler und Erfolge objektiv definierbar und in Geld auszudrücken; in der Sphäre von Glück 2 dagegen unterliegen Gelingen und Scheitern ausschließlich der subjektiven Bewertung. Bei Glück 1 weiß man, was man will und was man hat, und andere können sich davon überzeugen. Bei Glück 2 ist jeder auf sich gestellt. Diese Asymmetrie führt dazu, dass der Workaholic im Westen häufiger anzutreffen ist als Hans im Glück, dass alle Länder des Westens Wachstum über Wohlstand stellen, dass die naturwissenschaftlich-technische Schulbildung Vorrang vor der musischen erhält, dass die Verminderung der

Erwerbsarbeit als Problem und ihre Verlängerung als Lösung gesehen wird. Das Objektive setzt sich tendenziell gegen das Unvergleichliche durch, das Rechnen gegen das Verstehen, das Äußere gegen das Innere.

Moral des Glücks

Von der Entrüstung zum Befremden

Zwei Männer, die sich über das Internet gesucht und gefunden haben, treffen sich zu keinem anderen Zweck als dem der Verspeisung des einen durch den anderen. Das Opfer beteiligt sich noch am Verzehr seiner eigenen Geschlechtsteile, dann lässt es sich umbringen. Kannibalisiert zu werden als höchstes Glück; einen Menschen vollständig zu zerteilen, zuzubereiten und aufzuessen als größte Sehnsucht – der Fall des *Kannibalen von Rotenburg* ging um die Welt. Bizarr wie die Tat war auch das Nachspiel: Begleitet von seinem Rechtsanwalt stellt sich im Jahr 2002 ein Mann der Justiz, der einen freundlichen, zivilisierten und unauffälligen Eindruck macht, ein Jedermann, der das will, was alle wollen: nach ihrer Façon selig werden.[1]

Weil, wie der Mann zu Protokoll gab, »allmählich das Fleisch ausging«, hatte er zum Zeitpunkt seiner Verhaftung bereits Kontakt mit neuen Opfern aufgenommen – aber was heißt da »Opfer«, wenn beide einverstanden sind? Ist der Fall überhaupt justiziabel? Die Staatsanwaltschaft plädierte auf Mord, die Verteidigung auf Tötung auf Verlangen. Verurteilt wurde der Angeklagte in erster Instanz wegen Totschlags. Totschlag? Nach Angaben des hessischen Landeskriminalamts hatten sich weitere 204 Menschen via Internet dem Angeklagten als Schlacht- oder Misshandlungsopfer angeboten. Wird ein solcher Prozess in einem Jahrzehnt bei einem nicht vorbestraften Angeklagten auf eine Bewährungsstrafe hinauslaufen, als hätte man es mit einem Verstoß gegen die Tierschutzbestimmungen zu tun?[2]

Was spricht gegen die Meinung, Kannibalismus sei eben auch nur eine spezielle Form der Glückssuche, der man die Anerkennung ebenso wenig verweigern dürfe wie dem Porschefahren, der Geschlechtsumwandlung oder der Suche nach Erleuchtung durch Meditation? Das 20. Jahrhundert hat die Dark Rooms gebracht, die Swingerclubs, die Seitensprungagenturen, die Freigabe der Abtreibung und die Homoehe, warum sollte im 21. Jahrhundert nicht auch der Kannibalismus legalisiert werden? Wenn der zu Vertilgende vor Zeugen schriftlich sein Einverständnis erklärt hat, ist es gar nicht so einfach, ein philosophisch stichhaltiges Argument gegen seine Abschlachtung zu finden.

Längst hat der Begriff der Perversion seine Stigmatisierungskraft eingebüßt; aus einem moralischen Kampfbegriff wurde ein Etikett zur Bezeichnung ausgefallener Wünsche. Die moralische Bevorzugung des Normalen und Natürlichen hat sich in ihr Gegenteil verkehrt: Das Normale gilt als langweilig, das Natürliche als undefinierbar, und die Berufung auf beides als zweifelhaft. Wer sich offensiv zum Normalen und Natürlichen bekennt, geht das Risiko ein, als spießig, intolerant oder gar faschistoid wahrgenommen zu werden.[3]

Und doch: Jenseits dieser Attitüde der Gleichbehandlung selbst der entlegensten Wünsche hält sich ein letzter Schatten moralisierender Unterscheidung zwischen guten und bösen Wünschen. Zuerst wurde aus der Sünde das Unanständige, dann aus dem Unanständigen das Befremdliche. Der klare Gegensatz von Gut und Böse verwandelte sich in die unscharfe Trennung des Normalen vom Abartigen. Die Linie zwischen beiden Feldern ist ständig in Bewegung, die Bestimmbarkeit des Normalen schwindet, und die letzten Vorbehalte gegen das Abartige werden blass. Parallel dazu wuchs jedoch der Wunsch nach moralischer Unterscheidung. Je mehr die hergebrachten Grundlagen dieser Unterscheidung schwinden, desto mehr schlagen sich die Menschen mit der Frage herum, was denn nun sein darf und was nicht.

Manches scheint selbstverständlich, schafft aber noch keine moralische Orientierung. Gewiss – Bergwandern, Mozart-Opern und die Ratschläge des Dalai Lama gelten als irgendwie gut; astronomische Managergehälter, fettes Essen und Sex mit Zwangsprostituierten aus dem Osten gelten als irgendwie schlecht. Wer gegen das Rauchen ist, darf sich zur moralischen Avantgarde zählen, unterstützt durch behördlich erzwungene Todeswarnungen auf Zigarettenschachteln im Gesamtgebiet der Europäischen Union. Wer gegen die Homoehe eintritt, gilt als intoleranter Zeitgenosse. Doch den Weg durchs Leben weisen solche zwischen Moral und Geschmack oszillierenden Urteile nicht.

Dass der Kannibale von Rotenburg die Neugier reizt, während ein Bericht über die silberne Hochzeit eines glücklich verheirateten Paars so uninteressant ist wie eine Telefonbuchseite, spiegelt nur noch indirekt die fast schon obskur gewordene Unterscheidung zwischen Gut und

Böse wider. Voyeurismus richtet sich auf das, was im Verborgenen geschieht. Wäre die Langzeitehe bei Todesstrafe verboten, Kannibalismus dagegen eine von Autobahnraststätten und Burger-Ketten angebotene Form der Massenernährung, so wäre die öffentliche Aufmerksamkeit wahrscheinlich genau anders herum verteilt. Die Informationsauswahl der Medien reagiert lediglich auf das Erregungspotenzial von Ereignissen; aufbauschen können die Medien nur, was sich aufbauschen lässt. Was Nachrichten, Stories, Sensationen sind, wird vom Publikum mitbestimmt.

Kannibalismus schlägt silberne Hochzeit: Niemand redet noch offen über moralische Standards, viele wissen nicht einmal, dass sie welche haben, aber sie haben sie. In der säkularisierten Kultur Europas klingt das Wort »Moral« nach Lüge, und vielen ist das Moralisieren peinlicher, als nackt auf die Straße zu gehen.[4] Sich dabei auf christliche oder – falls dies ein Unterschied ist – kirchliche Traditionen zu berufen, erfüllt buchstäblich den Tatbestand abweichenden Verhaltens.

Dennoch wurde ein junges Paar, das Ende Oktober 2004 mitten in der Fußgängerzone von Dülmen zu kopulieren begonnen hatte, letztlich doch von der herbeigerufenen Polizei unterbrochen und mit einer Geldbuße von 100 Euro bestraft.[5] Warum eigentlich? Verwaltungsrechtlich lag der Tatbestand einer Ordnungswidrigkeit vor: die »Erregung öffentlichen Ärgernisses«. Der Rest ist ins Ermessen der Behörden und Gerichte gestellt. Indem die Polizei von Dülmen einen Bußgeldbescheid ausstellte, wurde sie zwangsläufig zu einer Instanz moralsoziologischer Zeitdiagnose. Befund: Es gibt eine Öffentlichkeit, die sich ärgert, wenn sich zwei Menschen in der Fußgängerzone der natürlichsten Sache der Welt hingeben. Gibt es so etwas Ähnliches wie eine Ordnung, der diese zuwiderhandeln? Gibt es so etwas Ähnliches wie Moral? Immerhin rief in Dülmen jemand die Polizei, wenn es auch eine Weile dauerte.

Einerseits reden alle vom Glück, und niemand will sich hineinreden lassen. Andererseits sehen wir immer noch Zeichen einer impliziten, heimlichen Moral. Warum heimlich? Die Scheu, sich lautstark moralisch zu äußern, rührt noch aus dem langen Kampf gegen längst besiegte moralische Übergriffe auf die Privatsphäre. Aus dieser Zeit hat sich das Zerrbild von Moral als Feind des Menschen erhalten – eine Schimäre aus dem Archiv der kollektiven Erinnerung. Die gegenwärtige Angst vor Moral ist nicht die Angst vor Strafe, sondern vor Lächerlichkeit und Ausgrenzung. Wem droht die größere Blamage: dem Bürger, der wegen der Erregung öffentlichen Ärgernisses 100 Euro Strafe zahlen muss – oder dem Bürger, der die Polizei ruft und dabei das Risiko der Etikettierung als Spießer auf sich nimmt?

Abschied von der Dümmlichkeit

Die Tugendwächter der Vergangenheit gelten nun als Moralapostel, ihr rhetorischer Gestus wird als erhobener Zeigefinger ironisiert. Frühere Inkarnationen von Zucht und Anstand mutierten zu komischen Figuren, die allmählich verblassen und vergessen werden: die nörgelnde Gouvernante, der strafende Vater, der gestikulierende Bußprediger, der strenge Lehrer. Alles, was von ihnen blieb, ist der Ruf der Glücksfeindschaft und der Verdacht der Bigotterie: Sie predigten Wasser und tranken Wein, sie ächteten Fleischeslust und gingen heimlich ins Bordell, sie verboten Onanie und masturbierten.

Längst ist diese Schlacht geschlagen, alle Türen stehen offen, sogenannte Tabubrüche wirken heute wie Schuhplatteln in einem bayerischen Wirtshaus. Mit der Moral müsste eigentlich auch gleich die doppelte Moral verschwunden sein. Aber sie ist nicht verschwunden. Sie heißt bloß nicht mehr so, sie versteckt sich gerne, sie schämt sich ein wenig, sie verleugnet sich. Aus der alten Doppelbödigkeit wurde eine neue – die Umkehrung der alten. Wenn jemand sagt, er wolle jetzt wirklich nicht die Sittenpolizei spielen, schwingt meist ein unausgesprochenes »Aber« mit. Die neue Doppelbödigkeit besteht darin, Moral zu verleugnen und sie dennoch zu praktizieren.

Doch der kollektive Lernprozess geht weiter. Die Menschen denken über sich nach und kommen sich selbst auf die Schliche. Sie wollen kein moralisches Vakuum, und allmählich bekennen sie sich auch dazu. Aber wie das Vakuum füllen, wenn man keine Todsünden zur Hand hat?

Lange Zeit übernahm die Kulturkritik diese Funktion. Konsumterror, Unterhaltungsindustrie, schöner Schein, Massenkultur, Oberflächlichkeit, Materialismus, Hedonismus – seit jedem sein privates Glück anheimgestellt ist, gehören Worte wie diese zum Standardvokabular gebildeter Schimpfer. Sie tönen revolutionär, aber sie verändern nichts, und allen ist es recht. Die kulturkritische Rhetorik war nur ein leichtes

Störgeräusch; sie war Bestandteil moderner Moralfolklore und nicht etwa Ausdrucksform einer Gegenkultur.

Dass die routinierte, folgenlose Skepsis des Westens gegenüber seinem eigenen Lebensstil vielen nicht mehr genügt, liegt daran, dass sie sich von außen angegriffen fühlen. Die neuen Gegner des schönen Lebens sind radikaler, militanter und eindeutiger als dessen westliche Kritiker, die nicht im Traum daran denken, selbst von jenem Lebensstil zu lassen, den sie in pseudomoralischer Attitüde attackieren. Zunehmend sehen sich die Menschen der westlichen Kultur herausgefordert, darüber nachzudenken, was ihnen ihr Lebensstil wert ist und worin ihre zentralen Ziele bestehen. Der Druck wächst, neben die elegante Haltung von Selbstironie und lässiger Selbstwidersprüchlichkeit ein positives, explizites und durchaus moralisches Bekenntnis zur westlichen Glücksuche zu stellen.

Länger als ein Jahrhundert blieb dieses Bekenntnis vor allem der Werbung vorbehalten, dem Showbusiness und dem Konsum. Die ernstgemeinte Darstellung des Schönen, Wahren und Guten als Gefühlsduselei von sich zu weisen und doch lebenslang für sich selbst danach zu suchen – dies empfand kaum jemand als Widerspruch. Die Öffentlichkeit war für die Demonstration kritischer Kompetenz da, das Privatleben für das Glück. Das Recht auf privates Glück wurde durch die Verfassungen der westlichen Demokratien geschützt; damit schien der Kampf zu Ende gekämpft.

Nun stellt sich heraus, dass der Fall keineswegs erledigt ist. Was ansteht, ist eine neue öffentliche Wertbestimmung des privaten Glücks, dessen Ansehen auf die Stufe von Ramsch heruntergekommen ist. Dubios sind die Orte, an denen das private Glück überhaupt noch öffentlich thematisiert wird: Parfümreklame, Boulevardpresse, Heimat- und Chefarztromane, Schlager und Reiseprospekte. Einerseits genießen viele das Spießige, Kitschige, Banale, Seichte, Massenhafte und Dümmliche durchaus, andererseits kultivieren sie aber auch seine Verachtung.

Eingeklemmt zwischen Kulturkritik und Dümmlichkeit bewegte sich die Moral des Glücks lange Zeit nicht von der Stelle. So gut wie unbemerkt hat inzwischen jedoch die Reflexionsbereitschaft jenseits der fade gewordenen Deutungsmuster zugenommen. Das Glück wurde zum Thema vieler, und zwar nicht bloß in den Trivialversionen von Lottogewinn, Traumpartner und Südseestrand, sondern in Form lebensphilosophischer Selbstreflexion. Auflagenhöhe und Qualität von Büchern, die sich mit dem Glück beschäftigten, stiegen im Gefolge einer neuen Unzufriedenheit mit der Unbedarftheit eines Glücksdiskurses, der lange Zeit nicht aus dem Kontext von Fruchtjoghurt, Fürstenhochzeiten und Hera Linds *Superweib* herausgekommen war. Der Kontakt zu den hoch entwickelten Glücksdiskursen der Antike, der Renaissance, der Aufklärung, der Klassik und Romantik ist verschüttet.

Umso authentischer wirkt die gegenwärtige Steigerung der Diskursqualität, umso mehr ist sie Ausdruck einer von vielen tief empfundenen Sehnsucht nach ernstzunehmender, anspruchsvoller, komplexer Reflexion zentraler persönlicher Lebensziele, und zwar in der Öffentlichkeit, jenseits der Privatsphäre. Allmählich kehrt im Zuge der Transformation des Glücksdiskurses auch der Reichtum europäischen Gedankenguts in das kollektive Gedächtnis zurück, und die große Zeit der »Motivationstage«, bei denen ein Guru auf der Bühne zwischen Nebelschwaden dem zahlenden Publikum das Motto einhämmert: *Ich kann es schaffen. Das Glück ist auf meiner Seite,* ist allmählich vorbei.

Moral nach außen, Moral nach innen

Im gegenwärtigen Glücksdiskurs bahnt sich eine Erweiterung der Vorstellungen vom Guten an. Bisher galt: Gutes tut man anderen, und dieses Gute ist noch besser, wenn es einem selbst wehtut. Gut ist, wer anderen etwas abgibt, rücksichtsvoll ist und Verantwortung für die Gemeinschaft übernimmt. Gut zu sein hat demnach etwas mit der Beziehung des Einzelnen zu anderen Menschen zu tun. Das Glück des Einzelnen erscheint dabei als Störung. Erlaubt ist es allenfalls, wenn man seine moralischen Pflichten gegenüber anderen erledigt hat.

Dabei handelt es sich jedoch um eine halbierte, unzureichende Sicht, die das schöne Leben unter den Generalverdacht der Sozialschädlichkeit stellt. Hier grüßt immer noch die ursprüngliche Glücksverachtung des Christentums, die sich früh im Katalog der sieben Todsünden verdichtete. Fast vergessen war, dass die aufgeklärte Moderne ursprünglich durchaus auch die umgekehrte Gefahr gesehen hat: die potenzielle und ungerechtfertigte Glücksschädlichkeit der Sozialsphäre. So emphatisch die Aufklärung den Nächsten und seine Bedürfnisse anerkannte, so klar respektierte sie doch auch die Freiheit des Einzelnen und seinen persönlichen Weg zum Glück. Die »epikuräischen Aufklärer« Frankreichs[6] und die Pragmatiker und Utilitaristen Englands und Schottlands[7] verurteilten die Suche nach dem persönlichen Glück keineswegs als verwerflichen Egotrip, sondern sahen sie als Teil des Guten und Richtigen, als moralisch geboten an.

Es gibt eine Moral nach außen – Altruismus, Rücksicht, Gemeinschaftssinn – und eine Moral nach innen – die Glücksuche des Einzelnen. Beides kann zwar in Konflikt geraten, aber beides hat den gleichen Rang. Das Glück ist nicht prinzipiell nachgeordnet, sonst ist es genau genommen gar nicht möglich, da es immer mehr ausgestreckte Arme als helfende Hände geben wird. Man ist nicht nur den anderen etwas schuldig, sondern auch sich selbst. Mit dieser Auffassung lässt man das Mittelalter ebenso hinter sich wie die Antimoral des späten 20. Jahrhunderts. Sie bricht mit der Unterwerfung der Privatsphäre unter das Diktat der sieben Todsünden ebenso wie mit der gegenteiligen Auffassung: mit der Ablehnung von Moral überhaupt.

Zur Geschichte der Entrüstung

Moral tritt am klarsten in Erscheinung, wenn man sie vermisst und lauthals einklagt. Die einen tun etwas, und andere entrüsten sich darüber: Bußprediger, Kulturkritiker, Politiker, Kommentatoren, wir alle als omnipräsente Moralbeobachter des Alltagslebens.

Die Glückskritik der sieben Todsünden war eine vormoderne Form der Entrüstung. Erst in der zweiten Hälfte des 20. Jahrhunderts verschwand sie allmählich. Noch 1966, so berichtet Fritz J. Raddatz in seinen Erinnerungen, mussten die Käufer des Gesamtwerks des französischen Aufklärers Denis Diderot in den Buchhandlungen schriftlich erklären, dass sie volljährig waren und die Bücher nicht an Jugendliche weitergeben würden – zwei Jahrhunderte nach ihrer Erstpublikation galten sie immer noch als gefährlich.[8] Kurz darauf, 1968, setzte die vehemente Verabschiedung des puritanischen Entrüstungsmusters ein, zu dem die postnationalsozialistische Gesellschaft der Bundesrepublik kurz nach dem Zweiten Weltkrieg noch einmal zurückgekehrt war. Im

Vergleich zur landesweiten Empörung, die Willi Forsts Film *Die Sünderin* im Jahr 1950 hervorrief, weil man einige Sekunden lang die nackte Hildegard Knef von hinten sah, erscheint die damalige Debatte über Deutschlands Nacht mit Adolf Hitler unverhältnismäßig leise. Während der kurzen Zeit der Re-Puritanisierung der Gesellschaft drängte der aufs Private zielende Schamzwang die öffentliche Beschämtheit vorerst ins Abseits der Wahrnehmung.

Vorausgegangen war dieser Zeit das Entrüstungsmuster der totalitären Diktaturen, gleichgültig ob faschistischer oder sozialistischer Prägung, die Europa das ganze 20. Jahrhundert über heimsuchten: die Kritik am Glücksstreben des Einzelnen aus der Sicht einer kollektivistischen Glücksmoral. Warum gibt es keine fanatischen Demokraten, während Faschisten und Kommunisten typischerweise durch Argumente nicht zu belehren sind, für Differenzierungen unzugänglich bleiben und sich Kompromissangeboten verweigern? Die Schimäre des kollektiven Glücks verlangt gläubige Hingabe, Erfahrungsverweigerung und konsequentes Ignorieren des Menschlichen. Das persönliche Glück zählt nichts, der Beitrag zum kollektiven Glücksprojekt alles. Viele waren von der Vision der glücklichen Gesellschaft bis zur Todesbereitschaft überzeugt. Intellektuelle, die im Stalinismus nach Schauprozessen liquidiert wurden, bezogen noch kurz vor ihrer Hinrichtung Trost aus der Vorstellung, dass dies im Interesse des Ganzen sein könnte. »Die Partei, die Partei, die hat immer recht«, sangen die Arbeiterbrigaden bei ihren Aufmärschen.

Walter Kempowski erzählt in *Tadellöser und Wolf* von den Nachstellungen, denen er als Jugendlicher im Nationalsozialismus ausgesetzt war, weil er Jazz hörte und seine Haare wachsen ließ.[9] Was zählte, war die Arbeit am kollektiven Glück, die Ausbildung des Körpers für den Kampf und die Ausbildung des Geistes für den Gehorsam. Ausgerechnet Kempowski landete nach Kriegsende für acht Jahre in einem Gefängnis der DDR und geriet damit vom Regen in die Traufe: vom kollektiven Glücksprojekt des Faschismus in das des Sozialismus.[10] In einem einzigen Leben erfuhr Kempowski zuerst die kurzfristige Faszinierbarkeit der Massen durch Glücksvisionen und dann langfristig die schleichende Desillusionierung der Bevölkerung, den Glaubwürdigkeitsschwund des politischen Pathos, die unaufhaltsame Verdrängung des Kollektiven durch das Private: Datschen, private Netzwerke und Naturaltausch von Westzigaretten gegen die Reparatur des Fernsehgeräts.

234

Im Jahr 1989 kam dann der Dammbruch, verursacht durch den inzwischen erreichten Pegelstand unerfüllter privater Wünsche. Millionenfach angestaute persönliche Glücksprojekte vereinigten sich in den ersten Wochen des Mauerfalls zu einem Strom nach Westen. Dies war das vorläufige Ende der kollektivistischen Träume und Entrüstungen.

Die gegenwärtigen Entrüstungsmuster des Westens spiegeln noch verschwommen, aber in zunehmender Deutlichkeit eine Moral des Glücks, die zwar den Einzelnen, aber auch seine soziale Verpflichtung in den Mittelpunkt stellt. Weil jeder auf beiden Seiten zugleich steht, erleben sich viele in einer Art Entrüstungsschizophrenie. Aus der Innenperspektive erscheinen die Ansprüche der anderen als Zumutung: Man muss Steuern zahlen, man muss die Musik leise stellen, man muss warten, bis man drankommt. Unvermeidlich nimmt man jedoch auch die Außenperspektive ein: Man ist auch selbst Anspruchsteller. Man fordert steuerfinanzierte Leistungen, Rücksicht und Einhaltung der Regeln. Aus der Innenperspektive schimpft man über die Opfer, die einem andere abverlangen; aus der Außenperspektive schimpft man über ihren Egoismus.

In der Gesellschaft der glücksuchenden Einzelnen stehen die Moral nach innen und die Moral nach außen gleichrangig nebeneinander, doch nur ganz allmählich setzt sich diese Symmetrie auch im Denken der Menschen und ihren Diskursen durch. Auch heute noch gilt im Zweifel die Moral nach außen, der Altruismus, als die schönere und vornehmere Schwester, während die Moral nach innen mit dem Stigma der Vergnügungssucht behaftet ist. Wenn sich die Moral nach außen empört, hat sie den Resonanzraum der langen christlich-abendländischen Entrüstungsgeschichte im Rücken, in dem ihr Rufen zum Donnerhall wird, ausgestattet mit der Autorität eines Anwalts der Schwachen und Rechtlosen dieser Erde.

Die Moral nach innen muss sich dagegen unter ungünstigen rhetorischen Bedingungen Gehör verschaffen. Es scheint immer nur ein Einzelner zu sein, der allein auf weiter Flur für seine persönlichen Interessen spricht, wenn er es überhaupt wagt, den Mund aufzumachen, denn er muss mit der Gefahr rechnen, dass man ihm mit der Moralkeule zu Leibe rückt: Ausbeuter! Dieb! Geizkragen! Egomane!

Während sich die Moral nach außen mit dem Prädikat »Altruismus« schmücken kann, steht für die Moral nach innen nur das Etikett »Egoismus« zur Verfügung. Sachlich gesehen sind beide Begriffe zutreffend, aber ihr normativer Gehalt spricht Bände. Altruismus ist gut, Egoismus ist schlecht – das ist immer noch das Zwischenergebnis der Entrüstungsgeschichte der Moderne. Warum aber soll Egoismus etwas Schlechtes sein? Der Versuch der Aufwertung des Egoismus in der Philosophie des Utilitarismus hat außerhalb der Wissenschaft (speziell der Wirtschaftswissenschaft) kaum Erfolg gehabt.[11] Immer noch ist die Anerkennung der Ichmoral als gleichwertig im Verhältnis zur Sozialmoral unterwegs; doch der Weg führt nicht über die akademische Philosophie, sondern über das Nachdenken und Reden der vielen Einzelnen. Nur langsam ändert sich die Hackordnung zwischen den beiden Moral- und Entrüstungsmustern der Moderne.

Der sogenannte Werteverfall

Ein Mann ist auf dem Rückflug von einem Geschäftstermin in New York. Neben ihm sitzt eine attraktive junge Frau. Bald entspinnt sich ein Gespräch. Daraus wird ein Flirt. Nach zwei Stunden haben sich beide rettungslos ineinander verliebt. Sie versprechen sich gegenseitig, nie mehr auseinanderzugehen. Die Sache hat nur einen Haken: Der Mann hat dieses Versprechen schon einmal abgegeben. Arglos holen ihn Frau und Kinder im Flughafen ab. Noch am selben Tag verlässt der Mann seine Familie.

Eine alltägliche Geschichte nach einem alten Drehbuch. Zwar lassen jetzt vermehrt auch die Frauen ihren Partner sitzen; sollte dies ein kultureller Fortschritt sein, so fällt es doch schwer, sich darüber zu freuen. In Filmen und Romanen wirken Beziehungsdramen und erotische Ausbrüche spannend, im wirklichen Leben verstörend. Wie soll man damit umgehen, wenn man selbst in eine solche Geschichte verwickelt ist, und sei es nur als Zeuge? Die Antwort war früher einfacher als heute: Es gab einen Schuldigen, den man verurteilte, und ein Opfer, mit dem man sich solidarisierte. Der Mann, der mit einer Jüngeren durchbrannte und seine Familie im Regen stehen ließ, musste damit rechnen, als treulos und unanständig zu gelten.

So eindeutig ist das heute nicht mehr. Wer wagt es noch, den Stab zu brechen? Die Ablehnung der alten Todsündenmoral hat das moralische

Urteilen *an sich* in Misskredit gebracht; deshalb werden die Bekannten und Verwandten des Mannes Hemmungen haben, ihm Vorwürfe zu machen oder ihn gar unter Hinweis auf Frau und Kinder zum Abbruch seiner Affäre zu drängen, auch wenn ihnen heimlich danach ist. An der Häufung solcher Episoden und an der Zurückhaltung ihrer Beobachter lässt sich erkennen, dass die Moral nach innen vorangekommen ist; andererseits zeigt die Verstörung der Beobachter aber auch, dass die Aufwertung der Moral nach innen keineswegs gleichzusetzen ist mit dem Ende der Moral nach außen. Nach wie vor, wenn auch etwas verhaltener als früher, fordern die Menschen Kompromisse zwischen eigenen und fremden Bedürfnissen – und sie entsprechen diesen Forderungen. Wer erotische Affären sammelt, tut vielen weh. Eine Neubausiedlung im Grünen mag denen gefallen, die darin wohnen, allen anderen verdirbt sie die Landschaft. Nachbarn bekriegen sich wegen Lärmbelästigung. Das Glück der reichen Nationen werde mit dem Unglück der armen Nationen bezahlt, meinen die Globalisierungskritiker. Solche Beispiele veranschaulichen den Konflikt zwischen eigenem und fremdem Glück. Es ist ein universeller Konflikt, auf den viele Kulturen mit ähnlichen moralischen Grundsätzen geantwortet haben, mit den Zehn Geboten etwa, die die Beziehung des Einzelnen zum Nächsten regeln. Du sollst deinem Nächsten keinen Schaden zufügen und ihn respektieren. Ähnliche Prinzipien formulieren auch andere Religionen; ihren kleinsten gemeinsamen Nenner bezeichnet Hans Küng als »Weltethos«.[12] Deren Quintessenz hört sich als goldene Regel von Konfuzius bis Kant ganz einfach an. »Chung-Kung stellte eine Frage über die vollkommene Tugend. Der Meister sprach: ›Was du nicht selbst wünschst, tu nicht den anderen‹«.[13]

Aus der langsamen Angleichung des Rangverhältnisses der beiden Muster der Moral macht die Rede vom Werteverfall einen empörenden Endsieg der Moral nach innen: Egoismus schlägt Altruismus! Doch die Kultivierung der Privatsphäre geht keineswegs Hand in Hand mit einer etwaigen Entmoralisierung der Sozialsphäre. Die sozialethische Substanz der Zehn Gebote, das Weltethos, die goldene Regel, das normative Fundament der Moral nach außen ist im Vergleich zu früher sogar fester geworden. Warum? Weil Moral in der säkularisierten Kultur des Westens nicht mehr auf metaphysischen Kommandos beruht, sondern auf freien persönlichen Entscheidungen und menschengemachten Gesetzen.[14]

Langfristig ist die Geschichte der Moral nach außen gerade nicht als Verfall zu beschreiben, sondern als Aufbauprozess. Ganz am Anfang war die Mitmenschlichkeit da. So belegen Knochenfunde, die sich der Frühgeschichte der Menschheit zuordnen lassen, erste Formen der Solidarität mit Alten und Kranken: Wer sich nicht selbst ernähren konnte, wurde von den anderen mit durchgefüttert. An vielen Knochen fand man Spuren von schweren Verletzungen, die lange verheilt waren und an denen das Opfer ohne fremde Hilfe gestorben wäre.[15] Als Nächstes kamen die großen Kollektive und mit ihnen eine neue Form der Moral nach außen: die Gemeinwohlorientierung. Schließlich entstand die Moderne mit ihrer als grenzenlos vorgestellten Erweiterung des Handlungsspielraums: dem immer weiter getriebenen Steigerungsspiel.

Letztlich haben alle drei Formen – Mitmenschlichkeit, Gemeinwohlorientierung, Steigerung – das gleiche implizite Ziel, sie unterscheiden sich lediglich im Abstraktionsgrad. Mitmenschlichkeit erreicht konkrete Personen. Gemeinwohlorientierung kommt allen zugute. Steigerung schließlich zielt darauf ab, mehr Optionen zu schaffen und Einschränkungen zu beseitigen. Dass Einzelne dabei Profit machen, tut dem keinen Abbruch, hat aber dazu geführt, das Steigerungsspiel als rein egoistisches Projekt abzuwerten. Müsste dies nicht für die anderen Formen auch gelten? Mitmenschlich zu handeln oder sich für das Gemeinwohl einzusetzen, erleben viele als beglückend. Moral nach außen hat oft den Nebeneffekt, auch der Moral nach innen zu dienen.

Aber Moral muss doch weh tun! »Im Grunde tust du dies doch gar nicht für die anderen, sondern nur für dich selbst!« Dies ist im Geiste Kants gesprochen, der einer Handlung schon dann den sittlichen Charakter absprach, wenn sie Vergnügen bereitete. Darüber spottete Schiller:

Gerne dien ich den Freunden, doch tu ich es leider mit Neigung
Und so wurmt es mir oft, dass ich nicht tugendhaft bin.
Da ist kein anderer Rat, du musst suchen, sie zu verachten
Und mit Abscheu alsdann tun, wie die Pflicht dir gebeut [16]

Dieser Ironie können sich mehr und mehr Menschen anschließen, die etwas für andere tun und auch noch Spaß dabei haben. Im Folgenden gehe ich etwas ausführlicher auf die drei Formen der Moral nach außen ein.

Die auf den *Mitmenschen* bezogene Moral beruht auf Mitgefühl. Der Handelnde macht das Wohl und Wehe des anderen zu seiner eigenen Sache. Er hört Musik nur in Zimmerlautstärke. Er überweist einen Geldbetrag auf ein Konto von Amnesty International. Er bringt niemanden um, lügt möglichst wenig und bestiehlt nur den Staat. Rücksichtnahme, Hilfe und Nichtschädigung sind drei Urformen der mitmenschlichen Moral, denen man zu allen Zeiten begegnet, auch in unserer. Die Moral der Nichtschädigung wird teilweise durch das Strafgesetzbuch unterstützt, die Moral des Helfens durch die Solidarsysteme des modernen Wohlfahrtsstaats und durch die Erhebung von Steuern. Aber Strafgesetzbuch und Transferzahlungen lassen noch vieles offen. Kaum reguliert wird im Vergleich dazu die Moral der Rücksichtnahme, dennoch funktioniert sie weit besser, als es die vielen Klagen über Rücksichtslosigkeiten glauben machen.

Wenn man sich den großen Spielraum für Moralverweigerung vor Augen hält, den moderne Gesellschaften lassen, wird erst sichtbar, wie viel freiwilliges moralisches Handeln die Menschen an den Tag legen – so viel, dass die meisten Menschen in diesen Gesellschaften gut leben können. Die Bereitschaft zur mitmenschlichen Moral wird auch keineswegs dadurch beeinträchtigt, dass sie so gut wie nie erkannt, geschweige denn anerkannt wird.

Dies geht vor allem auf die Selektivität der Alltagswahrnehmung und der Medienberichterstattung zurück. Vornehmlich das Kaputte erregt die Aufmerksamkeit. Es ist immer nur von Scheidungsziffern die Rede, nie von den Paaren, die zusammenbleiben. Es ist immer nur von misshandelten und vernachlässigten Kindern die Rede, nie von Eltern, die sich liebevoll für ihre Kinder aufopfern. Es ist immer nur von abgeschobenen, vergessenen und vereinsamten Alten die Rede, nie von der weit überwiegenden Mehrheit der Menschen, die sich um die Alten in der Familie kümmern, immerhin an die neunzig Prozent. Was gut funktioniert, bleibt weitgehend unbeachtet, gerade dann, wenn es über Jahre hinweg so war und zur Normalität geworden ist.

Ohne moralischen Konsens zugunsten des bedürftigen anderen wären auch die heutigen Sozialsysteme politisch unhaltbar. Keineswegs sind die Transferzahlungen in modernen Gesellschaften bloß ein Geschäft auf Gegenseitigkeit, das auf dem Versicherungsgedanken beruht, vielmehr gilt es als zumutbar, dass die Starken den Schwachen auch ohne Aussicht auf späteren eigenen Nutzen beistehen, und die Empörung ist allgemein, wenn es den Starken gelingt, sich daran vorbeizumogeln.

Wie wenig das Verschwinden der Religion der Opferbereitschaft für den Nächsten anhaben konnte, sieht man auch am Erfolg von internationalen Spendenaktionen, an der Existenz ökonomisch standfester Nichtregierungsorganisationen oder an der zunehmenden Bedeutung bürgerschaftlichen Engagements.[17] Gegenbeispiele können diese Tatsachen nicht entkräften; die weit verbreitete Diagnose von der wachsenden Herrschaft des Egoismus verdreht die sozialen und historischen Fakten.

Ein ähnlicher Befund gilt für den zweiten Themenbereich der Moral nach außen: *Gemeinschaft*. Die mitmenschliche Moral hat Einzelne im Auge, der gemeinwohlorientierten Moral geht es dagegen um Kollektive. Dazu gehört heute etwa die Mitarbeit in Bürgerinitiativen, Vereinen und politischen Gremien. Verantwortung zu übernehmen; Strukturen zu schaffen, die allen nützen; bei gemeinsamen Zielen mitzuhelfen – auch diese Form der Moral begleitet die Menschen von Anfang an, denn sie war spätestens zu dem Zeitpunkt notwendig, als die Menschen begannen, gemeinsam zu jagen und sich die Arbeit zu teilen.

Im Zentrum der Tätigkeit für das Gemeinwohl stehen Kollektivgüter, etwa Umwelt, Sicherheit auf den Straßen, Ästhetik des öffentlichen Raums, Freiheit von Korruption. Freiwillige Feuerwehr, technisches Hilfswerk, Ehrenämter in Vereinen, Bürgerinitiativen, politische Ämter und Mandate auf kommunaler Ebene, Nichtregierungsorganisationen wie *Transparency International, Amnesty International* oder *Ärzte ohne Grenzen*: in den Aktivitäten all dieser Zusammenschlüsse stecken Millionen Stunden unbezahlter Arbeit und gerne geopferter Zeit.

Trotzdem hört man oft, die Gemeinwohlorientierung in modernen Gesellschaften sei zusammengebrochen und jeder denke nur noch an sich. Aber auch hier zeigt sich ein Auseinanderklaffen von pessimistischen Zeitdiagnosen und tatsächlichen Verhältnissen. Von einem Rückgang gemeinwohlorientierter Moral kann nach allen empirischen Untersuchungen zu diesem Thema keine Rede sein. Natürlich: Einen Wandel gibt es durchaus. Der Zulauf zu traditionellen Organisationen geht zurück, gleichzeitig aber beobachten wir einen immer noch anhaltenden Aufschwung selbstbestimmter Projekte. Mit der früheren Honoratiorenwirtschaft ist es vorbei; umso mehr erfasst die Moral des Gemeinwohls nun breite Schichten.[18]

Mitmenschlichkeit und Gemeinwohlorientierung sind fest etablierte Begriffe der Moral nach außen – aber *Steigerung*? Was hat beispielsweise die Entwicklung der Digitalfotografie mit Moral zu tun? In der Moderne hat sich die Idee der Möglichkeitserweiterung zu einem gigantischen Steigerungsspiel mit immer mehr Akteuren ausgewachsen: Konzerne, Wissenschaft, Technik, Politik und Konsumenten sind daran beteiligt.[19] Es klingt ungewohnt, fast schon blasphemisch, hier von Moral zu reden.

Gewiss, die wichtigste Motivationsquelle im Steigerungsspiel ist der Egoismus: das Streben nach Geld, Ruhm, Komfort und Lebensgenuss. All dies ist aber durchaus moralisch gerechtfertigt, ja gefordert. Schon Adam Smith sieht in seiner berühmten Metapher von der unsichtbaren Hand eine Kraft am Werk, die den Egoismus für das Wohl aller instrumentalisiert. Erfinder, Wissenschaftler, Investoren und Unternehmer, so die moralische Interpretation des Steigerungsspiels, tun etwas für andere, indem sie etwas für sich selbst tun. In den letzten Jahren wurden sogar die Konsumenten in diese Gleichung einbezogen. Der Appell, doch weniger zu sparen und mehr zu konsumieren, hat einen moralischen Unterton angenommen. Wer seiner Lust frönt, so die Botschaft, nützt auch den anderen, weil er Arbeitsplätze zu erhalten hilft und Wachstum schafft.

Im 19. Jahrhundert stand der moralische Aspekt des Steigerungsspiels viel stärker im Vordergrund als heute. Man scheute sich nicht, die stürmische Entwicklung von Wissenschaft, Technik und Industrie im goldenen Licht des Guten zu sehen. Vom Wohl der Menschheit war die Rede, vom Fortschritt für alle, von der allgemeinen Verbesserung der Lebensverhältnisse. Heute, nach zwei Weltkriegen, nach Tschernobyl und dem Klonschaf Dolly, gilt die moralische Rechtfertigung von Steigerungserfolgen als naiv, gefährlich und ideologisch verblendet.

Dadurch entsteht eine Art moralischer Schizophrenie, denn das Steigerungsspiel steht immer noch im Zentrum der Moderne. Bei aller Ambivalenz der Steigerung, wie sie gegenwärtig etwa in der Debatte über gentechnisch manipulierte Lebensmittel in Europa zum Ausdruck kommt, überwiegen doch immer noch Hoffnungen, die viele damit verbinden: etwa die Dritte Welt zu entwickeln, Krankheiten zu bekämpfen, Umweltprobleme zu bewältigen. Mit dem Nobelpreis für Chemie des Jahres 2005 wurde beispielsweise die Erfindung molekularer Herstellungsprozesse honoriert, bei denen weniger Abfall entsteht, weniger schädliche Lösungsmittel nötig sind und weniger Energie gebraucht wird.[20] Die Laudatio des Nobelkomitees war in seltener Explizitheit getragen von der Moral der Steigerung. Diese ist zwar immer noch allgegenwärtig, man gibt sie jedoch besser nicht zu; technischer Fortschrittsglaube gilt als einfältig. Dennoch – alle huldigen ihm, mehr oder weniger bewusst. So wäre beispielsweise die europäische Diskussion über Wachstum, Forschung, Innovation und Bildung ohne den Hintergrund einer weit verbreiteten, wenn auch stillschweigenden moralischen Überzeugung nicht zu verstehen: Steigerung ist gut für alle. Letztlich geht es bei der Moral der Steigerung um die objektiven Voraussetzungen der privaten Glückssuche. Die zu dieser Moral gehörenden Entrüstungsmuster äußern sich in Sätzen wie »Von nichts kommt nichts« oder »Erst die Arbeit, dann das Vergnügen«. Vom Sinnvollen zum Absurden ist es hier allerdings nur ein kleiner Schritt. Friedrich Wilhelm I. von Preußen ging ihn, denn nichts hasste er so sehr wie Luxus und süßes Nichtstun. Wo immer er den Eindruck hatte, dass Menschen nicht mit etwas Nützlichem beschäftigt waren, sondern sich dem Glück des Augenblicks hingaben, fuhr er mit dem Stock dazwischen.[21] Arbeit schafft die Bedingungen für das schöne Leben, doch wozu, wenn das schöne Leben als Zeitverschwendung gilt?

Und so leuchtet es vielen Menschen ein, dass die Arbeitszeit wieder steigt. Es ist klar: Glück 2 ohne Glück 1 geht nicht. Je länger die Menschen allerdings arbeiten, desto näher kommt die Wirklichkeit den Vorstellungen Friedrich Wilhelms I.: Arbeit ohne Vergnügen. Das Glück wird aus Kostengründen gestrichen. Aber wozu dann noch arbeiten? An dieser Stelle meldet sich die Moral nach innen.

Gut für mich. Die Freigabe der Privatsphäre

Die zweite Hälfte des 20. Jahrhunderts war eine Epoche der Zurückweisung von von außen kommender moralischer Ansprüche an die Privatsphäre. Mehr und mehr wurde die Auseinandersetzung über Prinzipien, die das Verhältnis des Einzelnen zu sich selbst regeln sollten, zu einer Diskussion darüber, ob es hier überhaupt etwas zu diskutieren gab. In diesem Streit siegten Mal für Mal die Bilderstürmer. Ein Säulenheiliger des Selbstzwangs nach dem anderen ging in Trümmer: »Gottgefälligkeit«, »Ehrbarkeit«, »Sittsamkeit«. Was geschehen ist, merkt man schon an der Aura von Antiquiertheit, die von diesen ehemals tief ernst genommenen Begriffen ausgeht. Und mehr noch: Aus den einst begehrten Prädikaten wurden Beleidigungen.

Ein Ausdruck wie »moralischer Lebenswandel« hört sich heute wie ein Vermeidungsimperativ an. Vor der moralischen Verurteilung dessen, was Einzelne tun und lassen, wenn sie für sich sind, scheuen viele zurück. Aus der Moral wurde ein Achselzucken, nur das Moralisieren selbst ist noch Gegenstand des Moralisierens. Wenn A ausruft: »Das darf B doch auf keinen Fall! Das ist unmoralisch!«, dann wird er ironisch zurückgefragt, ob er sich zum Sittenrichter aufschwingen wolle. Im Klartext bedeutet dies nichts anderes als ein moralisierendes Verbot des Moralisierens: »Du darfst nicht ›du darfst nicht‹ sagen.«

Früher war der moralische Lebenswandel eine Selbstverständlichkeit vor allem für jede Frau, die etwas auf sich hielt und anerkannt werden wollte. Eine Frau von heute, die etwas auf sich hält und etwas gelten will, beachtet vor allem ein Prinzip: dass nämlich sie selbst es ist, die die Regeln definiert. Es steht ihr frei, genau das zu wollen, was man früher unter einem moralischen Lebenswandel verstanden hat, es steht ihr aber auch das Gegenteil davon frei. Es steht ihr sogar frei, zwischen der einen und der anderen Existenzform hin und her zu wechseln.

Dass sich im Westen weitgehend die Auffassung durchgesetzt hat, die Sexualität einer Frau sei ihre Privatsache, ist jedoch nur die auffälligste Facette der moralischen Freigabe der Privatsphäre, denn diese umfasst mehr als nur die Sexualität. Sie betrifft schlechthin alle privaten Lebensäußerungen, sofern sie andere nicht stören, etwa Religiosität, politische Überzeugungen, Kleidung, Ausdrucksweise, Bildung, musikalischen Geschmack, Körperhaltung, Ernährung, Lebensart.

In der Summe war das 20. Jahrhundert eine Negation der moralisch verbrämten Domestikation des Subjekts. Frauenbewegung, Rock- und Popmusik, Psychoboom, Swingerclubs und Love-Parade ähneln sich in ihrer Grundaussage. Der Einzelne, so die Botschaft, hat sich nicht dafür zu rechtfertigen, was er mit sich selbst anfängt. *Gut für mich* heißt zuallererst, dass ich mir von niemand sagen lasse, was gut für mich ist.

Damit ist die Geschichte freilich noch nicht zu Ende. Zwar ist die Botschaft inzwischen angekommen, dadurch aber ist sie überflüssig geworden. Die Negation der Moral nach innen ist erfolgreich abgeschlossen, weil man alles darf. Und damit ist die Zeit reif für einen Perspektivenwechsel. Nachdem die Privatsphäre freigegeben ist, kann ein neuer Diskurs darüber beginnen, ob der Einzelne sich selbst nicht doch etwas schuldig sein könnte. Dies erinnert an die entwicklungspsychologische

Beschreibung des Erlernens von Regeln in drei Schritten: Erst *nein*, dann *nein zum nein*, dann *ja*.

Allmählich wird eine neue Moral nach innen erkennbar. In der alten Moral dominierten von außen kommende Ansprüche von der Art der sieben Todsünden, die der Einzelne sich selbst gegenüber geltend machen sollte. In der neuen Moral dominieren Ansprüche, die der Einzelne im eigenen Interesse an sich richtet. Ihre Leitvorstellung ist das gelingende Leben, ihre Kernbegriffe sind Glück und Würde.

Noch nie hat es eine so breite Diskussion über das Glück gegeben wie in den letzten Jahrzehnten, und immer noch nimmt die Intensität dieser Diskussion in den Massenmedien und in Alltagsgesprächen zu. Ganz am Anfang dieses Diskurses, in den 70er Jahren, wurde das Glück des Einzelnen damit gleichgesetzt, jedem spontan auftretenden Bedürfnis nachzugeben. Niemand sollte sich Zwang antun, weder sexuell noch beruflich noch in seinen Umgangsformen. Dieser Glücksbegriff war noch stark geprägt von der Haltung der bloßen Negation. Der Entwicklungsstand von Vierjährigen wurde zur Lebensphilosophie erhoben.

Inzwischen denken die Menschen den Glücksbegriff komplexer, anspruchsvoller und auch anstrengender. Er orientiert sich zwar immer noch an der Kategorie des Lustgewinns, aber daneben immer mehr auch an der Kategorie des Sinns. Die Menschen definieren das gelingende Leben nicht mehr bloß über die Zahl der Befriedigungen pro Zeiteinheit, sondern zunehmend auch über selbstgesetzte Ziele: Projekte, Werke, Bildungsabsichten, langjährige Beziehungen, Forschung, Entfaltung von Fähigkeiten, deren Erlernen harte Arbeit, Disziplin und Durchhaltevermögen ebenso beinhaltet wie das am Ende stehende Gefühl des Erfolgs.

Würde ist der neue Begriff in der Moral der Selbstentfaltung, der den Wert des Einzelnen vor sich selbst abbildet. In früheren Bezugssystemen ging es den Menschen darum, würdig vor Gott zu sein oder würdig in den Augen der anderen; zu Würde gelangte man dabei nicht durch Selbstentfaltung, sondern durch Selbstunterdrückung. Im neuen Bezugssystem tritt das Streben nach Gottgefälligkeit oder nach Applaus in Widerspruch zum Streben nach Würde. Es geht nicht primär um die Achtung, die andere vor einem empfinden, es geht um Selbstachtung.

Was es zu vermeiden gilt, hat sich gewandelt. Sünde, Schande, Scham – so folgen die Gegenbegriffe zum Begriff der Würde im Lauf der Geschichte aufeinander. Das Gegenteil zur Würde vor Gott war die Sünde.

Mit der Säkularisierung wurden die Menschen ehrpusselig; an die Stelle der Sünde trat die Schande. Die Menschen bewiesen ihre Würde, indem sie sich duellierten, und nichts war schlimmer für sie, als nicht satisfaktionsfähig zu sein. Nach heutigen Vorstellungen dagegen beweist sich Würde vor allem auch dann, wenn man den Spott anderer erträgt, ohne mit der Wimper zu zucken. Als Ideal gilt, »noch in den Spiegel schauen zu können«. Nicht in den Augen der anderen entsteht Würde, sondern in den eigenen Augen. Im neuen Bezugssystem will man nicht primär Schande vermeiden, sondern Scham.

Nach der scheinbaren Entmoralisierung der Privatsphäre deutet sich nun ihre Remoralisierung unter anderen Vorzeichen an. Was einzelne Menschen sich selbst schuldig zu sein glauben, hat nichts mehr mit den Zumutungen anderer zu tun, sondern mit ihren eigenen Ansprüchen. Sie sehen ihr Leben als Chance, die sie nicht vergeuden dürfen. Die Grundfrage lautet: Wie gestalte ich diese Chance? Glück und Würde werden zu Orientierungsbegriffen der Selbstentfaltung. Mehr und mehr Menschen fassen diese Begriffe moralisch auf, als etwas Gutes, das man sich selbst tun soll und für das man auch Opfer zu bringen bereit ist.

Die traditionelle Lesart lautete: Wer auf das eigene Glück bedacht ist, tut nichts für das der anderen; wer seine eigene Würde in den Mittelpunkt stellt, setzt Gott und die Mitmenschen herab. Die neuen Leitbegriffe der Moral nach innen, Glück und Würde, erscheinen bei dieser Lesart als Laster, Askese und Demut als Tugenden.

Lange Zeit waren die Glücksdiskurse der Moderne unausgewogen; sie kreisten vor allem um die Interessensphäre der anderen und überließen den Einzelnen sich selbst: Mag er mit seinem Leben anfangen, was er will, Hauptsache er schädigt niemanden. Die Denker der Antike setzten den Akzent genau anders herum. Sie entwickelten Systeme der persönlichen Glückskritik und gaben Ratschläge, die später immer wieder aufgegriffen wurden, etwa von Montaigne oder Schopenhauer. Aristoteles etwa empfiehlt in der Nikomachischen Ethik den indirekten Weg: Man soll alles tun, Unglück zu vermeiden, statt dem Glück nachzujagen. Epikur dagegen ermuntert durchaus zu einem positiv glücksorientierten Leben, aber er warnt vor Selbstsabotage durch Übertreibung. Man zerstört sein Glück, wenn man keine Grenze findet. In der Semantik der Kirchenväter ist Völlerei eine Sünde gegen Gott, in der Semantik Epikurs eine Sünde gegen sich selbst. Die Todsünden formulierten ein Glücks-*verbot*, Epikur ein Glücks*gebot*.

Es ist dir nicht gesagt, was gut ist

Überblickt man all dies, so wird eines unmittelbar klar: Es ist immer weniger gewiss, wie man es anstellen soll, ein guter Mensch zu sein und ein Leben zu führen, das man selbst als sinnvoll und schön empfindet. Die Moral nach innen ist anspruchsvoller und anstrengender geworden, die Moral nach außen abstrakter und komplexer. Beide Arten von Moral sind auf eine ständig unübersichtlicher werdende Umwelt zu beziehen, und das stellt für den Einzelnen eine tägliche Schwierigkeit dar. Nach wie vor wollen die meisten Menschen gut sein, Moral ist ihnen wichtig, sie werden den Gedanken an das Gute nicht los, in Bezug auf andere und in Bezug auf sich selbst. Aber es ist immer unsicherer, worin das Gute in einer konkreten Situation besteht. Man kann nicht einfach aus dem Bauch heraus moralisch sein. Man muss darüber nachdenken, reden, streiten; man muss seine Standpunkte immer wieder revidieren; man muss sich ständig mit neuen, moralisch noch gar nicht ausgetesteten Situationen auseinander setzen und Standpunkte im Unbekannten aufbauen. Wenn man aber nicht einfach aus dem Bauch heraus gut sein kann, braucht man die Möglichkeit, über Moral zu *reflektieren*, um dann vielleicht aus dem Nachdenken heraus ein anständiger Mensch zu sein. Man braucht die Distanz des Beobachters. »Es ist dir gesagt, Mensch, was gut ist«, steht in der Bibel.[22] Für heutige Menschen lautet die Botschaft: »Es ist dir zwar nicht gesagt, was gut ist, aber du kannst versuchen, es herauszufinden«.

Ein Bild von Rembrandt zeigt den zürnenden Moses, der mit den von Gott empfangenen Gesetzestafeln vom Berg Sinai herabgestiegen ist. Er hat die zwei Steinplatten mit der eingravierten Schrift erhoben, um sie zu zerschmettern, denn er hält das Volk Israel, dessen gottloses Treiben er bei seiner Rückkehr sieht, nicht für würdig, die Gesetzestafeln zu empfangen.[23] Darin kommt zum Ausdruck, dass das Volk sehr wohl bereits weiß, was sündig ist und wie es handeln soll; es kennt die zehn Gebote bereits. Was Moses den Menschen bringt, ist schon nicht mehr der Inhalt der zehn Gebote, sondern nur noch ihre Schriftform.[24]

Welche Bedeutung hat eine solche Verschriftlichung? Eine der Bedingungen dafür, dass sich die Menschheit überhaupt entwickeln konnte, war eine minimale moralische Grundausstattung noch vor ihrer sprachlichen Verfestigung. Dann wurde die Welt immer komplizierter, und der

Bedarf nach Explizitheit der Prinzipien wuchs. Regeln verfestigten sich als tradierte Werte, als Heilige Schrift, als strafbewehrte Gesetze. Die zehn Gebote sind eine solche Verfestigung, unmissverständlich, unantastbar, in Stein gemeißelt. Die Gesetzestafeln schufen ein Verhältnis von Handeln und kritischer Selbstbeobachtung, philosophisch ausgedrückt von operativer Ebene und Metaebene. Man schaut aus der Perspektive der Gebote und Verbote auf sein eigenes Tun. Dies ist der Punkt, an dem *Ethik* erst möglich wird. Moral und Ethik: Worin besteht der Unterschied? Moral ist auf der operativen Ebene angesiedelt. Sie bezieht sich direkt auf Handlungen, die in einer Gemeinschaft als gut oder schlecht gelten. Ethik dagegen ist auf der Metaebene angesiedelt.[25] Mit Ethik ist eine Form der kollektiven Selbstbeobachtung gemeint: Was soll überhaupt als moralisch gelten und warum? Moral ist das Gebotene oder Verbotene; Ethik ist das Nachdenken und Reden *über* das Gebotene und Verbotene. Ethik kann die Moral interpretieren, verändern, weiterentwickeln, sogar abschaffen. Die Idee der Ethik beruht auf dem Zweifel an der unbedingten Geltung der Moral. Man kann nicht einfach bloß ein anständiger Kerl sein und ein sinnvolles Leben führen. Man muss vielmehr erst einmal darüber nachdenken können, was das jeweils gerade bedeutet.

In die Selbstbeobachtung des Volkes Israel ist eine religiöse Sicherheitssperre gegen die Modifikation oder die Abschaffung der Moral eingebaut. Die Gesetzestafeln sind das Allerheiligste; sie werden in der Bundeslade verwahrt. Sie erklären die Moral für sakrosankt und sind die Grundlage ethischer Diskurse. Wozu aber braucht man ethische Diskurse, wenn man eine sakrosankte Moral hat? Man braucht sie wegen der im Lauf der Zivilisationsgeschichte ständig zunehmenden Distanz zwischen konkretem Handeln und moralischen Prinzipien. Man handelt immer in singulären Situationen; wenn man es genau nimmt, wiederholt sich keine einzige Episode in all ihren Aspekten auch nur ein einziges Mal. Die zehn Gebote und vergleichbare Prinzipien fassen alle nur denkbaren vergangenen und zukünftigen Episoden unter einer begrenzten Anzahl von Aspekten ins Auge. Sie definieren Klassen von Tatbeständen wie Totschlag, Diebstahl, Ehebruch, Lüge. Wie diese Definitionen anzuwenden sind, versteht sich aber immer weniger von selbst. Die zehn Gebote fordern jeden dazu auf, sich einer lebenslangen Übung der Zuordnung im juristischen Sinn zu unterziehen: hier die Vorschrift, da der Tatbestand. Die Logik des gottesfürchtigen Lebens besteht darin, ständig zwischen operativer Ebene und Metaebene hin und her zu springen. Weil es in zunehmendem Maß Zweifelsfälle und Konflikte gab, waren die Einzelnen bald überfordert. Die Schriftgelehrten sind frühe Spezialisten der Metaebene.

Von der heiligen zur profanen Ethik

Die heilige Ethik gründete sich auf die Gemeinschaft derer, die an sie glaubten. In Europa verlor die heilige Ethik vom 18. Jahrhundert an nach und nach an Boden, weil ihre Basis erodierte. Zwei Bedingungen kamen zusammen: Gemeinschaftsverlust und Glaubensverlust.

Die Gemeinschaft trat zurück, als die Menschen immer mobiler wurden und die Zwecke, denen sie nachgingen, immer verschiedener. Bis die Eisenbahn kam, verbrachten weitaus die meisten Menschen ihr Leben in einem eng umgrenzten Gebiet, oft in derselben Nachbarschaft. Jeder kannte jeden, und jeder wusste von jedem, was er tat. Was rückblickend heimelig wirkt, brachte in Wirklichkeit Beschränkungen mit sich, die heute unerträglich scheinen. Man lebte unter der Dauerbeobachtung seiner Mitmenschen, nichts blieb ihnen verborgen. Weil man der Gemeinschaft nicht entfliehen konnte, setzte man alles daran, ihr zuzugehören. Dabei war sichtbare Gottgefälligkeit eine Hilfe.

Dass die Bande der Gemeinschaft lockerer wurden, sobald es nur ging, hatte aber noch einen anderen Grund: Das Steigerungsspiel führte zur Vernetzung immer weiterer Räume. Die Menschen wollten nicht nur aus den lokalen Gemeinschaften ausbrechen, sie mussten es auch, wenn sie den Fortschritt wollten, wie man damals noch unbefangen die Vermehrung der Möglichkeiten nannte. Dadurch wurde das Leben unübersichtlich. Immer feiner gliederte sich die Arbeitsteilung auf, neue Berufe entstanden, das Angebot an Waren und Dienstleistungen wurde immer differenzierter. Mehr und mehr war jeder auf sich selbst gestellt. An die Stelle der Gemeinschaft trat die Gesellschaft.

Gleichzeitig schwächte sich der Glauben ab. In der zunehmenden Anonymität der sozialen Beziehungen konnte man sich von der Religion abwenden, ohne deswegen scheel angesehen zu werden. Die Naturwissenschaft lieferte profane Erklärungen für angeblich übernatürliche

Vorgänge. Die historische Bibelkritik zerstörte die göttliche Legitimation der Heiligen Schrift. Sie wurde von der heiligen zur menschlichen Schrift. Seit dem Mittelalter streitet man sich darum, ob sich beim Abendmahl Brot und Wein wirklich in den Leib Christi verwandeln oder ob die entsprechende Bibelpassage nur symbolisch gemeint war. Nun erschien auf einmal die ganze Bibel nur noch symbolisch gemeint: die Wunder, die Auferstehung des Fleisches, die Gottessohnschaft Christi. Während die Kirchen zunächst noch stark blieben, wurde der Glauben schwach, kompliziert und theologiebedürftig. Mit dem Rückgang von Gemeinschaft und Glaube verlor die heilige Ethik ihre Grundlage. Dies bedeutete nicht das Ende der Ethik überhaupt, aber ihren Wandel: von der heiligen zur profanen Ethik. Für moderne Menschen ist ethisches Denken nicht etwa aus der Welt, es liegt ihnen sogar besonders nahe, weil es ein zutiefst modernes Muster beinhaltet – die Trennung von operativer Ebene und Metaebene. Der Übergang von der heiligen zur profanen Ethik war ein Formenwechsel der Selbstbeobachtung. An die Stelle des göttlichen Willens trat der menschliche.

Die Ungewissheit steigt und steigt

Das Volk Israel und die zehn Gebote eigenen sich als Kontrastfolie, um die Besonderheiten des Verhältnisses von Moral und Ethik in der Moderne herauszuarbeiten. In der Gegenwart stehen die Menschen vor ungleich schwierigeren Problemen, wenn es darum geht, einfach nur ein anständiger Mensch zu sein und ein sinnvolles, schönes Leben zu führen, als dies zur Zeit der Entstehung des Alten Testaments der Fall war. Wenn der Satz »Es ist Dir gesagt, Mensch, was gut ist« wegfällt, der auf die metaphysische Verankerung der Moral anspielt, dann muss der Mensch alleine herausfinden, was geboten und verboten ist. Die Begründungssicherheit schwindet, und der Zweifel kommt.

Gleichzeitig gehört es zum Wesen der Moderne, dass ständig neue, noch gänzlich unerprobte und moralisch unstrukturierte Situationen auf die Menschen zukommen. Zur Zeit sind es die Gentechnik, der Klimawandel und die Globalisierung, die neue Unklarheit darüber mit sich bringen, was sein soll und was nicht. Kaum macht man sich daran, sich mit neuen ethischen Herausforderungen zu arrangieren, kommt schon die nächste offene Frage. Der Philosoph Ottfried Höffe stellte in diesem Zusammenhang die These auf, Moral sei der Preis, den man für die Moderne zu bezahlen habe.[26] Es gebe zu viel Verschiedenes und zu viel Neues, und dies über Jahrzehnte und Jahrhunderte hinweg. Schon deshalb könne sich eine halbwegs stabile, explizite und von vielen Menschen geteilte Moral nicht mehr herausbilden. Dem ist hinzuzufügen: Umso mehr kommt es auf Ethik an, denn die Stunde der Ethik schlägt immer dann, wenn moralische Unsicherheit herrscht.

Was ist gegenwärtig der Fall und auf welchem Weg befindet sich die Moderne? Höffes Diagnose klingt plausibel, aber die Schlussfolgerung wirkt übertrieben. Nicht gleich die ganze Moral ist der Preis der Moderne, sondern nur die Sicherheit und Stabilität moralischer Urteile. Von allgemeiner Entmoralisierung kann keine Rede sein. So wurde etwa der Diskurs über den Irakkrieg von Anfang an weltweit in hochmoralischer Weise geführt. Seit Jahrzehnten werden Nichtregierungsorganisationen politisch immer bedeutsamer. Konzerne haben Angst davor, in der Öffentlichkeit als amoralisch abgestempelt zu werden. *Attac* gewinnt seine Dynamik aus der Ressource moralischer Entrüstung. Die Frage nach dem Guten und dem Schlechten ist immer noch aktuell.

Moral heißt: Es gelten allgemein anerkannte Regeln. Entmoralisierung heißt: Die Regeln werden aufgehoben. Aus heutiger Sicht wirkt es fast unglaublich, wie weit Außenstehende sich früher als Wächter des Einzelnen aufwarfen und in seine Privatsphäre eingriffen. Wer hätte es noch in den sechziger Jahren für möglich gehalten, dass Homosexualität irgendwann kein Straftatbestand mehr sein würde und die Homoehe eine zivilrechtlich anerkannte Option? Hier von Sittenverfall zu sprechen, scheint eine Frage des Standpunkts zu sein, es ist jedoch ein Kategorienfehler. Die Moral verfällt nicht, sie wandelt sich nur. Einerseits hat sich die moralische Regulierung der Privatsphäre weitgehend aufgelöst. Andererseits gibt es Anzeichen einer Remoralisierung der Privatsphäre. Beides aber ist das Ergebnis eines intensiven, jahrzehntelangen ethischen Diskurses.

Inzwischen ist die Konstruktion von Moral zum Tagesgeschäft geworden. Überall wird Moral zum Thema, aber nicht etwa, um sie abzuschaffen. Im Gegenteil geht es darum, sie dort aufzubauen, wo noch keine ist; sie dort verbindlich zu begründen, wo noch Dissens herrscht; sie dann auf ihre Notwendigkeit hin zu untersuchen, wenn viele dagegen rebellieren; sie zu ändern, wenn sich die Umstände geändert haben. Dass Ethikkommissionen aus dem Boden schießen, gehört ebenso zu diesem Prozess wie die um sich greifende Auseinandersetzung über Wertfragen des Alltagslebens. Je offener die Frage ist, was getan werden soll und was richtig ist, desto wichtiger werden gute Beobachtungen und Begründungen bis in Partnerschaften und Eltern-Kind-Beziehungen hinein.

Unser Weg in die Abstraktion geht weiter

Aber was sind gute Begründungen? Diskurslogisch gesehen markiert diese Frage einen wichtigen Schritt, den ich noch ganz am Anfang sehe. Ethik begründet Moral; im nächsten Schritt geht es nun um die Begründung der Ethik. Am Anfang war die Moral, die operative Ebene des konkreten Handelns. Dann entwickelte sich Ethik als Metaebene, um über Moral nachdenken zu können. Was sich nun abzeichnet, ist das Nachdenken über Ethik: eine zweite Metaebene, von der aus man die erste beobachten kann, eine Beobachtung der Beobachtung. Der Weg in die Abstraktion setzt sich fort.

Erst von dieser zweiten Metaebene aus wird es möglich sein, die Unvollkommenheit ethischer Diskurse zu beschreiben und sie zu verbessern. Wenn man fragt, worin denn diese Unvollkommenheit gegenwärtig bestehe, ist man bereits auf der zweiten Metaebene angelangt. Hier Sicherheit zu gewinnen ist eine historisch anstehende Aufgabe kollektiven Lernens im 21. Jahrhundert, die noch kaum erkannt ist. Worauf es besonders ankommt, ist keineswegs unklar und eine Frage beliebiger Festsetzungen, wie viele meinen, es ergibt sich vielmehr verbindlich und eindeutig aus dem gemeinsamen Anliegen, vernünftig nachzudenken und zu argumentieren.

Es ist vor allem der Philosoph Hans Otto Apel, der diesen Gedanken ausgebaut und für normative Begründungen fruchtbar gemacht hat.[27] Sein Kerngedanke lautet: Schon dadurch, dass man kommuniziert, lässt man sich auf die Geltung von Regeln ein, die aus dem gemeinsamen Anliegen folgen, ein sinnvolles, vernünftiges Gespräch zu führen. Diese Regeln sind kein Verhandlungsgegenstand; vielmehr sind sie die logi-

sche Voraussetzung jeder Verhandlung. Sie sind *Eintrittsbedingungen* für die Kommunikation und nicht etwa ihr Resultat.

Wenn wir diesen Gedanken aufgreifen: Was ergibt sich daraus für die Beobachtung der Beobachtung? Welche Regeln müssen auf der zweiten Metaebene geltend gemacht werden, um aus ethischen Diskursen gute ethische Diskurse zu machen? Das Hauptziel muss darin bestehen, den Diskurs zu objektivieren. Dies klingt ungewöhnlich, meinen doch viele, Werte seien Ansichtssache und ins Belieben jedes Einzelnen gestellt. Aber sobald man sich auf einen ethischen Diskurs einlässt, widerspricht man bereits implizit diesem Standpunkt. Wenn man ihn trotzdem einnimmt, bekundet man damit bloß, dass man nicht weiß, was man tut. Wenn man Werte bloß für eine Ansichtssache hält, braucht man nicht darüber zu diskutieren. Wenn man sie für diskutabel hält, geht es in der Hauptsache um Objektivierung.

Wie aber kann man Nachvollziehbarkeit herstellen? Indem man zwei Gruppen von Regeln ausarbeitet. Die eine Gruppe von Regeln bezieht sich auf das Denken und Sprechen überhaupt, die zweite Gruppe auf die Art und Weise, wie man Kulturphänomene auf den Begriff bringen kann. Beide Gruppen von Regeln liegen im Wesentlichen längst vor, aber sie sind über die Fachwissenschaften, vor allem Philosophie und Soziologie, nicht hinausgelangt. In den ethischen Diskursen der Gegenwart gilt es beispielsweise als normal, dass die Teilnehmer nicht wissen, wie man Begriffe beurteilt, woher diese Begriffe überhaupt kommen, wie man empirische und normative Aussagen voneinander unterscheidet und wie man sie kritisiert. Und es gilt als normal, dass man über Kulturphänomene so spricht, als wären es Naturphänomene.[28]

Um zu erfassen, was im Kopf von Menschen vor sich geht, braucht man andere Verfahren und Begriffe als die Hirnphysiologie. Keine naturwissenschaftliche Methode kann beschreiben, was ein bestimmter glücklicher oder schrecklicher Moment für einen gegebenen Menschen bedeutet, worin die Beziehung zwischen zwei Partnern besteht oder wie sich Moral im Lauf der Kulturgeschichte ändert. Botenstoffe und Hirnströme sagen nichts über Innenwelten aus. Kulturverstehen wird immer auf Bilder, Erzählungen und Selbstbeschreibungen angewiesen sein. Jenseits von Sprache und Symbolwelten werden Kultur und Subjektivität unsichtbar. Das 21. Jahrhundert wird wieder beim 19. in die Schule gehen müssen, als das Verstehen zur Wissenschaft wurde. Gewiss, das Verstehen wird immer zu unscharfen und variablen Ergebnissen führen. C' est la vie ... so sind die Menschen nun mal: veränderlich, selbstwidersprüchlich, oszillierend. Im Zeitalter ethischer Diskurse wird man nicht darum herumkommen, sich genau auf das einzulassen, was die Menschen selbst als Kern ihres Menschseins begreifen – ihre Handlungsmuster, ihre sozialen Drehbücher, ihre Vorstellungswelten.

Diesseits

»Fortschritt? Nein!«

Wann jemals war sich Europa so einig wie im Jahr 2004 bei der Ablehnung von Rocco Buttiglione als Brüsseler EU-Kommissar für Justiz, aus dem einzigen Grund, weil er Homosexualität öffentlich als Sünde bezeichnet hatte? Zum ersten Mal zeichnete sich ab, dass das Europäische Parlament die Vorschlagsliste einer neuen Kommission nicht wie bisher einfach abnicken würde, worauf sich der designierte Kommissionspräsident Barroso gezwungen sah, die Liste zurückzunehmen. War dies nicht intolerant? Steht es einem Politiker nicht frei, über Homosexualität zu denken, was ihm richtig scheint, mag ihm dies auch ein unsterblicher moraltheologischer Wiedergänger eingeflüstert haben, das Gespenst der sieben Todsünden? Ja, es steht ihm frei, aber er muss in Europa heute damit rechnen, nicht an die Macht zu gelangen, wenn er ein sexuelles Muster öffentlich mit dem Stigma der Sünde brandmarkt. In der Zurückweisung Buttigliones verbirgt sich mehr als bloß die Durchsetzung der Bedürfnisse von Interessengruppen. Hier war die Freiheit sexueller Neigungen Kristallisationskern für zwei abstraktere Anliegen: die Freiheit des Einzelnen überhaupt und die Ablehnung von religiösen Offenbarungen im politischen Diskurs.

Aus der ethnozentrischen Sicht der europäischen Gegenwart erscheint die religiös motivierte Ächtung des Glücks oberflächlich gesehen nur noch als Element einer untergehenden Kultur der Selbstunterdrückung. Doch so gefestigt sich die aufgeklärte Moderne im Fall der Buttiglione-Episode auch zeigte, so wenig kann man sich freilich einfach auf ihren Bestand verlassen. Dass Buttiglione der Regierung Berlusconi angehörte, die, unter welchen Umständen auch immer, von der Mehrheit der Italiener gewählt worden war, ist nur einer der Gründe, sich um das Erbe der Aufklärung Gedanken zu machen, aber keineswegs der wichtigste.

Der wichtigste Grund ist das Gefühl der Überforderung. Aufgeklärtes

Denken, das alle Dogmen und Offenbarungen zurückweist und an allem zweifelt, sogar an sich selbst, macht es den Menschen entschieden schwerer, ihren Weg durchs Leben zu finden. Ewige Ungewissheit, ermüdende Diskussionen, mehr Optionen, als man verkraften kann, frustrierende Selbstbeobachtung und das unangenehme Gefühl, für seine Fehler selbst verantwortlich zu sein – die Bereitschaft vieler Menschen, all dies auf sich zu nehmen, kann schneller verloren gehen, als sie gewachsen ist. Rückschritte kollektiver Lernprozesse sind genauso denkbar wie Fortschritte. Im Pisa-Test wird beispielsweise die schwer zu erwerbende Fähigkeit gemessen, längere Texte zu lesen, in ihrer Gesamtheit zu erfassen und mit eigenen Worten schriftlich wiederzugeben. Die mittelmäßigen Ergebnisse haben das Bewusstsein dafür geschärft, dass diese Fähigkeit von jeder Generation neu zu erobern ist. Gleiches gilt aber erst recht für die noch viel anspruchsvollere Fähigkeit zum aufgeklärten Denken, die die Pisa-Studie gar nicht erfasst und die in Schulen und Universitäten kaum eingeübt wird.

Wie aber war es trotzdem möglich, dass die Kultur des Westens ihr alltagsphilosophisches Niveau nach den großen Krisen der Vernunft im 20. Jahrhundert verbessern konnte? An dieser Frage provoziert zunächst der implizite Kulturoptimismus. Die Anerkennung eigener kultureller Fortschritte ist in Europa als Form des Postkolonialismus verpönt; sie gilt als Arroganz des Westens. Doch gerade die Verweigerung des Selbstlobs, ja seine Ummünzung in Selbstablehnung ist als kulturelle Errungenschaft zu sehen.

»Fortschritt? Nein!«, resümierte der südafrikanische Dichter Breyten Breytenbach in seiner Rede auf einem Kongress zum Begriff des Fortschritts in den Weltkulturen im Jahr 2004.[1] Die Aufklärung spürt er nur noch in der Ferne der Zeit wie den »Schauder eines tollkühnen Gerüchts«. Freilich, wenn man wie Breytenbach seine Maßstäbe aus naiven Hoffnungen gewinnt, auf die man in der Jugend hereingefallen war, dann ist die Ankunft des Denkens in heroischer Illusionslosigkeit unausweichlich. Breytenbach beginnt mit Visionen wie: Entwicklung der Gesellschaft, Wahrheit, Vertreibung des Aberglaubens, Sieg über den Faschismus, Geschichte als schrittweise Verbesserung des Zustands der Menschheit, Abschaffung der Grenzen von Nation und Religion, Verbesserung des menschlichen Lebens, Neuer Mensch, Voranschreiten der Freiheit, Niederreißen des Gefüges von Ungerechtigkeit und von unrechtmäßig erworbenem Reichtum (wörtliche Zitate). Dann konfrontiert er diese Visionen mit Gegenbeispielen, wie man sie einer einzigen Nummer der Tageszeitung entnehmen kann: Todesstrafe, Folter, Steinigung von Frauen, von Autos verstopfte Straßen, ethnische Säuberungen und Genozide in Bosnien, im Kosovo, in Ruanda, Tschetschenien und Darfur, ganz Afrika als schlagendes Beispiel einer flächendeckenden aktuellen Geschichte des Niedergangs.»Fortschritt? Nein!« – wer könnte sich aus dieser Perspektive Breytenbachs Urteil entziehen?

Aber Breytenbach, den ich hier nur als einen von vielen aus dem Mainstream pessimistischer kultureller Selbstwahrnehmung und Fortschrittskritik zitiere, macht der Welt keinen fairen Prozess. Er interessiert sich nicht für Gegenbeispiele, von denen freilich auch in den Medien wenig die Rede ist, weil funktionierende Normalität und das Gelingen als Nachrichten uninteressant sind. Er bleibt auf der Ebene von Einzelbeispielen, aber seine Hauptaussage betrifft das Ganze. Um den langfristigen historischen Wandel des gesamten Mischungsverhältnisses von ermutigenden und entmutigenden Ereignissen zu beurteilen, fehlen ihm Perspektive und Fakten. Und selbst wenn sich dieses Mischungsverhältnis verschlechtert hätte – was bliebe übrig, als sich im Vertrauen auf die Möglichkeit der Verbesserung dagegen aufzulehnen, wie es viele weltweit tun?

Nur in Hollywood kann Fortschritt im Himmel auf Erden enden. Schlimmstenfalls besteht er nur in der Verlangsamung des Rückschritts. Auch dann aber ist er bereits als Fortschritt anzuerkennen. Im Subtext wird sogar Breytenbach vom Glauben an wenigstens diesen bescheidenen Fortschritt eingeholt – denn warum sonst würde er sich öffentlich äußern? Sogar das Schema der pessimistischen Urteilsroutine enthält Spurenelemente von minimalem Optimismus. Totale Resignation würde nur totales Schweigen erlauben. Im selben Moment, in dem Breytenbach den Fortschritt dementiert, widerruft er implizit sein Dementi. Die Skepsis ist selbst der wichtigste Teil jenes Fortschritts, den der Skeptiker anzweifelt. Möge der Skeptiker also damit fortfahren; für den Bestand aufgeklärten Denkens wäre es gewiss bedrohlicher, sich auf seinen Lorbeeren auszuruhen.

Aufgeklärtes Denken? Breytenbach winkt ab:»Wir legten uns ein Handy zu, und heute gleichen wir Scharen pausenlos schnatternder Individuen, die sich nichts zu sagen haben und wie taube Vögel vereinsamen ... Wir holen uns die Neuigkeiten aus dem Netz, und wir werden überschwemmt von Geschwätz, Paranoia und den Exzessen ungezügelter Narzissmen.« Wenn man nicht aufpasst, liest man über diese Diagnose kollektiven Schwachsinns wie über eine Selbstverständlichkeit hinweg. Man hat derlei schließlich schon oft gehört und gelesen, und man fühlt sich als Ansprechpartner eines Verächters massenhafter Idiotie heimlich geschmeichelt. Der arrogante Blick auf den normalen Menschen gehört zur Routine der Kulturkritik, wie die Missbilligung des Menschlichen zur Routine magisch-religiöser Glückskritik gehört hat. Breytenbach steht hier den Kirchenvätern näher als Spinoza, Hume, Rousseau, Voltaire, Kant, Reid und Mill. Im gleichen Atemzug aber artikuliert er sich als Aufklärer: als einer, der an Argumente, Fakten, seinen eigenen Verstand und den seiner Gesprächspartner glaubt, nicht aber an Offenbarungen. Die Aufklärung lebt, selbst in den Worten derer, die meinen, sie ad acta gelegt zu haben.

Wie konnte aufgeklärtes Denken trotz seiner Unbequemlichkeit, trotz der in ihm selbst angelegten Verweigerung positiven Feedbacks, trotz des Fehlens einer expliziten Pädagogik der Aufklärung kontinuierlich an Boden gewinnen und bestehen bleiben? Die Antwort kann nur sein, dass aufgeklärtes Denken schon dadurch überzeugt, dass man es praktiziert. Wirklich? Wenn man in Rechnung stellt, dass Leidenschaften und nicht etwa Argumente die Menschen in ihren Bann ziehen, dann erscheint die Annahme zunächst weltfremd, dass abstrakte, auf der Metaebene angesiedelte Überlegungen Einfluss auf ihr Leben nehmen könnten. Aber auch das Denken und Argumentieren weckt die Leidenschaft. Der Erfolg der Aufklärung hat mit Gefühlen zu tun, weil das Nachdenken Gefühle weckt.

Nachdenken führte zum Projekt des schönen Lebens und des persönlichen Glücks; zur Entstigmatisierung der Leidenschaften; zur Abwehr religiöser Eingriffe, die mit den Begriffen von Sünde, Schuld und Vergebung operierten. Der befriedigte Körper und der stolze Geist traten an die Stelle des Untertans, der sich auf die Tugenden von Demut und Gehorsam verwiesen sah. Bei der Fast-Opferung Isaaks macht keiner der drei Beteiligten eine gute Figur: nicht Abraham mit seinem blinden Gehorsam, nicht Isaak mit seiner Bereitschaft, sich fesseln und schlachten zu lassen, am wenigsten aber Gott, der die ganze heimtückische Geschichte angezettelt hat. Der Schluss, zu dem aufgeklärtes Denken hier gelangt, lautet: Selbst schuld, wer es glaubt.

Die Breitenwirkung der Aufklärung ist nicht allein durch die Überzeugungskraft von Dekonstruktion, Reinterpretation und reflektierter

Neuordnung des Denkens zu erklären. Es sind körperlich gefühlte Erfahrungen und beglückende Begegnungen, durch die aufgeklärtes Denken als Alternative zu einem Leben der Offenbarungen, Verheißungen und metaphysischen Drohungen erst attraktiv wird. Wer zu der Erkenntnis kommt, dass er dem Menschlichen nachgeben darf, statt es zu bekämpfen, verschafft sich nicht nur durch die Überzeugungskraft der Argumente Respekt, sondern vor allem auch durch die Überzeugungskraft des schönen Lebens, das damit möglich wird.

Unbehaust

Die Mentalität der Aufklärung hat aber ihren Preis. Sie verunsichert, sie strengt an, sie verleitet zu riskanten Abenteuern. Das frühchristliche Kloster ist eine europäische Metapher für ein Tauschgeschäft, das immer noch aktuell ist: Geborgenheit gegen Freiheit. Nicht die Gründungsväter der ersten Klöster warben um Mitglieder, vielmehr waren es ihre Anhänger, die sie bedrängten, Schutz- und Glaubensgemeinschaften ins Leben zu rufen. Auch Benedikt ließ sich im 6. Jahrhundert darauf ein, aber was er verlangte, niedergelegt in der Benediktregel, stand in der Tradition der asketischen Glücksfeindschaft von Evagrius: Keuschheit, Eigentumsverzicht, Ortsbeständigkeit und Gehorsam. Die Schafe suchten einen Hirten, und der Hirte baute ihnen einen Pferch.

In den Wirren der damaligen Zeit war es kein schlechter Tausch, das Glück des freien Lebens als Preis für das Glück des sicheren Lebens hinzugeben. Dieser Preis wäre selbst für einen rational kalkulierenden modernen Akteur einzusehen gewesen, unabhängig von der religiösen Leidenschaft des Mittelalters und der gläubigen Überhöhung des Verzichts. Das Opfer des Einzelnen war sinnvoll, um das Kloster in einer feindlichen Umwelt zu stabilisieren. Dies kam nicht nur der Gemeinschaft zugute, sondern gelangte auch dem Einzelnen zum Vorteil.

Im übertragenen Sinn lockt das Kloster immer noch. Der moderne Mensch hat eine schöne, sichere Wohnung und kann den Schutz der Polizei in Anspruch nehmen, dennoch hat Hans-Egon Holthusen den modernen Menschen schon 1951 in einem Essay mit einem treffenden Ausdruck als »unbehaust« charakterisiert.[2] So gesehen gleicht das Pathos des Ausrufs »Gott ist tot« der Klage von Wohnungssuchenden, die sich nur schwer mit dem Gedanken anfreunden können, im Freien zu übernachten. Dieser Sehnsucht nach Obdach und beschützender Aufsicht korrespondiert das biblische Gleichnis vom guten Hirten, der sich der versprengten Schafe annimmt und sie zur Herde zurückbringt. »Gott ist tot« bedeutet: Die Herde ist weg, der Pferch ist weg, der Hirte ist weg, ich bin auf mich allein gestellt. Darauf antwortet, in der Gegenwart wie zur Zeit Benedikts, das Angebot von Herde, Pferch und einem guten Hirten im Jenseits.

In der Bilanz war der Gegenwert des Verzichts auf Freiheit zur hohen Zeit der Klöster die Garantie physischer Sicherheit, heute dagegen besteht der Gegenwert in geistiger Entlastung. Freies Leben heute ist kompliziert, magisch-religiös orientiertes Leben ist einfach, nicht trotz, sondern wegen der damit verbundenen Einschränkungen, Verbote und herabsetzenden Selbstdeutungen. Die Aufklärung hat zur Komplexität ermutigt, magische Religiosität lädt zur Simplifizierung ein: Gut und Böse; Gottesgnadentum der politischen Führer; Befreiung von Ungewissheit durch Auswendiglernen, durch die Deutungshoheit der religiösen Führer und durch explizite Denkverbote; dichte soziale Kontrolle; direkte wechselseitige Hilfe ohne den Umweg über riesige sozialstaatliche Transfersysteme; praktische Lebensregeln; Kultivierung der Unterordnung; Strukturierung biographischer Grenzsituationen wie Geburt und Tod durch sinnstiftende Rituale.

Das Heimatangebot magischer Religion konkurriert gegenwärtig erfolgreich mit dem persönlichen Glücksangebot aufgeklärten Denkens. Bei religiösen Menschen ist das gemessene subjektive Wohlbefinden, auf das die empirische Forschung Glückgefühle reduziert, im Durchschnitt höher als bei nicht religiösen Menschen.[3] Das moderne Streben nach diesseitigem persönlichem Glück führt also zu einer durchaus gemischten Bilanz. Den schönen Augenblicken und Lebensphasen stehen Enttäuschungen gegenüber; eigene Verletzungen und die anderer; verunsichernde moralische Grenzgänge; die Ungewissheit zahlloser Wahlsituationen; die Gefahr, in eine Haltung nagender Unzufriedenheit zu verfallen: Alles könnte doch immer *noch* besser sein! Ginge es also nur um den Wellness-Faktor, wäre jedem anzuraten, nach irgendeiner Religion zu greifen wie nach einem Nahrungsergänzungsmittel.

Leben ohne Todsünde

Narzisstisch, erfolgsverwöhnt und gleichzeitig befangen in Selbstablehnung, sah der Westen lange Zeit keinen Anlass, sich mit fremden Denksystemen anders als bloß ethnologisch auseinanderzusetzen. Doch nun ist eine Zeit gekommen, in der sich der Westen seinerseits kritisch beobachtet sieht, gewissermaßen eine Zeit ethnologischer Gegenangriffe aus dem Blickwinkel fremder religiöser Paradigmen. Dass sich diese Konfrontation argumentativ beilegen ließe, »im Dialog der Weltanschauungen«, um einen gebräuchlichen Euphemismus zu zitieren, hat sich als Illusion herausgestellt. Aber wie sonst? Der härteste Modus wäre der Krieg. Doch selbst der weichste Modus öffentlicher Artikulation ist den Menschen des Westens ausgesprochen unangenehm: das Bekenntnis.

In der Religionsgeschichte erfüllt das Bekenntnis die Funktion der Selbstvergewisserung und der Abgrenzung. Der Kernidee jeder Religion entsprechend sind religiöse Bekenntnisse *Glaubens*bekenntnisse: öffentliche Verlautbarungen des für wahr gehaltenen Wissens über das Unsichtbare und Heilige. So enthält das christliche Glaubensbekenntnis unter anderem folgende metaphysische Elemente: Dreieiniger Gott (Vater, Sohn und Heiliger Geist), Reich des Todes, Christi Auferstehung, jüngstes Gericht, ewiges Leben.

Der Westen toleriert Glaubensbekenntnisse, aber ein Bekenntnis zu sich selbst ist ihm fremd. Für Pathos gibt es Filme und Musik, für Hingabe und Ekstasen sind Enklaven der Selbstentfesselung und der zeitlich begrenzten Gefühlsausbrüche vorgesehen. Der Rest ist Nüchternheit, Understatement, Coolness, Sachlichkeit, Unaufdringlichkeit, Skepsis. Alles Wissen ist vorläufig, Werte sind diskussionsbedürftig, Glaube ist Privatsache.

Offenbarungen haben ihre Autorität verloren. Viele meinen, ihr Wissen beruhe ausschließlich auf empirischer Erfahrung mit all ihrer Lückenhaftigkeit und Fehlerhaftigkeit. Wer erkenntnistheoretisch besser beschlagen ist, geht sogar noch weiter; er weiß, dass alle empirische Erfahrung an Voreinstellungen, Perspektiven und Paradigmen gebunden ist, und dass deshalb alles Wissen als vorläufig gelten muss, als *Vermutungswissen*, wie es Karl Popper ausgedrückt hat.[4] Der Wandel dieses Wissens und auch der mit ihm verbundenen Werte ist modernen

Menschen so geläufig, dass Kuhns Begriff des Paradigmenwechsels in die Alltagssprache eingehen konnte.[5] Ist also der Gedanke eines Bekenntnisses des Westens nicht geradezu widersinnig? Es ging doch bisher auch ohne Bekenntnis ab. Aber die Zeiten haben sich geändert. Bedrängt von vormodernen Glaubensbekenntnissen, sieht sich auch die Moderne, ohne selbst eine Religion zu sein, dazu herausgefordert, durch öffentliche Artikulation ihrer Prinzipien genau das zu leisten, wozu Glaubensbekenntnisse in der Religionsgeschichte immer gedient haben: Selbstvergewisserung und Grenzziehung. Das Bekenntnis der Moderne kann freilich kein Glaubensbekenntnis sein, sondern nur ein Vermutungsbekenntnis.

Missionare wissen, wie sehr Glaubensbekenntnisse von der dramaturgischen Wirksamkeit starker Bilder, Geschichten und Metaphern profitieren. Viele Besucher von Mel Gibsons Jesus-Film, der 2004 in die Kinos kam, zeigten sich nach der Vorstellung gläubiger als vorher: Jetzt erst wüssten sie, wie es wirklich gewesen sei. Unbefangen spielten sie die biblische Szene vom ungläubigen Thomas nach, einem Vorläufer der Moderne, der nur seinen Augen traute.[6] Allerdings sagte Jesus zu ihm: »Selig sind, die *nicht* sehen und doch glauben.« Mel Gibsons Publikum suchte die Seligkeit im Film und fand sie umso schneller. Es demonstrierte den Mechanismus des selbst erzeugten Glaubenserlebnisses: Der Glaube führt zu Vorstellungen, die Vorstellungen bekräftigen den Glauben.

Wo sind die Mythen, die eingängigen Bilder und die ergreifenden Metaphern, mit denen sich jene Abstraktionen öffentlichkeitswirksam inszenieren ließen, auf denen die Moderne beruht? Woher könnte ein Bekenntnis des Westens zu sich selbst genug emotionale Anziehungskraft beziehen, um mit der zutiefst berührenden Ausstrahlung magischer Glaubensbekenntnisse konkurrieren zu können? Was bleibt, wenn die Rhetorik metaphysischer Empfindsamkeit schweigt?

Es bleibt das Diesseits und sonst nichts: Oberfläche, Sinneseindruck, Begegnung mit dem Konkreten. Was bleibt, ist das Leben ohne Todsünden. Was bleibt, ist das irdische Glück. Oder, wie es Salman Rushdie in einem Essay ausdrückt: »Küssen in der Öffentlichkeit, Schinkenbrote, Meinungsverschiedenheiten, neueste Mode, Literatur, Großzügigkeit, sparsamer Umgang mit Wasser, eine gleichmäßigere Verteilung der Ressourcen in dieser Welt, Filme, Musik, Gedankenfreiheit, Schönheit, Liebe.«[7]

Dank

Ich danke meiner Frau Gina Schulze für inspirierende Gespräche und unbestechliche Textkritik; ihre tägliche intellektuelle Begleitung machte die Niederschrift dieses Buchs zu einer spannenden gemeinsamen Gedankenreise. Britta Wagner kommentierte sowohl die erste wie die letzte Fassung des Textes mit Scharfsinn, Humor, Überblick und Detailgenauigkeit; fast alle ihre Anregungen habe ich aufgegriffen, und für jede danke ich ihr. Roger Schmidt danke ich für theologische und religionsgeschichtliche Beratung; er war eine Art Sicherheitsnetz. Für Recherchen danke ich Viktoria Kolberg; sie förderte immer etwas Brauchbares zu Tage und schüttelte nie den Kopf über meine Anfragen.

Die Vontobel Stiftung förderte die Entstehung des Buchs; ich danke für die materielle und redaktionelle Unterstützung bei der Ausarbeitung der Erstfassung.

Mein Dank gilt schließlich meinem Vater, dem Theologen und Sozialethiker Hans Schulze (1912–1984), und meiner Mutter Thea Schulze (geb. 1915). Die Faszination, die ich beim Schreiben dieses Buchs empfand, wurde in meiner Kindheit und Jugend geweckt. Immer wieder musste ich an die Tischgespräche denken, die meine Eltern mit uns vier Geschwistern beim täglichen Familienritual des Mittagessens führten. Es ging um Theologie, Geschichte, Politik und Literatur; immer schmeckte es vorzüglich, und nie ließen wir etwas übrig.

Anmerkungen

Der Westen und die Sünde

1 Abgebildet in: Franco Falchetti und Antonella Romualdi: *Die Etrusker*. Stuttgart 2001. S. 86.

2 Die Feindseligkeit gegenüber der Fleischlichkeit des Menschen in der christlichen Tradition findet sich vor allem bei Paulus ausbuchstabiert. Das Fleisch als Medium körperlich empfundener Lust macht den Menschen schwach und sündig; gleichzeitig aber ist es die unvermeidliche Existenzform des Menschen. Aus christlicher Sicht lebt der Mensch also in einem Grundwiderspruch, gegen den er durch Bekämpfung des Fleisches angehen soll: »So sind wir nun, liebe Brüder, nicht dem Fleisch schuldig, daß wir nach dem Fleisch leben. Denn wenn ihr nach dem Fleisch lebt, so werdet ihr sterben müssen, wenn ihr aber durch den Geist die Taten des Fleisches tötet, so werdet ihr leben.« (Römer 8, 13; sämtliche Bibelzitate entstammen der Ausgabe *Die Bibel mit Kommentaren*. © Evangelische Hauptbibelgesellschaft. Berlin 1993, 3. unveränd. Aufl.). Was die Taten des Fleisches sind, konkretisiert Paulus an anderer Stelle: »Unzucht, Unreinheit, Ausschweifung. Götzendienst, Zauberei, Feindschaft, Hader, Eifersucht, Zorn, Zank, Zwietracht, Spaltungen, Neid, Saufen, Fressen und dergleichen ... Die aber Christus Jesus angehören, die haben ihr Fleisch gekreuzigt samt den Leidenschaften und Begierden.« (Galater 5, 19–24). Um von hier aus zu den sieben Todsünden zu gelangen, brauchte es nur noch ein wenig Systematisierung.

3 Adam ist der Stammvater der Menschheit und der erste Sünder. Der »alte Adam« steckt in uns allen; von ihm haben wir zumindest die Neigung zur Sünde geerbt, nach der früher vorherrschenden, aber immer wieder auch bezweifelten Erbsündenlehre sogar die Sünde selbst.

4 »Er fastete viel, schlief wenig und auf dem nackten Boden, trug keine Schuhe und zwang sich, Kälte und Nacktheit zu ertragen. Schließlich, in unerbittlicher Befolgung von Matthäus 19, 12 entmannte er sich selbst«. Will Durant: *Kulturgeschichte der Menschheit*, Band 5: Weltreiche des Glaubens. Köln 1985. S. 179.

5 »So in principle laughter was regarded as offensive and undignified, since it was part of monastic self-control that the monk never laughed. That emerges above all from the widely circulated monastic rule of St Benedict, in which any trivial gossip of monks tending to laughter was forbidden.« Karl-Joseph Kuschel: *Laughter. A Theological Essay*. New York 1994. S. 44. Siehe auch: Jacques Le Goff: »Lachen im Mittelalter«. In: Jan Bremmer und Herman Roo-

denbug (Hg.): *Kulturgeschichte des Humors. Von der Antike bis zur Gegenwart.* Darmstadt 1999.

6 »Das Asketische des Pietismus richtete sich ... gegen jede Art von Verschwendung, Luxus und sinnlicher Festlichkeit. Vor allem Tanzen, Trinken und üppige Kleidung waren verpönt. Der Moralismus führte zu einer strengen Kontrolle des eigenen Lebens, in dem alle Aktivitäten, die keinem Heilszweck dienten, eingedämmt und auch alle unbedeutenden Handlungen wie das Essverhalten einem genauen Disziplinierungsprogramm unterworfen werden sollten.« Richard van Dülmen: *Kultur und Alltag in der frühen Neuzeit. Dritter Band: Religion, Magie, Aufklärung 16.–18. Jahrhundert.* München 1994. S.131.

7 Karl von Schumacher: *Madame Du Barry.* Zürich/Leipzig/Wien 1931.

8 Jürgen Martschukat: *Inszeniertes Töten. Eine Geschichte der Todesstrafe vom 17. bis zum 19. Jahrhundert.* Köln/Weimar/Wien 1999. Siehe vor allem S. 37 ff.

9 Ausführlich untersuche ich diesen Prozess in meinem Buch *Die beste aller Welten. Wohin bewegt sich die Gesellschaft im 21. Jahrhundert?* München 2003.

10 »Opportunitätskosten« sind »jene Güter, die aufgegeben werden müssen, um andere Güter zu erhalten. So bestehen die Opportunitätskosten eines Kinobesuchs beispielsweise in der dafür genutzten Zeit, die nicht für andere Dinge aufgewendet werden kann«. Herbert Obinger u.a. (Hg.): *Politische Ökonomie.* Opladen 2003. S. 420 (Glossar).

11 In der Zeit von 1950 bis 2002 stieg das Volkseinkommen in Deutschland kontinuierlich, doch der Anteil der Menschen, die sich als »sehr glücklich« bezeichneten, blieb in vielen Umfragen unverändert bei einem Viertel der Befragten. Elisabeth Noelle-Neumann: »Freiheit und Glück«. *Frankfurter Allgemeine Zeitung* vom 3. 7. 2005.

12 Beispielsweise Ralf Dahrendorf: »Europa und der Westen. Alte und neue Identitäten«. In: *Merkur*, Heft 655, November 2003. Nicht weniger flammend: Rudolf Burger: »Terror und Fundamentalismus. Über die Verletzlichkeit der arbeitsteiligen Gesellschaft.« In: *Leviathan*, Juni 2005, Heft 2. Mit der Kraft einer Erzählung: Ian McEwan: *Saturday.* Zürich 2005.

13 Jeremy Rifkin: *Der europäische Traum. Die Vision einer leisen Supermacht.* Frankfurt a. M. 2004.

14 Der Begriff taucht in vielen neueren Arbeiten von Jürgen Habermas auf, beispielsweise in dem Essay »Ist die Herausbildung einer europäischen Identität nötig, und ist sie möglich?« In: Jürgen Habermas. *Der gespaltene Westen.* Frankurt 2004.

15 *Acedia* und *tristitia* wurden zu *tristitia* (in der deutschen Tradition: Trägheit) vereinigt; *vana gloria* und *superbia* zu *inanis gloria* (in der deutschen Tradition: Hoffart). Neu hinzu kam *invidia* (Neid). Siehe hierzu: Hasso Fink: *Die sieben Todsünden in der mittelenglischen erbaulichen Literatur.* Hamburg 1969. S. 5.

16 Besonders krass: aus *tristitia* (von Gregor erläutert als *malitia, rancor, pusil-*

266

lanimitas, desperatio, torpor circa praecepta, vagatio mentis erga illicita) wurde Trägheit; aus *luxuria (caecitas mentis, inconsideratio, amor sui, odium die, affectus praesentis saeculi, horror autem vel desperatio futuri)* wurde Unkeuschheit. Siehe hierzu Hanno Fink a. a. O. S. 5 f. Ähnliche Transformationen stellt Fink auch in englischen Übersetzungen fest; siehe S. 72 ff., 102 ff.

Völlerei: Die Schuld des unschuldigen Vergnügens

1 Siehe zum Folgenden Gunther Hirschfelder: *Europäische Esskultur. Geschichte der Ernährung von der Steinzeit bis heute.* Frankfurt a. M./New York 2001.
2 Hasso Spode: »Alkoholika (Bier, Spirituosen, Wein)«. In: Thomas Hengartner und Christoph Maria Merki (Hg.): *Genussmittel. Ein kulturgeschichtliches Handbuch.* Frankfurt a. M. 1999.
3 Massimo Montanari: *Der Hunger und der Überfluss. Kulturgeschichte der Ernährung in Europa.* München 1993. S. 75 ff.
4 L. Moulin: *L' Europe à Table.* Brüssel 1975. Zitiert nach Massimo Montanari, a. a. O. S. 37.
5 Massimo Montanari, a. a. O. S. 204.
6 Tania Blixen: *Babettes Fest.* Zürich 2003.
7 Siehe zu all dem: Annelies Furtmayr-Schuh: *Food-Design statt Eßkultur. Postmoderne Ernährung.* Stuttgart 1996. Barbara Herrmann: *Schlemmermahl und Schlangenfraß.* Hamburg 1992.
8 Volker Steenblock: *Kleine Philosophiegeschichte.* Stuttgart 2002. S. 71.
9 Gunther Hirschfelder: *Europäische Esskultur. Geschichte der Ernährung von der Steinzeit bis heute.* Frankfurt a. M./New York 2001. S. 69.
10 Gunther Hirschfelder: a. a. O. S. 94 ff.
11 Massimo Montanari: a. a. O. S. 32 ff.
12 Der Hunger, so Montanari, steckt uns sogar heute noch in den Knochen: »Die unwiderstehliche Anziehungskraft der Ausschweifungen, die eine jahrtausendelange Geschichte des Hungers in die Köpfe eingegraben hat, beginnt uns nun, da der Überfluß alltäglich geworden ist, hart zu treffen.« Massimo Montanari, a. a. O. S. 205.
13 Massimo Montanari: a. a. O. S. 35.
14 Bernhard Lang und Colleen McDannell: *Der Himmel. Eine Kulturgeschichte des ewigen Lebens.* Frankfurt a. M. 1990. S. 229 ff.
15 Gunther Hirschfelder: a. a. O. S. 125.
16 Hasso Spode: *Alkohol und Zivilisation. Berauschung, Ernüchterung und Tischsitten in Deutschland bis zum Beginn des 20. Jahrhunderts.* Berlin 1991.

Unkeuschheit: Die schlimme Lust

1 Genesis 3, 6–11.
2 Gerhard J. Bellinger: *Sexualität in den Religionen der Welt*. München 1993. S. 218 ff.
3 Evangelische Hauptbibelgesellschaft: *Die Bibel mit Erklärungen*. Berlin 1993. S. 206.
4 Gerhard J. Bellinger a. a. O. S. 312.
5 Näheres zum Begriff der Begegnung in meinem Buch *Die beste aller Welten. Wohin bewegt sich die Gesellschaft im 21. Jahrhundert?* München 2003. S. 209 ff.
6 Robert Nozick: *Vom richtigen, guten und glücklichen Leben*. München 1991. S. 60 ff.
7 Thomas W. Laqueur: *Solitary Sex. A Cultural History of Masturbation*. New York 2003.
8 Diverse Artikel und Kommentare hierzu in der europäischen Presse vom 21. 1. 2005.
9 Siehe hierzu Renate Wichers: *Nie mehr Sex. Leben ohne Liebe?* Berlin 2005. Anhand konkreter Fälle exploriert dieses Buch den Alltag ohne Sexualität – die neue Antithese zur sexuellen Befreiung nimmt Gestalt an.
10 Immer noch ist in England Geschlechtsverkehr zwischen Jugendlichen unter 16 Jahren gesetzlich verboten. Insgesamt ist das Schulsystem von einem Geist der Prüderie geprägt, der in den Ländern des Westens seinesgleichen sucht.
11 Volker Sigusch: *Neosexualitäten. Über den kulturellen Wandel von Liebe und Perversion*. Frankfurt a. M./New York 2005.
12 Einer merkwürdigen Konvention zufolge darf man in einem Essay Dinge schreiben, die man selbst nicht glaubt (wovon andere Texte in Siguschs Buch zeugen, beispielsweise die Einleitung), Hauptsache, der Essay ist »brillant«.
13 Dieses Gesamtbild ergibt sich bei der Zusammenschau einer Reihe empirischer Quellen, unter anderem: Mary J. Sherfey: *The Nature and Evolution of Female Sexuality*. New York 1972. Helen S. Fisher: *The First Sex*. New York 1999. Stefan Klein: *Die Glücksformel oder wie die guten Gefühle entstehen*. Reinbek bei Hamburg 2002. S. 150 ff. E. O. Laumann, J. H. Gagnon, R. T. Michael und S. Michaels: *The Social Organization of Sexuality. Sexual Practises in the United States*. Chicago/London 1994. Gunther Schmidt u. a.: *Jugendsexualität. Sozialer Wandel, Gruppenunterschiede, Konfliktfelder*. Gießen 2000. Gunther Schmidt (Hg.): *Kinder der sexuellen Revolution. Kontinuität und Wandel studentischer Sexualität 1966–1996. Eine empirische Untersuchung*. Gießen 2000.
14 Genau diesen Ausdruck verwendet Luhmann zur Bezeichnung der Beziehung selbstbezüglicher Systeme. Niklas Luhmann: *Soziale Systeme. Grundriss einer allgemeinen Theorie*. Frankfurt a. M. 1984.
15 Nancy Friday: *Forbidden Flowers*. New York 1975.
16 Der Kampf gegen seine Sexualität und die lustvollen Niederlagen in diesem

Kampf waren geradezu lebensbestimmend für Max Weber. Ausführlich hierzu: Joachim Radkau: *Max Weber. Die Leidenschaft des Denkens*. München 2005.
17 Siehe hierzu: *Mein liebes Seelchen. Briefe Martin Heideggers an seine Ehefrau Elfride 1915–1970*. Stuttgart 2005. Ferner Matthias Schreiber:»Eisige Einsamkeit«. *Der Spiegel*, Nr. 37, 2005.
18 Ian McEwan: *Saturday*. London 2005. Deutsche Ausgabe Zürich 2005. S. 75.
19 Aus einem Gedicht von Heinrich Heine, vertont von Robert Schumann im Liederzyklus »Dichterliebe«.
20 Benoite Groult: *Salz auf meiner Haut*. München 1989. Ein verblichener Bestseller, der dem ewig erneuerbaren Plot des Ausbruchs aus dem gesicherten Alltag einer Ehe in eine neue sexuelle Freiheit folgt.
21 Michael Nerlich: *Abenteuer oder das verlorene Selbstverständnis der Moderne*. München 1997.
22 So die Suggestion des Romans von Michel Houllebecq: *Elementarteilchen*. Köln 1999.
23 Volker Sigusch a.a.O. S. 16.
24 Gabriel Garcia Marquez: *Die Liebe in den Zeiten der Cholera*. Köln 1987.
25 John Updike: *Der weite Weg zu Zweit. Szenen einer Liebe*. Frankfurt a. M. 1996.

Habsucht: Der Eros der Dinge

1 Matthäus 25, 14–30; Lukas 19, 12–27.
2 Markus 10, 21.
3 Markus 10, 28.
4 Matthäus 27, 57.
5 Matthäus 22, 19–22.»Sie reichten ihm einen Silbergroschen. Und er sprach zu ihnen: Wessen Bild und Aufschrift ist das? Sie sprachen zu ihm: Des Kaisers. Da sprach er zu ihnen: Gebt dem Kaiser, was des Kaisers ist, und Gott, was Gottes ist.«
6 Lukas 12, 16–21. Ein Bauer hat großen Reichtum angehäuft und sagt zu seiner Seele:»Habe nun Ruhe, iß, trink und habe guten Mut!«Aber Gott spricht zu ihm:»Du Narr! Diese Nacht« wird man deine Seele von dir fordern.«
7 All dies ist zusammengefasst bei: Jeremy Rifkin: *Der Europäische Traum*. Frankfurt a. M. 2004. S. 150 ff.
8 Siehe hierzu Max Weber:»Die Protestantische Ethik und der Geist des Kapitalismus.« *Gesammelte Aufsätze zur Religionssoziologie*. Tübingen 1921, 1988.
9 »Die innerweltliche protestantische Askese ... wirkte also mit voller Wucht gegen den unbefangenen *Genuss* des Besitzes ... Dagegen entlastete sie ... den Gütererwerb von den Hemmungen der traditionalistischen Ethik, sie sprengte die Fesseln des Gewinnstrebens, indem sie es ... als direkt gottgewollt ansah.« Max Weber a. a. O.
10 Daniel Horowitz: *The Morality of Spending. Attitudes toward the Consumer Society in America, 1875–1940*. Baltimore/London 1984. Herbert Marcuse:

Kultur und Gesellschaft. Bände 1 und 2. Frankfurt am Main 1965. Erich Fromm: *Haben oder Sein.* München 1978. Naomi Klein: *No Logo. Der Kampf der Global Players um Marktmacht.* München 2001.

Trägheit: Das süße Nichtstun

1 »Innerhalb der protestantischen Überlieferung der nachreformatorischen Zeit gibt es ein großes neues Thema, das dem 16. Jahrhundert noch fremd war: Die Vereinigung der Seligen zu einem gewaltigen, Gott in alle Ewigkeit lobpreisenden Chor.« Bernhard Lang: *Himmel und Hölle. Jenseitsglaube von der Antike bis heute.* München 2003, S. 70. Kierkegaard spottete auf dem Sterbebett über diese Vorstellung.

2 Ebd. S. 113.

3 Dieser Tätigkeitscharakter kommt in allen vier von Wolfgang Huber beschriebenen Grundmotiven des Christseins zum Ausdruck: Schöpfung (mit der Implikation, »mit sich etwas anzufangen«), Liebe, Hoffnung und Umkehr. Wolfgang Huber: »Die jüdisch-christliche Tradition.« In: Hans Joas und Klaus Wiegand (Hg.): *Die kulturellen Werte Europas.* Frankfurt a. M. 2005. S. 77.

4 Kurt Nowak: *Das Christentum. Geschichte, Glaube, Ethik.* München 1997. S. 101 ff.

5 Richard Baxter lebte von 1615–91 als Pfarrer in England. 1662 wurde er wegen seiner puritanischen Gesinnung seines Amtes als Pfarrer der anglikanischen Kirche enthoben, hielt aber trotz ständiger Verfolgungen erfolgreiche Predigten in London. Baxter ist die führende Gestalt des gemäßigten, calvinistisch orientierten Puritanismus der zweiten Hälfte des 17. Jahrhunderts. Er ist einer der Kronzeugen in Max Webers Theorie der Geburt des Kapitalismus aus der protestantischen Ethik.

6 Daniel Bell: *The Cultural Contradictions of Capitalism.* New York 1976.

7 Mit der Metapher des *Neuen Polynesien* beschrieb Gunter Stent seine Vision der im Nichtstun angekommenen nach-technischen Gesellschaft. Siehe hierzu: Gunther Stent: *The Coming of the Golden Age,* Garden City NY 1969.

8 Manfred Garhammer: *Wie Europäer ihre Zeit nutzen. Zeitstrukturen und Zeitkulturen im Zeichen der Globalisierung.* Berlin 1999. S. 466 ff.

9 Thomas Mann: »Süßer Schlaf« (1909). In: *Frühlingssturm. Essays Band 1.* Frankfurt a. M. 1993.

10 Der deutsche Arzt Franz Anton Mesmer (1734–1815) begründete die Lehre vom »animalischen Magnetismus«. Besonders veranlagte Personen speichern Strömungen in sich auf und können sie auf andere Menschen überleiten. Der Mesmerismus gewann bedeutenden Einfluss auf die Heilkunde und Naturphilosophie der beginnenden Romantik. Von der offiziellen Medizin wurde der Mesmerismus nicht anerkannt, dagegen hatte der bei den »mesmerisierten« Patienten häufig auftretende Somnambulismus wissenschaftliche Bedeutung. Die weitere Erforschung dieses Phänomens führte zum Hypnotismus und zur Psychotherapie.

11 Gemalt im Jahr 1860. Bayerische Staatsgalerie München.

12 Siehe etwa: Wolfram Schultz: »Multiple Reward Signals in the Brain.« In: *Nature Reviews Neuroscience 1*, 2000. S. 199–207. John Reynolds: »A Cellular Mechanism of Reward-Related Learning.« In: *Nature* 413, 2001. S. 67–70. Eine gelungene Zusammenfassung der Forschungsergebnisse bietet Stefan Klein: *Die Glücksformel oder wie die Gefühle entstehen.* Reinbek bei Hamburg 2003. S. 102 ff.

13 Mihaly Csikszentmihalyi: *Flow. Das Geheimnis des Glücks.* Stuttgart 1992.

14 Corinne Maier: *Die Entdeckung der Faulheit.* München 2005.

15 Siehe in diesem Sinn Juli Zeh: »Euer Sündenbockspiel nervt«. In: *Der Spiegel,* Nr. 21, 2005.

16 Epikur (341–271 v. Chr.), griechischer Philosoph aus Samos. Er trat um 309 in Lampsakos und Mytilene als Lehrer auf und gründete 306 in Athen eine Schule, die bis ins 4. Jahrhundert nach Christus Anhänger hatte. Die Ethik Epikurs ist der Hedonismus, verstanden als Lehre vom glücklichen Leben. Mit Glück meint er die innere Ruhe von Körper und Seele. Zu Unrecht wurde Epikur von der die griechische und römische Antike dominierenden stoischen Philosophie und dann von den Kirchenvätern als Verkünder hemmungslosen Lebensgenusses verurteilt. Dass man ihm das Schwein als Markenzeichen anhängte, ist Zeichen einer feindseligen Moralisierung diesseitigen Genusses, die erst in der Neuzeit allmählich überwunden wurde.

17 Dorothee Kimmich: *Epikuräische Aufklärungen. Philosophische und poetische Konzepte der Selbstsorge.* Darmstadt 1992.

18 Alle Angaben und Zitate aus: Etienne Francoise: »Das Kaffeehaus«. In: Heinz-Gerhard Haupt (Hg.): *Orte des Alltags. Miniaturen aus der europäischen Kulturgeschichte.* München 1994.

19 Hasso Spode: *Alkohol und Zivilisation.* Berlin 1991. S. 44.

20 Kaffee ist der »große Ernüchterer«, so Wolfgang Schivelbusch in seinem Klassiker: *Das Paradies, der Geschmack und die Vernunft. Eine Geschichte der Genußmittel.* München 1980.

Zorn: Uncool

1 *Quod licet Jovi, non licet bovi:* Was Jupiter darf, ist nicht jedem Rindvieh erlaubt.

2 Der Begriff »Krisenexperiment« stammt von dem amerikanischen Soziologen Harold Garfinkel: Indem man genau das Gegenteil des Normalen tut, macht man dieses erst sichtbar und schafft Raum für Neues. Siehe hierzu: Harold S. Garfinkel: *Studies in Ethnomethodology.* Englewood Cliffs 1980.

3 Thomas Hobbes (1588–1679) verarbeitete in seinem Denken die Erfahrung der religiös geprägten Kriege und Bürgerkriege seiner Zeit. Sein Ziel ist die Sicherung einer dauerhaften Friedensordnung. Nur wenn der Staat mit absoluter Macht ausgestattet ist, können Leben und Sicherheit aller Bürger gewährleistet werden. Im *Naturzustand* leben die Menschen nicht gesellig, son-

dern in einem Kampf aller gegen alle (homo homini lupus: ein Mensch ist des anderen Wolf). Beenden können sie diesen Zustand nur, indem sie einen grundlegenden Vertrag schließen, der den Staat als reale Überperson oder »sterblichen Gott«, als *Leviathan* einsetzt.

4 Leviathan ist der Name eines von Gott in der Urzeit überwundenen Gegners, den das Alte Testament auch als Schlange, Drache, Meer oder Urflut bezeichnet. Darauf spielt Psalm 74, 13 mit dem »verruchten Wesen mit den sieben Häuptern« an. Eine Parallele sieht die Religionsgeschichte zu dem siebenköpfigen Drachen von Tell Asmar im Tigristal und zur Hydra.

5 Dies hat Paul Ekman in zahlreichen kulturvergleichenden Studien nachgewiesen. Paul Ekman: *The Face of Man*. New York/London 1980.

6 Bert Brecht; Auszug aus dem Gedicht »An die Nachgeborenen«.

7 Norbert Elias: *Über den Prozess der Zivilisation*. 2 Bände. Frankfurt a. M. 1966.

8 *Der Spiegel*, Nr. 38, 2005.

9 Brent D. Shaw: »Der Bandit.« In: Andrea Giardina (Hg.): *Der Mensch der Römischen Antike*. Frankfurt a. M. 1991. S. 345 f.

10 Helmut Pape: *Der dramatische Reichtum der konkreten Welt*. Weilerswist 2002.

11 Siehe den Film der Ethnologin Ulla Fels über Gambia *Die Macht des Lachens*.

Hoffart: Neue Fallhöhe

1 Lukas 22, 42.

2 Stuttgarter Erklärungsbibel, Genesis 22.

3 Genesis 22.

4 Hermann Samuel Reimarus (1694–1768) war ein Philosoph und Theologe der Aufklärung. Schon früh von Zweifeln an der überlieferten Glaubenslehre ergriffen, wurde Reimarus zu einem Verteidiger der natürlichen Religion. Persönlich ein frommer Mann, erkannte er nur das Wunder der Schöpfung an. Aus der wissenschaftlichen Arbeit am Alten Testament entstand die »Apologie oder Schutzschrift für die vernünftigen Verehrer Gottes«. Mit ihr löste er den Glauben an die biblische Offenbarung und ihre Wunder auf und erklärte die Anfänge der christlichen Religion rein vernünftig. Reimarus bestritt hier die Verbindlichkeit einer für alle Menschen gültigen Offenbarung, indem er die Bibel im Geiste Voltaires und der englischen Deisten einer historisch-kritischen Untersuchung unterzog. H. Hohlwein: »Reimarus.« In: *Religion in Geschichte und Gegenwart*, Bd. 5, Spalte 937.

5 Näheres zur Unterscheidung von Glück 1 und Glück 2 weiter unten im Kapitel *Das schöne Leben*.

6 W. Hamish Fraser: *The Coming of the Mass Market*. Hamden Connecticut 1981. John B. McKendrick und John H. Plimb: *The Birth of Consumer Society. The Commercialization of Eighteen-century England*. London 1982.

7 Beispielhaft: *Le grand escalier du Palais de Justice*. Abgedruckt in: Daumier – Zeichnungen. Städtische Galerie im Städelschen Kunstinstitut, Frankfurt

a. M. 1992. S. 189. Ferner:»MMrs Cobden, Bright et Sturges, n'ayant plus rien à faire en Europe, s' embarquent pour aller pacifier la Chine.« Abgedruckt in: *Die Rückkehr der Barbaren.* Europäer und »Wilde« in der Karikatur Honoré Daumiers. Hamburg 1985. S. 247.

8 Henrietta McCall: *Mesopotamische Mythen.* Stuttgart 1993.

9 Thorstein Veblen: *Theorie der feinen Leute. Eine ökonomische Untersuchung der Institutionen.* Frankfurt a. M. 1986 (amerikanische Erstausgabe: 1900).

10 Pierre Bourdieu: *Die feinen Unterschiede. Kritik der gesellschaftlichen Urteilskraft.* Frankfurt a. M. 1982 (französische Erstausgabe: 1973).

Neid: Wo ist dein Bruder Abel?

1 Will und Ariel Durant: *Kulturgeschichte des Glaubens.* Band 5: Weltreiche des Glaubens. München 1984. S. 302.

2 Deuteronomium 31, 16–17. Als ähnliche Bibelstelle siehe Jesaja 10, 12–14.

3 Genesis 4, 3–9.

4 Siehe hierzu: Götz Ahly: *Hitlers Volksstaat. Raub, Rassenkrieg und nationaler Sozialismus.* Frankfurt a. M. 2005. Die Nürnberger Gesetze lassen sich als eine Legalisierung antisemitischen Neides und seiner Phantasien lesen; zur Entstehungsgeschichte siehe etwa Ian Kershaw: *Hitler 1889–1936.* Stuttgart 1998. S. 702 ff. Beeindruckend (wegen seiner Seltenheit und seines Mutes) ist das Geständnis Hoimar von Ditfurths, als Abiturient gerne den Platz eines jüdischen Mitschülers eingenommen zu haben, dem eigentlich – als dem brillanteren von beiden – die Ehre der Abitursrede zugestanden hätte, der jedoch zuvor diesen Gesetzen zum Opfer fiel. Hoimar von Ditfurth: *Innenansichten eines Artgenossen. Meine Bilanz.* Düsseldorf 1989. Jüdische Künstler, Schriftsteller, Wissenschaftler und Publizisten waren im vornationalsozialistischen urbanen Leben Berlins und Wiens führend; dass sie überhaupt zum Gegenstand des Neides nichtjüdischer Deutscher und Österreicher werden konnten, ist eine Folge der rassistischen Grenzziehung des Antisemitismus, die den Assimilationswillen der Juden konterkarierte. Der ins Exil geflüchtete Berliner Kunstkritiker und Dichter Hans Sahl beispielsweise berichtet in seinen Memoiren, dass er erst durch die Nachstellungen der Nationalsozialisten davon Kenntnis bekam, dass er Jude war.

5 Siehe hierzu die klassische Studie von Helmut Schoeck: *Der Neid. Eine Theorie der Gesellschaft.* München 1966.

6 Rupert Brown:»Divided we fall.« In: Henri Taifel (ed): *Differentiation between Social Groups.* London 1978.

7 Glenn Firebaugh und Laura Tach: *Income and Happiness in the United States.* Harvard University 2004. (verfügbar im Internet)

8 Richard Dawkins: *The Selfish Gene.* London 1976.

9 Zu anthropologisch universellen Dispositivum für Neid und Altruismus siehe beispielsweise: Donald E. Brown: *Human Universals.* Philadelphia 1991.

S. 130 ff. David Barash: *Das Flüstern in uns. Ursprung und Entwicklung menschlichen Verhaltens.* Frankfurt a. M. 1981. S. 153 ff. und 194 ff. Wolfgang Rudolph und Peter Tschohl: *Systematische Anthropologie.* München 1977. S. 156 ff.

10 E. J. Krige und J. D. Krige: *The Realm of a Rain-Queen.* London 1943.

11 Siehe zu diesen Begriffen das Kapitel *Moral des Glücks.*

12 Mit »Ohrbläserei« ist das Aufhetzen anderer gemeint: das Verbreiten einer feindseligen Stimmung.

13 Helmut Schoeck: *Der Neid. Eine Theorie der Gesellschaft.* München 1966.

14 Helmut Schoeck a. a. O. S. 72 ff. Heute lähmen Neid, Neidparanoia und Schadenszauber Afrika nicht weniger als damals. Siehe hierzu: Bartholomäus Grill: »Die Macht der Hexen.« *Die Zeit* vom 15. 9. 2005. David Signer: *Die Ökonomie der Hexerei oder Warum es in Afrika keine Wolkenkratzer gibt.* Wuppertal 2004.

15 Allerdings spielt hier noch ein weiteres Motiv eine Rolle, das Aristoteles vom Neid unterschieden haben möchte und das er als *nemesis* bezeichnet: die Entrüstung über Ungerechtigkeit. Zu denken ist hier weniger an die Ungerechtigkeit der Natur, sondern an die einer sozialen Umwelt, die Schönheit in sachfremder Weise prämiert (beispielsweise bei der Besetzung eines Postens, bei dem es eigentlich auf Kompetenz ankommt).

16 David Barash: *Das Flüstern in uns. Ursprung und Entwicklung menschlichen Verhaltens.* Frankfurt a. M. 1981. S. 194.

17 Dies ist bekanntlich die zentrale These von Max Weber: »Die Protestantische Ethik und der Geist des Kapitalismus«. *Gesammelte Aufsätze zur Religionssoziologie.* Tübingen 1921, 1988.

18 Arberie Begu: »Stickige Zimmer.« *Die Zeit* vom 2. 6. 1999.

19 Friedrich Nietzsche: *Morgenröte. Gedanken über die moralischen Vorurteile.*

20 Friedrich Nietzsche: *Zur Genealogie der Moral.*

21 Ebd.

22 Stephan Maus: »Der Panorama-Tobsuchtsanfall. Sibylle Bergs nicht zu überbietender Roman ›Ende gut‹«. *Süddeutsche Zeitung* vom 15. 2. 2005.

Religion ohne Magie

1 »Der Weg des Faulen ist wie eine Dornenhecke.« Sprüche 15, 19.

2 »Ein stolzes Herz ist dem Herrn ein Greuel und wird gewiß nicht ungestraft bleiben.« Sprüche 16, 5.

3 »Geselle dich nicht zum Zornigen und halte dich nicht zu einem wütenden Mann; du könntest auf seinen Weg geraten und dich selbst zu Fall bringen.« Sprüche 22, 24–25.

4 »Bemühe dich nicht, reich zu werden; da spare deine Klugheit!« Sprüche 23, 4.

5 »Sei nicht unter den Säufern und Schlemmern; denn die Säufer und Schlemmer verarmen, und ein Schläfer muss zerrissene Kleider tragen.« Sprüche 23, 20–22.

6 Prediger Salomo 9, 7–9.

7 Johannes 2, 1–11.

8 Das Schreiben unter einem anderen Namen (Pseudepigraphie) war in der Antike weit verbreitet und galt als durchaus ehrenwert. So stammen viele Paulusbriefe eigentlich von anderen Autoren. Evangelische Hauptbibelgesellschaft: Die Bibel mit Kommentaren. Berlin 1984. S. 377.

9 Susanne Bröker: *Studien zur Ikonographie der sieben Todsünden in der niederländischen und deutschen Malerei von 1450–1560*. Münster/Hamburg 1993.

10 Morton S. Bloomfield: *The Seven Deadly Sins*. East Lansing 1952. Zitiert nach Susanne Bröker a. a. O. S. 5.

11 Morton S. Bloomfield a. a. O. S. 44 ff.

12 In seinem Hauptwerk redet er von den »Heilmitteln gegen die acht Hauptlaster«, ». . . de octo principalium vitiorum remediis«. Owen Chadwick: »Cassianus«. In: *Theologische Realenzyklopädie*. Ausgabe von 1993. Band 7. S. 650.

13 Papst Gregor verwendet lateinische Hauptbegriffe mit erläuternden Zusatzbegriffen. Im Einzelnen: *inanis gloria* (Stolz), *invidia* (Neid), *ira* (Zorn), *tristitia* (wörtlich Traurigkeit; in der deutschen Umdeutung umgewandelt in Trägheit), *avaritia* (Habsucht), *ventris ingluvies* (Völlerei), *luxuria* (wörtlich Zügellosigkeit; in der deutschen Umdeutung umgewandelt in Unkeuschheit).

14 Hanno Fink: *Die sieben Todsünden in der mittelenglischen erbaulichen Literatur*. Hamburg 1969. S. 5.

15 Susanne Bröker: *Studien zur Ikonographie der sieben Todsünden in der niederländischen und deutschen Malerei von 1450–1560*. Münster/Hamburg 1993. S. 9.

16 Die urchristliche Distanz zu den Freuden des Körpers wird verständlicher, wenn man den Kontext einbezieht: die Naherwartung der Ankunft des Reiches Gottes. Im Verhältnis dazu erschien Sinnlichkeit als Störung der Vorbereitung auf das Ende aller Tage – es gab Wichtigeres. Allmählich jedoch verblasste dieses Deutungsmuster. Übrig blieben die vom eschatologischen Kontext losgelösten leibfeindlichen Passagen des Neuen Testaments. Die sieben Todsünden sind das Zeugnis einer sich an das Urchristentum anschließenden neuen Lesart, die durch Paulus zwar angeregt wurde, aber etwas Neues hinzufügte.

17 Charles Staples Lewis: *Dienstanweisung für einen Unterteufel*. Freiburg/Basel/Wien 1975 (geschrieben 1941).

18 Siehe hierzu: Paul Beusen, Sybille Ebert-Schifferer und Ekkehard Mai (Hg): *L'Art Gourmand*. Gent 1996. Beispielhaft: »Vorbereitung zur Mahlzeit« von Georg Flegl (1566–1638), abgedruckt auf S. 151.

19 Bestand des Germanischen Nationalmuseums Nürnberg, Inv.Nr. PLO 768–773. Peter Dell d. Ä. (1480–1552) war Bilderschnitzer in Würzburg.

20 Lukas 18, 25.

21 Barbara Tuchmann: *Die Torheit der Regierenden. Von Troja bis Vietnam*. Frankfurt a. M. 1989. S. 67 ff.

22 Die Geißler traten erstmals 1260 in Perugia auf; in den Pestjahren 1348/49 wurden sie zu einer Massenerscheinung. Auf dem Konzil von Konstanz 1417 wurde die Laienbewegung der Geißler verboten. *Enzyklopädie der Religionen.* Augsburg 1999.

23 Johann Wolfgang von Goethe: »Prometheus« (wahrscheinlich 1774 entstanden). Goethe, *Sämtliche Werke*, Münchner Ausgabe, herausgegeben von Karl Richter u. a. Band 3.2.

24 Friedrich Schleiermacher: *Der christliche Glaube.* Erster Band. Berlin 1960 (1. Auflage 1821).

25 Die fünf Bücher Mose (Pentateuch) sind nicht repräsentativ für das ganze Alte Testament, das in einem Zeitraum von über tausend Jahren entstanden ist und weit auseinander liegende Gottesvorstellungen enthält. Nicht einmal dem Pentateuch liegt eine einheitliche Gottesvorstellung zugrunde; in den fünfhundert Jahren seiner Entstehung kamen immer mehr Facetten hinzu. Man findet den zornigen, strafenden Gott ebenso wie den gütigen. In der christlichen Rezeptionsgeschichte des Alten Testaments ist freilich der strafende stärker hervorgetreten.

26 2. Buch Mose, 25, 25–31.

27 2. Buch Mose, 32, 33–35.

28 2. Buch Mose, 34, 14.

29 Im Grunde sind es sogar vier Gebote, die das Gottesverhältnis betreffen. Im 2. Buch Mose 20, 4 heißt es: »Du sollst dir kein Bild noch irgendein Gleichnis machen.« Luther übernahm dies jedoch nicht in die christliche Katechismusfassung der zehn Gebote. Auch den katholischen Religionsdidaktikern erschien das Bilderverbot für das Volkswissen nicht so wichtig. Ausgerechnet dasjenige Gebot wurde also herausgefiltert, das am meisten mit der Unerreichbarkeit und Ferne Gottes zu tun hat, mit dem religiösen Konstrukt von Sünde 2.

30 2. Buch Mose 34, 20.

31 Wer, um Gottes willen, soll diese komplizierte Konstruktion noch begreifen? Im Zeitraffer gesehen, folgen der christlichen Vorstellung nach vier Stadien aufeinander: Zunächst der glückliche Zustand der Sündlosigkeit im Paradies; dann der Sündenfall und die Vertreibung aus dem Paradies, ein Ereignis, das bis heute nachwirkt und dazu führt, dass jeder im Zustand der Ursünde – viele sagen auch Erbsünde – geboren wird; dann die »Rechtfertigung« jedes Einzelnen, sprich: seine Annahme durch die Gnade Gottes; und schließlich seine »Heiligung«, das heißt die Annäherung an Gott im christlich geführten Leben, zu dem auch die guten Taten zählen, an erster Stelle aber der Glaube. Vor allem drei Merkwürdigkeiten haben immer wieder zu theologischen Kontroversen geführt und die Religionskritiker provoziert: Erstens: Wenn Gott der Schöpfer ist, müsste er doch auch für den Sündenfall mit verantwortlich sein. Zweitens: Wie kann die ganze Menschheit für das Handeln der ersten Menschen in Sippenhaft genommen werden? Drittens: Wenn Gott jeden »rechtfertigt«, warum lässt er ihn dann überhaupt erst als Sünder geboren

werden, und nicht unschuldig? Das Stigma der Schlechtigkeit des Menschen wird zum Hintergrund für die Generosität Gottes. Wäre es nicht generöser und vor allem auch verständlicher, gewissermaßen humaner, wenn der Mensch erst einmal als guter Mensch geboren würde, wie es etwa der Islam annimmt? Angesichts dieser Fragen wundert es nicht, dass sowohl der christliche Glaube der Nichttheologen als auch die Glaubensunterstellungen der Religionskritiker immer wieder bei der schlichten, eingängigen Vorstellung der Tatsünde landen und die komplexe, paradoxe Vorstellung von Sünde als Gottesferne ignorieren.

32 Werkgerechtigkeit ist ein zentraler Begriff der theologischen Ethik und Erlösungslehre. Wann immer er fällt, ist er allerdings nicht fordernd, sondern ablehnend gemeint. Die Laien aller Jahrhunderte, das 21. eingeschlossen, tun sich schwer damit. »Werkgerechtigkeit« – das müsste doch genau das sein, worauf es ankommt. Aber nein: Der Begriff geißelt immer nur die Naivität des theologischen Gegners. Er kennzeichnet die Annahme, dass man das Heil durch gute Werke finden kann. Die großen Reformatoren hatten mit dem Vorwurf an die Adresse der katholischen Kirche, sie würde diese Lehre vertreten, Recht und Unrecht zugleich. In der Verkündigung für die Massen stand die Werkgerechtigkeit zwar ganz oben, oft unmittelbar verknüpft mit handfesten Interessen der Kirche, die Theologen waren sich jedoch schon seit Augustinus (4. Jahrhundert) darin einig, dass Werkgerechtigkeit nicht den Kern des christlichen Glaubens ausmache.

33 Der im Protestantismus zentrale Begriff der Rechtfertigung geht auf Luthers Neuinterpretation des Römerbriefs zurück (speziell Römer 1, 17). Es geht hierbei um etwas ganz anderes als das, was wir heute unter »Rechtfertigung« oder »Gerechtigkeit« verstehen – es geht um »Gott gerecht werden«. Dafür muss man nichts tun, sondern nur das Angebot Gottes annehmen. Aus der so erreichten Nähe zu Gott folgen die guten Werke von allein.

34 »Mes chers frères, n' oubliez jamais, quand vous entendrez vanter le progrès des lumières, que la plus belle des ruses du diable est de vous persuader qu'il n'existe pas!« (Charles Baudelaire: Le Spleen de Paris).

35 Paul Nolte: »Rückkehr der Religion. Ursachen, Chancen, Probleme«. In: Universitas, Nr. 702, Dezember 2004. S. 1232–1239.

36 Friedrich Wilhelm Graf: Die Wiederkehr der Götter. Religion in der modernen Kultur. München 2004.

37 Als zusammenfassende Darstellungen dieser vor allem von Hans-Otto Apel ausgearbeiteten philosophischen Position siehe: W. Kuhlmann: Reflexive Letztbegründung. Untersuchungen zur Transzendentalpragmatik. Freiburg/ München 1985. Vittorio Hösle: Die Krise der Gegenwart und die Verantwortung der Philosophie. München 1994. S. 142 ff.

38 Matthäus 11, 19.

39 Robert Merton: »Science and Technology in a Democratic Order«. In: Journal of Legal and Political Sociology, 1942, 1, 115–126.

1 Samuel S. Huntington: *Who are We?* Hamburg 2004. Mit »We« meint Huntington die USA als neues, gesteigertes christliches Abendland.

2 Am 2. August 1934 starb Reichspräsident von Hindenburg. Noch am selben
Tag ernannte sich Hitler zum »Führer und Reichskanzler«. Zwei Wochen spä-
ter wurde eine Volksabstimmung durchgeführt – die letzte freie und geheime
Wahl. Bei dieser Gelegenheit stimmten fast 90 % der Wähler mit »Ja«.

3 »Indem die Askese aus den Mönchszellen in das Berufsleben übertragen wurde
und die innerweltliche Sittlichkeit zu beherrschen begann, half sie an ihrem Teil
mit daran, jenen mächtigen Kosmos der modernen, an die technischen und ökonomischen Voraussetzungen mechanisch-maschineller Produktion gebundenen Wirtschaftsordnung zu erbauen, der heute den Lebensstil aller Einzelnen
mit überwältigendem Zwang bestimmt und vielleicht bestimmen wird, bis der
letzte Zentner fossilen Brennstoffs verglüht ist. Nur wie ›ein dünner Mantel,
den man jederzeit abwerfen könnte‹, sollte nach Baxters Ansicht die Sorge um
die äußeren Güter um die Schultern seiner Heiligen liegen. Aber aus dem Mantel ließ das Verhängnis ein stahlhartes Gehäuse werden. Indem die Askese die
Welt umzubauen ... unternahm, gewannen die äußeren Güter ... unentrinn-
bare Macht über den Menschen, wie niemals zuvor in der Geschichte. Heute ist
ihr Geist – ob endgültig, wer weiß es? – aus diesem Gehäuse entwichen. Der
siegreiche Kapitalismus jedenfalls bedarf, seit er auf mechanischer Grundlage
ruht, dieser Stütze nicht mehr.« Aus Max Weber: »Die protestantische Ethik
und der Geist des Kapitalismus«. *Gesammelte Aufsätze zur Religionssoziologie.* Tübingen 1988 (1920). S. 203 ff. Zur Erläuterung: Richard Baxter
(1615–1691) war einer der führenden Köpfe des gemäßigten Puritanismus, aus
dem sich Weber zufolge das normative Fundament des Kapitalismus herleitet.

4 Jürgen Habermas: »Vorpolitische Grundlagen des demokratischen Rechts-
staates?« In: *Zwischen Naturalismus und Religion.* Philosophische Aufsätze.
Frankfurt a. M. 2005.

5 José Casanova: *Public Religions in the Modern World.* Chicago 1994.

6 Max Weber a. a. O. S. 204.

7 Hartmut Lehmann: »Bangen um die angloprotestantische Leitkultur«. *Süddeutsche Zeitung* vom 10. 1. 2005.

8 Samuel P. Huntington: *Kampf der Kulturen. Die Neugestaltung der Weltpolitik im 21. Jahrhundert.* München/Wien 1998.

9 Der Begriff taucht in vielen Arbeiten auf; siehe etwa: Jürgen Habermas: *Zwischen Naturalismus und Religion. Philosophische Aufsätze.* Frankfurt a. M.
2005.

10 Max Weber a. a. O. S. 204.

11 Gemäß Lessings Schrift *Die Erziehung des Menschengeschlechts* gleicht die
Entwicklung der Menschheit der psychischen und moralischen Reifung der
Persönlichkeit. Moses' Gesetz war für das sinnliche Kindesalter der Mensch-
heit gedacht, die Lehre Jesu von der Gnade für die geistige Reifung. Mit zu-

nehmender Vervollkommnung ist ein drittes Zeitalter zu erwarten, ein Reich der Freiheit.

12 Ian McEwan: *Saturday*. London 2005. Deutsche Ausgabe Zürich 2005. S. 109 f.

13 Ian McEwan a. a. O. S. 235.

14 Richard Sennett: *Der flexible Mensch*. Berlin 1998.

15 Siehe hierzu den Abschnitt »Das zweidimensionale Leben« in: Gerhard Schulze: *Die beste aller Welten. Wohin bewegt sich die Gesellschaft im 21. Jahrhundert?* München 2003. »In Umrissen wird eine zweidimensionale Moderne erkennbar. Neben dem alten Zentrum der Sachen, der Natur, des Könnens gewinnt das neue Zentrum des Subjekts, der Kultur, des Seins an Macht. Das liegt daran, dass der Knappheit von Steigerungswissen ein Überfluss von Möglichkeiten gegenübersteht. Die Aufmerksamkeit verlagert sich von den Sachen zu dem Subjekt, das sie handhabt.«

16 Christian Sebald: »Das unbayerische Haus«. *Süddeutsche Zeitung* vom 25./26. 6. 2005.

17 Franz Kafka: *Die Aeroplane in Brescia*. In der gleichnamigen Anthologie des Fischer Verlags, Frankfurt a. M. 1977.

18 Rainer Willmann: Lob der Herkunft. *Die Zeit* vom 3. 1. 1997.

19 Beispielhaft: Naomi Klein: *No Logo! Der Kampf der Global Players um Marktmacht.* München 2001. Michael Hardt und Antonio Negri: *Empire.* Frankfurt a. M. 2002. Eva Illouz: *Der Konsum der Romantik.* Frankfurt a. M. 2003. Volkmar Sigusch: »Das gemeine Lied der Liebe.« In: Ders.: *Neosexualitäten. Über den kulturellen Wandel von Liebe und Perversion.* Frankfurt a. M. 2005. Jens Jessen: »Fegefeuer des Marktes.« In: *Die Zeit* vom 21. 7. 2005. Als kritische Gegenstimmen siehe unter anderem: Richard Herzinger: *Republik ohne Mitte. Ein politischer Essay.* Berlin 2001. Jörg Lau: »Biomacht und Kapitalismus.« *Die Zeit* vom 23. 5. 2002. Claus Leggewie: *Die Globalisierung und ihre Gegner.* München 2003. S. 64 ff. Markus Bauchmüller und Michael Balser: *Die 10 Irrtümer der Globalisierungsgegner – wie man Ideologie mit Fakten widerlegt.* München 2003. Jörg Lau: »Lob der Entfremdung.« In: Kapitalismus oder Barbarei? Sonderheft *Merkur* 9/10 2003. Jochen Hörisch: »Der mephistophelische Kapitalismus.« In: *Kapitalismus oder Barbarei?* Sonderheft *Merkur*, Heft 9/10, 2003.

20 Die Bezeichnung für diese paneuropäische literarische Strömung in der zweiten Hälfte des 18. Jahrhunderts geht auf eine Anregung Lessings zurück (orientiert am englischen »sentimental«). Das Hauptanliegen scheint paradox: antirationalistische Reflexion. Das Gefühl soll als gleichberechtigtes Erkenntnismittel eigener Art neben dem Erkenntnismittel des Verstandes eingesetzt werden, vor allem bei der Naturwahrnehmung.

21 Ihre hohe Zeit hatte die literarische Bewegung des Sturm und Drang etwa zwischen 1760 und 1790. Die Vertreter des Sturm und Drang huldigten dem Geniekult; ihre Schlüsselworte waren »Geschichte« und »Natur«; bevorzugte literarische Gattung war das Drama mit dem zentralen Motiv des leidenschaftlichen Freiheitsdrangs. Es handelt sich um eine vor allem deutsche Strömung,

in deren Subjektivismus sich schon die Romantik vorbereitete. Zentrale Figuren waren Goethe und Schiller in ihren jungen Jahren.

22 Die Romantik blühte zwischen den Revolutionsjahren 1789 und 1848. Einerseits erfasste die Romantik, wie bereits die Empfindsamkeit, ganz Europa, andererseits gingen deutsche, englische, französische, osteuropäische und südeuropäische Romantik ganz verschiedene Wege. Gleiches gilt innerhalb der nationalen Romantiken für ihre einzelnen Vertreter in Musik, Literatur und Malerei. Darin kommt das zentrale Anliegen der Romantik zum Ausdruck: die Innenwelt als eigentlichen Raum der Selbstverwirklichung zu erschließen. Wie kann man der Einzigartigkeit »romantisch« genannter Künstler, Dichter und Musiker überhaupt einen zusammenfassenden kunstgeschichtlichen Begriff überstülpen? Eben wegen dieser Einzigartigkeit. Vergleichbar den religiösen Erweckungsbewegungen, die den Laien respektieren und die Orthodoxie verachten, kultivierte die Romantik die eigene Handschrift des Künstlers und rebellierte gegen formale Prinzipien. Allen Romantikern ging es um den Ausdruck des Empfindens und um die Darstellung der Sehnsucht nach dem Unendlichen.

23 Im Monte-Veritá-Kult von *Ascona* trat zwischen 1900 und 1920 eine Frühform der Hippies auf – anarchistisch, pazifistisch, vegetarisch, theosophisch und nudistisch. Zu den Wallfahrern nach Ascona zählte auch Herrmann Hesse, der sich, um die Heilkraft der Erde zu erproben, bis zu den Achseln eingrub. Der *Ashram* im indischen Poona war Sitz von Bhagwan und Wallfahrtsort seiner weltweiten Jüngerschaft in den siebziger und achtziger Jahren. *Auroville* ist eine Kolonie von spirituell orientierten Europäern nahe Pondicherry an der indischen Ostküste.

24 Der Chassidismus ist eine im 18. Jahrhundert entstandene mystische Bewegung innerhalb der jüdischen Religion. Er kommt ohne jede Askese aus und propagiert den Ausdruck von Gefühlen, vor allem auch des Gefühls der Freude.

25 Mystische Richtung des Islam seit etwa dem 8. Jahrhundert nach Christus. Der Sufi versteht sein Leben als Weg, um alles zu überwinden, was ihn von Gott trennt. Sein wichtigstes Mittel ist dabei nicht das Studium der Schriften, sondern die Ekstase, in die er sich tanzend hineinsteigert. Innerhalb des heutigen Islam wird der Sufismus als Lehre einer vergangenen Epoche abgelehnt, er hält sich jedoch nach wie vor in der islamischen Volksfrömmigkeit, vor allem in Afrika und Zentralasien.

26 Bahnbrechend waren in diesem Zusammenhang die Studien von Antonio R. Damasio. Siehe etwa: Antonio R. Damasio: *Descartes' Irrtum. Fühlen, Denken und das menschliche Gehirn*. München 1994.

27 Eine der umfangreichsten Untersuchungen hierzu ist die groß angelegte historische Studie von David Landes: *Wohlstand und Armut der Nationen. Warum die einen reich und die anderen arm sind*. Berlin 1999. Ferner: Jared Diamond: *Arm und Reich. Die Schicksale menschlicher Gesellschaften*. Frankfurt a. M. 1998. S. 287 ff. Manuel S. Castells: *The Rise of the Network Society*. New York 1996. S. 5 ff.

28 Am Anfang war Affirmation. In den frühen Hochkulturen im Nahen Osten galt der Mensch als von Natur aus gut; weil es keinen Anlass gab, etwas zu ändern, zeigt ihre Kunst keinen Wandel. Siehe Eckhard Unger: *Sumerische und akkadische Kunst.* Breslau 1926. S. 18 ff. Eine erste produktive Blüte zeigt das skeptische Denken im antiken Griechenland. Ob sich die griechischen Philosophen nun »Skeptiker« nannten oder nicht, »in gewissem Sinn war die ganze griechische Philosophie skeptisch« – insofern nämlich, als sie sich nie am Ziel wähnten und sich immer der »Fortsetzung der Suche« (*zêtêsis*) widmeten. »Über Montaigne, Descartes, Pascal, Bayle, Hume, Kant, Nietzsche und viele andere hat sich der Skeptizismus als fähig erwiesen, das Denken aus seinem ›dogmatischen Schlummer‹ zu wecken.« Zitiert aus: Jacques Brunschwig: »Skeptizismus«. In: Jacques Brunschwig und Geoffrey Lloyd (Hg.): *Das Denken der Griechen. Eine Enzyklopädie.* München 2000. In diesem Zusammenhang darf Karl Popper nicht fehlen, der den Grundgedanken der produktiven Skepsis im methodologischen Prinzip des Falsifikationismus radikalisierte: Erkenntnisfortschritt durch Widerlegungsversuche. Karl Popper: *Die Logik der Forschung.* Tübingen 1982 (1. Auflage 1934).

29 Auf der politischen Bühne darf man den Gegner selbst dann nicht loben, wenn er so handelt, wie man es selbst getan hätte. Diesen Fehler beging Jürgen Trittin als Umweltminister während des Hochwassers in Bayern 2005. Er zollte dem bayerischen Ministerpräsidenten Stoiber Anerkennung. Umgehend zwang ihn seine Partei, dies zu revidieren. *Süddeutsche Zeitung* vom 25. 8. 2005: »Trittin lässt grüne Wahlkämpfer verzweifeln«.

30 Dass der Islam zu Beginn des 13. Jahrhunderts fast schlagartig seine kulturelle Führungsrolle in der Welt verlor, hängt mit der zu diesem Zeitpunkt einsetzenden und bis heute fortgeführten Kultur der Affirmation zusammen: »Im Jahre 1150 befahl der Kalif Mustandschid in Bagdad, alle philosophischen Werke des Avicenna und der Brüder der Lauterkeit zu verbrennen. 1194 ließ der Emir Abu Yusuf Yaqub al-Mansur... alle Werke des Averroes mit Ausnahme einiger naturwissenschaftlicher Schriften verbrennen; er untersagte seinen Untertanen das Studium der Philosophie und hieß sie, alle philosophischen Werke, denen sie begegnen sollten, ins Feuer zu werfen... Etwa zu dieser Zeit wurde Ibn Habib hingerichtet, weil er sich mit Philosophie befasste. Nach 1200 wich der Islam allem spekulativen Denken aus. Mit sinkender politischer Macht suchte das Muselmanentum immer mehr die Hilfe von Theologen und Anwälten der Strenggläubigkeit. Diese Hilfe wurde gewährt, aber auf Kosten des unabhängigen Denkens.« Will und Ariel Durant: *Kulturgeschichte der Menschheit: Weltreiche des Glaubens.* Köln 1985. Der dritte *Arab Human Development Report* der UN aus dem Jahr 2004 sieht die uralte Tradition der Affirmation nach wie vor als eines der zentralen Modernisierungshindernisse an: »Tradition und Tribalismus, die im Gewande des Glaubens auftreten«; eine »Kultur des Clanismus«; eine Familienstruktur, welche die Unterwerfung des Einzelnen fordere und als Feind der persönlichen Unabhängigkeit auftrete; ein Bildungssystem, das keinen freien Dialog oder gar

konträre Ansichten erlaube. Ähnlich ist der Befund von Dan Diner: *Versiegelte Zeit. Über den Stillstand der islamischen Welt.* Berlin 2005. Rudolph Chimelli spricht in einem Zeitungsartikel von der »Starre des Islam«, dessen tiefste Wurzeln der Vordenker Mohammed Iqbal im 19. Jahrhundert in der religiös fundierten Selbstbestätigung sieht. *Süddeutsche Zeitung* Nr. 191, 2005. Dass der islamkritische Intellektuelle Sayed Mahmud Ali al-Qimni sich im heutigen Ägypten auf Grund massiver Drohungen genötigt sah, seinen Ideen abzuschwören, erinnert an die Bücherverbrennungen des 12. Jahrhunderts. Siehe hierzu: Thomas Steinfeld: »Das schleichende Gift des Glaubens.« In: *Süddeutsche Zeitung* vom 1. 9. 2005. Verhaltene Gegentendenzen einer islamischen Modernisierung konstatieren dagegen verschiedene Beiträge in: Nilüfer Göle und Ludwig Amman (Hg.): Islam in Sicht. *Der Auftritt von Muslimen im öffentlichen Raum.* Bielefeld 2004. Auch die weithin in der islamischen Welt gehörte Botschaft des pazifistischen, mit Pop-Elementen arbeitenden Radiosenders Iqra in Kairo geht in diese Richtung. Siehe hierzu: Julia Gerlach: »Die Pop-Islamisten.« *Die Zeit* vom 21. Juli 2005. Elemente einer modernen Kultur der Negation sind freilich allerdings nicht zu erkennen; Modernität beschränkt sich hier auf die symbolische Demonstration islamischen Selbstbewusstseins.

31 Richard Herzinger: *Republik ohne Mitte. Ein politischer Essay.* Berlin 2001.

32 Die Analyse der Biographien von Terroristen führt verschiedene Beobachter zum gleichen Befund: Im Hintergrund ihres Denkens und Handelns steht eine »pathologische Verwestlichung des Islam«. Aufgewachsen im Westen und mit der modernen Lebenswelt bestens vertraut, fühlen sie sich doch weder hier noch in ihren Herkunftskulturen heimisch. Dies macht sie bereit für eine »Wiedergeburt« – eine im Kern moderne, individuelle Glaubensentscheidung, regelmäßig unter dem Einfluss religiöser Außenseiter jenseits der orthodoxen Theologie. Der französische Islamwissenschaftler Olivier Roy sieht darin »innereuropäische Auseinandersetzungen« um die eigenen Werte – Sexualität, Ehe, Abstammung – der zweiten Einwanderergeneration, auch in Rebellion gegen die eigenen Eltern. Olivier Roy: »Wiedergeboren, um zu töten.« *Die Zeit* vom 21. Juli 2005. Ganz ähnlich die Einschätzung von Navid Kermani: Die Gesinnung, auf die die im westlichen Ambiente aufgewachsenen Attentäter »durch eine einschneidende Erfahrung oder Bekanntschaft gestoßen sind, scheint rückwärts gewandt, gar archaisch zu sein. Aber die Entstehung dieser Gesinnung, die bei keinem der Attentäter etwas mit dem Islam ihrer Eltern zu tun hat, dieser Zugriff auf eine konstruierte und radikalisierte Vergangenheit ist durch und durch modern.« Zur konstruierten Wirklichkeit der Attentäter gehört auch die Auffassung, dass das »Unrecht, das sie bestrafen, nicht bloß individuell erlitten ist, sondern sich als die Unterdrückung eines Milliardenkollektivs darstellt.« Navid Kermani: »Voller Idealismus«. *Süddeutsche Zeitung* vom 5. 8. 2005. Vom selben Autor: *Dynamit des Geistes. Islam, Martyrium und Idealismus.* Göttingen 2002. Die holländische Journalistin Margalith Keijwegt hat ein Jahr lang eine Schulklasse in einem Migrantenviertel in Amsterdam West besucht; ihr Bericht ist als Buch er-

schienen: *Onzichtbare ouders* (»unsichtbare Eltern«). Zutphen 2005. Als zentrale Emotion arbeitet sie das Gefühl persönlicher Demütigung heraus. Siehe hierzu: Jochen Bittner: »Jung, rebellisch, explosiv.« *Die Zeit* vom 21. 7. 2005.

33 Ralf Dahrendorf: »Europa und der Westen«. *Merkur*, Heft 655, November 2003.

34 Ralf Dahrendorf: »Mein Irakkrieg«. *Merkur*, Jg. 57, Heft 651, Juli 2003.

35 Über diesen Vorgang wurde im Sommer 2005 in bayerischen Zeitungen (etwa: *Donau-Zeitung* vom 19. 8. 2005) berichtet. Betroffen war die Gemeinde Gundremmingen.

36 Hausinschrift im antiken Rom.

37 *Süddeutsche Zeitung* vom 7. 12. 2004.

38 Der Islamwissenschaftler Bassam Tibi hat formuliert, welche Mindestvoraussetzungen für einen Dialog gelten müssen: »Beide Dialogpartner müssen sich vorurteilsfreies theologisches und historisches Wissen über den anderen aneignen. Im Dialog geht es um ... friedliche Konfliktbewältigung. Weder brauchen wir interreligiöse Schmusestunden noch einen Austausch von Beweihräucherungen oder verlogenen Zusicherungen guten Willens. Ehrlichkeit gibt es nur, wenn man ohne Selbstzensur, ohne Tabus und ohne Duckmäuserei miteinander reden kann. Die Geschäftsgrundlage muss die Akzeptanz des religiösen Pluralismus sein.« Davon, so Tibi, sind wir gegenwärtig weit entfernt, auch deshalb, weil sich die Dialogversuche auf Kontakte zwischen den christlichen Kirchen und Institutionen des orthodoxen Islam beschränken. »Der Dialog wird also mit Institutionen geführt, die für die in Deutschland lebenden Muslime nicht repräsentativ sind. In der bisher geführten Form ist er nicht nur verlogen, sondern auch im höchsten Maße undemokratisch.« Bassam Tibi: »Selig sind die Belogenen.« *Die Zeit* vom 9. 5. 2002. Bis zu seiner Erstarrung zu Beginn des 13. Jahrhunderts war der Islam eine lebendige, diskursive Religion – er könnte wieder dazu werden, meinte Irshad Manji in einem Interview unter Hinweis auf die 135 Denkschulen, die es zur Blütezeit des Islam im Mittelalter gab. »Unter Schleiern.« *Süddeutsche Zeitung* vom 12. 8. 2005. Siehe auch: Irshad Manji: *Der Aufbruch*. München 2005.

39 Dies fordert etwa der Historiker Hartmut Lehmann. Siehe: ders.: *Säkularisierung. Der europäische Sonderweg in Sachen Religion*. Göttingen 2004. Dass es damit nicht sein Bewenden haben könne, merkt Burkhard Müller in einem skeptischen Kommentar an: »Common Sense, nobilitiert.« *Süddeutsche Zeitung* vom 26. 1. 2005.

40 Bei einer Repräsentativerhebung im Juli 2005 waren 42 Prozent der Amerikaner der Auffassung, die heute existierenden Lebewesen hätten seit Anbeginn der Zeit in gleicher Erscheinungsform auf der Erde existiert; zwei Drittel waren der Meinung, kreationistische Ideen sollten an Schulen gelehrt werden. Zwei Drittel der Anhänger des Kreationismus gaben an, sie seien ihrer Sichtweise »sehr sicher«, aber nur ein Drittel der Anhänger der Evolutionstheorie. *Süddeutsche Zeitung* vom 1. 9. 2005.

41 Zusammenfassend: Klaus Fiedler: »Evangelikale Bewegung.« In: *Religion in*

Geschichte und Gegenwart. 4. Auflage. Tübingen ab 1998. Spalte 1694 ff. Otto Kallscheuer: »Kreuz des Südens. Die Gläubigen sammeln sich auf der Südhalbkugel.« In: *Universitas 713*, 2005. S. 161–166. Illustrative Reportagen: Bartholomäus Grill: »Die Mähdrescher Gottes. Christliche Fundamentalisten rüsten in Afrika für einen neuen Kreuzzug.« In: *Die Zeit* vom 27. 5. 2004. Jonathan Fisher: Das Evangelium nach Creflo Dollar. Gott will, dass du reich wirst.« In: *Süddeutsche Zeitung* vom 4./5. 6. 2005. Andrea Böhm: »Riesig für Gott«. In: *Die Zeit* vom 4. 8. 2005.

42 Siehe hierzu: Friedrich Wilhelm Graf: *Die Wiederkehr der Götter. Religion in der modernen Kultur.* München 2004. S. 50 ff.

43 So geschehen laut UN-Bericht in Zimbabwe unter Robert Mugabe im Sommer 2005.

44 Philip Jenkins: »Delikate Warnungen. Papst und Kirche aus der Sicht des Südens.« *Süddeutsche Zeitung* vom 5. 4. 2005.

45 Amr Hamzawy: »Herbst der Patriarchen. Wohin treibt die arabische Welt?« *Süddeutsche Zeitung* vom 6. 4. 2005.

Das schöne Leben

1 Otto Borst: *Alltagsleben im Mittelalter.* Frankfurt am Main 1983. S. 589 ff. Ausführlich zu diesem Thema: Norbert Ohler: *Sterben und Tod im Mittelalter.* München 1993.

2 Elias Canetti: *Nachträge aus Hampstead.* Zürich 1994. S. 178.

3 Ebd. S. 172.

4 Gunther Hirschfelder: *Europäische Esskultur. Geschichte der Ernährung von der Steinzeit bis heute.* Frankfurt/New York 2001. S. 55. Herodot, der hellenische Vater von Geschichtsschreibung und Ethnologie, lebte von 490–425 v. Chr. Die Zuverlässigkeit seiner Berichte über zahlreiche Reisen nach Afrika, Asien und Europa wurde durch die neuere Forschung vielfach bestätigt.

5 *Das Gilgamesch-Epos.* In der Übersetzung von Hartmut Schmökel. Stuttgart/Berlin/Köln 1966. S. 88.

6 Sebastian Haffner: *Geschichte eines Deutschen. Die Erinnerungen 1914–1933.* Stuttgart/München 2000.

7 Theodor W. Adorno: *Negative Dialektik.* Frankfurt a. M. 1966, 1992.

8 »Ich baue meinen Glauben nicht auf Wissen, sondern mein Wissen auf den Glauben«. Der Satz geht auf Augustinus zurück.

9 So der Titel einer Abhandlung zur Philosophie des Pragmatismus: Helmut Pape: *Der dramatische Reichtum der konkreten Welt.* Weilerswist 2002.

10 Das Drama hat ein hormonelles Korrelat: In der Mangelsituation dominieren die aktivierenden, mit Angriffslust verbundenen Botenstoffe, in der Situation der erfolgten Befriedigung die passiv und zufrieden stimmenden Botenstoffe im Gehirn: zuerst Dopamin, dann Endorphine. Der Moment des Glücks ist gekommen, wenn der eine Zustand in den anderen übergeht. Oliver Sacks: *Awakenings – Zeit des Erwachens.* Reinbek bei Hamburg 1991. Jaak Panksepp:

Affective Neuroscience. The Foundations of Human and Animal Emotions.
Oxford 1998. Stefan Klein: *Die Glücksformel oder wie die guten Gefühle ent-stehen.* Reinbek bei Hamburg 2002.

11 Ambrose Bierce:»Die Brücke über den Eulenfluß«. Abgedruckt in: Ders.:
Mein Lieblingsmord. Frankfurt a. M. 1963.

12 Wolfram Schultz: Multiple Reward Signals in the Brain. In: *Natur Reviews Neuroscience 1,* 2000. S. 199–207.

13 Siehe hierzu: Bernhard Lang: *Himmel und Hölle. Jenseitsglaube von der Antike bis heute.* München 2003. S. 87 ff.

14 Fast alle Religionen haben sexuelle Motive in ihre Jenseitsvorstellungen hinein
verwoben; besonders extensiv die vedisch-brahmanisch-hinduistische Religion. Nirgendwo geht es andererseits so asexuell zu wie im christlichen und
jüdischen Jenseits. Auch der Islam als dritte monotheistische Religion bringt
die Sphäre Gottes nicht mit sexuellen Vorstellungen in Zusammenhang, wohl
aber die Sphäre der Menschen im Paradies: Jeder männliche Selige kann sich
mit den schönen Paradiesjungfrauen so oft sexuell vereinigen,»als er im Ramadan Tage gefastet hat und so oft er außerdem gute Werke verrichtet hat.« A. J.
Wensick und J. H. Kramers: *Handwörterbuch des Islam.* Hildesheim/New York
1972. S. 177. Siehe im Überblick: Gerhard J. Bellinger: *Sexualität in den Religionen der Welt.* München 1993. Heinrich Krauss: *Das Paradies. Eine kleine
Kulturgeschichte.* München 2004. Bernhard Lang und Colleen McDannell:
Der Himmel. Eine Kulturgeschichte des ewigen Lebens. Frankfurt a. M. 1990.

15 Weil eine unendliche Kluft besteht zwischen Gott und uns, kann der endliche
Verstand keine Entscheidung über Glauben oder Unglauben treffen. Es wird
also gewettet: Bild oder Wappen? Man hat zwei Sachen zu verlieren, das
Wahre und das Gute, und zwei Sachen einzusetzen, seine Kenntnis und sein
Glück. Wetten wir, dass du gewinnst, gewinnst du alles. Wenn du verlieren
solltest, verlierst du nichts. Diese Wahl ist die einzig redliche, weil der Gewinn
eine Unendlichkeit ist, und dagegen keine unendliche Serie der Möglichkeiten
des Verlierens steht. Man muss deswegen alles geben. Blaise Pascal: *Pensées*
556. Deutsche Übersetzung: Reclams Universalbibliothek Nr. 1621/22. 1978.

16 Vilhjalmur Steffansson: *Unsolved Mysteries of the Arctic.* New York 1974.

17 Siehe hierzu vor allem: Michaly Czsikszentmihalyi: *Flow. Das Geheimnis des
Glücks.* Stuttgart 1992.

18 Caroline Alexander: *Die Endurance.* Shackletons legendäre Expedition in die
Antarktis. Berlin 1998.

19 Christoph Drösser:»Gefühl in Zahlen. Die Statistik zeigt, wie sich Ergebnisse
von Weinproben manipulieren lassen.« In: *Die Zeit* vom 16. 9. 2004.

20 Dieter Claessens: *Das Konkrete und das Abstrakte.* Frankfurt a. M. 1980.

21 Das Haben ist lediglich ein Aggregatzustand des Könnens. Was man hat (Vor-
räte, Apparate, Räume usw.), ist wichtig nur im Hinblick darauf, was man damit
machen kann. Können ist die allgemeine Kategorie, Haben ist eine Unterform.

22 Zur semantischen Differenzierung des Glücksbegriffs in verschiedenen modernen Sprachen siehe: www.glueck.de

23 Siehe den Weltentwicklungsbericht 2006 der Weltbank, über den die deutsche Presse in Form einer dpa-Meldung von wenigen Zeilen berichtete, so die *Süddeutsche Zeitung* vom 13. 9. 2005.

24 Friedrich Schiller: »Briefe über die ästhetische Erziehung des Menschengeschlechts.« *Sämtliche Werke*, Band 5. München 2004.

25 Matthäus 6, 26.

26 Freilich kamen noch viele andere Umstände hinzu, unter anderem Schwäche der öffentlichen Institutionen, Bevölkerungsschwund und Zusammenbruch der Sklavenökonomie. Alexander Demandt hat über 200 Deutungen verschiedener Historiker zusammengetragen: *Der Fall Roms. Die Auflösung des römischen Reichs im Urteil der Nachwelt*. München 1984.

Moral des Glücks

1 Zur Dokumentation des Falles siehe: *Spiegel online* 30. Januar 2004.

2 Der Bundesgerichtshof hob im April 2005 das Urteil wegen Totschlags auf und verwies es an das Landgericht Frankfurt zurück. Geprüft werden soll, ob nicht doch Mord vorgelegen habe. In der Begründung ist von »postmortalen Persönlichkeitsrechten« und vom »Pietätsgefühl der Allgemeinheit« die Rede – dies klingt nicht nach ewigen Rechtsgütern, wie auch immer der Fall ausgehen mag.

3 »Das nationalsozialistische Erbe ... steckt im gereizten Kern der Gesellschaft. Es steckt in den Aufpassern, den Liebhabern des Verbietens und Strafens, den hysterischen Beobachtern jeder Abweichung ... Es steckt in dem Nachbarn, der die Kehrwoche kontrolliert, in dem Passanten, der den Falschparker anzeigt, ohne behindert worden zu sein, in der Mutter, die anderen Müttern am Spielplatz Vorhaltungen macht. Es steckt, mit einem Wort, in dem guten Bürger, der seine eifernde Intoleranz auf Befragen wahrscheinlich als zivilgesellschaftliches Engagement ausgeben würde.« Jens Jessen: »Kann man den Deutschen trauen? Nein.« *Die Zeit* vom 4. 5. 2005.

4 Aktionskunst des Künstlers Spencer Tunick mit Massen nackter Menschen auf Straßen und in öffentlichen Gebäuden wurde seit 2003 an vielen Plätzen der Welt inszeniert. Es war nicht schwierig, dafür Tausende von Freiwilligen zu rekrutieren. Nirgendwo erregte die Invasion der Nackten Anstoß.

5 *Süddeutsche Zeitung* vom 30. 10.–1. 11. 2004, Panorama.

6 Etwa Rabelais, Montaigne, La Rochefoucault, La Fontaine, Fontenelle, Bayle und andere. Siehe hierzu: Dorothee Kimmich: *Epikuräische Aufklärungen. Philosophische und poetische Konzepte der Selbstsorge*. Darmstadt 1993.

7 Schon im 17. Jahrhundert erkennt John Locke das menschliche Streben nach Glück und die Vermeidung von Schmerz als normgebende Prinzipien an. Im 18. Jahrhundert greifen David Hume und Adam Smith den Anspruch des Einzelnen auf sein persönliches Glück in ihren moralphilosophischen Abhandlungen auf. Im 19. Jahrhundert setzt John Stuart Mill diese Tradition mit seiner Verteidigung des Utilitarismus fort. Mit den Philosophen der schottischen Schule im späten 18. und im 19. Jahrhundert wird die Grundlage für den Prag-

matismus gelegt und das Urteilsvermögen von jedermann, der Common Sense, nobilitiert. Die Quintessenz all dieser Strömungen lässt sich so zusammenfassen: Dass jeder an sich denkt, ist nicht nur erlaubt, sondern sogar moralisch gefordert und auch gut für die anderen, auf deren Bedürfnisse freilich Rücksicht zu nehmen ist.

8 Fritz J. Raddatz: *Unruhestifter*. München 2003.
9 Walter Kempowski: *Tadellöser und Wolf*. München 1971.
10 Walter Kempowski: *Im Bau*. Frankfurt a. M. 1972.
11 Aktuelle Würdigungen: Bernward Gesang: *Eine Verteidigung des Utilitarismus*. Stuttgart 2003. Norbert Hoerster: *Ethik und Interesse*. Stuttgart 2003.
12 Hans Küng: »Weltpolitik und Weltethos. Zur Problemstellung«. In: Ders. und Dieter Senghaas (Hg.): *Friedenspolitik. Ethische Grundlagen internationaler Beziehungen*. S. 33 ff. Hans Küng: *Projekt Weltethos*. München 1990.
13 Zitiert nach Will Durant: *Der ferne Osten und der Aufstieg Griechenlands*. Köln 1985. S. 47. Mehr als zweitausend Jahre später formulierte Kant seinen berühmten kategorischen Imperativ. Der Inhalt ist derselbe, er hört sich nur sperriger an: »Handle so, dass die Maxime deines Willens jederzeit zugleich als Prinzip einer allgemeinen Gesetzgebung gelten könnte«.
14 Wolfhart Pannenberg: *Systematische Theologie*. Bd. 2. Tübingen 1991. S. 272.
15 Richard Rudgley: *Abenteuer Steinzeit. Die sensationellen Erfindungen und Leistungen prähistorischer Kulturen*. Wien 2001. S. 344 ff.
16 Friedrich Schiller: *Sämtliche Werke in 5 Bänden*. Hanser Klassiker. München Wien 2004. Band I, S. 299 f.
17 Rolf Heinze und Thomas Olk: »Vom Ehrenamt zum bürgerschaftlichen Engagement.« In: Ernst Kistler u. a. (Hg.): *Perspektiven gesellschaftlichen Zusammenhalts*. Berlin 1999. Ferner: Jürgen Kocka: »Das Bürgertum als Träger von Zivilgesellschaft – Traditionslinien, Entwicklungen, Perspektiven.« In: Enquete-Kommission des Deutschen Bundestags: *Bürgerschaftliches Engagement und Zivilgesellschaft*. Opladen 2002. Dagegen diagnostiziert Robert D. Putnam im selben Band einen »Schwund des Sozialkapitals«, vor allem in den USA. Siehe auch: Ders.: *Bowling Alone. The Collapse and Revival of American Community*. New York 2000. Wenn man freilich neue, unkonventionelle Formen des Engagements berücksichtigt, taucht das angeblich verschwundene Sozialkapital wieder im Blick der Zeitdiagnose auf, gewandelt, aber vitaler denn je: Michael Helmbrecht: *Erosion des Sozialkapitals? Eine kritische Diskussion der Thesen Robert D. Putnams*. Bielefeld 2005.
18 International zusammenfassend hierzu: Helmut K. Anheier und Stefan Toepler: »Bürgerschaftliches Engagement zur Stärkung der Zivilgesellschaft im internationalen Vergleich.« In: Enquete-Kommission des Deutschen Bundestags: *Bürgerschaftliches Engagement im internationalen Vergleich*. Opladen 2003.
19 Eine ausführliche Analyse des Steigerungsspiels präsentiere ich in: Gerhard Schulze: *Die beste aller Welten. Wohin bewegt sich die Gesellschaft im 21. Jahrhundert?* München 2003.
20 Den Chemie-Nobelpreis 2005 erhielten die beiden US-Amerikaner Robert

Grubbs und Richard Schrock sowie der Franzose Yves Chauvin. Sie erweiterten die Möglichkeiten, Moleküle in der Welt der Kohlenstoffverbindungen zu konstruieren, enorm. Siehe etwa: Christina Berndt:»Ringelpietz der Moleküle.« *Süddeutsche Zeitung* vom 6. 10. 2005.

21 Christian Graf von Krokow: *Die Heimkehr zum Luxus. Von der Notwendigkeit des Überflüssigen.* Stuttgart 1980. S. 20 ff.

22 Micha 6, 8:»Es ist dir gesagt, Mensch, was gut ist, und was der Herr von dir fordert, nämlich Gottes Wort halten und Liebe üben und demütig sein vor deinem Gott.«

23 2. Buch Mose 32, 15 ff. Moses setzt bereits die Kenntnis der 10 Gebote voraus, wie aus dem Dialog mit Aaron hervorgeht:»Was hat dir das Volk getan, daß du eine so große Sünde über sie gebracht hast?«

24 Drei Tage nach der Ankunft des Volkes Israel am Berg Sinai redete Gott und teilte die Zehn Gebote mit. 2. Buch Mose, 20.

25 Die Begriffe»Moral« und»Ethik« werden oft wie Synonyme verwendet. Es ist jedoch wichtig, klar zwischen operativer Ebene und Metaebene zu unterscheiden. Meine Begriffsbestimmung orientiert sich an Annemarie Pieper: *Einführung in die Ethik.* Tübingen 1994.

26 Otfried Höffe: *Moral als Preis der Moderne. Ein Versuch über Wissenschaft, Technik und Umwelt.* Frankfurt a. M. 1993.

27 Als Bezeichnung für diesen Ansatz hat sich der Begriff»Transzendentalpragmatik« eingebürgert. Eine gute Zusammenfassung der verstreuten Arbeiten von Karl-Otto Apel bietet: Vittorio Hösle: *Die Krise der Gegenwart und die Verantwortung der Philosophie. Transzendentalpragmatik, Letztbegründung, Ethik.* München 1994. S. 109 ff.

28 Einzelheiten hierzu finden sich in: Gerhard Schulze:»Rettungsversuche am Rande epistemologischer Verzweiflung«. In: Sznaider, N. und A. Poferl (Hg.): *Reflexive Modernisierung. Festschrift für Ulrich Beck.* Baden-Baden 2004.

Diesseits

1 Breyten Breytenbach:»Es gibt keinen Fortschritt«. *Die Zeit,* Nr. 50, 2.12.2004.

2 Hans-Egon Holthusen: *Der unbehauste Mensch.* München 1951.

3 Ronald Ingelhart and Hans-Dieter Klingemann:»Genes, Democracy, and Happiness«. In: Ed Diener und Eunook Mark Suh (Hg.): *Culture and Subjective Well-Being.* Cambridge 2000.

4 Karl Popper: *Objektive Erkenntnis. Ein evolutionärer Entwurf.* Hamburg 1973.

5 Thomas S. Kuhn: *The Structure of Scientific Revolutions.* Chicago 1962.

6 Johannes 20, 24–29. Thomas zweifelt an der Auferstehung und verlangt den Indizienbeweis: Er will, dass ihm der Auferstandene die Wundmale der Kreuzigung zeigt.

7 Salman Rushdie:»Die Angriffe auf Amerika«. In: *Überschreiten Sie diese Grenze. Schriften 1992–2002.* Reinbek 2004. S. 497.